国家出版基金项目
NATIONAL PUBLICATION FOUNDATION

中国艺术学研究书系 陈池瑜 主编 第一辑

"十三五"国家重点图书音像电子出版物出版规划·文艺原创精品出版规划项目

# 中国艺术文献学

董占军 著

山东教育出版社

**图书在版编目（CIP）数据**

中国艺术文献学 / 董占军著 . —济南：山东教育
出版社，2018.12
（中国艺术学研究书系 / 陈池瑜主编）
ISBN 978-7-5701-0412-3

I . ①中… Ⅱ . ①董… Ⅲ . ①艺术－文献学－研究
－中国 Ⅳ . ① G257.33

中国版本图书馆 CIP 数据核字（2018）第 225523 号

ZHONGGUO YISHUXUE YANJIU SHUXI
ZHONGGUO YISHU WENXIANXUE

中国艺术学研究书系 陈池瑜 主编
## 中国艺术文献学 董占军 著

主管单位：山东出版传媒股份有限公司
出版发行：山东教育出版社
地址：济南市纬一路 321 号 邮编：250001
电话：（0531）82092660 网址：www.sjs.com.cn
印 刷：山东临沂新华印刷物流集团有限责任公司
版 次：2018 年 12 月第 1 版
印 次：2018 年 12 月第 1 次印刷
开 本：787 毫米×1092 毫米 1/16
印 张：22.25
印 数：1-2000
字 数：329 千
定 价：69.00 元

（如印装质量有问题，请与印刷厂联系调换）印厂电话：0539-2925659

# 总 序

陈池瑜

中国艺术学有着丰富的文献史料和悠久的学术传统。中华民族具有辉煌灿烂的艺术文化，在甲骨文、彩陶、玉器、青铜器、音乐、诗词、书法、绘画、雕塑、瓷器、建筑、园林艺术、戏曲、小说等方面都取得了杰出的成就。我国的艺术理论如乐论、文论、诗论、书论、画论、曲论、工艺美术理论等都是在总结我国各类艺术创作规律和审美形式的基础上概括与构建起来的。每个民族、国家或地域的艺术理论，都与其艺术创作及艺术作品紧密相关。古希腊亚里士多德的《诗学》在分析古希腊史诗、悲剧、喜剧及音乐的基础上提出"一切艺术都是模仿"的观点。瑞士现代艺术理论家沃尔夫林的《艺术史基本概念》，从文艺复兴与巴洛克绘画对比研究中，提炼出线描与涂绘、平面与纵深等五对艺术史风格概念。我相信，特定的艺术理论、艺术史观、艺术批评原则和艺术史论家们的特定的研究对象、评论对象有着深刻的内在逻辑联系。英国现代批评家克里夫·贝尔和罗杰·弗莱在主要对印象主义进行研究与评论的过程中，生发出他们的形式主义批评理论。中国的传统艺术理论，是先哲们在研究中国的诗词书画等作品中建立起来的。因此，我们要研究中国艺术理论、中国艺术史观和批评理论，应该和探索中国艺术史，并和研究中国诗词书画、工艺文化、音乐戏曲等结合起来，总结中国艺术的经验，概括中国艺术的规律，建构中国特色的艺术学理论。

早在先秦时期，我国就出现音乐专著《乐记》，在《论语》《老子》《庄子》《易经》等著作中，虽是讨论国家、社会、人事、伦理及探寻天地宇宙本源与变化等问题，但也包含了对诗歌、绘画、音乐、舞蹈的精辟观念，是我国艺术学的源头。汉魏六朝时期，我国诗文书画理论得到快速发展，出现了刘勰的《文心雕龙》、钟嵘的《诗品》、庾肩吾的《书品》、谢赫的《画品》等重要著作。特别是《文心雕龙》建立起我国以诗文为基础的艺术理论的宏大体系，在我国艺术理论发展中具有里程碑的意义。钟嵘、庾肩吾、谢赫的诗书画品评理论，不仅奠定了我国艺术批评样式的基础，而且拉动了艺术理论和艺术史的发展，帮助我国艺术学形成以品评为中心、以艺术理论和艺术史为两翼、富有民族特色的艺术学理论格局。其后仅就艺术史方面，唐宋时期出现了体系完备、形制各异的艺术史著作，如张彦远的《历代名画记》、朱景玄的《唐朝名画录》、郭若虚的《图画见闻录》、米芾的《书史》《画史》、黄休复的《益州名画录》等，使我国艺术史学进入了黄金时期，这些著作中提出了多种重要的艺术史学理论，形成了艺术史写作的多种方法。元明清时期，除诗书画理论进一步发展外，在曲论、小说评点理论、书画考证与鉴藏理论等方面，有了新的开拓与发展，这一切都值得我们认真总结、开掘和研究，是我国艺术学的宝贵资源。

20世纪初在西学东渐的学术背景下，我国的艺术理论等学科也向现代形态转型，欧美、日本和苏俄的哲学、美学、艺术理论、艺术史观翻译介绍到中国，对我国现代形态的艺术理论、艺术史的发展起到了较大作用。我们在借鉴外国艺术理论的同时，今天我们更应该把挖掘和转换我国传统的艺术理论，建构新的富有中华民族特征的艺术理论，包括艺术原理、艺术史学观念与批评理论，作为我国艺术学理论发展的战略任务。

1750年德国哲学家鲍姆加通将美学从哲学中分离出来，建立美学学科。1900年前后德国美学家马克斯·德索将艺术学从美学中分离出来。由于欧洲心理学和社会学、人类学的发展，在19世纪下半叶产生艺术社会学和艺术心理学，这两个方面的成果，又推动了艺术学一般理论的发展。20世纪以来，西方艺术理论及艺术史学进入到新的发展时期，不断出现新的艺术理论和艺术史学成果，产生艺术学与艺术史研究新的观念与方法，这都值得我们认真借鉴。20世纪以来，我国艺术理论家和艺术史家也做出了不懈的努力,如蔡元培、王国维、鲁迅、宗白华、陈师曾、马采、岑家梧、林文铮、李朴园、滕固、郑昶、陈之佛、黄忏华、丰子恺、史岩、傅抱石、俞剑华、王朝闻、王子云等人,在美育理论与艺术理论,在艺术史、雕塑史、绘画史或者图案史与设计理论,在美学理论与艺术批评等方面,做出了积极的贡献,取得了丰硕成果,这为21世纪中国美学与艺术学的研究增添了新的学术养料。我们应该在中国古代和中国现代艺术理论这两种学术传统的基础上进行新的探索与转化,构建当代富有民族特征的中国艺术学理论。

2011年,经国务院学位委员会批准,艺术学由文学门类的一级学科独立出来,升格为与文学、哲学、法学等并列的学科门类。艺术学成为与美术学、设计学、音乐舞蹈学、戏剧影视学并列的一级学科,这为艺术学理论学科的发展带来了新的契机。

在艺术学理论学科发展中,中国艺术学研究应具有特别的意义,本着为中国古代和现代艺术理论、艺术史深化研究添砖加瓦,为中国艺术学的当代发展及理论建构尽一份绵薄之力的初衷,我们成立了清华大学美术学院中国艺术学理论研究所,并由本所编辑《中国艺术学研究书系》,得到山东教育出版社的大力支持。

本丛书以中国书画、工艺美术和设计艺术等视觉艺术研究部门成果为主要选题内容,也考虑戏剧(曲)、音乐舞蹈以及电影电视等表演艺术理论,兼及诗词理论和文论方面的选题,关注当代之艺术创作新的形式、风格、媒介、材料、思潮、观念及艺术批评新成果。初编三辑,每辑十本,共三十本。丛书于2016年被批准为"'十三五'国家重点图书、音像、电子出版物出版规划项目·文艺原创精品规划出版项目"。2017年,第一辑十种图书又被批准为2018年度"国家出版基金项目",2018年第一辑出版。2019年～2020年,后两辑二十种也将陆续推出。《中国艺术学研究书系》前三辑出版后,我们还要继续编辑出版相关专著。选题范围包括艺术原理、艺术美学、艺术哲学、艺术史学理论、艺术创造学、艺术文献学、艺术社会学、艺术心理学、艺术文化学、艺术管理学、艺术考古学等基础学科和交叉学科,还包括艺术通史、艺术断代史、艺术史专题研究、艺术流派与风格研究、艺术批评和方法论研究等。

本丛书选题是以中国艺术学为主要研究对象，同时也欢迎中外艺术及理论的比较研究、跨文化交流研究以及外国学者对中国艺术及理论的研究方面的选题。

希望本丛书的出版，能引起更多学者、学生和读者关注与研究中国艺术学，共同建构中国艺术学，推动中国艺术学学科发展。

2018年8月2日于清华园

图1　甲骨文是中国最早的文字文献，此图的甲骨文是商王武丁时期的一块刻辞牛胛骨，正面刻辞100余字，背面刻辞50余字。

图2　金属也是文献的载体之一，此图为西周宣王时期的毛公鼎拓片，铭文32行，共498字。

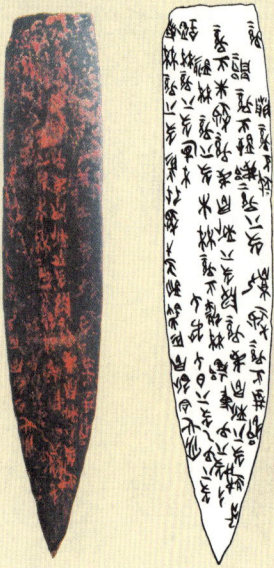

图3 玉石也是文献的载体，这是春秋时期
用毛笔直接写在玉石上的文字文献。

图4 楚帛书，是我国长沙楚墓出土最早的帛书，文字写在一幅近似正方形的织物上。

图5　1973年于长沙马王堆出土的帛书，内容分别为"老子乙本"和"纵横家"。

图6　1953年四川成都出土的画像砖，上面的辒车、人物形象是对当时贵族生活的真实再现，是研究中国古代生活方式史的重要文献。

图7　山东嘉祥武氏祠出土的画像石拓片，既是珍贵的艺术品，也是最直观的历史文献。

图8　［晋］顾恺之《洛神赋图》（局部）。该图已经超越艺术品本身的价值，而被学者广泛应用
　　　于服饰、交通等方面的学术研究。

图9　古人有"左图右书"之说，梁元帝所作《职贡图卷》（宋摹本·局部）描绘的就是使者形象，并辅以文字说明。

图10　如果没有唐代阎立本的《步辇图》（局部），后人很难想象唐太宗接见松赞干布使者时的场面，正如古人所言"宣物莫善于言，存形莫善于画"。

图11　[五代]顾闳中《韩熙载夜宴图》（局部）。该图是研究唐、五代时期家具、乐舞、服饰的重要文献。

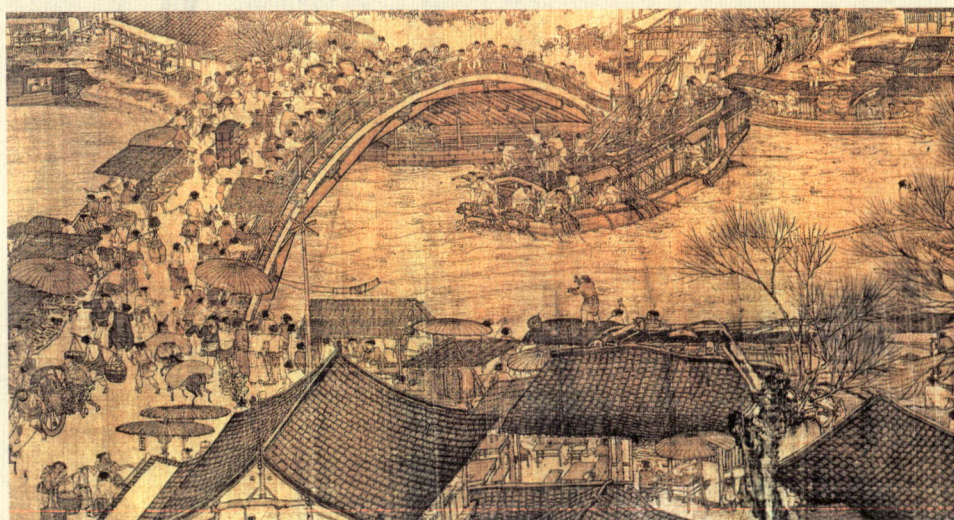

图12　[宋]张择端《清明上河图》（局部）。该图是研究中国古代建筑、交通、商业、服饰等的重要文献。

图13 北魏屏风漆画《列女古贤图》（局部）。该图取材于汉代刘向的《古列女传》中的人物故事，从而说明中国古代绘画与文学存在密切关系。

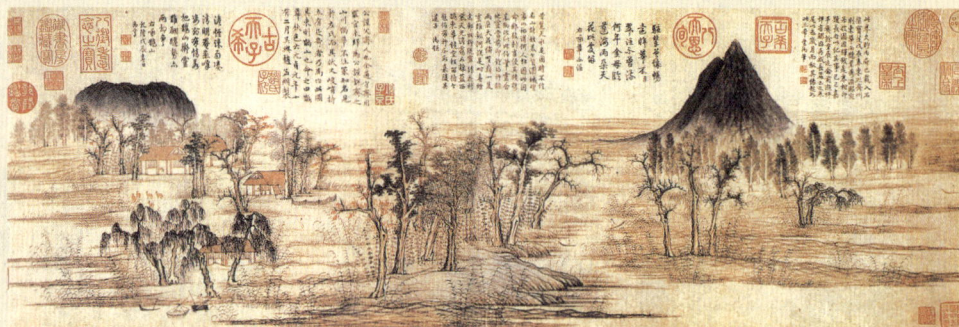

图14 ［元］赵孟𫖯《鹊华秋色图》。该图既让人"欣赏"到了当时济南优美的自然风光，同时其上面承载的艺术信息也是艺术史研究的重要文献。

图15 北宋元符三年赵大翁墓室壁画，是研究宋朝乐舞和服饰的重要文献。沈从文在《中国古代服饰研究》一书中专门设"宋墓壁画乐舞"章。

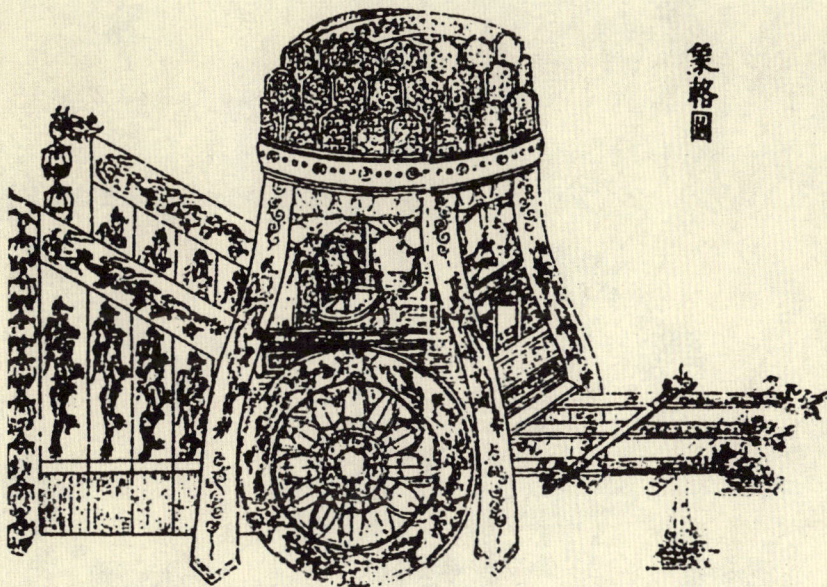

图16　图录是中国古代重要的文献，此图为《古今图书集成》"考工典"中的插图。

图17　［唐］韩幹　《牧马图》　台北故宫博物院藏

图18　唐代《宫乐图》　台北故宫博物院藏

图19　［宋］李唐　《采薇图》　北京故宫博物院藏

图20　［唐］韩滉　《五牛图》（局部）　北京故宫博物院藏

图21 ［宋］李嵩 《货郎图》（局部） 北京故宫博物院藏

图22 ［元］陈汝言 《仙山图》 美国克利夫兰艺术博物馆藏

图23 ［唐］周昉 《簪花仕女图》 辽宁省博物馆藏

图24 ［金］武元直 《赤壁图》（局部） 台北故宫博物院藏

图25 ［宋］李迪 《风雨归牧图》 台北故宫博物院藏

图26 ［唐］佚名 《舞乐图》 新疆维吾尔自
治区博物馆藏

图27 ［五代］巨然 《层岩丛树图》 台
北故宫博物院藏

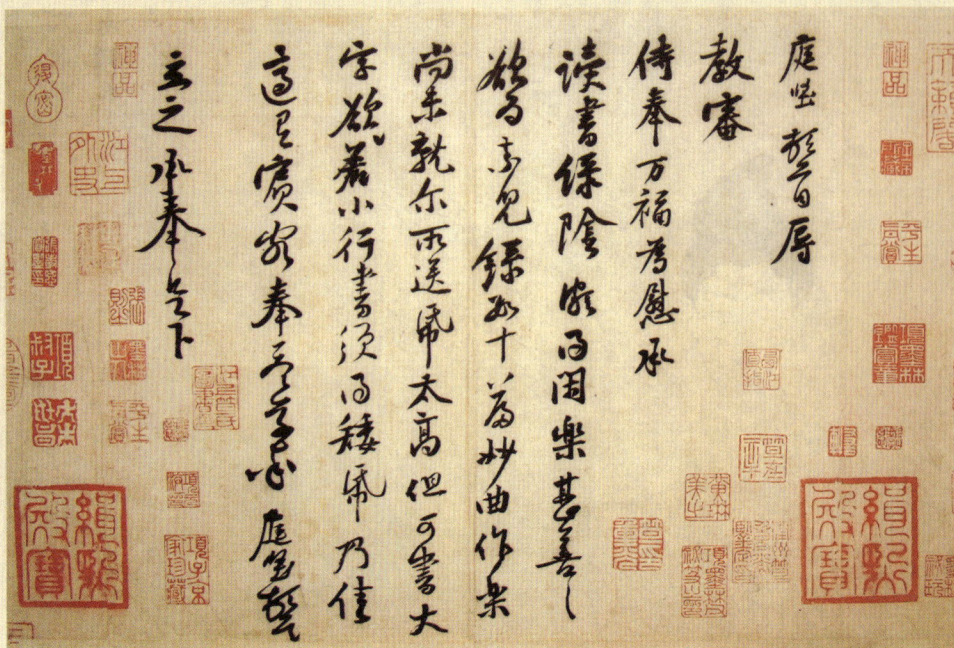

图28　[宋]黄庭坚　《尺牍》

图29　[宋]苏轼　《黄州寒食诗》

图30　［元］王蒙　《具区林屋图》　台北故宫博物院藏

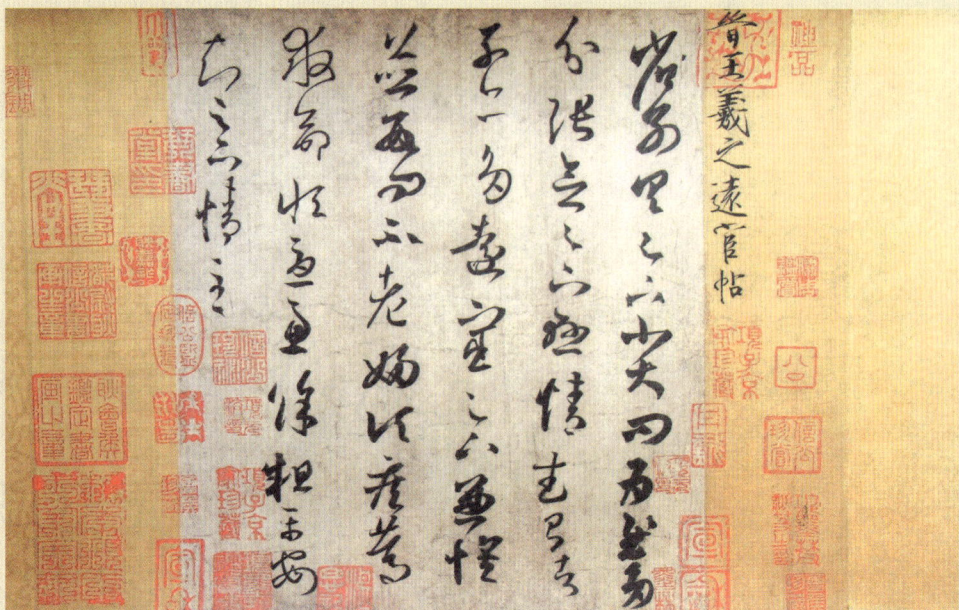
图31 ［晋］王羲之 《远宦帖》

图32 ［宋］文同 《墨竹图》 台北故宫博物院藏

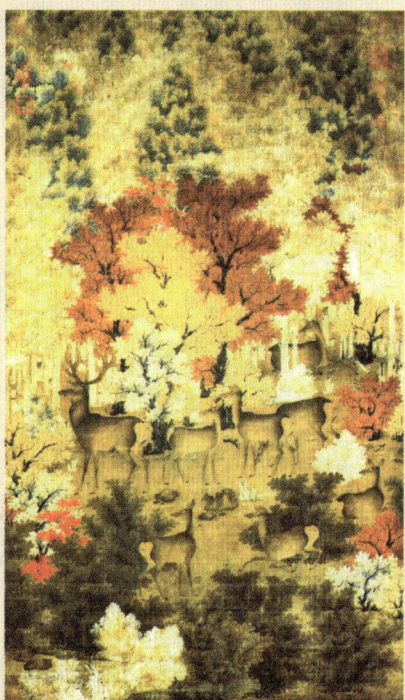
图33 辽代《丹枫呦鹿图》 台北故宫博物院藏

# 目　录

# 自 序

自从19世纪末德国"艺术学之父"康拉德·费德勒把艺术学从美学中分离出来，并确立了"艺术学"的独立学科地位至今，时间已经过去了一个多世纪。在此期间，如美、英等国早已将"艺术学"提升为一级学科门类，与文学、工学、医学等门类并列设置。而在我国，由于受到历史上诸多传统思想观念的影响，"艺术学"的地位在很长一段历史时期始终得不到公正的对待，只能列于文学学科门类之下。从20世纪20～30年代的宗白华、张泽厚等学者，到90年代的张道一等先生，一直把艺术学学科门类问题当作艺术学研究领域的重要课题。张道一先生通过综合分析艺术的纷繁现象，提出了文化由一元向多元发展的艺术发展规律的观点。作为我国当代艺术学学科的主要创始人，张道一先生积极倡导建立具有我国特色的"艺术学"，提升"艺术学"在整个学科目录中的地位，并在各种刊物上发表诸如《应该建立"艺术学"》《关于中国艺术学的建立问题》《艺术学研究的经纬关系》《艺术学研究之经》等文章，提出艺术学的学科框架应该"在艺术各个部门，即音乐、美术、戏剧（戏曲）、电影（电视）、舞蹈等分别研究的基础上，须着手进行综合研究，探讨其共性，由个别上升到一般，使之进入人文科学"，明确了艺术文献学在艺术学中的地位。

在我国，高等学校学科设置分为三层，即学科门类、一级学科（本科称为"专业类"）和二级学科（本科称为"专业"）三级。学科门类和一级学科是国家进行学位授权审核与学科管理、学位授予单位开展学位授予与人才培养工作的基本依据，二级学科是学位授予单位实施人才培养的参考依据。到目前为止，我国先后施行了4个版本的学科专业目录，即《高等学校和科研机构授予博士和硕士学位的学科专业目录》（1983年公布）、《授予博士、硕士学位和培养研究生的学科、专业目录》（1990年公布）、《授予博士、硕士学位和培养研究生的学科、专业目录》（1997年公布）、《学位授予和人才培养学科目录》（2011年公布）。在前三版的学科目录中，"艺术学"是隶属于"文学"学科门类下的一级学科。在2011年修订的学科目录中，"艺术学"从"文学"学科门类中独立出来，成为与"哲学""经济学""文学""工学"等并列的第13个学科门类，其下属的8个二级学科整合调整为5个一级学科，即艺术学理论、音乐与舞蹈学、戏剧与影视学、美术学、设计学。这是一次质的飞跃，艺术学界欢欣鼓舞，有一种"多年的媳妇熬成婆"之后的释然和尘埃落定后的淡然。"艺术学"的升级，为我国高等艺术专业人才的培养提供了更大的空间和自主性，为更加系统、深入地研究"艺术学"相关理论搭建了坚实而广阔的平台。

世人要研究艺术，所采取的途径不外有三：作品、作者、历史背景，对于这三方面的深究，均脱离不开文献资料，而这一切都需要有文献学的支撑。文献种类的丰富性和涉及学科的多样性使得文献学具有交叉学科的特征，而因为文献资料所属的学科属性不同，在文献学规定的研究范围、方法、理论的基础上研究各门具体学科的文献就是专科文献学。目前国内出版的专科文献学著作主要有《中国历史文献学》《中国经济文献学》《中国文学文献学》《中医文献学》等。艺术学学科发展完善，在理论层面首先要考虑的是关于艺术学的一些分支研究。在艺术学分支研究中，"艺术文献学"应该具有重要意义，艺术原理、艺术史、艺术美学等的研究固然重要，可是哪一方面也离不开艺术文献学。我国综合性的文献学已发展成一个大学科。在文学、历史文献方面颇有成就，但艺术文献学方面还是一个薄弱的环节。对于造型艺术，包括绘画、雕塑、建筑、工艺和设计等，从文献的角度来看，发展很不平衡，对画论、书法和建筑的研究较好，其他方面还有待于加强，但对整体而言，仍缺少总的关于"艺术文献学"框架体系研究。艺术文献学研究，无论是对艺术学，还是对文献学的研究和发展都具有重要意义，是专科文献学发展的重要标志，也是艺术学发展和完善的重要体现。

在1997年国务院学位委员会和国家教育委员会（教育部）颁布的《授予博士、硕士学位和培养研究生的学科、专业目录》中，历史文献学早已是隶属于历史学的二级学科，而其他的专科文献学还未列入二级学科。但随着文献学研究的深入和发展，各门专科文献的建立已是大势所趋。2011年2月，国务院学位委员会通过了将艺术学升格为学科门类的决议。"艺术学"下设的一级学科已经确定，但未明确二级学科。如果按照原学科专业目录设想，"艺术文献学"应该属于目前最新目录中的一级学科"艺术学理论"的范畴，它与艺术原理、中外艺术史、艺术美学、艺术评论、比较艺术、艺术分类学、艺术形态学、民间艺术、艺术教育学、艺术管理等并列，提升为二级学科，艺术文献学下可再设美术文献学、音乐文献学、工艺文献学等分支学科，以此奠定"艺术文献学"在艺术学中的地位。

艺术文献学不同于传统意义"目录、版本、校雠"三位一体的古典文献学，也不同于以检索利用为目的、注重文献信息属性研究的现代文献学。在艺术文献学研究中，文献内涵和形式有别于一般文献，其研究范围包括各种与艺术相关的文字文献、艺术作品本身以及金石文献，并要借助一般文献学及其他专科文献学的方法。艺术文献学是从艺术文献的一般属性出发，结合艺术文献本身的特点和艺术学研究需要，把文献学、艺术学、文物学、金石学、图书馆学、信息技术等结合起来进行的重新定位，它存在的意义不仅是单纯的艺术资料的整理和管理，而且还是文献学的一个重要组成部分，是将历代艺术文献作系统的研究，包括性质、类属、形态、真伪、产生、流传情况，以及它的价值和重要性等。

对于艺术学的建设来说，艺术文献学的构建是必不可少的有机组成部分。"艺术文献学"建立是艺术学和文献学学科交叉的结果，也是艺术学建立、发展和完善的需要，既是艺术学的分支学科，也是艺术学其他分支和交叉学科的基础学科。在艺术学倍受国人关注的今天，给艺术文献学在艺术学学科中科学定位，进而厘清它的研究对象、方法、目的和意义，以及它与艺术学、文献学等相关学科的关系，是艺术学学科建设的需要。

是为序。

2018年7月

图34 ［宋］郭熙 《早春图》 台北故宫博物院藏

# 绪　论　关于艺术文献学相关问题的思考

　　文献学研究文献的形态、整理方法、鉴别、分类与编目、收藏、形成与发展历史，以及各种文献的特点与用途、文献的检索等等。通常有两种含义：一是指古典文献学，一是指现代文献学。中国古代称从事文献整理和研究的学者为校雠学家。古典文献学正是在综合校雠、目录、版本诸学科基础上发展起来的，是研究古典文献的源流、特点、处理原则和方法（如分类、目录、版本、辨伪、校勘、注释、编纂、辑佚等）及其利用的一门学科。"文献学"一词出现较晚，20世纪30年代郑鹤声、郑鹤春编撰的《中国文献学概要》，其内容近似广义校雠学。现代文献学的含义、内容、方法较之古典文献学有根本区别，更加注重文献产生、分布、交流、利用等规律的探讨，并广泛吸收和运用图书馆学、社会学、心理学、数学、计算机科学、系统科学等的研究成果和方法。[①] 这里对文献学的界定比较宽泛，适合于一般文献学研究，对艺术文献学等专科文献学而言则需要进一步限定。按时间划分，文献学可分为古典文献学和现代文献学；按研究文献的学科门类划分，文献学可以分为历史文献学、文学文献学、数学文献学、中医文献学、金石文献学和艺术文献学等。本书的艺术文献学研究范围，从时间上讲是以古典文献或以古典文献为研究对象的文献；从艺术门类上讲，主要指美术文献，但在论述艺术文献与艺术学研究的关系，以及艺术文献学的一般原理时，也涉及部分其他门类的艺术文献；从文献的基本内涵出发，艺术作品的文献属性也是本书所讨论的范围。

---

① 赵国璋、潘树广主编：《文献学辞典》，南昌：江西教育出版社1991年版，第186页。

## 第一节 艺术文献的特点

"文献"一词，现存文献中最早见于《论语·八佾》："子曰：夏礼，吾能言之，杞不足征（征，征验、证明之意。）也。殷礼，吾能言之，宋不足征也。文献不足故也。足，则吾能征之矣。"这里说的是"文献"的作用。东汉郑玄、北宋朱熹等则对"文献"内涵进行了阐释，以"典籍"解释"文"，以"贤人"解释"献"。郑玄云："献，犹贤也。吾不以礼成之者，以此二国之君，文章贤才不足故也。"以"文章""贤才"来解释"文献"，其意义独到而明确，从某种意义上讲，"文"与今天"文献"的内涵相似，而把"献"与"贤才""圣人"相联系是今天的"文献"内涵所不具备的。在郑玄看来"贤人"也是知识、信息的"载体"，将其归入"文献"的范畴就不足为怪了。朱熹也持类似观点，他在《论语集注》解释《八佾》时说："杞，夏之后。宋，殷之后。征，证也。文，典籍也。献，贤也。言二代之礼，吾能言之，而二国不足取以为证，其文献不足故也。文献若足，则我能取之，以证吾言矣。""文武之道，谓文王、武王之谟训功烈，与凡周之礼乐文章皆是也。在人，言人有能记之者。识，记也。"（朱熹《论语集注》）因而"贤才"是指那些博学多识的人。宋末元初马端临以"文献"命名其著作《文献通考》，并在总序中对"文献"作了如下解释："凡叙事，则本之经史，而参之以历代会要，以及百家传记之书，信而有证者从之，乖异传疑者不录，所谓文也。凡论事，则先取当时臣僚之奏疏，次及近代诸儒之评论，以及名流之燕谈、稗官之纪录，凡一话一言，可以订典故之得失，证史传之是非者，则采而录之，所谓献也。"

从商周甲骨文、金文算起，文献已有四千余年历史，其内涵、形式都发生了根本变化。今天丰富多彩的文献形式，与甲骨文、金文相比可谓天壤之别。目前学术界对"文献"的涵义观点不一，《文献》杂志于1985年第4期曾开辟专栏进行讨论，主要有两种观点："一种是把'文献'看作是一个联合结构的名词性词组，'文'

指文章，'献'指贤人；另一种认为'文献'是指图籍和文物。"《辞海》曰："文献，原指典籍与宿贤。《论语·八佾》："子曰：夏礼，吾能言之，杞不足征也。殷礼，吾能言之，宋不足征也。文献不足故也。足，则吾能征之矣。"朱熹注："文，典籍也；献，贤也。"后专指具有历史价值的图书文物资料，如历史文献。亦指与某一学科有关的重要图书资料，如医学文献。今又为记录有知识的一切载体的统称，即用文字、图像、符号、声频、视频等手段将人类知识记录在各种载体（如纸张、胶片、磁带等）上。[①] 中国国家标准局公布的文献定义为："文献是记录有知识的一切载体。"文献概念进一步宽泛，不仅包括现代图书馆的一切馆藏图书，而且包括档案馆、博物馆、声像馆及情报中心所收藏的全部馆藏。在国际上，例如美国，已经将"文献"（document）改为"情报"（information）。"文献"是一切"情报"的载体，而"情报"则是一切文献的内容。

文献学的研究对象就是"文献"，因而确定"文献"内涵是"文献学"研究的前提。《中国大百科全书·图书馆学·情报学·档案学卷》："文献是记有知识和信息的一切载体。包括4个要素：所记录的知识和信息，即文献的内容；记录知识信息的符号，文献中的知识和信息借助文字、图表、声音、图像等记录下来的并为人们所感知的；用于记录知识和信息的载体，如竹简、纸张、胶卷、胶片等，是文献的外在表现形式；记录知识和信息的方式和手段，如铸刻、书写、印刷、复制、录音、录像等，是知识信息与载体的联系方式。"[②] 该定义属于广义文献的范畴，对"文献"涉及的要素作了全面系统考虑。包括艺术文献学在内的专科文献学研究，在考虑广义文献内涵基础上，应该更多注重本学科的文献特征。

"艺术文献是记录各个门类艺术知识的一切载体，包括造型艺术、音乐、舞蹈、戏剧、曲艺、电影、电视等艺术门类的作品、论著、资料等。"[③] "艺术文献"是"文献"的子概念，具有一般文献的共性。但由于艺术学知识的特殊性，以及艺术作品记录信息的功能，"艺术文献"又具有自身特征。艺术文献的构成要素可以

① 辞海编委会：《辞海》（缩印本），上海：上海辞书出版社1989年版，第1733页。
② 《中国大百科全书·图书馆学·情报学·档案学卷》，北京：中国大百科全书出版社1993年版，第465页。
③ 潘树广主编：《艺术文献检索与利用》，杭州：浙江美术学院出版社1989年版，第2页。

归纳为以下几点：其一，记录艺术信息的载体。艺术文献载体具有特殊性，与普通文献有很大差异，音乐、舞蹈、戏剧、曲艺、电影、电视等艺术，艺术家的表演本身就是艺术信息的载体，而这种载体更合乎古代"献，宿贤"的概念。艺术界的"宿贤"应该是知名的艺术家和学者，古人把"宿贤"当作知识的"活载体"，而看成是"文献"的一部分，包括他们生平事迹、艺术主张、艺术表演和创作过程的记录。其二，文字语言、艺术语言，艺术文献传达信息的符号就是艺术语言和文字语言，如音乐语言、舞蹈语言、绘画语言等。其三，文献载体及记录形式。艺术文献载体有的是艺术作品本身，如绘画、雕塑、建筑、工艺美术、摄影，有的则是有形的物质载体，如音乐的磁带、光盘、CD，舞蹈、电影、电视的录像、VCD等，还包括艺术家本人及其艺术创作或表演过程的真实记录形成的载体。艺术文献的记录方式则包括艺术创作或表演过程如绘画、书法，以及铸刻、书写、印刷、录音、录像等；其四，艺术文献的内容。通过对艺术文献的载体、记录方式以及艺术语言的研究，利用文献学方法，如校雠、版本、目录，以及金石学、考古学等的研究成果，对艺术文献内容进行挖掘、整理，并结合艺术学研究的实际需要加以利用，是艺术文献学研究的最终目的。与其他文献相比，艺术文献的特殊性表现在：（1）记录手段多样，除了文字语言记录外，还有大量的艺术语言、符号、图像，以至于艺术作品本身形成的艺术文献，如音乐文献中的乐谱、舞蹈文献中的舞谱等。（2）文献载体多样，非书资料丰富。古典艺术文献，除了艺术作品本身之外，还有图书文献，而文献学研究重点就是以"纸张"为载体的文献。随着新技术的发展，文献载体类型不断地增加，以磁带、胶片、缩微、磁盘、光盘、录像带、网络为主体的文献逐渐占据主导地位。现代艺术文献除了纸载体之外，更多的是感光材料和磁性材料，而且随着文献学研究的现代化技术的应用，以纸为载体的古典艺术文献也面临载体转移问题。（3）艺术文献的价值具有经久性，一些古典艺术文献属于文物范畴。（4）艺术作品本身属于信息的载体，具有文献属性，并且传达的信息具有多学科性。或者说艺术作品是文献，还与其他学科密切相关。艺术作品传达艺术信息，如艺术风格、艺术内涵，以及艺术家的审美思想等，同时再现社会相关信息，如生活方式、伦理观念、社会政治事实等。1978年出土于湖北随县的曾侯乙编钟，甬钟上的铭文标出的音高，如宫、羽、宫曾、宫甬、宫反等22个名称，还铸有律名、调式和音高名称，以及曾国与楚、周、齐、晋的律名和音阶的对应关系，钟铭错金共2800余字，通过铭文记载和编钟测试，曾侯乙编钟有七色音阶。编钟本身及其上面的铭文是研究中国春秋战国时期音乐发展史的重要资料，也是研究当时社会现实的重要依据。[1]艺术文献与其他学科研究成果存在密切关系。"文献是记有知识和信息的一切载体"，不论其形成途径、制作方式如何，关键在于有一定的载体作为依托而成为确定可以感知的对象。图书是记录知识的载体，地下出土的骨骼化石或没有文字的各类文化遗存，本身并不是文字资料，但蕴藏的文献价值可以通过古生物学家、文物考古专家鉴定、诠释转化成文字文献。甲骨文、青铜器、石碑等除了上面铭文属于文献范畴之外，本身所蕴涵的信息，对于艺术家、考古学家、人类学家等而言也是重要的文献。文物是考古学家的文献。文物考古所形成的文字资料是历史学家的文献。文献学的着眼点是文献的整理，文物考古的着眼点是文物价值的鉴定与阐释，艺术文献学除了完成一般文献学的研究目的外，还要从文物学、考古学、金石学研究成果中，挖掘古代艺术信息，为艺术学研究服务。

从文献基本要素"被固化于物质载体上的知识信息和记录知识信息的物质载体"出发，艺术文献更具有广义文献的特征，但艺术文献学是从广义文献概念探讨艺术文献特点的，而不是把广义艺术文献当作其研究对象。

## 第二节　艺术文献学建立的基础和前提

### 一、文献学的内涵

中国有五千年的文明发展史，古典文献资源丰富，伴随着文献数量的增加，文献整理工作很早就开始了。文献学家张舜徽认为："我国古代无所谓文献学，而有从事研究、整理历史文献的学者，在过去称为校雠学家。所以校雠学无疑成了文献

---

[1]《中国大百科全书·文物·博物馆卷》，北京：中国大百科全书出版社1993年版，第716页。

学的别名。凡是有关整理、编纂、注释古典文献的工作都是由校雠学家完成的。"①
古代虽然没有"文献学"的明确提法，但从古代文献工作看，内涵是非常丰富的，
除了研究文献发展史之外，还包括版本、校勘、辑佚，以及目录编制等。汉代刘向
父子校勘群书，编制目录《别录》《七略》，每书校毕，"条其篇目，撮其旨意，
录而奏之"（《汉书·艺文志》），是文献工作；东汉郑玄②注群经，也是文献工
作。南宋郑樵在《通志·校雠略》中系统阐述了文献工作的基本问题，如文献收
集、鉴别真伪、分类编目、流通利用等。郑樵以后，系统研究文献学理论的是清代
章学诚，他提出"辨章学术，考其源流"的文献学思想，并要求在文献工作中应该
仔细分析学术思想的发生、发展过程及其相互关系，但他仍然把这项工作称为"校
雠学"，并认为郑樵"取历代著录、略其鱼鲁亥豕之细，而特以部次条别，疏通
伦类，考其得失之故，而为之校雠"（《校雠通义·叙》）。章学诚认为"在文献
整理的过程中仔细分析学术思想的发生、发展过程及其相互关系"，是对文献学理
论的重要发展，而这种思想对专科文献学，如艺术文献学、文学文献学、经济文献
学等研究具有重要指导意义，但将"部次条别，疏通伦类，考其得失"的校雠工作
视为文献学的主体则有些狭隘。文献学家王欣夫认为："文献学应该包括目录、版
本、校雠三个方面内容，文献学这门学科应注重于揭示和整理材料的方法。"③

从刘向父子的目录工作，到目录、校雠、版本"三位一体"，属于古典文献
学范畴，研究对象是古典文献本体，与当今的科技发展对文献工作的要求有很大的
距离。文献学应该是古典文献学和现代文献学研究的结合，既包括古典文献"目
录、校雠、版本"等文献本体问题，也包括古典文献的现代化、数据库化，以及古
典文献与现代学术研究关系的问题。《中国大百科全书·图书馆学·情报学·档案
学卷》提出"文献学是以文献和文献发展规律为研究对象的一门科学。研究内容包
括文献的特点、功能、类型、生产和分布、发展规律、文献整理的方法与文献学发
展历史等"，并从文献学研究内容和分支学科角度，对文献学内涵进一步具体化：

---

① 张舜徽：《中国文献学》，郑州：中州书画社1982年版，第4页。
② 郑玄（127—200），字康成，东汉著名经学家，遍注经书，是汉朝经学集大成者，世称"郑学"，
留存下来所注文献有《周礼注》《礼记注》《仪礼注》和《毛诗注》四种。
③ 王欣夫：《文献学讲义》，上海：上海古籍出版社1986年版，第5页。

（1）文献特点与功能研究，包括文献性质和定义，文献整体、不同类型文献乃至个体文献在发展和流传过程中的内容形式、特色及价值，文献在人类发展史上的地位和作用等。（2）文献类型研究，包括运用各种标准对文献类型进行划分，属于文献类型学研究范畴。（3）文献及文献学发展历史研究，包括文献的产生和发展过程；历史上文献聚散存佚及其内在规律等。（4）文献流研究，包括文献发展变化及其分布规律等，如文献的半衰期等，属于文献计量学的研究范围，目的是更好地收集、整理和利用文献。（5）对特定学科文献进行专门研究，形成专科文献学或专科目录学，如艺术文献学、经济文献学、历史文献学、文学文献学等。（6）对某一特定类型文献或某一特定文献群文献的研究，如图书文献学、专利文献学、敦煌文献学、纸草文献学、金石文献学等。（7）对文献的某些问题，如版本、校勘、辑佚等的研究，并形成版本学、校勘学、辑佚学等，与古典文献的关系最为密切，属于古典文献学的范畴。①

## 二、文献学的学科设置与研究现状

"我国古代无所谓文献学"，从宋末元初马端临《文献通考》这第一部以"文献"命名的著作，到20世纪30年代郑鹤声、郑鹤春《中国文献学概要》第一部以"文献学"命名的著作，标志着文献工作向文献学的转化，"文献学"逐渐成了一门学科。从现行学科目录体系看，中国大陆一些综合性大学、师范大学的中文系、历史系、图书馆学系，以及近百个古籍整理研究所大都设有文献学专业，名称或为古典文献学，或为历史文献学，或为文献学。根据1997年、2011年教育部颁布的学科专业目录，这些专业因所属学科不同又分三类：中国语言文学学科所属的中国古典文献学专业，中国历史学学科所属的历史文献学科专业，以及图书馆学、情报与文献学所属的文献学专业。三者在现行学科目录中，都属于二级学科。其中前两者，偏重古典文献学，以古典文献整理、校勘、辨伪、辑佚、版本等为主体，而后者属于现代文献学，其研究范围既包括古典文献的现代化及其利用问题，也包括现

---

①《中国大百科全书·图书馆学·情报学·档案学卷》，北京：中国大百科全书出版社1993年版，第491—492页，笔者对部分内容作了改动。

代文献发展现状及其规律，以及文献著录、检索和利用的研究。

就文献学研究成果而言，从20世纪30年代郑鹤声、郑鹤春撰《中国文献学概要》到80年代张舜徽撰《中国文献学》，文献学研究呈迅速发展的态势，以"文献学"命名的学术专著有二十余种，[①]如吴枫著《中国古典文献学》，王欣夫著《文献学讲义》，杜泽逊撰《文献学概要》，曾贻芬、崔文著《中国历史文献学》，谢玉杰、王继光主编《中国历史文献学》，赵国璋、潘树广主编《文献学辞典》，张君炎著《中国文学文献学》，单淑卿、张春玲著《中国经济文献学》等。这些著作或以古典文献为研究对象，或利用系统论、信息论的方法对文献本体发展规律进行探索，或者对专科文献进行研究，是文献学迅速发展的重要体现。

文献学的科学化、系统化，特别是专科文献学，如"文学文献学""哲学文献学""历史文献学""数学文献学""艺术文献学"等的提出和建立为文献学发展注入了新的活力。专科文献学的提出和建立是相应学科发展和完善的重要标志，但从总体上看这些文献著作仍然存在严重不足，具体表现在：其一，没有很好构建专科文献学框架体系，没有处理好古典文献学和现代文献学、文献学与其他学科的关系，甚至把图书馆学、情报学、档案学与文献学混在一起论述。其二，没有处理好古典文献学中版本学、辑佚学、目录学、校勘学与文献学整体框架的关系。其三，对一些文献概念缺乏清晰的界定，如"历史文献"，有的指"古典文献"，有的则指"历史学文献"。这与我国现行文献学分别隶属于不同一级学科的二级学科有直接关系，而专科文献学并没有单独作为某级学科出现。[②]鉴于文献学发展现状和学科设置的局限性，一些学者对目前文献学学科建设和发展提出了自己的看法。冯浩菲[③]先生认为应从学科整体层面对文献学进行整合，提升文献学地位，使之成为与哲学、法学、历史学、文学并列的一级学科，从理论层面和技术层面上对文献学进行综合

① 冯浩菲：《试论中国文献学学科体系的改造》，《文史哲》2002年第1期。

② "历史文献学"除外，它属于"历史学"下的二级学科，但"历史文献"往往被理解为"古典文献"，而不单纯指"历史学文献"。谢玉杰、王继光主编《中国历史文献学》认为："广义历史文献，系指一切文献；而狭义历史文献即历史学科史料文献，其中历史记注与撰述的典籍是狭义历史文献的主体。"从该书内容看，属于古典文献的范畴，没有涉及现代文献。笔者认为，应以"古典文献"的概念代替"历史文献"的概念，并使用"历史学文献"概念，建立专科"历史学文献学"，使文献学相关概念更加明晰，文献学及专科文献学研究更加具有针对性。

③ 冯浩菲（1942— ），甘肃甘谷人，山东大学古籍整理研究所教授，博士生导师。

研究，并结合古典文献和现代文献的特点，设"中国古典文献学"和"现代文献学"两个二级学科，在不同的一级学科下，分别设置二级专科文献学，如表一：①

**表一：艺术文献学在文献学学科体系中的位置**

| 一级学科 | 二级学科 | 三级学科 |
|---|---|---|
| 文献学 | 中国古典文献学 | 目录学 |
| | | 版本学 |
| | | 校勘学 |
| | | 训诂学 |
| | | 辨伪学 |
| | | 辑佚学 |
| | 现代文献学 | 古籍整理体式学 |
| | | 传统经学 |
| | | 文献信息学 |
| | | 文献计量学 |
| | | 文献传播学 |
| | | 其他 |
| 历史学 | 历史学文献学 | |
| 中国语言文学 | 文学文献学 | |
| 经济学 | 经济文献学 | |
| 数学 | 数学文献学 | |
| 医学 | 医学文献学 | |
| 哲学 | 哲学文献学 | |
| 艺术学 | 艺术文献学 | 美术文献学、音乐文献学、工艺文献学等 |
| 其他 | | |

---

① 冯浩菲：《试论中国文献学学科体系的改造》，《文史哲》2002年第1期。具体内容略有改动，隶属于"历史学"下的"中国历史文献学"改为"中国历史学文献学"，增加"艺术学文献学"这一专科文献学，以为本书研究服务。

## 三、艺术文献学的提出及其在艺术学学科体系中的地位

文献种类丰富，涉及学科多样，使得文献学具有交叉学科的特征，而在文献学规定的研究范围、方法、理论的基础上研究各门具体学科的文献，为各门学科研究服务，就出现了专科文献学，目前国内出版的专科文献学著作主要有《中国历史文献学》《中国经济文献学》《中国文学文献学》《中医文献学》等。著名艺术学家张道一先生在《应该建立"艺术学"》一文中对艺术学的学科体系进行了系统思考，把艺术学研究的主体和交叉学科进行了清晰界定，并明确了"艺术文献学"在艺术学学科体系中的地位和作用，认为艺术学的学科框架应该"在艺术各个部门，即音乐、美术、戏剧（戏曲）、电影（电视）、舞蹈等分别研究的基础上，须着手进行综合研究，探讨其共性，由个别上升到一般，使之进入人文科学"。在艺术学学科建设上，逐渐形成艺术原理、中外艺术史、艺术美学、艺术评论、艺术分类学、比较艺术学、艺术文献学、艺术教育学、民间艺术学九个主干分支学科，在此基础上艺术学与多学科交叉，形成中国艺术思维学、艺术文化学、艺术社会学、艺术心理学、艺术伦理学、宗教艺术学、艺术考古学、艺术经济学、艺术市场学、工业艺术学、环境艺术学等交叉的、边缘的新学科。[①]"艺术文献学"的提出，无论是对艺术学，还是对文献学的研究和发展都具有重要意义，是专科文献学发展的重要标志，也是艺术学发展和完善的重要体现。在1997年、2011年颁布的学科专业目录中，历史文献学早已是隶属于历史学的二级学科，而其他的专科文献学还未列入二级学科，但随着文献学研究的深入和发展，各门专科文献学的建立已是大势所趋。在1997年目录中，"艺术学"正式成为一级学科，"是将艺术作为一个整体从宏观角度进行综合性研究，以及将艺术中的各个不同类型分别进行专门性研究的人文学科的总称，它所涵盖的二级学科包括艺术学、音乐学、美术学、艺术设计学、戏剧戏曲学、电影学、广播电视艺术学、舞蹈学等"。在一级"艺术学"下设"艺术学"二级学科，"对艺术进行综合研究，探索其规律"，而在二级学科"艺术学"

---

① 张道一：《张道一文集》，合肥：安徽教育出版社1999年版，第11-14页。

的研究范围中，已明确了"艺术文献学"的位置，或者说"艺术文献学"已经成为艺术学下的"三级学科"，与艺术原理、中外艺术史、艺术美学、艺术评论、比较艺术、艺术分类学、艺术形态学、民间艺术、艺术文献学、艺术教育学、艺术管理等并列，可见"艺术文献学"在艺术学研究中的地位。在2011年颁布的学科专业目录中，艺术学成为独立门类，艺术文献学应该可以上升为二级学科。

"艺术文献学"的建立是艺术学和文献学学科交叉的结果，也是艺术学建立、发展和完善的需要，既是艺术学的分支学科，也是艺术学其他分支和交叉学科的基础学科。

## 第三节　艺术文献学的研究对象

就文献学的研究对象和目的而言，因文献有古典文献和现代文献之分，存在争议，古典文献学研究偏重目录、版本、校雠，这一点从一些文献学家的观点就可以看出，"目录、版本、校勘，皆校雠家事也"[1]，"本编亦采用其谊，结集、翻译、编纂诸端，谓之文，审订、讲习、印刷诸端谓之献。叙而述之，故曰文献学"[2]。《中国文献学概要》不但结束了中国古代有"文献工作"而无"文献学"的历史，并确定了"文献学"研究目的是"对中国文献的研究、整理以及开发、传播和利用"[3]。"申明中国文献的地位与世界潮流之趋势，以总其要。典籍结集，为文献学上最重大事业，故首及之。然结集而不施以审订，则无以取精而用宏，择要而弃微，故审订又次之。既审订矣，而不能'涉其流，探其源，采剥其华实，而咀嚼其膏味'（苏东坡《李氏山房藏书记》），则结集审订皆虚事，仍不能发扬其光辉，故讲习又次之。故结集表也，审订里也，讲习则表里兼顾者也。自外学输入，然后有翻译之事业，自印刷发明，而后有编纂之规模，皆吾国文献学上之伟

① 张舜徽：《广校雠略》，北京：中华书局1963年版。
② 郑鹤声、郑鹤春：《中国文献学概要》，上海：上海古籍出版社2001年版，第1页。
③ 郑鹤声、郑鹤春：《中国文献学概要》，上海：上海古籍出版社2001年版，"导读"，第3页。

大纪念物焉。并次而论之。至于艺术部分，世有专书，不复详云。"① 被称为中国

"文献学"奠基性著作的《中国文献学》提出："对那些保存下来的和已经发现了

的图书、资料（包括甲骨、金石、竹简、帛书），进行整理、编纂、注释工作，使

杂乱的资料条理化、系统化；古奥的文字通俗化、明朗化，并且进一步去粗取精，

去伪存真，条别源流，甄论得失，给研究工作者们提供方便、节省时间，在研究整

理历史文献方面，做出有益的贡献，这是文献学的基本要求和任务。"② 这里的文

献学，其研究对象偏重于古典文献，只研究古典文献分类、目录、版本、校勘、注

释、整理等，基本没有摆脱古典文献工作范畴。而文献学研究应该包括古今各种文

献，或用现代手段方法研究古典文献，古典文献只是其中的一部分。对文献学研

究对象和目的比较权威系统的定义应当是前面提到的《中国大百科全书·图书馆

学·情报学·档案学》"文献学"条，这一界定可以作为包括艺术文献学在内的专

科文献学的理论基础。

艺术文献学首先必须弄清古今"艺术"内涵的差异，以及艺术文献的分布范

围，以此为依据，以目录学为基础，运用版本、校勘、辨伪、注释、编纂等方法手

段对艺术文献进行相应处理，为艺术学研究服务。另外解读艺术作品本身所包含的

艺术信息和其他相关信息，也是艺术文献学研究的重要内容；艺术作品属于文献范

畴，晋陆机说"宣物莫善于言，存形莫善于画"，从文献学的角度可理解为文字文

献和美术作品文献的优劣。就艺术文献学的研究内容来看，包括艺术文献本体研究

和处理，以及艺术文献如何被方便有效利用，并辅助艺术学研究的问题。艺术文献

学作为艺术学和文献学的交叉学科，其研究与一般文献学、艺术学、文物学、金石

学、图书情报学、计算机科学等存在着密切关系，而艺术文献学又服务于艺术原

理、艺术史学、艺术批评学、艺术美学、艺术考古学等研究。

艺术文献学的研究内容包括以下几个方面，由此构成了艺术文献学的基本框

架：

一、艺术文献学基本理论研究。即研究艺术文献基本理论、应用理论和检索理

论，确定艺术文献学的学科性质、特征、体系，艺术文献学建立的意义，以及弄清

① 郑鹤声、郑鹤春：《中国文献学概要》，上海：上海古籍出版社2001年版，"例言"，第1页。
② 张舜徽：《中国文献学》，郑州：中州书画社1982年出版，第4页。

它与艺术学、文献学、图书情报学、考古学、文物学、金石学等的关系。艺术文献学作为艺术学和文献学的交叉和分支学科，是以一般文献学原理和方法为基础，以艺术文献为研究对象，探讨艺术文献的发展源流、组成结构、分布状况及其整理、开发、利用的理论和规律的学科。

二、艺术文献内涵的界定及艺术文献的基本特征研究。弄清古代"艺术"内涵发展和演变过程，确定与今天艺术文献内涵相一致的古典艺术文献分布范围，并从古典经、史、子、集文献中对零星、分散的艺术文献进行收集、整理和归类。

三、文献学与艺术学关系研究。包括艺术文献学在艺术学学科体系中的地位研究；艺术文献学与艺术学主体和交叉学科，如艺术原理、艺术史、艺术批评学、艺术考古学等之间关系的研究。

四、艺术文献内容研究。主要是以文字形式出现在各种载体的艺术信息，包括艺术史料、艺术思想、艺术家及其他相关内容。

五、艺术作品的文献属性研究及其蕴藏各种信息的解读和利用。结合文字艺术文献、艺术作品，以及其他社会因素，阐释古代艺术现象，并分析艺术作品本身所包含的艺术信息和其他信息，如利用图像学原理，对美术作品进行图像学分析，建立以传世美术作品及考古发现美术作品为主体的图像文献学体系或图像艺术史。法国历史学家伊波利特·泰纳曾说："我立志要以绘画而非文献（指文字文献）为史料来撰写一部意大利历史。"此言阐述的是绘画作品本身的文献价值。这一点也是艺术文献学虽然作为文献学的一个分支，而不同于一般文献学和其他专科文献学之处，如文学文献学、历史文献学等都主要是以文字文献为研究对象的。

六、门类艺术文献研究。即针对不同门类的艺术文献，结合学科发展需要，进行专门研究。根据2011年颁布的学科专业目录，艺术学上升为学科门类，下设艺术学理论、音乐与舞蹈学、戏剧与影视学、美术学、设计学五个一级学科。不同门类的艺术文献，因本身性质特点不同，其内容差异比较大，研究方法的侧重点也不一样。美术文献学研究多侧重文字文献，或结合美术作品进行相互印证，以及对美术作品文献属性进行分析利用；而音乐、舞蹈、戏剧等表演艺术，除了研究文字文献之外，重点是对艺术作品本身的整理和研究。在丰富的文献中，音乐、戏曲、美术文献种类非常多，单就乐论、曲论、书论、画论等著作文献而言数量就非常可观，而且还有大量的艺术言论、艺术史料散见于经、史、子、集各部文献之中。

单纯以"艺术文献学"概括艺术各门类无法反映艺术文献的个性风貌，门类艺术文献研究包括：美术文献研究，包括绘画、书法、设计艺术（工艺美术、建筑等）、摄影①等的文献研究。古典美术文献在所有门类的艺术文献中，数量是最多的，有的以绘画、书法、工艺等名称或著作形式出现，而大多则不以具体美术文献名称存在，如经部零散言论和图说、史部艺术家传记、子部"艺术、谱录、杂家"等，以及集部总集、别集、诗、词、曲、语录、偈、随笔、尺牍等，金石文献也可视为美术文献的一部分。

音乐舞蹈文献研究。音乐和舞蹈是最古老的艺术形式，音乐和舞蹈文献在古典艺术文献中占有重要位置。早在商周时期，当雅乐和民乐组成乐舞在艺术舞台上大行其道时，就出现了记录乐舞演出盛况，并加以品评的文献《季礼观乐》。而探讨音乐与政治、伦理、风俗教化关系的内容，不但在先秦诸子言论中广泛分布，而且在《左传》《国语》《战国策》等史书中也有记载，更有汇集先秦诸家音乐美学思想之大成的《乐记》，还有《吕氏春秋》之《大乐》《奢乐》《适音》《古乐》《音律》《音初》诸篇。《周易》中有"象曰，雷出地奋，先王以作乐崇德，殷见之上帝，以配祖考"的记载，说的是艺术起源与宗教之间的关系。音乐、舞蹈文献研究应该从先秦诸子文献入手，由此深入到汉代刘向父子整理的各类文献，以及音乐舞蹈著作。音乐舞蹈文献的研究目的在于挖掘传统音乐舞蹈艺术思想，如音乐与政治、伦理、道德之间的关系，理清音乐舞蹈发展历史，收集整理历代音乐舞蹈作品，以服务于现代艺术学研究。中国音乐舞蹈文献非常丰富，在历次大规模文献整理中，史书"艺文志"，以及文人笔记中都有记录。除了《管子·地员》《墨子·非乐》《荀子·乐论》《乐记》《乐论》《敦煌乐谱》《敦煌舞谱》，以及《唐会要·乐类》（北宋王溥）、《通志·乐略》（南宋郑樵）、《文献通考·乐考》（宋末元初马端临）等专门音乐舞蹈文献外，尚有大量分布于文人笔记和著作中，如《梦溪笔谈·乐律》及类书《古今图书集成·经济汇编·乐律典》等。音乐舞蹈文献研究，除了借助文献学知识，如校雠、训诂等之外，还必须了解美学、社

① 摄影是1839年法国人达盖尔发明的，不到两百年的历史，摄影文献可以不列入古典美术文献范畴。

会学、伦理学以及音乐舞蹈知识。就唐《教坊记》《羯鼓录》《乐府杂录》等音乐舞蹈文献而言，必须了解唐朝社会文化背景以及人们的审美观念，由此才能阐释唐朝乐舞的精髓。早期音乐文献有的又可视为社会学、伦理学文献，如《墨子·非乐》[1]，本身具有重要的社会学价值。音乐文献研究不但是文献本体及其利用的问题，更重要的是通过文献研究，结合相关学科，对艺术思想和艺术本质问题进行探索。这一目的在中国书画文献的研究中同样存在。

戏曲文献，多为元明清时期的，特别是明清之际，各派曲论、曲话、曲品、剧品、剧说、剧话，以及戏曲作品本身，都是门类艺术文献研究的重要内容。中国古典艺术文献数量，美术文献占首位，其次则是音乐舞蹈和戏曲。

七、以艺术文献学研究成果为依据，进行艺术学理论研究。艺术文献的内容涉及艺术起源（艺术发生学）、艺术史、艺术美学、艺术哲学、艺术批评（艺术品评）、艺术思维、艺术创作等，而这些又是艺术学学科体系的重要组成部分。通过艺术文献的研究和利用，可以构建艺术史、艺术美学思想史、艺术哲学史、艺术批评史、艺术思维学等艺术学的分支学科。艺术文献学是艺术学发展、建设和研究的基石。梁启超在谈到清初史学建设时说："明清之交各大师，大率都重视史学——或广义的史学即文献学。"[2]"史学"即"历史科学"，"研究和阐明人类社会发展过程的学科"。[3]梁启超将广义史学等同文献学，并非概念模糊，而是强调文献学对史学研究的重要意义。艺术文献学研究，其意义在于艺术学学科的完善，以及辅助艺术学的相关研究。

八、了解艺术文献版本、校雠、注释、辨伪等基本知识，通过辨伪、校雠、版本等方法对艺术文献的真实性、完整性进行求证。在此基础上，对艺术文献进行分类整理、汇编、翻译，并对古典文献进行现代语释。研究艺术文献目录产生、演变、分类特点及其应用。

九、专题艺术文献研究，如文人画与南北宗、宗教美术、敦煌艺术文献等。

---

① 墨子时代"乐"主要是指音乐，同时还包括歌舞、杂技，甚至于绘画、雕饰、旅游、狩猎等，见谭家健：《墨子研究》，贵阳：贵州教育出版社1995年版，第166页。

② 梁启超：《中国近三百年学术史》，天津：天津古籍出版社2003年版，第96页。

③ 宋原放主编：《简明社会科学词典》，上海：上海辞书出版社1982年版，第227页。

专题艺术文献可以结合艺术学专题需要进行研究，形成的文献属于"三次艺术文献"。

十、专书艺术文献研究，如《历代名画记》版本研究、历代《考工记》研究文献目录等。

艺术文献学不同于传统意义"目录、版本、校雠"三位一体的古典文献学，也不同于以检索利用为目的，注重文献信息属性研究的现代文献学。在艺术文献学研究中，文献内涵和形式有别于一般文献，其研究范围包括各种与艺术相关的文字文献、艺术作品本身，以及金石文献，并要借助一般文献学及其他专科文献学的方法，同时又因艺术学研究需要，具有自身的特点规律。

## 第四节　艺术文献学的研究方法

艺术文献学是文献学和艺术学的交叉和分支学科，属于专科文献学的范畴，是艺术学研究的基础。艺术文献学不同于一般文献学，是从艺术文献的一般文献属性出发，结合艺术文献本身特点和艺术学研究需要，把文献学、艺术学、文物学、金石学、图书馆学、信息技术等结合起来进行的重新定位。艺术文献学研究方法主要有：

一、借助校雠学的方法，对文字艺术文献进行校勘整理，即"比勘篇籍文字同异而求其正"[①]。校雠是古典文献整理的基础工作，对古典艺术文献而言，校雠也是关键的一环，又与版本学、辑佚学、辨伪学密切相关。

二、借助版本学的方法，在众多艺术文献版本中选择最权威、最接近文献原貌的版本，并对各种版本进行研究，建立艺术文献版本目录。文献版本的丰富始于宋朝活字印刷术出现以后，"版印书籍，唐人尚未盛为之。自冯瀛王始印五经，已后典籍，皆为版本"（《梦溪笔谈·技艺·活版印刷》）。[②]中国艺术文献丰富，版本众多，在始于汉代刘向父子的历次文献整理中，艺术文献都占有相当大的比重，到了明清，艺术文献数量激增，其中很大一部分是对前人著作及其

---

[①] 赵国璋、潘树广主编：《文献学辞典》，南昌：江西教育出版社1991年版，第669页。
[②] 胡道静、金良年：《梦溪笔谈导读》，成都：巴蜀书社1998年版，第232页。

艺术言论的编辑和整理。仅张彦远《历代名画记》就有欧阳修编《新唐书·艺文志》（宋刊本）、《崇文总目》（宋刊本）、《太平广记》（宋刊本）、《太平御览》（宋刊本）、《唐宋画苑珠林》（明刊本）、《王氏书画苑》（明刊本）、《绘事微言》（明唐志契编）、《珊瑚网》（明汪砢玉）、《津逮秘书》本、《说郛》本、《古今图书集成》本、《佩文斋书画谱》本、《四库全书》本、《学津讨源》本，以及沈子丞编《历代论画名著汇编》、于安澜编《画史丛书》等近30余个版本，[①] 各版本差别比较大，有的是全本，有的则为删减或分类辑录本。艺术文献学研究，尽量寻找全本和官刻本进行，其他版本则作为校雠的辅助资料。全本能够了解艺术文献的全貌，而官刻本注重校雠，更接近艺术文献的本来面貌。对某文献各种版本进行综合研究，记录版本信息，形成版本目录，对艺术学研究和艺术文献学研究具有重要价值。

三、借助文献辨伪的方法。"所谓伪书，就是一书的公认著者及时代并非这书的真正著者与时代"，[②] 如《神农本草经》相传为古代神农作，《黄帝内经》相传为黄帝作，《列子》相传为先秦列御寇作，经文献学家辨伪，都是伪书。古代伪书甚多，宋朱熹曾慨叹："天下多少是伪书，开眼看得透，自无多书可读。"（《朱子语类·卷八十四》）清人张之洞也指出："一分真伪，而古书去其半。"（《輶轩语·语学》）艺术文献如同艺术作品一样存在"名不副实"的现象，即存在伪书。余绍宋《书画书录解题》卷九专列"伪托类"。

四、借助目录学方法，建立艺术文献专科目录。"校雠在目录之先，目录为校雠之果。古之书籍，未经过校雠，难于著录，故两事相因，难以分辨。"[③] 艺术文献目录包括：艺术作品目录（图录）、著述文献目录、金石目录、专书文献目录。

"我国艺术，最尚书画，故书画目录发生最早，论其先后，仅次于文章志及佛经录。刘宋时虞龢首撰《二王》（即王羲之和王献之作品目录。）、《镇定书目》各六卷、《羊欣书目》一卷、《钟张书目》一卷。其后梁傅昭有《法书目录》。"[④]

① 据谢巍：《中国画学著作考录》，蒋孔阳、高若海主编：《中国学术名著提要·艺术卷》统计。
② 杜泽逊：《文献学概要》，北京：中华书局2001年版，第226页。
③ 姚名达：《中国目录学史》，上海：上海古籍出版社2002年版，第143页。
④ 姚名达：《中国目录学史》，上海：上海古籍出版社2002年版，第282页。

可见艺术作品目录很早就出现了。《书画书录解题》是著述文献最重要的"解题目录"。建立艺术文献目录是研究艺术发展，充分利用文献的重要方法途径，"目录是打开人类知识结晶的钥匙，假设没有钥匙，吾人就不容易得其门而入"①。

　　五、艺术文献搜集、分类、整理和结集。"典籍结集，为文献学上最重大的事业，故首及之。然结集而不施以审订，则无以取精而用宏，则要而弃微，故审订又次之。"②文献分类结集，始于汉朝刘向、刘歆父子，并逐渐形成了"四分法"③，艺术文献搜集、整理和结集是指从浩瀚文献中搜集、整理与艺术相关的文献，并结合版本、校雠等相关知识，形成专门艺术文献总集的过程。在这个过程中，必须弄清中国古代"艺术"概念，以及古典艺术文献的分布情况。要做到这一点，必须明确两点：其一，现代意义的"艺术"概念是从西方"art""fine art"来的，与传统"艺术"内涵不同，不能把古典文献中称为"艺""艺术"的内容等同于今天的"艺术"；其二，在古典文献中，除了以绘画、音乐、舞蹈、戏剧、书法等名称出现的艺术文献外，众多艺术文献分散于浩瀚的文人笔记、别集、总集，以及历史文献"传记""艺文志""经籍志"等中间，要系统整理这些艺术文献资源必须借助目录学的研究成果。

　　艺术文献分类问题是文献整理的关键之一。中国古典文献一般分"经、史、子、集"四部，各大类又分若干小类，成书的艺术文献主要在"子部"的"艺术类""谱录"中，但这只是艺术文献的一小部分，而大量分布于"经、史、子、集"各部之中。对艺术文献的分类整理，既不能延续古典文献的"四分法"，也不能简单利用现代图书馆分类方法，而应该结合艺术分类学相关知识，以及艺术文献内容、形式特点进行分类。按照艺术门类可以把艺术文献分为美术文献、音乐文献、戏曲文献等；每类艺术文献按其内容又可分为原理、历史、品评或批评等；按照文献存在形式，又分单句、篇和著作；按照文献的形成过程，又可分为著、编、

---

① 武汉大学、北京大学编：《目录学概论》，北京：中华书局1982年版，第5页。
② 郑鹤声、郑鹤春：《中国文献学概要》，上海：上海古籍出版社2001年版，第1页。
③ 中国古代文献分类方法，汉朝刘向、刘歆撰《七略》将文献按内容分七类，南朝齐王俭撰《七志》，三国魏郑默编文献目录《中经》，后由荀勖改为《中经新簿》将文献分"甲、乙、丙、丁"四部，唐魏征撰《隋书·经籍志》，将"四部"定为"经、史、子、集"，清朝《四库全书》完善了"四部"分类之法，成为古典文献分类整理的主导方法，直到近代西方文献分类方法传入后，才结束其历史使命。

注疏、结集、丛书、类书、索引、目录等；按时间又可分为古典文献、近代文献、现代文献、当代文献等。

分类结集是艺术文献系统整理的重要方式，结集的方式可以是选择优良版本进行全文照录，如卢辅圣主编、上海书画出版社出版的《中国书画全书》，也可以择要点进行分类处理，如俞剑华的《中国古代画论类编》，或采用类书方式，如清王原祁等编《佩文斋书画谱》①，以及采用丛书的方式，如近人黄宾虹、邓实编《美术丛书》等。艺术文献整理结集首要的是对历代单独成书的文献进行系统整理，在整理过程中版本鉴定和选择非常重要，要尽量选初刻本、足本、手稿本、精刻精校本、官刻本。除了单独成书的艺术文献外，先秦诸子、文人著作、书画题跋、地方志、正史艺文志等文献中还有大量的艺术文献资料，是艺术文献的重要组成部分，也需编辑整理。王原祁等编《佩文斋书画谱》涉及1844种各类文献，包括诸子、正史、别传、地方志、文人著作、金石文献、类书，以及大量独立存在的艺术文献，如《周易》《庄子》《韩非子》《尚书》《周礼》《春秋左传》《三国志》《史记》《汉书》《孔子家语》《王羲之别传》《分省人物志》《南平县志》《金石契》《金石录》《金石史》《艺文类聚》《太平御览》《太平广记》《历代名画记》和《图画见闻志》等。

六、艺术文献的注疏、标点、翻译。注疏其实就是对文献的解释，这项工作最早可以追溯到孔子以《诗》《书》《礼》《乐》对古典文献进行的讲解。张彦远《历代名画记》对谢赫《古画品录》的辑录和解释也属此列。艺术文献标点、翻译，是对古典艺术文献进行现代语释及方便利用的重要措施。文献学家郑鹤声、郑鹤春把"翻译"作为文献学研究的重要方法和组成部分，认为翻译是中国文化现代

①《佩文斋书画谱》，1984年中国书店根据1919年扫叶山房本影印出版，封面注为王原祁等纂辑，而在该书"旨纂辑佩文斋书画谱官"按顺序是孙岳颁、宋骏业、王原祁、吴暻、王铨。谢巍先生在《中国画学著作考录》一书的"佩文斋书画谱一百卷"条目中注明作者为孙岳颁，分修者为宋骏业、王原祁、吴暻、王铨；赵国璋、潘树广主编《文献学词典》"佩文斋书画谱"为"清康熙帝命孙岳颁等人纂辑。王原祁总纂"。本书中采用1984年中国书店出版的版本，将王原祁列为第一责任者。王原祁（1642—1715），字茂京，号麓台，别号石师道人，江苏太仓人，清初"四王"之一王时敏的孙子，康熙九年进士，精通画理，"以画供奉内廷，命鉴定内府名迹"，官至户部侍郎。康熙四十四年担任《佩文斋书画谱》总纂官。王原祁为清代著名画家，"幼作山水，已似其祖"，"于黄公望浅绛独有心得，晚好用吴镇墨法"，张庚评其画"熟不甜，生不涩，淡而厚，生而清"，著有《大陆泽图说》《雨窗漫笔》《麓台题画稿》《罨画楼集》《王司农题画录》。

化和融入世界文化的重要手段。

　　七、艺术文献载体转移与数据库建立。文献学研究的目的之一是促进文献保护和方便使用，而保护和方便使用最有效的方法是实现古典文献的载体转移，并建立有效和方便检索的数据库。可以用于文献载体转移的材料有胶卷、光盘、磁性材料、计算机存储器等。

　　八、利用考古学、文物学、图像学、艺术学方法，解读艺术作品包含的信息，实现艺术作品的文献化，挖掘其特殊的文献价值。在艺术文献学研究中，单纯以狭义文献为研究对象，有很大的局限性。文字文献研究有时无法解读艺术本质内涵，如音乐、舞蹈、民歌、民间美术等等就是如此。在艺术文献学理论研究中，不能单纯从狭义文献着眼，而应该放在广义艺术文献中去探索。张舜徽先生对文献的解释对理解这一现象有一定借鉴意义，他指出"'文献'，既是一个旧名词，自有它原来的含义和范围。我们今天既要借用这一名词便不应该抛弃它的含义而填入别的内容。近人却把具有历史价值的古迹、古物、模型、绘画，概称为历史文献，这便推广了它的含义和范围，是和'文献'二字的原意是不相符合的。当然古代实物上载有文字的，如龟甲、金石上面的刻辞，竹简、缯帛上面的文字，便是古代的书籍，是研究整理历史文献的重要内容，必须加以重视。"[①] 这一观点虽然反对把实物、艺术作品当作文献，但并不否认它们的文献价值与用途。艺术作品的文献价值往往超出艺术学研究的范畴，而成为历史学、考古学等学科研究的辅助文献。

　　艺术文献学研究方法和目的密切相关，可以概括为：艺术文献的系统化——目录、结集、分类整理；艺术文献的科学化、客观化——版本、校勘、辨伪；艺术文献的现代语释——断句、注释、翻译；艺术文献的信息化——载体转移与数据库的建立；艺术作品信息解读——图像学方法运用与图像艺术史的建立；利用艺术文献学的研究成果，辅助艺术学研究。

---

　　① 张舜徽：《中国文献学》，郑州：中州书画社1982年版，第3页。

# 第五节　艺术文献学与相关学科的关系

艺术文献学属于艺术学与文献学交叉形成的艺术学、文献学分支学科。艺术文献学的研究对象、方法和目的，决定了它与一般文献学、艺术学、金石学、文物学、图像学、图书馆学，以及计算机科学之间存在密切关系。

一、艺术文献学与艺术学。"艺术学或一般艺术学，就是根据艺术特有的规律去研究一般艺术的一门科学。"[1] 艺术文献学是艺术学的基础学科，张道一先生将"艺术文献学"列为与"艺术原理""艺术史""艺术美学""艺术批评""艺术分类学""比较艺术学""艺术教育学"和"民间艺术学"并列的艺术学分支学科之一，也就是说"艺术文献学"是艺术学学科体系的构成元素。除了艺术文献学本身地位决定了其与艺术学的关系之外，艺术学其他分支学科，以及艺术学与其他学科交叉产生的学科与艺术文献学都存在密切关系。艺术史研究，除了以传世艺术作品以及考古发现的艺术作品为研究对象之外，借助艺术文献的记载了解古代艺术作品、艺术家、艺术思想、艺术现象等也是必经之路，而且传世艺术作品的真伪也存在与文献记载相互印证的问题。对艺术原理、艺术创作、艺术批评、艺术考古学等艺术学分支学科和交叉学科而言，古典艺术文献同样可以提供丰富资料。对具体艺术作品的信息解读还是艺术文献学的研究任务之一。因此，可以说：艺术文献学是艺术学的组成部分，也是艺术学一些分支学科和交叉学科研究的基础，艺术学的建立、发展和完善，离不开艺术文献学。

二、艺术文献学与一般文献学。艺术文献属于一般文献的子概念，具有一般文献的基本属性，同时也有不同之处。艺术文献学必须借助文献学基本方法，并结合艺术文献自身特征进行研究。例如，艺术文献本身与艺术作品一样存在真伪问题，判定其真实可靠与否，必须借助一般文献学的方法，如版本、辨伪、校勘、音韵、训诂、目录等。另外，中国古代艺术文献除了"书画""音乐""艺术"等名下的

---

① 马采：《艺术学与艺术史文集》，广州：中山大学出版社1997年版，第1页。

之外，还有大量艺术文献并没有冠以"艺术"名称，广泛分布于"经、史、子、集"等文献中，对这些艺术文献的系统整理和现代化也必须依靠一般文献学知识、方法和研究成果。艺术文献学研究必须借助比较成熟的文献学方法进行。艺术作品的特殊文献属性，决定着它承载的信息对其他学科研究具有重要意义，在某种程度上，艺术作品具有多学科文献属性。

三、艺术文献学与文学文献学。从中国目前学科体系看，或者说狭义的艺术不包括文学，但文学和艺术存在密切关系。文学文献和艺术文献之间的关系主要体现在三方面：其一，许多艺术作品取材于文学故事，如顾恺之《女史箴图》《洛神赋图》。《女史箴图》取材于西晋文学家张华撰《女史箴》，后者是为批评西晋惠帝时贾后的专权，宣传封建妇德而作，全文334字，根据《晋书·张华传》记载，此人"学业优博，辞藻温丽"。顾恺之以此文学作品为基础，创作《女史箴图》。《洛神赋图》则是根据三国文学家曹植《洛神赋》而作。分布于山东、河南、四川、陕西各地的石刻画像，多为民间画工所为，不少是取材于神话故事、历史传说，如四川新津画像石中的《伏羲》《女娲》《孔子问礼》《荆轲刺秦王》等；其二，中国早期书画文献是以题赞、题记的形式出现的。汉蔡邕始作画赞，开画、书、文结合的先河。东汉刘庄《图赞五十卷》、赵岐《图像赞》、曹植《画像赞五卷》等艺术文献，在后来文献整理中，大量被收集到"史书"的"艺文志"中，如《画像赞五卷》被《艺文类聚》《太平御览》《汉魏六朝百三家》等文献之中。这些以文学形式对艺术进行描述和记录的艺术文献，与专门艺术文献相互印证，可以增加艺术文献的可靠性，并了解艺术作品的基本情况；其三，中国文人书画艺术的兴起、发展和昌盛，造就了文人和艺术家的密切关系，宋、元、明、清一些文人本身就是书画家，而书画家本身也有很高的文学造诣，因而才创造出"诗、书、画、印"一体的文人艺术。文人别集既是珍贵的文学文献，同时包含了大量有极高价值的艺术文献，一般以"诗、词、歌、赋、跋"等形式存在，对艺术美学、艺术批评，以及艺术创作等具有重要作用。借助文学文献学的研究成果可以加快和完善艺术文献学的研究。文学文献学属于专科文献学，艺术文献学可以借鉴其方法和体系。目前国内已经出版了多部以文学文献为主题的著作，如张君炎著的《中国文学文献学》、孙立著的《中国文学批评文献学》等。

　　四、艺术文献学与金石学。从文献学角度来说，金石属于文献的载体之一，金石铭文就是文献。从艺术学角度来看，金石本身属于艺术作品，如青铜器是工艺美术品。有的属于书法作品，如石刻铭文、金文（钟鼎文），或绘画作品，如画像石、岩画等。金石学研究的对象虽然属于艺术作品范畴，但金石学研究的方法和目的是"著录、摹写、考释和评述，用以证经典之同异，证诸史之谬误，补载籍之缺佚，考文字之变迁"。即使这样，金石学研究成果也可以作为艺术学研究的重要依据，金石文献也是艺术文献学研究的范围。金石文献除了具有历史、文学、经学等价值之外，对书法艺术、雕刻艺术和早期绘画艺术研究具有重要作用。以书法为例，历代碑刻有篆、隶、楷等，保留了大量的别体字，是研究汉字演变及书法艺术源流最可靠的资料。

　　五、艺术文献学与文物学。"文物是人类创造的物质文化遗存和精神文化的物化遗存"，按照国际惯例，文物是指100年以前制作的具有历史、艺术、科学价值的实物。文物学则是以文物为研究对象的专门学科。[1] 根据《中华人民共和国文物保护法》，文物包括：具有历史、艺术、科学价值的古文化遗迹、古墓葬、古建筑、石窟寺和石刻；与重大历史事件、革命运动和著名人物有关，具有纪念和教育意义的建筑、遗址和纪念物；历代珍贵的艺术品、工艺美术品；重要的革命文献资料以及具有历史、艺术、科学价值的手稿、古旧图书资料等；反映历史各时代、各民族社会制度、生产、生活的代表性实物，以及具有科学价值的古脊椎动物化石和古人类化石。[2] 艺术文献学与文物学之间的关系表现在三个方面：（1）古典艺术文献学的研究对象属于文物学研究范围：其一，包括艺术文献在内的部分古典文献属于文物范畴；其二，古代艺术作品、金石作品属于文物；其三，有艺术价值的艺术遗迹属于文物学研究范围。1950年创刊的《文物》[3] 涉及内容非常广泛，包括青铜器、玉器、漆器、金银器、陶瓷、书法、绘

---

　　① 吴诗池：《文物学概论》，上海：上海文艺出版社2002年版，第1—3页。
　　②《中国大百科全书·文物·博物馆卷》，北京：中国大百科全书出版社1993年版，第586页。
　　③ 中国考古界、历史学界的学术刊物。1950年1月31日创刊，初名《文物参考资料》，1959年改名《文物》，主要发表文物考古方面的新资料和研究成果。

画、碑志、玺印、版本、服饰、古建筑、园林、石窟寺、园林、钱币、文房四宝、革命文物等，从中可以看出文物与艺术之间的关系，以及文物学与艺术文献学的关系。（2）文物学和艺术文献学可以相互利用对方的研究成果辅助各自研究，如艺术作品的研究考证、文献版本鉴定、实物文献的发现等。（3）文物学和艺术文献学在研究范围上存在交叉，但二者目的不同。艺术文献学研究目的在于文献本体的保护与利用，以及艺术作品本身的文献属性，最终目的是为艺术学研究提供有效信息。而文物学目的在于研究"文物价值、作用、分类、器物与遗迹、鉴定、保护、管理和收藏"等。①

综上所述，艺术文献具有一般文献的共性，又具有自身的特点。艺术文献学以艺术文献为研究对象，是艺术学与文献学的交叉学科，同时与文学文献学、金石学、文物学等学科密切相关。本书将就中国古代艺术概念的内涵、艺术文献的分布、艺术文献学的研究范围、艺术文献学的研究方法、艺术文献的分类、艺术作品的文献属性，以及艺术文献的运用与艺术原理研究、艺术史研究的关系进行系统论述。

---

① 吴诗池：《文物学概论》，上海：上海文艺出版社2002年版，第5-7页。

图35　[宋]佚名　《山水图轴》

范中立别号宽陵西
岸原人上以兹画特
赐内阁大学
士商业
宋公玄平先
生画之博大
奇奥气骨玄
邃用荆关童
巨运之一机而
灵韵雄邃允
为古今第一
佗如薄浅草
隘小香致譬
营邺小国本非
坛壇盟长
公以第一流人
锡天下第一画
懋道德勋
业昭扬
休命真博大亦
可知已

图36 [北宋] 范宽 《雪山萧寺图》 台北故宫博物院藏

# 第一章　艺术文献学研究的对象范围

　　一门学科的产生、发展和成熟，必须有自己的研究对象和目标。作为文献学和艺术学的交叉学科——艺术文献学也不例外。文献学的研究对象是就是文献，而文献的内容和载体的多样性决定了文献学研究对象的复杂性。就一般文献载体而言，包括甲骨、金石、竹木、帛纸等，其中现存古典文献的主体是纸；就其内容而言，经、史、子、集各部文献浩如烟海。艺术文献学的研究对象是艺术文献，如果从"文献是人类知识信息载体"出发，艺术作品本身也属于文献的范畴。除了艺术作品外，以文字形式存在于各种载体的艺术文献理所当然属于艺术文献学主要的研究对象。金石既是古代文献的载体之一，同时又是艺术表现的媒介，金属工艺品、碑刻、石刻画像本身是艺术作品，因而金石作品本身以及记录、研究金石的文献也属于艺术文献学研究的范围。因此艺术文献学研究的对象范围包括文字艺术文献、艺术作品、金石文献和图录。

## 第一节　艺术文献学的研究范围之一——文字文献

　　"文字文献"是以文字记录知识信息形成的文献。这里提出"文字文献"的概念目的是与"艺术作品"文献相区别。文字文献主要是纸文献，但也不排除其他载体的文献，如考古挖掘出的先秦诸子竹简中包含的艺术思想主张，以及青铜器等工艺品的铭文等也属于文字艺术文献。除了特殊载体的文字文献之外，艺术文献学主要的研究对象是分布于"经、史、子、集"各类文献中的艺术文献。中国文献资源丰富，艺术文献在各类文献中所占的比例比较大。但值得注意的是，从今天的艺术概念出发，古典文献分散着大量艺术文献，在历次文献整理中，没有归入艺术文献名下；而由于古今"艺术"概念内涵的差异性，古代归入"艺术"名下的文献有的又不属于今天"艺术文献"范畴。因而，在研究艺术文献学时弄清不同时代"艺术"概念，了解中国古代"艺术"内涵的演变，确定艺术文献的分布情况，是十分必要的。

## 一、中国古代"艺术"内涵的演变

艺术文献是记录艺术知识信息的载体，其定义与"艺术"内涵有直接关系。在中国古典文献中，"艺术"一词由"艺"发展而来，如《论语》"游于艺""求也艺"，《庄子》"说圣人耶，是相当于艺也"。这里的"艺"指的是实际生活中某些技巧能力。[①]《史记·孔子世家》说："弟子三千人，身通六艺者七十二人。"所谓"六艺"就是"礼、乐、射、御、书、数"，是古代知识分子必修的六种科目，其中"书"和"乐"与今天的艺术有关，其他都是君子立业所必须具备的能力和技术。[②] 到西汉初年称"六经"为"六艺"。"艺术"一词最早出现在《后汉书·成帝纪》卷26："顺帝永和元年（136年），又诏（伏）无忌与议郎黄景校定中书五经、诸子百家、艺术。"李贤在给《后汉书·成帝纪》作注释时说："中书，内中之书也。'艺'谓'书、数、射、御'；'术'谓'医、方、卜、筮'。"可见这次文献整理内容之丰富，参与者除了伏无忌之外，还有著名科学家张衡，而伏无忌又是西汉初年著名经学家伏生的后人，博学多闻。[③] 这里的"艺术"与今天的"艺术"内涵有本质区别，"艺"乃"书、数、射、御"；"术"乃"方术"，包括"医方、卜筮"等，后来"艺术"还泛指各种技能，比今天的艺术概念宽泛得多。南朝宋刘义庆撰《世说新语》有《术解》《巧艺》两篇，《术解》篇开头说："荀勖善解音声，时论谓之音……"；《巧艺》篇有"戴安道就范宣学，视范所为：范读书

---

① 徐复观：《中国艺术精神》，上海：华东师范大学出版社2001年版，第29页。
② 马采：《艺术学与艺术史文集》，广州：中山大学出版社1997年版，第20页。
③ 来新夏等：《中国古代图书事业史》，上海：上海人民出版社1990年版，第51页。

亦读书,范抄书亦抄书,唯独好画,范以为无用,不宜劳思于此……"① 关于顾恺之的记载也在《巧艺》篇出现,如:"顾长康画裴叔则,颊上益三毛。人问其故?顾曰:裴楷俊朗有识具,正此是其识具。看画者寻之,定觉益三毛如有神明,殊胜未安时。""顾长康画人,或数年不点目精。人问其故?顾曰:四体妍蚩,本无关妙处,传神写照,正在阿堵中。"② 可见《世说新语》中"艺"与"术",包括音乐和绘画等。《魏书》将"占候、医卜、堪舆"等与"篆、书、音、律"一起入《艺人列传》。唐朝初年所编纂的前朝历史著作,"艺术"内容基本沿袭了《魏书》的做法,与陈寿撰《三国志》的《方伎列传》内容基本一致。北朝后魏孙畅之曾撰《艺术略》五卷,此书已佚失,也未见到其他文献征引,其艺术内容不得而知。③ 隋炀帝杨广曾撰《古今艺术图》十卷(又名《古今艺术》),根据《历代名画记·述古之秘画珍图》记载:"《古今艺术图》五十卷,既画其形,又说其事。"④《隋书·经籍志》"小说类"、《旧唐书·经籍志》"艺术类"、《太平御览》等对《古今艺术图》都有收录。据《太平御览》记载,《古今艺术图》中"艺术"所指不止书画艺术,还包括音乐、舞蹈、游艺、园艺、杂技等。⑤ 宋欧阳修等编撰《新唐书·艺文志》列"杂艺类",郑樵撰《通志·艺文略》,马端临撰《文献通考·经籍志》列"艺术类"的"艺术"内涵是对《世说新语》"术解、巧艺"的继承和发展,比较接近今天"艺术"的概念。清代《古今图书集成》将"艺术"的概念宽泛化,书中将所有图书文献分6个汇编,32典。"艺术典"与"神异典""禽虫典""草木典"属于"博物汇编",包括农、医、卜、星象、术数、堪舆,以及画、奕、商贾、佣工、优伶、娼妓等43部,824卷,内容十分庞杂。在"经济汇编"中又有"乐律典"和"考工典",其中"乐律典"包括律吕、歌舞,以及各种乐器及制造;"考工典"包括工匠、规矩、准绳、度量、权衡、城池、桥梁、宫室、器用、第宅、舟车等。"理学汇编"的"字学典"中包括字体、法帖、书法、书家、音韵、方言,以

---

① 余嘉锡:《世说新语笺注》上卷,北京:中华书局1983年版,第712、719页。
② 余嘉锡:《世说新语笺注》上卷,北京:中华书局1983年版,第720–722页。
③ 谢巍:《中国画学著作考录》,上海:上海书画出版社1998年版,第28页。
④ [唐]张彦远:《历代名画记》,上海:人民美术出版社1983年版,第78页。
⑤ 谢巍:《中国画学著作考录》,上海:上海书画出版社1998年版,第49页。

及笔、墨、纸、砚等。①《四库全书》将古籍文献分为经、史、子、集四部，在"子部"专列"艺术类"，分书画、琴谱、篆刻、杂技四类；"子部"杂家类也有一些绘画著作，或涉及绘画的相关文献；在集部总集、别集中分布着大量艺术文献。

从古典文献来看，"艺术"内涵是不断发展变化的，归入"艺术文献"的内容非常庞杂，一直延续到清末民初。黄宾虹、邓实在编《美术丛书》时，以"美术"取代"艺术"，但是所收文献范围与传统"艺术"基本一致，把书画、雕刻、摹印、瓷铜、玉石、文艺（词曲、传奇）、杂记，甚至于茶笺、鼻烟壶之类都收入其中。艺术是"人类以情感和想象为特性的把握和反映世界的一种特殊方式。即通过审美创造活动再现现实和表现情感理想，在想象中实现审美主体和审美客体的相互对象化"②。以今天"艺术"概念为出发点，艺术文献学研究必须树立这样的观念：其一，古代"艺术"内涵是不断发展的，古典文献中称为"艺术"的并非都属于今天艺术文献的范畴；其二，古典文献中，一些没有冠以"艺术"的文献，有众多属于今天的艺术文献范畴，而且这类艺术文献占有相当大的比例，分布于"经、史、子、集"各部文献中。这些文献的分类整理、校勘、注释、翻译等，是艺术文献学研究重要而艰巨的任务之一。

## 二、艺术文献在古典文献整理和分类中的归类

刘向是秦始皇下令焚书坑儒（前213年）之后，第一个进行大规模文献收集和整理的人。他先后校书19年，"广罗异本，比较异同，相互补充，除去重复，条别篇章，定著目次，校勘讹问脱简，写定正本"③。其子刘歆继承父业，在整理古代文献时，采用"七分法"，将古籍分为"六略"，再加上"辑略"，共七类。"六略"包括"六艺""诸子""诗赋""兵书""术数""方技"，即六类，每类下又有小类。该分类方法是中国文献分类的鼻祖，后来出现的"四分法""六分法"都是

---

① [清] 陈梦雷主修、蒋廷锡重校：《古今图书集成·经济汇编·考工典》，北京：中华书局、成都：巴蜀书社1986年版。

② 辞海编委会编：《辞海》（缩印本），上海：上海古籍出版社1989年版。

③ 武汉大学、北京大学《目录学概论》编写组：《目录学概论》，北京：中华书局1986年版，第26页。

在这一基础上发展起来的。班固撰《汉书·艺文志》的"六分法"基本延续了刘歆的做法，在形式上去掉了"辑略"。刘歆著作已经失传。姚名达撰《中国目录学史》根据《汉书·艺文志》对刘歆的文献分类体系，以及每类内容进行了辑录，从中可以大略了解今天属于"艺术文献"的分布情况：

六艺略：易、书、诗、礼、乐、春秋、论语、孝经、小学。

诸子略：儒、道、阴阳、法、名、墨、纵横、杂、农、小说。

诗赋略：赋、杂赋、歌诗（感于哀乐，缘事而发）。

兵书略：兵权谋、兵形势、兵阴阳、兵技巧。

术数略：天文、历谱、五行、蓍龟、杂占、刑法。

方技略：医经、经方、房中、神仙。

艺术文献主要分布在"六艺略、诸子略"中，在诗赋略、兵书略、术数略、方技略等中也有零星分布。"六艺"中"小学""乐"等与今天书法、音乐关系更密切。先秦诸子著作中，有大量音乐、美术文献资料，如《管子·地员》《墨子·非乐》《荀子·论乐》《公孙尼子·乐记》《论语·论画》《庄子·论画》《韩非子·论画》《淮南子·论画》等。刘向整理古籍文献时，共收《乐记》二十三篇，而《隋书·音乐志》中认为《乐记》取自《公孙尼子》，并且在《六艺略》中收录了《乐记》二十三篇。[①]《乐记》现存十一篇，汉司马迁撰、唐张守节正义《史记·乐书》中说："天有日月星辰，地有山陵河海，岁有万物成熟，国有圣贤宫观周域官僚，人有言语衣服礼貌端修，咸为之乐。《乐书》者，犹《乐记》也。郑玄云：以其记乐之义也。此于《别录》属《乐记》。盖十一篇合一篇。十一篇者，有《乐本》，有《乐论》，有《乐礼》，有《乐施》，有《乐言》，有《乐象》，有《乐情》，有《乐化》，有《宾牟贾》，有《师乙》，有《魏文侯》。今虽合之，亦略有分焉。刘向校书，得《乐书》二十三篇，著于《别录》。今《乐记》有十一篇，其名犹存也。"[②]其他十二篇仅存目录，孔颖达注疏《礼记》说："按（刘向）《别录》十二篇余次，奏乐第十二，乐器第十三，乐作第十四，意始第十五，乐穆

---

① 徐复观：《中国艺术精神》，上海：华东师范大学出版社2001年版，第6页。

② ［汉］司马迁著，［唐］张守节正义：《史记》，北京：中华书局1959年版，第1175页。"正义"是"正前人之义疏"。唐太宗因为儒学多门，命孔颖达等编定统一的经书注释《五经正义》。

第十六，说律第十七，季札第十八，乐道第十九，乐义第二十，昭本第二十一，招颂第二十二，窦公第二十三是也。"① 刘向、刘歆父子整理中国古代文献，著《别录》《七略》，在"艺术"内涵尚未明确时，艺术文献一般零星分布于诸子言论、《礼》《乐》《易》《小学》②，以及"数术略"等类文献中。值得注意的是《书》乃"五经六籍总名也"（《史记·礼书》），与书画艺术的关系不是非常密切。

南齐目录学家王俭③ 在编纂文献目录时，参照刘歆《七略》，撰《七志》，将文献分为：经典志，收六艺、小学、史记、杂传；诸子志，收诸子文献；文翰志，收诗赋；军书志，收军书文献；阴阳志，收阴阳图纬；术艺志，收方技。以上六类分别相当于《七略》的六艺略、诸子略、诗赋略、兵书略、术数略、方技略。同时又增加图谱志，收"地域及图书"，将"图"纳入文献的范畴。最后附佛经志和道经志，实际是九类。《七志》基本没有脱离《七略》的框架，然而，增加了"图谱志"对艺术文献具有重要意义。"图谱志"记"地域及图书"，而"古所谓图书实为图画，图画之独成一类，得占目录之一角，自此始矣"。④ 据《历代名画记》记载："魏晋之代，固多藏蓄。胡寇入洛，一时焚烧，宋、齐、梁、陈之君，雅有好尚。晋遭刘曜，多所毁散。重以桓玄性贪好奇，天下法书名画，必使归己。及玄篡逆，晋府真迹，玄尽得之。何法盛《晋中兴书》云：刘牢之遣子敬宣旨玄请降。玄大喜，陈书画供观之。玄败，宋高祖（刘裕）先使臧喜入宫载焉。"⑤ 王俭所收书画名笔，大多为宋宫内所藏。"南齐高帝又科其尤精者，录古来名笔，不以远近为次，但以优劣为差。自陆探微至范惟质四十二人，为四十二等，二十七帙，三百四十八卷。听政之余，旦夕披玩。"⑥ 唐初魏征等人编撰《隋书·经籍志》，在整理隋代末年文献的基础上，按照经、史、子、集四部，并附佛教、道教文献，下又分四十小类。经部包括易、书、礼、乐、春秋、孝经、论语、纬书、小学；史部

---

① 蒋孔阳、高若海主编：《中国学术名著提要·艺术卷》，上海：复旦大学出版社1996年版，第10—11页。

② 汉朝称文字及训诂之学为小学。

③ 王俭（452—489），字仲宝，琅琊临沂（今山东临沂）人，依刘歆《七略》，作《七志》。

④ 姚名达：《中国目录学史》，上海：上海古籍出版社2002年版，第82页。

⑤ ［唐］张彦远：《历代名画记》，北京：人民美术出版社1983年版，第5页。

⑥ 姚名达：《中国目录学史》，上海：上海古籍出版社2002年版，第82页。

包括正史、古史、杂史、霸史、起居注、旧事、职官、仪注、刑法、杂传、地理、谱系、簿录；子部包括儒、道、法、名、墨、纵横、杂、农、小说、兵、天文、历数、五行、医方；集部包括楚辞、别集、总集。艺术文献分布于经、史、子、集各部文献之中，范围非常广泛，"古今朝臣图，历代知名人画，魏晋以来草隶真迹数百卷；古碑、古器、药方、格式、钱谱、玺谱之类，当代名公尺题，无不毕备"。①可见《隋书·经籍志》所收不限于书籍文献，而广泛涉及书法、绘画、金石等实物文献。《隋书·经籍志》所有书画文献大多是根据唐初内府所藏，《历代名画记》之《述古之秘图珍画》收绘画作品九十七种，有很多采自《隋书·经籍志》，如《孝经左契图》《孝经雌雄图》《器准图》《古今艺术图》等。

　　古典文献分类整理，第一次列"艺术"专类的是北宋李淑撰《邯郸书目》②，该书现已失传，其内容、分类体系仅能从宋晁公武③撰私家藏书目录《郡斋读书志》、陈振孙④撰《直斋书录解题》等文献中了解。该书在《隋书·经籍志》四分法、四十类基础上，增加到五十七类，在"经、史、子、集"，"其外又有艺术志、道书志、书志和画志，通为八目"。⑤虽然无法了解李淑"艺术志、书志、画志"的内容，但"艺术志和画志"或许与今天"艺术"有关系。欧阳修撰《新唐书·艺文志》列"杂艺类"，王尧臣、欧阳修撰《崇文总目》列"艺术类"，晁公武撰《郡斋读书志》列"杂艺"，尤袤撰《遂初堂书目》列"杂艺类"，陈振孙撰《直斋书录解题》列"杂艺类""音乐类"，郑樵撰《通志·艺文略》列"艺术类"，马端临撰《文献通考·经籍考》列"杂艺术"，《宋史·艺文志》列"杂艺术类"，《明史·艺文志》列"艺术类"并将"医书"归入此类，《四库全书总目提要》列"艺术类""谱录类"和"词曲类"等。郑樵撰《通志·艺文略》，以及《四库全书总目提要》中所收艺术文献能够代表中国古代"艺术"概念及"艺术文献"的分

---

①《旧唐书》卷一百零二。

②《邯郸书目》，共十卷，又称为《图书十志》。

③ 晁公武（1105—1180），字子止，今山东巨野人，南宋藏书家，著有《郡斋读书志》《易诂训传》《书诂训传》《诗诂训传》《春秋诂训传》《石经考异》。

④ 陈振孙（约1183—1249），南宋藏书家，目录学家，字伯玉，号直斋，与晁公武齐名，并称"晁陈"。

⑤ 陈振孙：《直斋书录解题》。

布情况。

郑樵（1104—1162），字渔仲，今福建莆田人，南宋著名历史学家和文献学家。他所著《通志》是一部纪传体史书，体例与《史记》类似，只不过改"表"为"谱"，改"书"为"略"。《通志》的"略"共包括氏族、六书、七音、天文、地理、都邑、礼、谥、器服、乐、职官、选举、刑法、食货、艺文、校雠、图谱、金石、灾祥、昆虫草木二十略。在"略"中有大量艺术文献，如七音、地理、都邑器服、乐、艺文、图谱、金石等略。"校雠略""艺文略"最能够体现郑樵的文献学思想，并且在《通志·艺文略》中单独列"艺术"一类，从现存目录文献中看，这是第一次出现了"艺术"这一专门的目录类别。《通志·艺文略》是一部通史式文献目录，也可以看成是专门的目录学著作，其中把文献分为经类、礼类、乐类、小学类、史类、诸子类、天文类、五行类、艺术类、医方类、类书类和文类十二大类，下分155小类，284目。乐类和艺术类是艺术文献最集中的地方。"乐类"包括"乐书、歌辞、题解、曲簿、声调、钟磬、管弦、舞、鼓吹、琴、谶纬"十一小类；"艺术类"分射、骑、画录、画图、投壶、弈棋、博塞、象经、樗蒲、弹棋、打马、双陆、打球、彩选、叶子格、杂戏格16类。其他类中也有艺术文献分布，如"经类"中"易""书""礼""尔雅"等的"图"目；"礼类""周官"的"图"目，"丧服"的"谱、图、五服图仪"等目；"小学类"的"文字""神书""蓄书"等目，与书法艺术有关；"史类"的"传记"目；"地理"的"都城、宫苑、图经、塔寺"等目；"诸子类"的零散艺术言论；"五行类"的"堪舆、易图"等目；"文类"的"别集、箴铭、碑碣"等。[①] 郑樵对艺术文献的贡献，还在于特别强调"图谱"的文献功能，《通志》特列"图谱"略。王俭在《七志》中已列"图谱志"，但真正认识到它的文献价值，《通志》则非《七志》所能及的，"其可贵者，亦在议论。自古提倡图画表谱，意识最清，出力最大，固未有逾于郑樵者"[②]。在《通志·图谱略》中，郑樵详细记述了古今图谱的名称，并将图谱分成"记有类"和"记无类"两类。"记无类"又分"地理、会要、纪运、百官、易、诗、礼、乐、春秋、孝经、论语、经学、小学、刑法、天文、时令、算数、阴

---

① 姚名达：《中国目录学史》，上海：上海古籍出版社2002年版，第84–87页。
② 姚名达：《中国目录学史》，上海：上海古籍出版社2002年版，第89页。

阳、道家、释氏、符瑞、兵家、艺术、食货、医药、世家"二十六目。明万历年间孙能传、张萱、秦焜等编《内阁书目》，将文献分为十八类：圣制、典制、经、史、子、集、总集、类书、金石、图经、乐律、字学、理学、奏疏、传记、技艺、志乘、杂部。未列"艺术"类，但特设金石、乐律、字学三部，是在前人文献分类整理中未见的，而金石、乐律、字学、技艺、图经是书法、绘画等艺术文献比较集中的部分。① 清顺治年间钱曾撰《读书敏求记》，虽然严格地讲并非文献学著作，但里面体现了文献分类思想，也可以发现"艺术"的位置。该书分四卷，第一卷包括经、礼乐、字学、韵书、书、数书、小学；第二卷包括史、时令、器用、食经、种艺、拳养、传记、谱牒、科第、地理舆图、别志；第三卷包括子、杂家、农家、兵家、天文、五行、六壬、奇门、历法、卜筮、星命、相法、宅经、葬书、医家、针灸、本草方书、伤寒、摄生、艺术、类家；第四卷包括集、诗集、总集、诗文评和词。在此基础上，他又编撰了《述古堂藏书目录》，将文献分四类。卷一为经、易、书、诗、春秋、礼、易数、儒、小学、六书、金石、韵学、史、杂史、传记、编年、年谱、杂编、姓氏、谱牒、政刑、文献、女史、较书；卷二为子、子杂、文集、诗集、词、诗文评、四六、诗话、类书；卷三为小说家、仪注、职官、科第、兵家、疏谏、天文、占验、六壬、太乙、奇门、历法、军占、地理总志、舆图、名胜、山志、游览、别志、人物志、外夷；卷四为释家、神仙、医书、卜筮、星命、相法、形家、农家、营造、文房、器玩、岁时、博古、清赏、服食、书画、花木、鸟兽、数术、鸟兽、艺术、书目、国朝、掌故，共七十八类。② 值得注意的是，在卷四中"营造、文房、器玩、服饰、书画、艺术"等单独列类，"书画"独立于"艺术""数术"，体现了艺术概念的发展。营造、服饰单独列类，突显了设计艺术文献的重要性。

　　《四库全书》和《四库全书总目提要》（简称《四库全书总目》）代表中国古代文献整理和目录学的最高成就。《四库全书》是清中叶在朝廷主持下编撰的一部大型丛书，乾隆三十八年到四十七年（1773—1782）完成，对古籍整理、辑佚、校勘、目录学等方面都具有重要意义。《四库全书总目提要》，是在《四库全书》的

　　① 姚名达：《中国目录学史》，上海：上海古籍出版社2002年版，第96页。
　　② 姚名达：《中国目录学史》，上海：上海古籍出版社2002年版，第99页。

基础上，由编撰《四库全书》过程中所撰写的收入和未收入的文献提要汇编而成，它著录了《四库全书》收入的文献3461种，79309卷，以及未被《四库全书》收入的存目文献6793种，93550卷。《四库全书》和《四库全书总目提要》的出现，完善和树立了"经、史、子、集"四部分类的基本体系，所收文献按"经、史、子、集"四部编排。

经部十类：易类、书类、诗类、礼类（周礼、仪礼、礼记、三礼总议、通礼、杂礼书）、春秋类、孝经类、五经总义类、四书类、乐类、小学类（训诂、字书、韵书）；史部十五类：正史类、编年类、纪事本末类、别史类、杂史类、诏令奏议类（诏令、奏议）、传记类（圣贤、名人、总录、杂录）、史钞类、载记类、时令类、地理类（总志、都会、郡县、河渠、边防、山川、古迹、杂记、游记、外纪）、职官类（官制、官箴）、政书类（通制、典礼、邦记、军政、法令、考工）、目录类（经籍、金石）、史评类；子部十四类：儒家类、兵家类、法家类、农家类、医家类、天文算法类（推步、算书）、术数类（数学、占侯、相宅相墓、占卜、命书相书、阴阳五行、杂技术）、艺术类（书画、琴谱、篆刻、杂技）、谱录类（器物、食谱、草木鸟兽虫鱼）、杂家类（杂学、杂考、杂说、杂品、杂纂、杂编）、释家类、道家类；集部五类：楚辞类、别集类、总集类、诗文评类、词曲类（词集、词选、词话、词谱词韵、南北曲调）。

《四库全书》及《四库全书总目提要》对艺术文献研究具有重要价值，"经部"的"礼类""乐类"[①]；子部的"艺术类""谱录类""杂家类""小说类"，以及集部的"别集类""总集类""词曲类"是艺术文献比较集中的地方。据谢巍先生统计，《四库全书》子部"艺术类"收录自南朝齐谢赫撰《古画品录》到清蒋骥撰《传神秘要》，特别是元朝以前的著名绘画专著，都有收藏，计46种；子部"杂家类"收绘画或与绘画有关著作40余种，子部"小说类"收绘画相关著作20余种。集部"别集类"，自唐到清文人别集中，有大量题画诗、词、跋，也是宝贵的艺术文献。根据齐鲁书社出版的《四库全书存目丛书》，"子部·艺术类"收入美术文献包括：宋释适之撰《金壶记》[②]；元庄肃撰《书继补遗》；明张绅撰《法

---

① 古代"礼乐"关系非常密切。

② "释"为出家人法号，下同，如明释莲儒。

书通释》，黄瑜辑《书学会（汇）编》，王世贞辑、詹景凤补辑《王氏画苑》《画苑补益》，李开先撰《中麓画品》，徐渭撰《笔玄要旨》，王稚登撰《国朝吴郡丹青志》，王显节辑《绘林题识》，释莲儒撰《画禅》《湖州竹派》，李日华撰《竹懒画媵》《续画媵》，李肇亨、李日华撰《墨君题语》，莫是龙撰《画说》，朱象衡撰《笔道通会》，张泰阶辑《宝绘录》，陈继儒撰《书画史》，黄凤池撰《唐诗画谱》，沈与文撰《画志》附《评画行》（宋叶梦得撰），佚名撰《草书集韵》；清孙承泽撰《研山斋珍赏历代名贤墨迹集览》《研山斋珍赏历代名贤法书集览》，姜绍书撰《无声诗史》，万斯同辑《书学汇编》，陶南望辑、侯昌言等补辑《草韵汇编》，孔衍栻撰《画诀》，孙承泽撰《研山斋珍赏历代名贤图绘集览》，戈守智撰《汉溪书法通解》，张庚撰《国朝画征录》，王樨撰《读画录》。此外还有明来行学撰《宣和集古印史》、徐官撰《古今印史》、王常辑《集古印谱》、何通撰《印史》、胡正言撰《印存初集》、胡正言篆刻并辑《印存玄览》等，另外音乐、博弈、射、壶等类文献都在艺术类。"子部·谱录类"收入文献包括茶饮、金石、墨谱、墨品（书画用具）等方面的文献，有的与艺术有关系，如宋吕大临撰《考古图》、张抡撰《绍兴内府古器评》；明程大约撰《程氏墨苑》、方于鲁撰《方氏墨谱》、郭子章撰《蠙衣生剑记》、钱希言撰《剑筴》；清宋荦撰《漫堂墨品》、曹圣臣辑《曹氏墨林》、王士禄撰《焦山古鼎考》等。[1]

从刘歆撰《七略》到《四库全书总目提要》，古典文献分类从七分法到四分法，"四分法"逐渐占了统治地位，形成了"经、史、子、集"古典学术分类体系。中国学术思想现代化的重要标志，是重视对学术的现代学科分类，传统"经、史、子、集"四部分类方法，在晚清西方学术思想传入时，逐渐被现代学科分类方法所取代。王国维在这一点上觉醒得最早，他非常重视学术分类，认为"现代的世界是分类的世界"。[2]在现代学科分类思想影响下，西方文献分类概念、方法和体系也传入中国。1895年，康有为在介绍日本现代科学书籍时，编写《日本书目志》，将西方"美术"概念引入中国。该书将文献分为生理、理学、宗教、图史、政治、

---

① 见《四库全书存目丛书》编委会编：《四库全书存目丛书》"子部·艺术类"71、72、73、74、76卷，"子部·谱录类"77、78、79卷，济南：齐鲁书社1995年版。

② 刘梦溪：《人文与社会科学研究的几个问题》，《新华文摘》2002年第10期。

法律、农学、工业、商业、教育、文学、文学语言、美术、小说和兵书共十五类。1899年，徐维则撰写《东西学书录》，将文献分为史志、法政、学校、交涉、兵制、农政、矿务、工艺、商务、船政、理化、象数、地学、全体学、博物学、卫生学、测绘、哲理、宗教、体操、游记、报章、议论、杂著和小说，"工艺"单独列类。①《中国丛书综录》也设"工艺"类，包括日用器物、文房器物、食品制造、格致四属。日用器物之属又分陶瓷、饮具、几、锦、绣、衣服、香、游具、船、琉璃、髹饰、雕刻等。②

　　1902年徐树兰编撰的《古越藏书楼书目》将文献分为"学"和"政"两部。"学部"分易学、书学、诗学、理学、春秋学、四书学、孝经学、尔雅学、群经总义学、性理学、生理学、物理学、天文算学、黄老哲学、释迦哲学、墨子哲学、中外各派哲学、名学、法学、纵横学、考证学、小学、文学二十三类；"政部"分正史兼补表补志考证、编年史、纪事本末、古史、别史、杂史、载记、传记、诏令奏议、谱录、金石、掌故典礼、乐律、舆地、外史、外交、教育、军政、法律、农业、工业、美术、稗史二十四类。③"谱录、金石、乐律、美术"是艺术文献最集中的部分。1907年杨复、胡焕编《浙江藏书楼书目》，将文献分为"新学"和"旧学"，设"甲编"和"乙编"。"甲编"参照张之洞《书目答问》，收古典文献；"乙编"则收新学文献，"各行其是，两不相师"，将新学文献分为法律、政治、宗教、教育、图史、文学、文字、理学、算学、美术、杂志、工业、商业、兵书、生理、农业，共十六类。1911年编《涵芬楼新书分类目录》，借鉴《浙江藏书楼书目》分类体系，将新学文献分为哲学、教育、文学、历史地理、政法、理科、数学、实业、医学、兵事、美术、家政、丛书、杂书十四类。每类标明文献范围，如"实业"收农业、工业、商业；"美术"收音乐、绘画、游艺、写真；"戏曲"文学则归入"文学"类。④从"美术"类所收文献来看，该目录是借用新学中"美术"的概念，但与古典文献中"艺术"内涵相似，将"音乐"纳入"美术"范畴。

---

① 姚名达：《中国目录学史》，上海：上海古籍出版社2002年版，第120页。
② 高路明：《古籍目录与中国古代学术研究》，南京：江苏古籍出版社1997年版，第61页。
③ 姚名达：《中国目录学史》，上海：上海古籍出版社2002年版，第123页。
④ 姚名达：《中国目录学史》，上海：上海古籍出版社2002年版，第122页。

辛亥革命之后，各地纷纷设立图书馆，"旧学"和"新学"文献大量收集整理，有的新学文献入"旧学"分类，有的则另辟"新学"部类，与传统主流"四部"分类并列。陈乃乾编《南洋中学藏书目》借鉴杜威《十进分类法》[①]，将"旧学"和"新学"文献进行统一处理，分为："周秦汉古籍、历史、政典、地方志乘、小学、金石书画书目、记述、天文算法、医药术数、佛学、类书、诗文、词曲小说、汇刻十四类。""金石书画"的一同单独列类，接近今天的美术概念。一些公共图书馆在收藏整理现代学科文献时，大多都设有"美术"类，如广西图书馆"新书部"分教育、政法、军学、实业、哲学、医学、修身、经学、国文、外国文、历史、地理、算学、理科、体操、图画、乐歌、杂志和小说十九类；云南图书馆"科学部"分法政、财政、军事、警察、教育、伦理、文学、历史、地理、博物、理化、算学、乐歌、体操、图画、手工、农业、工艺、商业、杂著二十类。当代图书馆在整理古籍时，对古典艺术文献的分类处理大多将"书画、音乐、工艺"等放在一起。1989年9月四川省图书馆编写《古籍目录》，整体按照传统主流"经、史、子、集"四部分类体系，"子部·十二"是"艺术"：一、总录；二、书画，包括总录、目录、谱帖（分"书画总、书、画、作法、题赏、史考、杂录"七小类）；三、乐律，包括通论和记述；四、工艺，包括刻印、版画、陶瓷、刺绣；五、游艺，包括棋类、文具和杂技。现代对古籍文献分类基本都使用类似分类方法，如上海古籍出版社出版的《中国古籍善本书目》、中华书局出版的《中国善本书提要》等。

---

① 1876年成型的杜威（Melvil Dewey）《十进分类法》将一切图书文献分为十部，每部分十类，每类再分十目，直到分至无穷。十部分别是：总部、哲学、宗教、社会科学、言语学、自然科学、应用技术、美术、文学、历史；《美国国会图书馆分类法》以字母排序，将图书文献分为二十部：A"总部"、B"哲学宗教"、C"历史—辅助科学"、D"美国以外的历史与地志"、EF"美国"、G"地理学、人类学"、H"社会科学"、J"政治科学"、K"法律"、L"教育"、M"音乐"、N"美术"（包括建筑学、图形艺术）、P"语言学与文学"、Q"科学"、R"医学"、S"农业、植物与动物之实业"、T"工艺学"、U"军事学"、V"海军学"、Z"目录与图书馆学"。

## 三、《古今图书集成》中艺术文献的分布、分类及其索引作用

类书是辑录古书中的史实典故、名物制度、诗赋文章、丽词骈语，按类或韵编排，以便寻检和征引的工具书。[①]类书与丛书相比，丛书是整部文献排列在一起的，原始文献保持完整。类书与百科全书相比，都包罗万象，并分类排列。二者的区别在于，百科全书属于著述，将相关内容以词条形式呈现出来，而类书属于编辑。艺术文献相关类书包括两种：一类是综合性类书，如唐虞世南编《北堂书钞》、欧阳询等编《艺文类聚》、徐坚等编《初学记》；宋李昉等编《太平广记》《太平御览》、王钦若等编《册府元龟》；明解缙等编《永乐大典》、王圻编《三才图会》；清陈梦雷等编《古今图书集成》、张玉书等编《佩文韵府》、张廷玉等编《骈字类编》等；另一类是专科性类书，即以某学科领域的文献为编纂对象，形成的类书，如《佩文斋书画谱》等。下面以《古今图书集成》为例说明"艺术文献"在综合性类书中的分布及存在形式。

《古今图书集成》是中国现存最大的类书，康熙四十年至四十五年（1701—1706）由陈梦雷主持修成，雍正四年至六年（1726—1728）蒋廷锡重新校正编写，并排成铜活字印刷，共6编，32典，即历象汇编，包括乾象、岁功、历法、庶征4典；方舆汇编，包括坤舆、职方、山川、边裔4典；明伦汇编，包括皇极、宫闱、官常、家范、交谊、氏族、人事、闺媛8典；博物汇编，包括艺术、神异、禽虫、草木4典；理学汇编，包括经籍、学行、文学、字学4典；经济汇编，包括选举、铨衡、食货、礼仪、乐律、戎政、祥刑、考工8典。共6109部，每部包括汇考、总论、图、表、列传、艺文、选句、纪事、杂录、外编等。这部类书几乎把古代重要文献都涵盖在内，功能相当于"二十四史主题分类汇编""十三经主题分类汇编"一类的工具书，收录文献多为整段、整篇、整部的古籍原文，且注明出处，便于查核、检索和深入研究，内容极其丰富，英国科学史家李约瑟称该书为"康熙百科全书"，他在撰写《中国科技史》时，"经常查阅的百科全书是《古今图书集成》"。该类书收录艺术文献有的是全文照录，但大多数为节录，主要分布于《博物汇编·艺术

---

① 武汉大学《中文工具书使用法》编写组：《中文工具书使用法》，北京：商务印书馆1989年版，第42页。

典》《理学汇编·字学典》《经济汇编·礼仪典》《经济汇编·乐律典》《经济汇编·考工典》中。书画文献集中在《博物汇编·艺术典》《理学汇编·字学典》中。尤其可贵的是，把"考工"文献单独列类，对研究古代设计艺术具有重要价值。

《博物汇编·艺术典》涉及内容非常广泛，其中"画部"是与绘画艺术相关的文献。除了"画部"之外，还包括农、圃（园艺）、渔、樵、牧、御、弋、猎、医、卜筮、星命、相术、堪舆（即风水）、术数、射覆、卦影、拆字、投壶、弈棋、弹棋、蹴鞠（即踢球）、弄丸、藏钩、秋千、风筝、技戏、幻术、博戏、商贾、巫觋、拳搏、刺客、佣工、刀镯、疱宰、牙侩、乞丐、优伶、娼妓，共43部。

《理学汇编·字学典》涉及文字起源、读音、字体、声韵、方言、音义、书法等内容。书法艺术主要集中在字学总部，以及从第四十七卷开始的楷书部、行书部、草书部、篆书部、隶书部、飞白部、押字部、书画部、法帖部、书法部、书家部、笔部、墨部、纸部、砚部、笔格部、水注部、镇纸部、书尺部、文房杂器部。"书家部"大部分内容为"书家列传"；"书法部"为书法创作文献。《理学汇编·字学典》（卷一至四十七）为"字学总部"，涉及文字起源、功能、音韵、训诂等内容，如，"太昊伏羲氏造书契，以代结绳之政。"（《史记·补三皇本纪》）"太昊德合上下，天应以鸟兽文章，地应以《河图》《洛书》。于是仰观象于天，俯观法于地，中观万物之宜，始画八卦，造书契，以代结绳之政。书制有六：一曰象形；二曰假借；三曰指事；四曰会意；五曰转注；六曰谐声。"（《通鉴前编》）"太昊庖羲氏获景龙之瑞而始作龙书。"（唐韦续《五十六种书法》）[1]

"楷书部、行书部、草书部、篆书部、隶书部、飞白部、押字部、书画部"是以汇考、总论、艺文、纪事和选句等形式辑录的书法文献。

《书画部》"汇考"辑录楷、行、草、篆、隶、飞白等各体书法艺术起源、技法等内容。如"楷书部"《宣和画谱·正书绪论》、明陶宗仪《书史会要·楷书把笔法》等；"行书部"唐张怀瓘《书断·行书》等；"草书部"宋黄伯思《东观余论·草书》等；"篆书部"北魏郦道元《水经注·古文·大篆·籀文·小篆》

---

① ［清］陈梦雷主修、蒋廷锡重校：《古今图书集成·理学汇编·字学典》，北京：中华书局、成都：巴蜀书社1986年版，第78243页。

等；"隶书部"明陶宗仪《书史会要·隶书》等；"飞白部"唐张怀瓘《书断·飞白》等；"书画部"宋末元初周密《齐东野语》，包括"书画""诸书画装裱尺寸定式""碑刻横卷定式""内府装裱分科引式格式"。元陶宗仪《辍耕录》，包括"书画裱轴"等技法。

《书画部》"总论"辑录楷、行、草、篆、隶、飞白各体书法理论。如"楷书部"宋陈思《书苑菁华·释真》等；"行书部"唐张怀瓘《书断·论行书》等；"草书部"晋卫恒《四体书势·草书》等；"篆书部"晋卫恒《四体书势·篆书》等；"隶书部"宋洪适《隶释·论西京隶书》、明宋濂《学士集·论隶书》等；"书画部"唐张彦远《历代名画记》，包括"论书画""论书画之兴废""论鉴识收藏阅玩"，宋朝《宣和画谱·叙》。

《书画部》"艺文一"辑录文人对楷、行、草、篆、隶、飞白等各体书法的评论、题跋等。如"楷书部"宋欧阳修《书蔡君谟茶录后》等；"行书部"唐张怀瓘《行书赞》等；"草书部"后汉赵壹《非草书》、吴杨泉《草书赋》、晋索靖《草书状》等；"篆书部"汉蔡邕《篆势》等；"隶书部"汉蔡邕《隶势》等；"飞白部"宋欧阳修《仁宗御飞白记》等；"书画部"苏轼《石氏画苑记》、明王世贞《古今名画苑记》等。

《书画部》"艺文二"辑录文人墨客对楷、行、草、篆、隶、飞白等各体书法的题诗。如"楷书部"，唐李白《王右军》、宋刘子翚《临池歌》；"行书部"宋苏轼《柳氏二外甥求笔迹》；"草书部"李白《草书歌行》、杜甫《观薛稷少保书画壁》等；"篆书部"唐杜甫《李潮八分小篆歌》等；"隶书部"唐杜甫《送顾八分文学适洪吉州》等；"飞白部"明王世贞《余定州飞白歌》等；"书画部"宋梅尧臣《二十四日江邻几邀观三馆书画录其所见》等。

《书画部》"纪事"记载与书法相关的历史事实或逸事。如："曹不兴擅画，孙权使画屏风，误落笔点，素因就以作蝇。既进御，以为真蝇，举手弹之。"（《吴志·赵达传》）[①]

《理学汇编·字学典》"法帖部"分"汇考""总论""艺文一""艺文

---

[①]［清］陈梦雷主修、蒋廷锡重校：《古今图书集成·理学汇编·字学典》，北京：中华书局、成都：巴蜀书社1986年版，第78821页。

二""纪事"等。"法帖部汇考一"到"法帖部汇考十"是对文献记载碑刻的辑录，可以称为"碑刻目录"。如"法帖部汇考一"记录"唐虞、夏、周"时期碑刻如下：《唐虞·尧碑舜碣》："按《金壶记》：崆峒山有《尧碑舜碣》，皆籀文伏滔，述帝功德。铭曰：《尧碑舜碣》。历古不昧。"《周·穆王坛山刻石》："按《坛山石刻》记赞皇县坛山有周穆王石刻四字，曰：吉日癸巳。笔力遒劲，有剑拔弩张之势。""按《金石录》：吉日癸巳四字，世传周穆王书，按穆王时所用皆古文蝌蚪书，笔画反类小篆文。"①"法帖部汇考十一"至"法帖部汇考十八"是书法作品目录、记述，资料主要来源于历代书画文献，如唐张彦远《法书录要》；宋黄庭坚《黄山谷题跋》《宣和书谱》，米芾《宝章待访录》《书史》，黄伯思《东观余论》《法帖刊误》，董逌《广川书跋》，黄伯思、陈兴义《法帖刊误》，《中兴馆阁录》，赵希鹄《洞天清录》，曾惇《石刻铺叙》，曹士冕《谱系杂说》；宋末元初周密《云烟过眼录》，元汤允谟《云烟过眼续录》，袁桷《清容居士集》；明陶宗仪《辍耕录》，陈绎曾《翰林要诀》，胡祭《酒颐庵集》，王祎《王忠文公集》，朱存理《铁网珊瑚》，都穆编《寓意编》，《严氏书画记》，何良后《书画铭心录》，王世贞《弇州山人集》，屠隆《考盘余事》，董其昌《容台集》《画禅室随笔》，汪砢玉《珊瑚网》；清郁逢庆《书画题跋记》《续书画题跋记》，张丑《清河书画舫》，陈继儒《太平清话》，曹昭《格古要论》，李日华《紫桃轩又缀·临法帖》《六严斋二笔》《江宁县志·金陵金石考并序》。"法帖部总论"是有关"法帖"的评论，包括宋高宗《翰墨志·论禊帖》、《东坡文集·辨法帖》、《山谷题跋·论兰亭为真行之祖》、《海岳名言·论石》、黄伯思《东观余论·论张长史书》、姜夔《续书谱·论兰亭》、桑世昌《兰亭博议·论定武兰亭》；明宋濂《潜溪集·论兰亭》、《王氏法书苑·论定武兰亭》。"法帖部艺文一、二"辑录关于法帖的文人散记、赋、题跋、金石著作序言等内容，如唐褚遂良《乐毅记》；宋欧阳修《集古录·序》、苏轼《张君宝墨堂记》、黄庭坚《跋王荆公书陶隐居墓中文》、董逌《广川书跋·序》、赵明诚《金石录·序》等78种。"法帖部艺文三"辑录题法帖诗，包括韩愈《石鼓歌》等22种。

---

① [清] 陈梦雷主修、蒋廷锡重校：《古今图书集成·理学汇编·字学典》，北京：中华书局、成都：巴蜀书社1986年版，第78841页。

　　"书法部"主要辑录书法创作文献，分"汇考""总论""艺文""选句""纪事""杂录"等。"书法部·汇考一"主要是书法创作要领，如晋卫夫人《笔阵图》、唐欧阳询《书法·排叠、避就、穿插、向背、偏侧》等。"书法部·汇考二"主要是书法用笔方法文献，如宋朱长文《墨池编》。"书法部·汇考三、四"为书法要诀文献，如元陈绎曾《翰林要诀·执笔法、血法、肉法、骨法、筋法、肉法》等。"书法部·总论一、二"辑录书法理论著作，有的整篇收录，有的则为摘编，如秦蒙恬《笔经·李斯论用笔》、唐虞世南《笔髓论·叙体、指意、释真、释行、释草、契妙》等。"书法部·艺文一" 主要记录有关书法创作散论或歌赋，如王羲之《用笔赋》、王献之《书论》、梁陶弘景《与武帝论书启》和《与武帝论书又启》两篇、梁武帝《答书》和《答书又启》两篇①、虞稣《论书表》，唐虞世南《书旨述》、欧阳询《用笔论》、张怀瓘《评书药石论》、韩愈《送高闲上人序》等23种。"书法部·艺文二"主要是与书法作品或创作相关的诗歌，如宋刘子翚《临池歌》、梅尧臣《观王氏书》、苏轼《和子由论书》、陆游《暇日弄笔戏书》等18首。

　　下面选取梅尧臣《观王氏书》和苏轼《和子由论书》的两首诗，从中可以看出别集文献的艺术学价值："先观雍姬舞六幺，妍葩发艳春风摇。舞罢英英书大字，玉指握管浓云飘。风驰雨骤起变怪，文鳐书飞明珠跳。席客聚立惊且叹，笔何劲健人柔夭。昔时裴旻能舞剑，丹青助气精神超。艺虽不同意有会，世事相假非一朝。"（《观王氏书》）②此诗阐述的是不同艺术的息息相关性，"世事相假"（同'借'）。"吾虽不善书，晓书莫如我。苟能通其意，尝谓不学可。貌妍容有矉，碧美何妨楕。端庄杂流丽，刚健含婀娜。好之每自讥，不谓子亦颇。书成辄弃去，缪被旁人裹。皆云本阔落，结束入细麽。子诗亦见推，语重未敢荷。迩来又学射，力薄愁官笴。多好竟无成，不精安用夥。何当尽屏去，万事付懒惰。吾闻古书法，守骏莫如跛。世俗笔苦骄，众中强嵬峨我。钟张忽已远，此语与时左。"此诗选自

────────────────

　　①　陶弘景：《与武帝论书启》和《与武帝论书又启》两篇与梁武帝《答书》和《答书》两篇是对应关系。
　　②　［清］陈梦雷主修、蒋廷锡重校：《古今图书集成·理学汇编·字学典》，北京：中华书局、成都：巴蜀书社1986年版，第79120页。

《东坡集》，在《佩文斋书画谱》中也有收录。（《和子由论书》）①

"书家部"辑录书法家传记资料。包括："汇考、总论、书家列传、艺文、纪事、杂录、外编"等内容。"书家部·汇考一、二"主要是书法家生平、品第文献，涉及文献包括南齐王僧虔《能书录·古来人名》；唐李嗣真《书后品》、张彦远《法书要录》、韦续《书品》《续书品》；明解缙《春雨杂述·书学传授》、王世贞《艺苑卮言》、屠隆《考盘余事》、王圻《续文献通考》等。如韦续《九品书》"上上十九人"："夏禹作象形篆以铭钟鼎。周史籀大篆。高祖神尧皇帝行隶。鲁司寇文宣王大篆。太宗文皇帝行草。至道大圣大明皇孝帝八分。秦相李斯小篆。后汉崔瑗隶草等书。蔡邕隶篆八分。杜伯度章草时称草圣。王绮正隶草。师宜官正隶。仙人务光倒薤篆。汉张芝草。魏梁鹄八分。钟繇正书散隶。吴皇象八分。晋王羲之正书行草飞白。唐张旭大小草正书。"②

"书家部·总论"辑录对书法家评论文献，包括宋欧阳修《集古录·论南北朝书法》、《六一画跋·论书家》、《苏东坡集·论唐宋书家》、《黄山谷文集·论古今书家》、《广川画跋·论薛稷书、论怀素书》、《海岳名言·评书》、黄伯思《东观余论·论逸少诸子书》等32种，如："书学莫盛于唐，然人各以其所长自见。而汉魏之楷法遂废。入本朝来名胜相传，亦不过以唐人为法。至于黄米而敧倾侧媚狂怪张之势极矣。近岁朱鸿胪喻工部者，出乃能超然，远览追迹元常，于千载之上，斯已奇矣。"（《朱子大全书·论书》）③

"书家部·书家列传"涉及书法家5000余人，与《佩文斋书画谱》收入的差不多，辑录方式大同小异，年代从上古到明末。分别辑录每个书法家在各种文献中的资料，如仓颉辑自四种文献："按《水经注·河图玉版》曰：仓颉为帝南巡，登阳虚之山，临于元扈洛汭之水，灵龟负书丹甲青文以授之。按《法书要录》：仓颉

---

① ［清］陈梦雷主修、蒋廷锡重校：《古今图书集成·理学汇编·字学典》，北京：中华书局、成都：巴蜀书社1986年版，第79120页；王原祁等纂辑：《佩文斋书画谱》第2册，北京：中国书店1984年影印本，第157页。

② ［清］陈梦雷主修、蒋廷锡重校：《古今图书集成·理学汇编·字学典》，北京：中华书局、成都：巴蜀书社1986年版，第79147页。

③ ［清］陈梦雷主修、蒋廷锡重校：《古今图书集成·理学汇编·字学典》，北京：中华书局、成都：巴蜀书社1986年版，第78243页。

仰观奎星圆曲之势，俯察龟文鸟迹之象，博采众美，合而为字，是曰古文。按《通鉴·外纪》：黄帝有熊氏命仓颉为左史，沮诵为右史。仓颉见鸟兽之迹，体类象形而制字，使天下义理必归文字，天下文字必归六书。按《路史》：仓史皇氏名颉，姓侯冈……"①虞世南资料分别辑自《旧唐书·虞世南传》《书断·虞世南书》《宣和书谱》《金壶记》《黄山谷集》《金薤琳琅》《书学传授》，共7条，②是全面了解虞世南生平和思想的重要途径。

"书家部·艺文一、二"，全文收录唐窦臮《述书赋》、韩愈《送高闲上人序》、司空图《书屏记》和明王世贞《跋三吴妙品》4种文献。"书家部·艺文三"收入题书法家或书法作品的诗，包括唐李白《王右军》、孟郊《送草书献上人归庐山》、刘禹锡《洛中寺北楼见贺监草书题诗》等20种。如，"右军本清真，潇洒在风尘。山阴过羽客，爱此好鹅宾。扫素写道经，笔精妙入神。书罢笼鹅去，何曾别主人。"（李白《王右军》）"高楼贺监昔曾登，壁上笔迹龙虎腾。中国书流尚皇象，北朝文士重徐陵。偶因特见空惊目，恨不同时便伏膺。惟恐尘埃转磨灭，再三珍重嘱山僧。"（刘禹锡《洛中寺北楼见贺监草书题诗》）③

《经济汇编·礼仪典》之冠服部、冠冕部、衣服部、袍部、裘部、衫部、袄部、蓑衣部、雨衣部、带佩部、巾部、裙部、裤部、袜部、履部、屐部、靴部、行縢部等辑录大量古代服饰文献资料，每部分"汇考、总论、艺文、纪事"等内容，并配有大量的图录说明，为研究古代服装艺术提供了重要线索和直观的图像资料。"冠服部、冠冕部、衣服部"等文献，记述的大多是封建礼制、官阶与衣服的色彩、形制之间的关系。《经济汇编·乐律典》包括乐律总部、律吕、声音部、啸部、歌部、舞部、钟部、錞部、钲部、铙部、镯部、铎部、方响部、钹部、磬部、琴瑟部、琵琶部、箜篌部、筝部、阮咸部、五弦部、管部、箫部、龠部、篪部、笛部、横吹部、笳部、角部、贝部、觱篥部、笙竽部、埙部、缶部、瓯部、鼓部、鼓

①［清］陈梦雷主修、蒋廷锡重校：《古今图书集成·理学汇编·字学典》，北京：中华书局、成都：巴蜀书社1986年版，第79164页。

②［清］陈梦雷主修、蒋廷锡重校：《古今图书集成·理学汇编·字学典》，北京：中华书局、成都：巴蜀书社1986年版，第79213页。

③［清］陈梦雷主修、蒋廷锡重校：《古今图书集成·理学汇编·字学典》，北京：中华书局、成都：巴蜀书社1986年版，第79474页。

吹部、柷敔部、筑部、应部、牍部、雅部、拍板部、埙部、筍簾部和杂乐器部。这部分属于中国古代音乐文献及乐器资料的集大成者。

《经济汇编·考工典》具体见"艺术文献分类"章"设计艺术文献"节。

## 四、艺术文献在"经、史、子、集"四部文献中的分布

"经、史、子、集"四部，是古典文献占主导地位的分类方法，其代表就是《四库全书》。书画文献，以往仅取自"史部·传记·画属""子部·艺术类·书画""子部·谱录类"之属，而没有广泛辑录经、史、子、集四部各类文献。近年来，学者在整理古典艺术文献时，除了关注"子部·艺术类、谱录类"之外，逐渐把目光投向"经、史、子、集"各部文献。

经部主要收儒家经典及注释、阐述这些经典的文献。汉代把《易》（《周易》）、《书》（《尚书》）、《诗》（《诗经》）、《礼》（《周礼》）①、《春秋》称为"五经"，到唐代，把"礼"②"春秋三传"③和《易》《书》《诗》合称"九经"。中晚唐之交，唐文宗大和至开成年间刻石经，加《孝经》《论语》《尔雅》，合称"十二经"。宋代又加《孟子》，便成了"十三经"。"经部"图记、图说、乐类，也属于艺术文献。明目录学家祁承㸁在《澹生堂藏书目录》中，虽然不称为"经、史、子、集"四部分类，但其基本分类思想类似后来《四库全书》，将文献分为45类：1-11类相当于《四库全书》经部； 12-26类相当于史部；27-40相当于子部；41-45类相当于集部。1-11类分别是易类（古易、章句、注传、疏义、集解、详说、拈解、考证、图说、卜筮、易纬、拟易12目）、书类（章句注疏、传说、图谱、考订、外传5目）、诗类（章句注疏、传解、考证图说、音义注释、外传5目）、春秋类（经传总、左传、公羊、谷梁、通解、考证、图谱、外传8目）、礼类（周礼、仪礼、二戴礼、通解、图考、礼纬、中庸、大学8目）、孝经类（注疏、

---

①《周礼》，原称《周官》或《周官经》，全书分六卷，《冬官司空》久佚，西汉河间献王刘德以《考工记》补其缺。

②《周礼》《仪礼》《礼记》。

③《春秋左氏传》《公羊传》《谷梁传》。

丛书、外传3目）、论语类（章句注疏、解说、别编、图志、外传5目）、孟子类
（章句注疏、杂解、外传3目）、经部解类（传说、考订、音释、经筵4目）、理学
类（性理、诠集、遗书、语录、论著、图说6目）、小学类（尔雅、蒙书、家训、纂
训、韵学、字学6目）。在这11类中，其中7类有"图谱、图说、图考、图志"之类
的子目，这些内容有的可视为艺术文献，或者作为研究古代艺术现象的重要依据。
除此之外，《澹生堂藏书目录》还设"礼乐"类，包括国礼、家礼、乐律和祀礼；
图志类，包括统志、通志、郡志、州志、邑志、关镇、山川、览胜、园林、祠宇、
梵院11目；谱录类，包括统谱、族谱、世家、试录、姓名和书目7目；艺术家类，包
括书、画、琴、棋、数、射（附"投壶"）和杂伎7目。[①]"礼类"收录的与封建礼
制相关的服饰文献，属于艺术（设计艺术）文献范畴，是研究古代服饰设计的重要
依据。

据谢巍先生考证，《隋书·经籍志》涉及绘画作品及理论文献非常丰富，如易
类：《周易新图》《周易普玄图》；诗类：《毛诗图》《毛诗孔子经图》《毛诗古
圣贤图》；礼类：《周官礼图》《丧服图》《五服图》《五服图仪》《三礼图》；
乐类：《乐悬图》；春秋类：《春秋古今盟会地图》；孝经类：《孝经图》《玄孝
经图》《孝经孔子图》；讳谶类：《孝经古秘图》《孝经左契图》《孝经雌雄图》
《孝经异本雌雄图》《孝经内事图》《孝经内事星宿讲堂七十二弟子图》《口授
图》；论语类：《尔雅图》；仪注类：《晋卤簿图》《陈卤簿图》《诸卫左右厢旗
图样》；杂传类：《陈留先贤像赞》《会稽先贤像赞》《东阳朝堂像赞》《蜀文翁
学堂像题记》；地理类：《洛阳图》《山海经图赞》《江图》；簿录类：《陈秘阁
图书法书目录》《名手画录》；杂家类：《书图全海》；小说类：《古今艺术图》
《鲁史欹器图》《器准图》；兵家类：《吴孙子牡八变阵图》《黄石公五垒图》；
天文类：《周髀图》《浑天图》；五行类：《风角五音图》等三十六种；医方类：
《本草图》《针灸图》《五藏图》《导引图》《引气图》等，数量繁多，总集类有
《画赞》五卷。[②]

古典文献"史部"与今天的历史概念不尽相同，除了历史外，还包括叙述典

① 姚名达：《中国目录学史》，上海：上海古籍出版社2002年版，第112页。
② 谢巍：《中国画学著作考录》，上海：上海书画出版社1998年版，第50-51页。

章制度和地理方面的文献。《四库全书》"史部"有正史、编年、纪事本末、别史、杂史、诏令奏议、传记、史钞、载记、时令、地理、职官、政书、目录、史评15类。正史记载重大政治、经济、军事、文化活动，历代农民起义、生产情况，科学技术重大发明创造，文学艺术源流演变，以及文化典籍的存佚流传等，如《史记》《汉书》《晋书》《魏书》《隋书》《旧唐书》《新唐书》《旧五代史》《宋史》《辽史》《金史》《元史》《新元史》《明史》《清史稿》等。"史部"，特别是"史部·传记类"是艺术家生平和艺术思想比较集中的地方。《古今图书集成》中《理学汇编·字学典》"法书名家列传部"、《经济汇编·艺术典》"画部名流列传"、《经济汇编·考工典》"工巧部名流列传"，辑录的资料多来自于历史文献，如《汉书》《晋书》《唐书》《隋书》《资治通鉴》《宋史》等正史。除了正史外，别史、杂史、政书、地理、目录、金石、杂学、典故、类书、地方志也有大量的艺术文献。金石和目录在《四库全书》"子部"单独列类。金石文献本身属于书法、绘画、工艺等文献的范畴，甚至与音乐艺术有关系。"人道经纬万端，规矩无所不贯，诱进以仁义，束缚以刑罚，故德厚者位尊，禄重者宠荣，所以总一海内而整齐万民也。人体安驾乘，为之金舆错衡以繁其饰；目好五色，为之黼黻文章以表其能；耳乐钟磬，为之调谐八音以荡其心；口甘五味，为之庶羞酸咸以致其美；情好珍善，为之琢磨圭璧以通其意。"（《史记·卷二十三·礼书第一》）[1]这里说的是艺术的功能，与礼教结合，是艺术与礼教结合的最好说明。《史记·卷二十三·乐书第二》除了记述音乐艺术史实之外，还保存了《公孙尼子·乐记》内容，并深入探讨了音乐与礼教的关系、音乐的教化功能，如"凡作乐者，所以节乐。君子以谦退为礼，以损减为乐，乐其如此也。以为州异国殊，情习不同；故博采风俗，协比声律，以补短移化，助流政教"[2]。

"子部"中零散的诸子言论有的是有关艺术的，属于珍贵的艺术文献。虽然这些言论大多不是针对艺术而说的，但却有深刻的艺术内涵，对艺术美学、艺术哲学、艺术起源等研究具有重要价值，如《管子·地员》《墨子·非乐》《荀子·论乐》《公孙尼子·乐记》等都是重要的艺术文献。马采先生在《孔子与音乐——献

---

① ［汉］司马迁著，［唐］张守节正义：《史记》，北京：中华书局1959年版，第1157-58页。
② ［汉］司马迁著，［唐］张守节正义：《史记》，北京：中华书局1959年版，第1175页。

给1996年孔子文化节》一文中，称"孔子是一个音乐家"，并从《论语》《礼记》《史记·孔子世家》等文献中辑录出与音乐有关的言论十余条。如"兴于诗，立于礼，成于乐"是孔子对音乐艺术社会功能的高度概括，同时也对"诗、礼、乐"之间关系进行了深刻阐释，"用诗歌来激发志气，用礼来作为行为的立足点，用乐来完成人格的修养"①。《论语》《韩非子》《荀子》《庄子》等中还有与绘画有关的言论或寓言故事，包含着深刻的艺术思想内涵。

先秦诸子涉及艺术的言论有以下几个特点：一、诸子大多是哲学家，与艺术相关的言论哲理性非常强；二、诸子言论大多并非针对艺术而谈的，而是为阐述其哲学思想所作的比喻。当然也有少量的言论直接与艺术有关；三、诸子中的一些寓言故事，里面融合了丰富的艺术思想；四、诸子与艺术相关的言论大多结合"礼教"功能；五、一些诸子言论与设计艺术（造物艺术）相关，含有丰富的设计艺术思想，对设计艺术理论研究和实践具有重要价值。从下面几则寓言或言论中可了解诸子文献的艺术学价值："客有为齐王画者，齐王问曰：'画孰最难者？'曰：'犬马最难。''孰易者？'曰：'鬼魅最易。'夫犬马，人所知也。旦暮罄于前，不可（不）类之，故难。鬼魅无形者，不罄于前，故易之也。"（《韩非子·外储说》）"孰易孰难"其实是绘画与客观现实之间的关系，从艺术再现和表现角度上说，强调再现。"昔夏之方有德也，远方图物，贡金九牧，铸鼎象物，百物而为之备，使民知神奸。"（《左传》）②"铸鼎象物""使民知神奸"反映了夏商周时期造物艺术观念，从艺术造型上是"象形"，而"使民知神奸"正反映了当时青铜器的"礼教"功能，而非实用功能。"铸鼎象物""孰易孰难"反映的是早期写实主义艺术思想。

"宋元君将画图，众史皆至，受揖而立，舐笔和墨，在外者半。有一史后者，儃儃然不趋，受揖不立，因之舍。公使人视之，则解衣般礴，裸。君曰：'可矣，是真画者也'。"（《庄子·田子方》）这则故事是借助绘画创作讲述"任自然"的道家思想，而从艺术创作的角度理解，则是：在真正的自我状态、不受任何外界因素的影响、进行艺术创作的人，才是真正的艺术家。

① 马采：《艺术学与艺术史文集》，广州：中山大学出版社1997年版，第183页。
② 杨伯峻：《春秋左传注》，北京：中华书局1986年版。

"桓赫曰：刻削之道，鼻莫如大，目莫如小。鼻大可小，小不可大也；目小可大，大不可小也。举事亦然，为其后可复者也，则事寡败矣。"（《韩非子·说林下》）①说的是雕刻人物时，鼻子先刻得大一些，眼睛先刻得小一些，为后期加工修改留下余地，做事情也是这样，要有回旋的空间，韩非子借助人物雕刻的一个简单原则，阐述的是处世哲学，也可以理解为艺术创作的技法。

《论语》中除了与音乐相关的言论外，也有工艺、绘画方面的内容，如："君子不以绀緅饰，红紫不以为亵服。"（《论语·乡党篇》）"恶紫之夺朱也，恶郑声之乱雅乐也。"（《论语·阳货篇》）"绀"，为稍微带红的黑色；緅为青赤色。孔子阐释的是色彩与封建伦理关系的问题，由此引申为色彩搭配的规律。中国古代把红、黄、青（绿、蓝）、黑和白列为"正五色"，它们之间的混合称为"下五色"，黑色是庄重的礼服颜色，而绀和緅与黑色比较接近，所以孔子认为有修养的人应该知道不能用"绀和緅"来装饰其他颜色衣服的边。红色和紫色有特定的封建伦理内涵，在封建社会这两种颜色是一定品级官员的官服色彩，所以红紫不能是内衣（亵服）的颜色。在《古今图书集成·经济汇编·礼仪典》之"冠服部、冠冕部、衣服部、袍部、裘部、衫部、袄部"中，有大量涉及色彩与官员品级之间关系的记录，朝廷明文规定各级官员所穿衣服的色彩和纹饰，"贞观四年八月丙午诏：三品以上服紫，五品以上服绯，六品、七品以绿，八品、九品以青，妇从夫色"（《旧唐书·太宗本纪》）②。画史上也有类似记载，说明色彩不单纯是艺术要素，而具有特定伦理内涵。明李开先《中麓画品·后序》记载：宫廷画师戴进向明宣宗进呈一幅画《秋江独钓图》，上画一红衣渔夫垂钓。另一宫廷画家谢环（廷循）一旁奏曰：红乃品官服色，钓鱼人安得有此？斥之为"野鄙失体"，戴进于是被流放，贫穷致死。

"四部"之中，"子部·艺术类"是艺术文献最集中之处，但艺术概念的差异，古人把今天不属于艺术的内容也归入艺术文献，如《古今图书集成·博物汇编·艺术典》包括农、医、卜、星象、术数、堪舆，以及画、奕、商贾、佣工、优

---

① 葛路：《中国古代绘画理论发展史》，上海：上海人民美术出版社1983年版，第10页。
② ［清］陈梦雷主修、蒋廷锡重校：《古今图书集成·经济汇编·礼仪典》，北京：中华书局、成都：巴蜀书社1986年版，第88779页。

伶、娼妓等内容；《四库全书》"子部·艺术类"，包括书画、琴谱、篆刻和杂技4目；"子部·谱录类"，包括金石文献。"子部·类书类"辑录有大量艺术文献，并提供检索原始文献的途径。按照宋王应麟《玉海·卷五十四》："类事之书，始于《皇览》。""类事之书"是类书最早的称呼，《旧唐书·经籍志》设"类事类"，而《新唐书·艺文志》则改为"类书类"，王应麟认为，《皇览》是第一部类书。类书中收集的艺术文献有两种情况：其一，辑录相关文献中的言论，并注明出处；其二，对相关艺术文献整篇收录，但这种情况很少。《古今图书集成·博物汇编·艺术典·画部》涉及谢赫《古画品录》、张彦远《历代名画记》、郭熙《林泉高致》等绘画著述60余种，而仅有一小部分为全文收录。类书对艺术文献而言，除了辑录文献片段外，重要的是提供查找艺术文献的线索，起到索引的作用，并辅助艺术文献的辑佚。这一点从前面有关《古今图书集成》内容可以看出。"子部·小说类"[①]也有一些琐言、成篇或成卷的艺术文献。

## 第二节　艺术文献学的研究范围之二——集部文献

"集部"收录历代作家一人或多人散文、骈文、诗、词、散曲等的集子和文学评论、戏剧、小说等著作。《四库全书》"集部"分楚辞、别集、总集、诗文评和词曲五类。"集部"总集、别集、诗文评、词曲以及尺牍类有大量艺术文献。总集是指多位作家诗文词曲的汇集，包括选集和全集，选集如南宋郭茂倩编《乐府诗集》，元苏天爵编《元文类》，清黄宗羲编《明文海》、姚鼐编《古文辞类纂》等，其中《古文辞类纂》收集战国到清的文章700余篇，内容涉及论辩、序跋、奏议、书说、赠序、传状、碑志、杂记、箴铭、颂赞、辞赋和哀祭；全集如清严可均编《全上古三代秦汉三国六朝文》等。别集是某人的诗文全集，在集部文献中占有相当大的比例，《佩文斋书画谱》和《古今图书集成》辑录艺术文献，很多出自

---

①《四库全书》"小说类"包括杂事、异闻和琐语3个子目。

清以前集部文献，如陶潜《陶靖节集》、王维《王右丞集》、杜甫《杜工部集》、韩愈《昌黎先生集》、柳宗元《河东先生集》《柳河东外集》、白居易《白氏长庆集》、范仲淹《范文正公集》、欧阳修《六一居士集》《欧阳文忠公全集》、王安石《临川集》、苏轼《东坡集》和《东坡续集》，以及王世贞《弇州山人稿》和《弇州续稿》等，共涉及别集880余种。《佩文斋书画谱》和《古今图书集成》是根据清康熙年间内府藏书集部文献编纂的，而康熙年间内府集部文献并不多。乾隆年间为编纂《四库全书》而广征天下藏书，历经多年，方使内府集部藏书达到8000余种。可见，《佩文斋书画谱》和《古今图书集成》所辑录集部文献只是全部集部文献的一小部分，可谓"九牛一毛"。

## 一、集部艺术文献内容丰富的原因

集部艺术文献之所以丰富，其原因有三：其一，中国书画艺术与文人密切相关，特别是宋以后文人艺术迅速发展，大多文人们不但会"舞文"，还会"弄墨"，有的就是书画家，如王维、苏轼、米芾等。清陈邦彦编《康熙御定历代题画诗·序》说："《粤考》有虞氏施采作绘而绘事以起，《周礼·冬官》爰有设色之工，典画缋之职。《传》所称'火龙黼黻，昭其文''三辰旂旗，昭其明'者是也。至汉世图写功臣，用示褒异，则又人物之肖像之粲然著见于史册者矣。嗣是工绘事者日众，自天文、地舆、鸟兽、草木以及宫室、器用与一切登临游览之胜，皆假图画以传于世。晋宋而后莫盛于唐，五代迄宋作者辈出，金元明间亦代有闻人。方其诣精入理，足以体阴阳含飞动，为稽古博物者之所取证，不仅以丹青擅长而已，而能搜抉其意蕴，发摅其旨趣者，则尤藉有题画之诗。"[1] 这里既谈绘画艺术的起源、发展和功能，同时深刻论述了唐、五代和宋朝之后，诗与绘画之间密切关系，以及题画诗重要作用，即所谓"搜抉其意蕴，发摅其旨趣"。

其二，诗画之间存在密切关系。"诗中的画不能产生画中的画，画中的画也不能产生诗中的画"[2]，说明诗与画作为两种艺术形式，虽然艺术语言不同，但它们有

---

① ［清］陈邦彦编：《康熙御定历代题画诗》，北京：北京出版社1996年版，序，第5页。
② ［英］莱辛著，朱光潜译：《拉奥孔》，北京：人民文学出版社1982年版，第74页。

共同之处。苏轼评唐诗人、画家王维《蓝田烟雨图》时说："味摩诘之诗，诗中有画；观摩诘之画，画中有诗。诗曰：'蓝溪白石出，玉山红叶稀，山路元无雨，空翠湿人衣'。此摩诘之诗也。或曰：'非也，好事者以补摩诘之诗'。"尽管苏轼认为，画中诗可能为"好事者以补摩诘之诗"，但也不难看出他对王维诗画的高度评价，即"诗中有画，画中有诗"。清叶燮说："故画者天地无声之诗歌，诗者天地无色之画。"两者结合，正好是："画者形也，形依情则深，诗者情也，情附形则显。"清姜绍书撰艺术史则以《无声诗史》命名，其实就是明朝画家的传记。在该书序中说："夫雅、颂为无形之画，丹青为不语之诗，盘礴推敲，同一枢轴。至于毫端灵韵，尤在生知，学步效颦，宁堪垂远，观者当玄赏于骊黄之外也。"①可见诗画之间的密切关系，这也决定了文人士大夫对绘画的热衷和关注。别集文献，首先在于其文学价值，其中保存某一作家的诗、词、曲和散文作品，是认识和研究这位作家成就的主要资料，"一部中国文学史，实际是作家作品及流派史，作家是因其作品而传承的，文学流派同样依靠同一风格或创作倾向的作品得以成立，因而别集保存的作品，其首要价值是其文学价值"②。别集艺术文献以诗、文、词、题赞、题跋等形式存在，内容涉及画史、画论、画法、画品、画录、画鉴和金石学等。别集中诗有三类文献价值最大，并受到学界重视：一是咏史诗；二是题画诗；三是论诗绝句。咏史诗借助诗论史，题画诗是诗体画评，论诗绝句则是以诗体论诗，都曾经被专门辑录成书。据清人研究，最早辑录题画诗成集者，是宋孙绍远编《声画集》，③主要辑录唐宋时题画诗，分26门，但每门收诗不多。"其间宋代诸作，今多未见其集，且有不知其姓名者，虽体例稍杂，亦颇资考证也。"④该书虽只辑录唐宋两代题画诗，按《四库全书总目提要》说法，其辑录题画诗代表性值得商榷，但对艺术文献学乃至一般文献学研究而言，毕竟做了开创性的工作，为后来同类文献工作打下了基础。到目前为止，对题画诗最为全面系统的整理，当属清陈邦彦编《康熙御定历代题画诗》，其分类方法借鉴了《声画集》。

① 于安澜编：《画史丛书》（第三卷），上海：上海人民美术出版社1984年版，第1页。
② 杜泽逊：《文献学概要》，北京：中华书局2001年版，第384页。
③ ［清］陈邦彦：《康熙御定历代题画诗》，北京：北京出版社1996年版，"代前言"，第1页。
④ ［清］纪昀等：《四库全书总目提要》，北京：中华书局1965年版。

陈邦彦，字世南，号春晖，又号匏庐，浙江海宁人，康熙进士，官至礼部侍郎，擅长小楷，清初著名书法家。《康熙御定历代题画诗》原名为《康熙御定历代题画诗类编》，又名《御定题画诗》《历代题画诗》《佩文斋题画诗》，是康熙年间所编系列文献《御定全唐诗》《御定佩文斋咏物诗选》《佩文斋书画谱》和《御定历代赋汇》的一部。该书收唐至明题画诗8962首，清以前的题画诗，辑录得全面而有代表性。按题画内容分：天文、地理、山水、名胜、古迹、故实、闲适、古像、写真、行旅、羽猎、侍女、仙佛、鬼神、渔樵、耕织、牧养、树石、竹兰、花卉、禾麦蔬果、禽、兽、鳞介、花鸟合景、草虫、宫室、器用、人事、杂题30类，内容之丰富，分类之详细，无有能比。但该书在编写过程中，没有注明所辑的诗出自何种文献，版本可靠性值得怀疑。明清题画诗辑录成集的比较多，但规模和质量无法与《康熙御定历代题画诗》相比，如明范迁撰《题画诗》、项圣谟编《墨君题语》等。余绍宋《书画书录解题》"题赞"类，其下"题咏"目多为题画诗集。文人画的主要特征是"诗、书、画、印"一体，明清是文人画发展的巅峰时期，画家擅长在自己绘画作品上题诗并结集，如明末清初画家石涛撰、清人汪绎辰辑《大涤子题画诗跋》等。诗人和画家以题诗的形式，抒发自己的艺术见解和主张，"诗言志"，诗文题跋是研究文学家、艺术家艺术思想主张的重要文献。

现代学者对题画诗的研究也取得了很大成绩，并出版了相应的著作，如于风选著《古代题画诗分类选编》、李德编《历代题画诗类编》、周积寅编《中国历代题画诗选注》等。《古代题画诗分类选编》将题画诗分为山水园林、道释人物、树石花鸟、鸟兽鱼石和其他五类，每首诗后附作者简介，并阐释艺术思想和审美观念。《古今题画赏析》按时代将题画诗分为南北朝、唐宋、金元、明清和近现代五个时期。在分析南北朝庾信《咏画屏风诗》（其一）时批驳了明清以来学术界认为题画诗始于唐朝的观点。清沈德潜在《说诗晬语》中说："唐朝以前未见题画诗，开此体老杜也。"乔亿在《剑谿说诗》中写道："题画诗，三唐间见，入宋渐多……"① 丁炳启认为南北朝庾信二十四首《咏画屏风诗》不仅早于杜甫，而且在唐以前题画诗创作上占有重要地位。周积寅先生在《中国历代题画诗选注》认为："唐代诗歌盛行，题画诗丰

---

① 丁炳启：《古今题画赏析》，天津：天津美术出版社1991年版。

富多彩，但题画诗并非创始于杜甫，六朝时就有诗人为画扇、画屏风咏诗。"

历代文人有很多论述艺术的文章或诗词，别集中文章、题跋的文献价值更大，或阐述作者的艺术主张，或对艺术进行品评。《古今图书集成·理学汇编·字学典》《古今图书集成·博物汇编·艺术典》《古今图书集成·经济汇编·考工典》等，每部下专设有"艺文目"，而"艺文目"，下又分"艺文一、二、三"，分别收集与艺术相关的文章和诗。

其三，总集和别集收特定时期、地域，众多人或一人的作品，作者地位、学问、修养和志趣各不相同，涉猎学术领域宽泛，或有天文、地理之论，或金石、碑帖、书画之说，就其内容而言，可谓经、史、子各部之学无所不涉。清钱大昕《潜研堂文集》包括赋、颂、奏折、论、说、答问、辨、考、箴、铭、赞、杂著、记、纪事、序、题跋、书、传、碑、墓志铭、墓表、墓碣、家传、行述、祭文共25类；朱彝尊《曝书亭集》则于诗、词、散曲之外，另有赋、书、序、跋、考、辨、原、论、议、释、说、策问、颂、赞、箴、铭、辞、零丁、答问、募疏、传、记、题名、碑、墓表、墓志铭、行状、诔、哀辞、祭文共30类。欧阳修是宋朝著名文学家，善诗文，兼攻史学，书法、绘画、金石都有涉猎，著有《新五代史》《集古录》《六一题跋》等，其诗文被后人集为《欧阳文忠公文集》，收《欧阳文忠公论试笔》一卷，主要论述书法，旁涉笔、墨、纸、砚、琴、画等。《六一题跋》则为后人搜集整理欧阳修书画题跋的著作，共有11卷，其书画造诣精深，"古之始有文字也，务乎记事，而因物取类为其象。故《周礼·六艺》有六书之学，其点画曲直皆有其说。杨子曰：断木为棋，挩革为鞠，亦皆有法焉，而况书乎。今虽隶字已变，于古而变，古为隶者，非圣人不足师法，然其点画曲直犹有准则，如母、毋、亻、彳之相近，易之则乱而不可读矣"（《六一居士集》）①。

---

① "六一居士"为欧阳修之别号，自称"吾家藏书一万卷，集录三代以来金石遗文一千卷，有琴一张，有棋一局，而常置酒一壶；以吾一翁，老于此五物之间，是岂不为'六一'乎？"，见王原祁等：《佩文斋书画谱》第2册，北京：中国书店1984年影印版，第28页。

## 二、集部文献的艺术学研究价值

集部之总集、别集、词曲、尺牍，未标明艺术文献的要超出标明的数十倍。在已知18000余种别集文献中，就画跋、题画诗而言，跋在两万篇以上，诗在十万首以上。①清朝文献学、考据学发达，清朝以前集部艺术文献，如题画诗已经受到重视。清朝别集文献约8000余种，画论、图记、题跋内容十分丰富，近人对清朝集部文献还少有研究。对集部文献的研究，以往大多停留在文学层面，认为收藏的都是文学作品，与艺术没有太大关系。近年来，学者们开始重视集部文献的艺术学价值，并作为艺术理论、艺术史研究和艺术批评的佐证。集部文献艺术学价值主要体现在以下几点：

其一，集部艺术文献与艺术原理研究。在集部文献中有数量可观的文献可作为艺术原理研究的佐证，一些诗文本身就是一篇哲理深刻的艺术学文献，探讨艺术起源、功能、艺术创作原则，或艺术评价标准等等。明宋濂《画原》："史皇与仓颉皆古圣人也，仓颉造书，史皇制画。书与画非异道也，其初一致也。天地初开，万物化生，自色自形总总林林，莫得而名也。虽天地亦不知其所以名也。有圣人者出，正名万物。高者为何，卑者为何，动者为何，植者为何，然后可得而知之也。于是上而日月风霆雨露霜雪之形，下而河海山岳草木鸟兽之著，中而人事离合，物理盈虚之分，神而变之，化而宜之，固已达民用而尽物情，然非书则无纪（同记）载，非画则无彰施，斯二者其亦殊途而同归乎？吾故曰书与画异道也，其初一致也。且书以代结绳，功信伟矣！至于辨章服之有制，画衣冠以示警饬，车辂之等威，表旗旒之后先，所以弥纶其治，具匡赞其政原者，又乌可以废之哉。画绘之事统于冬官，而春官外史专掌书令，其意可见矣！况六书首之以象形，象形乃绘事之权舆，形不能尽象而后谐之以声，声不能尽谐而后会之以意，意不能以尽会而后指之以事，事不能以尽指，而后转注假借之法与焉。书者，所以济画之不足者也。使画可尽则无事乎书矣。吾故曰：书与画非异道也，其初一致也。古之善绘者或画《诗》，或图《孝经》，或貌《尔雅》，或像《论语》暨《春秋》，或著《易

---

① 谢巍：《中国画学著作考录》，上海：上海书画出版社1998年版，凡例。

象》，皆附经而行，犹未失其初也。下逮汉、魏、晋、梁之间，讲学之有图，问礼之有图，烈女仁智之有图，致使图史并传，助名教而翼群伦，亦有可观者焉。世道日降，人心寝不古。若往往溺志于车马士女之华，怡神于花鸟虫鱼之丽，游情于山林水石之幽，而古之意衰矣。是故顾、陆以来，是一变也。阎、吴之后，又一变也。至于关、李、范三家者出，又一变也。譬之学书者，古籀篆隶之茫昧而惟俗书之姿媚者，是耽是玩，岂其初意之使然哉？虽然非有卓然拔俗之姿，亦未言此也。"（《宋学士集》）[1]这是一篇关于书画起源、书与画的关系，以及书画功能发展的学术论文，其艺术学价值不言而喻。

中国美术发展历史上，一直存在着"形与神""再现和表现""写实与写意"关系的讨论，孙美兰先生主编的《艺术概论》中用一条纵线区分东方艺术和西方艺术，用横线区分古典艺术和现代艺术，构成十字分向交叉关系，"纵直线的划分，表明东方艺术是重表现的；西方艺术是重再现的。横平线的划分表明，近世纪东方艺术，由古典的、表现的转向现代的、再现的。西方艺术，则有古典的再现的转向现代的、表现的"[2]。其实这一问题，并非简单的时代划分问题，也不能单纯于西方艺术发展中寻找一种对应的结合点。就相关文献记载来看，两汉以前的中国绘画是重形似的，《左传》"铸鼎象物"、《韩非子》"画狗马难，画鬼魅易"，是"重形似"的具体体现。东晋顾恺之提出"以形写神，形神兼备"，以及谢赫《古画品录》将"气韵生动、骨法用笔、应物象形、随类赋彩、经营位置和传移模写"作为绘画品评标准，是"形神并重"的艺术观念，并一直延续到隋唐时期。到了宋朝，绘画"形似"观念达到了顶峰，特别是继承五代黄筌绘画风格的宫廷画家，追求形似超过了神似，宋徽宗赵佶、宫廷画家赵昌所画花鸟是追求形似画风的代表。尔后，文人画理论的兴起，神似逐渐成为绘画评价的主要标准，绘画功能由"铸鼎象物，百物而为之备，使民知神奸"（《左传》），"夫画者，成教化，助人伦。穷神变，测幽微，与六籍同功"，转向"达意"的文人"墨戏"，逐渐形成了新的艺术观念和理论体系。这种理论体系，从宋朝文人的诗文言论，可以得到清晰验证。欧阳修在《盘车图诗》中说："古画画意不画形，梅（指梅尧臣）诗咏物无隐

---

① ［清］王原祁等：《佩文斋书画谱》第2册，北京：中国书店1984年影印版，第309-310页。
② 孙美兰主编：《艺术概论》，北京：高等教育出版社1992年版，第129页。

情。忘形得意知者寡，不若见诗如见画。"①欧阳修提出"画意不画形"的"意"乃是绘画的主要目的，而"形"是"意"的载体，画画的目的是"画意"，而"忘形得意"的艺术家还很少。他还针对《韩非子》"画狗马难，画鬼魅易"提出了批评："善言画者，多云：鬼神易为工。以为画以形似为难，鬼神人不见也。然至其阴威惨淡，变化超腾，而穷奇极怪，使人见辄惊绝，及徐而定视，则千状万态，笔简而意足，是不亦为难哉！"②苏轼继承和发展了欧阳修的观点，在"形与神""诗与画"关系，以及绘画品评方面提出了自己的见解，其原始资料主要在《东坡集》《东坡续集》等别集文献中，多以诗、题跋等形式出现。其诗《蓝田烟雨图》《书鄢陵王主簿所画折枝二首》是其艺术思想的集中体现。

《书鄢陵王主簿所画折枝二首》其一："论画以形似，见与儿童邻。赋诗必此诗，定非知诗人。书画本一律，天工与清新。边鸾雀写生，赵昌花传神。何如此二幅，疏淡含精匀。谁言一点红，解寄无边春。"③诗中说如果绘画评价以"形似"为标准，那就像儿童一样幼稚。作者以不求"形似"，而要"神似"，并将文学修养融入绘画之中。其二："瘦竹如幽人，幽花如处女。低昂枝上雀，摇荡花间雨。双翎决将起，众叶纷自举。可怜采花蜂，清蜜寄两股。若人富天巧，春色入毫楮。悬知君能诗，寄声求妙语。"④该诗是对一幅"形神兼备"绘画作品的描述，体现了诗画的关系，正如叶燮所言"画者天地无声之诗歌，诗者天地无色之画"。

北宋政治家、科学家沈括非常赞同欧阳修和苏轼的观点，在《梦溪笔谈》中有谈论书画的文献25条、音乐（乐律）方面44条，舆服12条。⑤《书画之妙在画意》《中国画之散点透视》等能够代表沈括书画艺术主张。"书画之妙，当以神会，难可以形器求也。世之观画者，多能指摘其间形象、位置、彩色瑕疵而已，至于奥理冥造者，罕见其人。如彦远《画评》言：王维画物，多不问四时，如画花往往以桃、杏、芙蓉、莲花同画一景。予家所藏摩诘画《袁安卧雪图》，有雪中芭蕉，此乃得心应手，意到便成，故其理入神，迥得天意，此难可与俗人论也。谢赫

①［清］陈邦彦：《康熙御定历代题画诗》，北京：北京古籍出版社1996年版，第680页。
② 俞剑华：《中国古代画论类编》，北京：人民美术出版社2001年版，第42页。
③［清］陈邦彦：《康熙御定历代题画诗》，北京：北京古籍出版社1996年版，第5页。
④［清］陈邦彦：《康熙御定历代题画诗》，北京：北京古籍出版社1996年版，第5页。
⑤ 胡道静、金良年：《梦溪笔谈导读》，成都：巴蜀书社1988年版，第12页。

云：'卫协之画，虽不该备形妙，而有气韵，凌跨群雄，旷代绝笔。'又欧阳文忠《盘车图》诗云：'古画画意不画形，梅诗咏物无隐情。忘形得意知者寡，不若见诗如见画。'此真为识画也。"①"书画之妙，当以神会"是其书画艺术思想的集中体现，并列举谢赫、张彦远对卫协和王维绘画的评价，引用欧阳修"古画画意不画形"的诗句进行阐释。这与欧阳修、苏轼的主张是一脉相承的。关于中国画散点透视的论述，如同一篇画论，一方面对画牛、马、鼠、虎毛处理的方法进行解释，又对李成的透视方法不以为然，并提出了自己的见解："画牛虎皆画毛，惟马不画。予尝以问画工，工言：'马毛细，不可画。'予难之曰：'鼠毛更细，何故却画？'工不能对。大凡画马，其大不过盈尺，此乃以大为小，所以毛细而不可画；鼠乃如其大，自当画毛。然牛、虎亦是以大为小，理亦不应见毛，但牛、虎深毛，马浅毛，理须有别。故名辈为小牛、小虎，虽画毛，但略拂拭而已。若务详密，翻成冗长；约略拂拭，自有神观，迥然生动，难可与俗人论也。若画马如牛、虎之大者，理当画毛，盖见小马无毛，遂亦不法，此庸人袭迹，非可与论理也。又李成画山上亭馆及楼塔之类，皆仰画飞檐，其说以谓自下望上，如人平地望塔檐间，见其榱桷。此论非也。大都山水之法，盖以大观小，如人观假山耳。若同真山之法，以下望上，只合见一重山，岂可重重悉见，兼不应见溪谷间事。又如屋舍，亦不应见其中庭及后巷中事。若人在东立，则山西便合是远境；人在西立，则山东却合是远境。似此如何成画？李君盖不知以大观小之法。其间折高、折远，自有妙理，岂在掀屋角也！"②

《梦溪笔谈》还有对书画作品或艺术家风格进行评论的内容，如黄筌、徐熙、董源等的绘画。以下是沈括以董源和巨然的绘画为例，分析二者绘画风格的传承源流，并说明绘画欣赏要处理好远近、整体和局部之间的关系。"江南中主时，有北苑使董源善画，尤工秋岚远景，多写江南真山，不为奇峭之笔。其后建业僧巨然，祖述源法，皆臻妙理。大体源及巨然画笔，皆宜远观。其用笔甚草草，近视之，几不类物象，远观则景物粲然，幽情远思，如睹异境。如源画《落照图》，近视无功，远观村落，杳然深远，悉是晚景；远峰之顶，宛有反照之色。此妙处也。"

①［清］王原祁等：《佩文斋书画谱》第2册，北京：中国书店1984年影印版，第383—384页。
②［清］王原祁等：《佩文斋书画谱》第2册，北京：中国书店1984年影印版，第384页。

（《梦溪笔谈》）①《四库全书》把《梦溪笔谈》收入"子部·杂家类"，这是由于其内容决定的。

其二，集部文献与艺术创作的关系。别集文献中，有相当数量的题画诗，是针对某一作品进行评论的，并提出艺术创作主张，对艺术创作具有指导和借鉴意义。白居易《画竹歌》，是今天所能见到的最早关于画竹的文献，其诗云："植物之中竹难写，古今虽画无似者。萧郎下笔独逼真，丹书以来唯一人。人画竹身肥臃肿，萧画茎瘦节节竦。人画竹梢死羸垂，萧画枝活叶叶动。不根而生从意生，不笋而成由笔成。野塘水边倚岸侧，森森两丛十五茎。婵娟不失筼粉态，萧飒画得风烟情。举头忽看不似画，低耳静听疑有声。西丛七茎劲而健，省向天竺寺前石上见。东丛八茎疏且寒，曾忆湘妃庙里雨中看。幽姿远思少人别，与君相顾空长叹。萧郎萧郎老可惜，手颤眼昏头雪色。自言便是绝笔时，从今此竹尤难得。"②从该诗《序》来看，白居易做此诗好似是单纯表达萧悦赠画的感激之情。《序》云："协律郎萧悦善画竹，举时无伦。萧亦甚自秘重，有终岁求其一竿一枝而不得者。知予天与好事，忽写一十五竿，惠然见投。予厚其意，高其艺，无以答贶，作歌以报之，凡一百八十六字云。"但该诗内容描绘了萧悦画竹的构图和笔法，现在虽无法看到萧悦作品，但可以从该诗描绘中，了解他画竹的风格，并指导艺术创作。

其三，集部艺术文献可以辅助艺术史研究。艺术作品和艺术家是艺术史研究的对象，在正史、别史、画史上无法见到的艺术家和艺术作品，有时可以通过题画诗来了解。别集中题画诗有：题己画、题别人画和题古画（包括自己收藏、别人收藏和宫廷收藏）三类，叙事诗所占比重最大，谢巍先生根据其阅读唐朝到明朝别集中三千余首题画诗统计，有十分之八九为叙事诗，其余或讽时事，或寄志抒怀，尤以题己画和同时代人画价值最高。题画诗前往往有小序、引言，或说明缘由，或记述画家、藏家事迹，或记录时间等，这些都是艺术史研究的第一手资料。明刘崧③《槎翁集》有大量题画诗，其中《题林森〈山水图歌〉》中记载了林森的笔法、笔墨风

---

① ［清］王原祁等：《佩文斋书画谱》第2册，北京：中国书店1984年影印版，第384页。

② ［清］陈邦彦：《历代题画诗类编》，北京：人民美术出版社1995年版，第186页。

③ 刘崧（1321—1381），字子高，号槎翁，曾任吏部尚书，善画梅、竹。著有诗集《槎翁集》《北平八府志》和《职方集》。

格，以及师承关系。而在画史方面，如明朱谋垔《画史会要》、清徐沁《明画录》中仅录姓名和籍贯，而没有记录其他内容。"林森，清江人。"（《明画录》）①据谢巍先生粗略统计，仅他所读别集文献中题画诗提及画家，而在画史中有传记的就有400余人，可见别集文献艺术信息量之大。

题画诗还可以帮助了解前人艺术风格。东晋顾恺之的作品，原作已无从看到，即使后人临摹作品，也屈指可数，但可以从题画诗中了解一些信息，如清陈邦彦编《康熙御定历代题画诗》收有两首题顾恺之《秋江晴嶂》的诗，分别出自元朝画家吴镇和黄公望。二人都亲眼见到过这幅画，即使是后人临摹之作，恐怕对了解顾恺之艺术风格也有很大帮助。黄公望在两朝元老危素家中见过《秋江晴嶂》，作诗并序："此卷墨法入神，傅采入妙。莫得知其所以始，而亦莫得知其所终，变幻百出，诚可谓圣于画矣。岂学知勉行者所得仿佛其一二哉！三绝如君少，斯图更擅场。设施无斧凿，点染自微茫。山碧林光净，江清秋气凉。怜余瞻对久，疑入白云乡。"吴镇题《顾恺之〈秋江晴嶂〉》诗云："万顷远横秋镜阔，千重林立彩云长。村村鸡犬鸣晴昼，两两樵渔话夕阳。"②以上两首诗出自著名的绘画大师，对该画景物进行了生动的描绘，并对其画法做了深刻阐述，使后人"如观其画"。

就书画鉴定而言，历代书画作者佚名者非常多，根据题画诗涉及与绘画作品同名者，结合作品时代，可以寻找书画作者。据题画诗体例，如古体、乐府、绝句，五言、七言，以及诗作语言风格，结合文学史相关研究，可以辅助鉴定书画。书画作假者，在视觉形式语言上模仿得惟妙惟肖，而很难在诗的语言风格上模仿，这涉及诗歌、音韵等方面的学问。有的别集文献，如明张羽《静居集》涉及山水画法史、墨竹画法史内容，更是重要艺术文献。

别集中题画诗、画记、图记、画跋等，对艺术原理、艺术创作、艺术史研究、艺术鉴赏，以及艺术批评等都具有重要意义，是艺术文献的重要组成部分。从数量上讲，在经、史、子、集四部文献中集部艺术文献分布范围最广泛，但由于没有标明艺术文献，且别集文献数量庞大，版本众多，要想系统、科学地整理这部分艺术文献资源，需要大量时间、人力和物力，且需要文学、版本学、音韵学等相关知识作支撑。

---

① 于安澜：《明画录》，《画史丛书》（第三卷），上海：上海人民美术出版社1984年版，第110页。

② ［清］陈邦彦：《康熙御定历代题画诗》，北京：北京古籍出版社1996年版，前言。

## 第三节 艺术文献学的研究范围之三——金石文献

金石学原以古代的青铜器和石刻为主要研究对象，到了清末，甲骨、简牍、印章、封泥、瓦当等的大量出现，其研究对象大大丰富，因而金石学和艺术考古学、艺术史研究对象有相同的地方。笔者认为从艺术学研究角度以及艺术文献的概念看，金石作品及研究金石的文献当属于艺术文献学研究的范围。对金石作品的记载，最早可以追溯到魏晋时期，如戴延之《西征记》、郦道元《水经注》等对今山东汉画石刻都有记载。从北宋开始，出现了专门研究金石的著作，如宋刘敞著《先秦古器图》、吕大临《考古图》、王黼《宣和博古图》、薛尚功《历代钟鼎彝器款式法帖》、欧阳修《集古录》、赵明诚《金石录》、洪适《隶释》和《隶续》、王象之《舆地碑目》；元吾丘衍《周秦刻石释音》、潘昂霄《苍崖金石例》；明曹昭《格古要论》；清翁方纲《两汉金石记》、乾隆敕编《西清古鉴》、王昶《金石萃编》、叶昌炽《语石》、李遇孙《金石学录》、叶铭《金石书目》等。《佩文斋书画谱》所征引的文献有很大一部分来自金石著作，如欧阳修《集古录》、欧阳棐《金石录目》、赵明诚《金石录》、郑樵《金石略》、洪适《隶释》《隶续》、曾惇《石刻铺叙》、李中祐《坛山石刻记》、杨文禺《周秦刻石释音》、潘昂霄《苍崖金石例》、顾元庆《瘗鹤铭考》、孙桢《金石评考》、赵宧光《金石林绪论》、郭春伯《金石史》、《古今碑帖考》、于弈正《天下金石志》、顾炎武《金石文字记》和《求古录》、顾苓《汉碑目》、《古林金石表》、《吉金贞石志》、《嵩阳石刻记》、吕大临《考古图》、刘敞《先秦古器图》、李公麟《李氏古器录》、王黼《宣和博古图》、《绍兴古器评》、陶弘景《刀刃录》、董逌《钱谱》等，书画文献或其他文献中也有金石的记载。“乙鼎一右得于邺郡亶甲城，按鼎铭乙下一字，不可识考，其形制文字及所从得，盖商器也。”（《考古图》）[①]“执干父癸

① ［清］王原祁等：《佩文斋书画谱》第4册，北京：中国书店1984年影印版，第1603页。

卣——上为人形，两手各持干，铭曰父癸。"（《宣和博古图》）①"仲作辛鼎——仲作辛鼎，其可考者以名知之，辛壬丁甲惟殷为序，而伯不配甫者，亦殷道也。"（董逌《广川画跋》）②

《四库全书总目提要》将金石著述分为三类："以集录古刻，条其名目者，从《宋志》入目录；其《博古图》之类，因器具而及款式者，别入谱录；石鼓文音释之类，从《隋志》别入小学。"③张之洞《书目答问》"史部"列"金石文"，分目录、图像、文字和义例四种。从金石文献的内容和形式看，笔者认为金石文献可分为：金石作品、金石著作（包括金石题跋）、金石作品目录（金石图谱目录）、金石拓片和金石文献目录五类。

金石作品是研究古代器物造型艺术、书法艺术以及绘画艺术的重要依据，本身可以当作艺术作品（工艺美术品、雕刻艺术等）。郦道元《水经注》记载："赣榆刻石——赣榆县北东侧巨海，有秦始皇碑在山上，去海一百五十步，八寸一行十二字。"④如果能看到该石刻作品，其艺术价值和文献价值是不可低估的。金石著作是以金石为研究对象的著作，最早可以追溯到宋人的金石研究著述，包括对金石本身形制和上面内容的研究，如宋薛尚功《历代钟鼎彝器款式法帖》摹录铭文511器，《四库全书总目提要》对其评价说："所录篆文，虽大抵以《考古》《博古》二图为本，而搜集较广，实多出两书之外。至其笺释名义，考据尤精。"金石作品目录（金石图谱目录），是记载金石作品信息的文献，包括文字记载和图文结合两种，在金石著作中所占比例最大。如宋王俅《啸堂集古录》记载鼎、尊、彝、卣、壶、爵、角、印、镜、等，共345种器的铭文、形制等，但无图形考证；《宣和博古图》收宋朝宫中所藏商到唐铜器839件，分类记录，每器都有摹绘图像。《西清古鉴》则是清宫所藏铜器的大型图录。金石拓片是间接了解金石上文字及图像信息的重要文献，有的将一定范围的金石拓片装订成册，形成拓本。传世金石拓片是重要的艺术文献，是研究绘画、书法、印章等艺术的重要依据。现存于北京故宫博物院

---

① ［清］王原祁等：《佩文斋书画谱》第3册，北京：中国书店1984年影印版，第1610页。

② ［清］王原祁等：《佩文斋书画谱》第4册，北京：中国书店1984年影印版，第1602页。

③ 姚名达：《中国目录学史》，上海：上海古籍出版社2002年版，第298页。

④ ［清］王原祁等：《佩文斋书画谱》第4册，北京：中国书店1984年影印版，第1672页。

的宋拓本山东嘉祥《武梁祠画像》就是代表，所拓内容是第一石的上半部，有七个帝王图：伏羲、祝诵氏、神农氏、黄帝、颛顼、帝喾、帝尧、帝舜、夏禹、夏桀；孝子四图：曾子质、闵子骞、老莱子、丁兰。道光二十九年（1849年）曾经被火烧，除了孝子四图基本完整外，伏羲、祝诵氏、神农氏三图烧毁，其他诸图不同程度损坏。在清朝黄易发现原石以前，仅存此拓本。上面有题跋和收藏印，可知被许多人收藏。最早追溯到明朝武进唐氏，康熙四十二年（1703年）归马思赞，后归马曰璐，乾隆四十年（1775年）马氏赠送汪本，后转赠黄易。后为济宁路氏所得，之后由李汝谦所有，后归吴乃琛，现存北京故宫博物院。除了直接考察现存的武氏祠画像石之外，这一拓片资料也是研究汉朝石刻、绘画艺术的重要资料，同时经过辗转收藏，上面印章等信息也有重要艺术文献价值。金石文献目录是"金石著作、金石作品目录、金石拓片"的目录，如同治年间沈涛撰《金石著录考》、宣统二年（1910年）叶铭撰《金石书目》，以及后来的田士懿撰《金石名著汇目》、黄立猷撰《金石书目》、容媛撰《金石书录目》《金石书录》①、林钧撰《石庐金石书志》等。

　　下面是几种典型的金石文献，从中可以了解其特殊的艺术文献价值：

　　《考古图》十卷，宋吕大临撰，成书于1092年。收录当时官家和私人收藏器皿234件，按照器形分类编排，摹绘图形、铭文，标记尺寸、重量和容量、收藏者和出土地，卷一至七为商周礼器143件，卷七收乐器15件，卷八收玉器9件，卷九、十收秦汉器67件。《宣和博古图》三十卷，宋徽宗命王黼编撰，收录宋宫中宣和殿所藏商至唐朝铜器839件，每件摹绘图形、铭文，附释文，记尺寸、重量和容量，出土地、收藏家，对器名、铭文作简略说明。卷一至五为鼎、鬲，卷六至七为尊罍，卷八为彝、舟，卷九至十一为卣，卷十二至十四为瓶、壶、爵，卷十五至十七为斝、觚、斗、卮、觯、角、敦，卷十八为簠、豆，卷十九为鬲、簋，卷二十至二十一为盉、鐎斗、冰鉴，卷二十二至二十五为钟，卷二十六为磬，卷二十七为弩机、辕、辂等兵器及车具，卷二十八至三十为鉴。该书汇萃了宋收藏青铜器之精华，绘图精致，保存了北宋末年大量的青铜器型、铭文等资料，所定器名如鼎、尊、爵等被沿用下来。《集古录》十卷，北宋欧阳修撰，成书于1055年。在该书自序中说："上

---

① 姚名达：《中国目录学史》，上海：上海古籍出版社2002年版，第295页。

自周穆王以来，下更秦汉隋唐五代，外至四海九州，名山大泽，穷崖绝谷，荒林破冢，神仙鬼物，诡怪所传，莫不皆有，以为《集古录》。以谓转写失真，故因其石本，轴而藏之。有卷帙次第，而无时世之先后，盖其取多而未已，故随其所得而录之。又以谓聚多而终必散，乃撮其大要，别为录目。因并载夫可与史传正其阙谬者，以传后学，庶益于多闻。"也就是说《集古录》是当时石刻拓片的目录，并把"正史记传正其谬缺者"，以跋尾的形式一并记载。《金石录》三十卷，宋赵明诚撰，成书于北宋末年。根据赵明诚自序所言："上自三代，下迄隋唐五季，内自京师，达于四方，遐邦绝域，夷狄所传，仓史以来古文奇字、大小二篆、分隶行草之书、钟鼎簠簋尊敦甗鬲盘杅之铭，词人墨客诗歌赋颂碑志叙记之文章，名卿贤士之功烈行治，至于浮屠老子之说，凡古物奇器、丰碑巨刻所载，与夫残章断画，磨灭而仅存者，略无遗矣。因次其先后，为二千卷。"该书前十卷为铜器铭文及碑刻拓本目录，按时代先后排列，石刻注明立碑年月、撰书人名。后二十卷收题跋502篇。《金石书目》为容媛所撰，收录金石文献823种，并附地方志之金石志，以金石器物为纲，体例为目，将金石文献具体分类如下：总类，包括目录、图像、文字、通考、题跋、字书、杂著、传记8目；金类，包括目录、图像、文字、通考、题跋、字书、杂著7目；钱币类，包括图像、文字、题跋、杂著4目；玺印类，包括图像、文字、通考、字书、封泥5目；石类，包括目录、图像、文字、通考、题跋、义例、字书、杂著8目；玉类，包括目录、图像、通考3目；甲骨类，包括图像、文字、通考、义例、字书5目；匋类，包括图像、文字2目；竹木类，文字之属；地志类，包括目录、图像、文字、题跋、杂著5目。

虽然金石学研究目的在于"证诸史之谬误，补载籍之缺佚，考文字之变迁"，似乎与艺术学没有关系，但从艺术学研究角度看，金石作品、金石文献，都具有极高的艺术文献价值，主要体现在以下几个方面：（1）金石作品本身就是书法、雕刻艺术品。宋陈振孙《直斋书录解题》将金石文献入"书"（书法）目，强调的就是金石的书法艺术价值。石刻画像的绘画艺术价值就更重要了；（2）金石作品目录（金石图谱目录）是了解古代器物造型、审美问题的重要直观资料；（3）金石的上铭文具有重要艺术文献价值；（4）金石作品，如古代乐器，是辅助破解古代艺术之谜的重要工具；（5）金石图谱是研究古代工艺美术的重要文献；（6）金石学和艺术考古学研究对象的共同之处，决定了金石文献的艺术考古学价值。金石学和艺术考古学的研究对象有相同的地方，但二者研究方法和目的不同。金石学的研究方法是"著录、摹写、考释和评述，用以证经典之同异，证诸史之谬误，补载籍之缺佚，考文字之变迁"。①艺术考古学则采用考古学手段和方法，目的"不应该局限于对艺术遗迹和遗物的描述、分类及断代，而是需要透过古代艺术品所表现的各种艺术形式，分析它所表现的艺术题材，探究隐含在古代艺术品造型与装饰图案中的丰富文化内涵，寻觅隐含在题材中的古代人类的世界和方法论，找出推动中国古代人类文化创造的发展规律"②。

## 第四节　艺术文献学的研究范围之四——艺术作品、图录的文献属性

　　艺术作品是艺术学研究对象之一，艺术原理、艺术史和艺术批评作为艺术学的三个主干学科，都离不开对艺术作品的研究。艺术原理是以艺术作品、艺术行为，以及其他艺术现象为事实依据的理论探讨，艺术作品是其研究的重要内容。以艺术起源研究为例，20世纪初以来，基本形成三种途径，每一种途径都没有摆脱具体艺术作品所提供事实的支持。史前考古学是对人类早期"艺术作品"的研究，是艺术起源研究最重要、最可靠的途径，就是借助考古学、文化人类学等方法，解读人类早期为什么会发生后来所谓的"艺术行为"？为什么要创作后来称之为"艺术作品"的东西？事实上人类早期的工具、雕刻品、原始建筑、洞穴壁画已经成为研究艺术起源的主要依据，但可惜的是，人类早期以木头为载体的造物行为结果，已经无法见到。对现存原始部落艺术作品和艺术行为的研究，是把原始部族与人类早期类似行为和结果作对照，假设这些部族生活、心理、思想意识与人类早期类似，而探讨艺术起源的方法。通过儿童艺术心理的研究来推测人类早期的艺术行为，是建立在"人类的童年与人的童年相似"的假设之上的，其科学性可想而知。但无论如

---

　　① 宋原放主编：《简明社会科学词典》，上海：上海辞书出版社1982年版，"金石学"条。
　　② 孙长初博士论文《中国艺术考古学初探》，第132页。

何，这三种方法都是以艺术作品和艺术行为为研究对象的，其目的是要弄清：人类早期为什么产生艺术行为？为什么会有这样的结果？

艺术史是整个人类历史的一部分，是对人类美的创造的描述和评价，是研究艺术发生发展规律和历史的科学。[①]艺术作品是艺术史研究的直接对象，"艺术学的目的在于对艺术各种现象的认识，它的第一步不用说在于我们所能经验的范围内，确立各种艺术的事实，而其中心则是艺术作品这一部分。于是便产生了艺术史，就是绘画史、音乐史、戏剧史和文学史之类。艺术史研究艺术发展的历史事实和艺术的形式、内容的变迁问题，目的在于确立艺术的事实，在学术研究上代表客观具体的倾向，可以称为事实艺术学"[②]。也就是说艺术史以艺术作品为研究对象，真正目的在于求证"艺术的事实"。

艺术批评则是"从一定的思想立场和审美观点出发，根据一定的批评标准，对艺术作品的是非、美丑所作的理论上的鉴别、分析和评判；同时也包括对艺术家、艺术运动、艺术思潮和艺术流派所作的研究、认识和评价"[③]。艺术作品是艺术批评的最直接对象，而艺术家、艺术运动、艺术思潮和艺术流派主要也是通过艺术作品展示他们的艺术风格、主张和审美观念的，都与艺术作品有直接或间接关系。李一先生认为："美术批评有广义和狭义之分。广义的美术批评，包括理论探索和批评实践两个方面。具体说来，一是根据一定的审美标准对美术作品和美术家的分析和评价；二是分析和评价的理论标准，即批评的理论；三是在批评实践中所阐释出的有关美术起源、本质、形态、创作、功能等一般原理，即面对美术现象所引发的理论思辨。而狭义的美术批评，指实际的批评，即对美术作品本身和美术家的分析评价活动。"[④]艺术批评与艺术创作和欣赏有关系，而艺术批评的理论和标准一旦形成，会影响艺术创作理念、创作行为，以及人们的审美观念。艺术作品的艺术批评目的在于"通过艺术作品的描述、阐释、鉴赏、分析和评价，作用于欣赏活动，从而促进社会性美育"[⑤]，同时保证和促使艺术创作的健康发展。

---

① 李泽厚、汝信主编：《美学百科全书》，北京：社会科学文献出版社1990年版，第612页。
② 马采：《艺术学与艺术史文集》，广州：中山大学出版社1997年版，第7页。
③ 李泽厚、汝信主编：《美学百科全书》，北京：社会科学文献出版社1990年版，第608页。
④ 李一：《中国古代美术批评史纲》，哈尔滨：黑龙江美术出版社2000年版，第5页。
⑤ 孙美兰主编：《艺术概论》，北京：高等教育出版社1992年版，第198页。

作为艺术文献学研究对象的艺术作品，出发点和目的与艺术原理、艺术史及艺术批评都不一样。首先确定的是艺术作品具有文献属性，以及与一般文献相比所具有的不同特征；其二，通过对艺术作品的分析和解读，获得相关信息，为艺术学及其他学科的研究提供证据。文献是记录知识信息的一切载体，而"知识是人类实践的成果或结晶。知识借助一定的语言形式，或物化为某种劳动产品的形式，可以交流和传递给下一代，成为人类共同的精神财富"[①]。艺术作品的文献属性就在其通过艺术语言记录某种知识，这种知识既包括艺术知识，也包括其他知识。每一门艺术都有各自的语言，如音乐的旋律、节奏；舞蹈的形体、动作；绘画的色彩、线条、结构等；戏剧的台词、导演语言、演员形体动作、舞台美术、灯光等；电影（电视）语言更是包括文学语言、音乐语言、摄影语言和表演艺术语言等多种语言。艺术作品作为记录知识信息的载体，其文献属性也会因为不同的艺术门类信息含量不同，对文字文献的依赖程度不同。艺术作品单纯依靠文字文献，并不能传达所有信息。音乐、舞蹈、戏剧、电影（电视）等艺术，文字文献所传达的信息对艺术学研究的意义，大大低于艺术作品本身。这类艺术传达的信息更多的是依靠艺术作品本身，也就说是艺术作品的文献属性更强一些。美术作品除了传达美术信息之外，还通过视觉语言反映和传达其他信息，并借助文字文献相互补充。在没有传世作品的情况下，文字文献就成了传达美术信息的主要途径了。美术作品借助视觉语言传达的知识信息非常丰富，其文献属性不单纯在艺术学中有所体现，而在其他学科研究中都可以加以利用。在西方艺术史研究中，有一个"图像学艺术史"的分支，就是利用图像分析解读绘画作品信息。美术作品作为文献，除了艺术学价值外，还可以辅助建筑史、家具史、音乐史、服饰史、生活方式史，甚至自然科学的研究。

## 一、艺术作品的文献属性

法国历史学家伊波利特·泰纳想"以绘画而非文献为史料来撰写一部意大利历史"，本意就是以绘画所承载的历史信息为依据撰写历史，把绘画看成了一种重

---

[①] 辞海编委会编：《辞海》（缩印本），上海：上海古籍出版社1989年版。

要的文献，其文献价值在于美术创作的再现性以及与现实生活的密切关系。"广义的史学，即文献学"，艺术作品具有承载信息的功能，自然是历史文献的重要组成部分。英国艺术评论家约翰·拉斯金①认为伟大民族以三种形式记载历史，即"行为之书、言辞之书和艺术之书。只有阅读了其中的两部，才能理解它们中的任何一部。而在这三部书中，唯一值得信赖的就是最后一部书"②。德国学者雅各布·布克哈特认为：只有通过艺术这一媒介，一个时代最秘密的信仰和观念才能传递给后人，而只有这种传递方式才最值得信赖，因为它是无意而为的。③强调艺术作品的文献属性，并使之与文字文献共同成为历史研究的重要佐证，既是西方史学观念的转变，同时也是艺术史研究方法的重大突破。哈斯克尔在《历史及其图像》中论述了艺术作品（图像）与文字文献之间的关系，以及在历史研究中的作用。该著作第一部分论述欧洲15—18世纪，考古学家、古董学家、钱币学家如何利用雕塑、钱币上雕像、考古发现的人物图像，研究历史人物的形象，以及往昔宗教仪式等。他的最主要例证就是以人文主义之父彼特拉克研究古罗马历史时，将古罗马统治者和贵族雕塑与文字文献的人物描述进行对照，发现其中的差异，并分析原因。彼特拉克将艺术作品（图像或雕塑）与文字文献放在同等重要的位置，并发现二者的差异。该书第二部分，探讨了图像的运用问题，阐述的是到了18世纪考古学家如何让历史学家通过艺术作品所承载的信息去了解历史。18世纪中叶以后，西方历史学家开始认识到图像文献的重要意义，以及与文字文献相比所具有的优势，并声称"比之行动与著作，人们往往在其装饰、柱头和圆顶中更清楚、更真诚地表达自己"④，因而图像文献更真实可靠。德沃夏克在《作为思想史的艺术史》中不单把艺术作品当作历史研究的佐证，而且认为："艺术永远是，而且首先是，支配人类观念的表现，人类历史的表现，宗教、哲学和诗歌历史的表现。它是人类精神、一般历史的组成部

---

① 约翰·拉斯金(John Ruskin，1819—1900)，英国著名文艺理论家和社会评论家。主要著作有《现代画家》（1846年）、《建筑的七盏明灯》《艺术的政治经济》《艺术讲义》《威尼斯的石头》等。在《威尼斯的石头》中，开始广泛地发表对社会文化和经济问题的看法，其中最有影响的一章是《哥特式的本质》。

② 曹意强：《艺术与历史》，杭州：中国美术学院出版社2001年版，第59页。

③ 曹意强：《艺术与历史》，杭州：中国美术学院出版社2001年版，第59-60页。

④ 曹意强：《艺术与历史》，杭州：中国美术学院出版社2001年版，第62页。

分。"① 将艺术作品当作历史研究的依据，赋予其文字文献同等重要的位置，提升了艺术作品本身的价值和地位。艺术史家的职责以及艺术史研究方法也因此产生了变化，哈斯克尔在《艺术中的再发现》中说：（艺术史家）主要任务不是从自己的角度来赞成或反对某件特定艺术作品，而是从该作品本身的历史前提出发去理解它、说明它。唯有那些善于把艺术作品同其他历史材料结合起来研究的学者，才能对往昔的艺术作出真正有价值的解释。西方艺术史就是与"图像作为历史文献""包罗万象史"和"进化论"这三个19世纪以后西方史学观念结合的产物。②

"读史使人明智，读诗使人聪慧。"（培根《论求知》）历史是一面镜子，对后人具有劝诫和警示的作用。从艺术文献记载看，佛教传入中国以前的一段时间，艺术与礼教有密切关系。艺术作品承担着比历史文献更大的作用，"往往利用绘画以藻饰礼制，宏协教化；论者谓为与六籍同功，四时并运。五色文彩，草诸衣冠车旗；万方事物，昭诸钟鼎尊彝；古昔圣贤，象诸垣户殿堂；至图功、表行、颂德诸类，亦无不以画"③。张彦远在《历代名画记·叙画之源流》中引经据典，除了说明中国艺术起源的功利和礼教原因之外，也说明图像文献比文字文献具有更直观的教化作用，特别强调陆机所说"丹青之兴，比雅颂之述作，美大业之馨香"。这与西方近代才开始意识艺术作品的文献价值相比，历史可谓久远。宋朝以前，人物绘画再现先贤美德的功能占有非常重要的位置，在文人画产生和发达之后，绘画的再现性，逐渐为修身养性、抒发胸臆的目的所取代，绘画的历史文献功能和教化功能也逐渐弱化。

人类思维着的头脑是用艺术的、宗教的、实践的和科学的四种方式认识和掌握世界的，"艺术史是生活这件无缝之衣的一根丝线，不可能在把它与经济史、社会史、宗教史、体制史这些丝线离析之后而不留下若干松散的线头"④。由于艺术所产生的主观和客观条件，决定着艺术与社会的关系，而这种关系是现代人通过艺术图像探索前人社会生活现实的重要依据，因而艺术图像的文献价值是非常大的。

---

① 曹意强：《艺术与历史》，杭州：中国美术学院出版社2001年版，第86页。
② 曹意强：《艺术与历史》，杭州：中国美术学院出版社2001年版，第87页。
③ 郑午昌：《中国画学全史》，上海：上海书画出版社2001年版，第8页。
④ ［英］贡布里希：《艺术与社会科学》，见曹意强：《艺术与历史》，杭州：中国美术学院出版社2001年版，第23页。

在西方，通过图像进行分析和阐释，获得某种信息，并形成专门的学科——图像学（iconology），也称图像的阐释学或视觉阐释学。在20世纪30年代图像学又成为美术史研究的重要分支之一。1939年，潘诺夫斯基[①]在《图像学研究》中提出了著名的"图像解释三层次论"：第一层次为组成艺术母题世界的自然题材，解释的基础是实践经验，其修正解释的依据是风格史；第二层次为组成图像故事和寓言世界的程式化题材，解释的基础是古典知识，修正解释的依据是类型史；第三层次为组成象征价值世界的内在意义，解释的基础是综合直觉，修正解释的依据是一般意义的文化象征史。显然图像学的方法与沃尔夫林的形式分析方法大不相同，是一种以内容为出发点，根据传统历史知识背景解释艺术品的象征意义。[②]

## 二、图录的艺术性及文献属性

图录包括古代地图、历史图谱、艺术图录、人物图录和科技图谱，以图像或附以文字反映各种事物、文物、艺术、自然和科技等内容。艺术图录（包括金石图录）的艺术文献属性是无可争议的，是绘画、器物艺术的结晶。其他的图录由于与传统绘画存在密切关系，也可以从艺术的角度去利用，使之成为艺术文献的重要内容，如晋郭璞《尔雅图》是一部百科名物图，北齐信都芳《器准图》是我国第一部科技图谱。清戴震著《考工记图》则收图54幅，对古代工艺研究具有重要价值。郑振铎编《历代古人像赞》则是一部古代人物版画选集，内容包括古代艺术作品，如《历代古人像赞》《忠义水浒传插图》《凌烟阁功臣图》《离骚图》《无双谱》等；古代科学技术图录，如《救荒本草》《天工开物》《武经总要》《便民图纂》等，是研究中国古代绘画、工艺和技术的重要文献。

中国很早就意识到图谱的文献功能，王俭《七志》列"图谱志"。真正意识到图谱的文献价值者，非南宋文献学家郑樵莫属，他所撰《通志》分二十略，特列"图谱略"。在论述图谱功能时说："今总天下之书，古今之学术，而条其所以为图谱之

---

① 潘诺夫斯基（Erwin Panofsky），美国艺术史家，著有《岔道口的赫耳枯勒斯》《图像学研究》《早期尼德兰的绘画》《视觉艺术中的含义》《西方艺术史中的文艺复兴和历次复兴》等。

② 李泽厚、汝信主编：《美学百科全书》，北京：社会科学文献出版社1990年版，第455页。

用者十有六：一曰天文，二曰地理，三曰宫室，四曰器用，五曰车旍，六曰衣裳，七曰壇兆，八曰都邑，九曰城筑，十曰田里，十一曰会计，十二曰法制，十三曰班爵，十四曰古今，十五曰名物，十六曰书。凡此十六类，有书无图不可用也。……"（《通志》）①他还特别强调在历史研究中图文必须相互印证："河出图，天地有自然之象；洛出书，天地有自然之理。天地出此二物，以示圣人，使百代宪章必本于此，而不可偏废者也。图，经也；书，纬也。一经一纬，相错而成文。图，植物也；书，动物也。一动一植，相须而成变化。见书不见图，闻其声而不见其形；见图不见书，见其人不闻其语。图，至约也；书，至博也。即图而求易，即书而求难。古之学者，为学有要，置图于左，置书于右，索象于图，索理于书。"②认为忽视图谱在历史研究中的作用，历史就会有沦为"虚学"之可能，"辞章虽富，如朝霞晚照，徒煜耀人耳目；义理虽深，如空谷寻声，靡所底止。二者殊途而同归，是皆从事于语言之末，而非实学也。所以学术不及三代，又不及汉者，抑有由也。以图谱之学不传，则史学尽化为虚文矣"③。在正统史学思想的影响下，郑樵这种学术思想并没有受到重视。直到20世纪初期，随着西方学术思想的传入，以及考古学的冲击和影响，学术界才真正意识到图谱的历史文献价值。王国维提出"二重证据法"，要求将传世文献和考古发掘的图像及实物资料相印证。鲁迅在《拟播布美术意见书》中强调："虽武功文教与时间同其灰灭，而赖有美术为之保存。"④在鲁迅看来，美术图像资料与文字文献同样是了解已经"与时间同其灰灭"的"武功文教"的文献，这也是他重视美术的重要原因。历史学家郑振铎是继郑樵之后，另一位对图谱资料研究有重要贡献的学者，他编辑了《中国历史参考图谱》，最早由上海出版公司于1947—1951年出版。内容涉及中国历史上重要的文化遗址、名人画像、墨迹、古代器物、重要图谱文献、善本书影，以及雕刻、壁画、书画、工艺品等，共有图片3004幅，以时代先后为序，共24辑。第一辑为上古，第二辑为殷商，第三、四辑为周、春秋战国，第五辑为秦代，第六、七辑为两汉、三国，第八、九辑为两晋南北朝，第十至十二辑为隋唐五代，第

---

① ［清］王原祁等：《佩文斋书画谱》第2册，北京：中国书店1984年影印版，第304-305页。
② 姚名达：《中国目录学史》，上海：上海古籍出版社2002年版，第89页。
③ 曹意强：《艺术与历史》，杭州：中国美术学院出版社2001年版，第90页。
④ 曹意强：《艺术与历史》，杭州：中国美术学院出版社2001年版，第90页。

十三至十五辑为宋代，第十六、十七辑为元代，第十八至二十辑为明代，第二十一至二十四辑为清代。这些资料从自然环境、历史人物、历史故事、历史现象，到建筑艺术、日常用品、衣冠制度等，是研究中国历史最形象的文献资料，本身也是对艺术作品的记录。在该书跋中说："图与文如鸟之双翼，互相辅助的……而历史书却正是需要插图最迫切的。从自然环境、历史人物、历史故事、历史现象，到建筑、艺术、日常用品、衣冠制度，都是非图不明的。有了图，可以少说了多少说明，少了图便使读者有茫然之感。"[①] 他还批评中国历史研究忽视图像文献功能的现象："史学家仅知在书本书字中讨论生活，不复究心于有关史迹、文化、社会、经济、人民生活之真实情况，与乎实物图像，器用形态，而史学遂成为孤立与枯燥之学问。或：学者则唯知注重有款式之器物，而遗其重要图纹、形态；于碑版塑像，亦往往仅拓其文字，而忽视其全形与图型。"[②]

图录和艺术作品的文献价值在相关学科研究中得到了证实。《中国古代服饰研究》是沈从文在故宫博物院工作时，利用图像资料结合文字文献，进行综合分析比较，所撰写的服装史著作。中国历代服饰，文字资料居多，大多是记载上层社会和宫廷贵族的。服装样式、色彩和图案装饰的，因而这些又与封建官衔等级关系密切。"黄帝有熊氏始制冕服，以别贵贱之等。""黄帝尧舜垂衣裳而天下治，盖取诸乾坤。垂衣裳以辨贵贱，乾尊坤卑之义也。"（《易经·系辞》）[③] "［唐］高祖武德四年，始著衣服命令，上得兼下，下不得拟上。凡天子之服十四大裘冕者，祀天地之服也。广八寸，长一尺二寸。……"[④] 类似记载非常多，与封建礼仪密切相关，故《古今图书集成》将服饰文献列入《经济汇编·礼仪典》。汉以来的正史文献大多附有舆服志、仪卫志、郊祀志、五行志等，内容多涉及历代服饰，但范围多限于封建统治者朝会、郊祀、宴会等场合的服饰，以及庞大官僚集团的朝服和官服。除了正史相关记载外，《西京杂记》《古今注》《拾遗记》《酉阳杂俎》《炙

---

① 郑振铎编：《中国历史参考图谱·跋》，北京：书目文献出版社1962年版。
② 郑振铎编：《中国历史参考图谱·跋》，北京：书目文献出版社1962年版。
③［清］陈梦雷主修、蒋廷锡重校：《古今图书集成·经济汇编·礼仪典》，北京：中华书局、成都：巴蜀书社1986年版，第88737页。
④［清］陈梦雷主修、蒋廷锡重校：《古今图书集成·经济汇编·礼仪典》，北京：中华书局、成都：巴蜀书社1986年版，第88777页。

穀子》《事物纪原》《清异录》《云仙散录》等，类似这些小说、神话文献，对服饰也有描绘，但其文献性质决定了其所记述事实难以令人信服。

"宣物莫善于言，存形莫善于画"，可以理解为文字文献和绘画之间传达信息功能优劣的差别。设计艺术史研究，可以借助文字文献和实物资料。实物资料包括传世和考古发现两种。对于服饰史研究而言，由于服饰材料本身的原因，现在所能见到的早期传世实物很少，而考古发现的实物数量也有限，况且在地下经过漫长的物理和化学变化，已经很难再现其历史原貌。绘画、雕塑及有关的工艺美术作品，由于其本身的"再现性"，决定了它们有反映特定历史时期某种客观现实的功能。沈从文《中国古代服饰研究》依据包括：文字文献资料（正史、野史、杂记等）、绘画作品（壁画、国画等）、雕刻作品（玉雕、石雕、石刻、画像石、画像砖等）、服饰实物资料。全书所采用的方法就是"以图像为主结合（文字）文献进行比较探索，综合分析的方法"①，使"宣物"和"存形"优势互补。在研究汉朝袍服制度时，借助了济宁武氏祠的石刻人物形象、绘画作品《列女仁智图》，以及南京西善桥出土南朝砖画《竹林七贤图》等。对唐朝农夫、猎户、船夫服饰研究则是借助敦煌壁画上的人物着装来进行的。唐阎立本《步辇图》、张萱《虢国夫人游春图》、周昉《簪花仕女图》、五代周文矩《宫中图》、顾闳中《韩熙载夜宴图》更是被作者当作研究唐朝和五代服饰样式的直观文献资料。

艺术作品的"存形"功能决定其具有特殊的文献价值，这种价值源于艺术的"再现性"。据《宣和画谱》记载：唐后主李煜想任韩熙载为宰相，但不放心其放荡的生活方式，派画家顾闳中去考察他，"乃命闳中夜至其第，窃窥之，目识心记，图绘以上之，故世有《韩熙载夜宴图》"②。"目识心记，图绘以上之"是顾闳中当初创作这幅画的过程和目的，而正是这种原因决定了该画反映了当时人生活真实的一面，因而对服饰、家具、音乐，以及生活方式研究具有重要价值。文字文献和图录、图像文献的相互印证，是史学研究的重要方法之一。正如沈从文所说："文物学必将成为一种崭新的独立学科，为技术发展史、美术史、美学史、文化史

---

① 沈从文：《中国古代服饰研究》，香港：商务印书馆香港分馆1981年版，第14页。

② 《宣和画谱》"顾闳中"条目。

丰富（提供）无可比拟的新材料。"①这里可以理解为文物学提供的图像资料是相关研究的重要佐证。

综合本章所述，艺术文献学的研究范围包括文字文献、金石文献和艺术作品本身。文字文献研究的关键在于弄清古今艺术概念的差异，并由此判定艺术文献在古典文献中的分布状况，为借助一般文献学方法对艺术文献进行系统研究奠定基础；金石文献列入艺术文献学研究范围，并不是说金石文献完全就是艺术文献，而是从艺术学研究需要出发，金石文献包含丰富艺术信息；艺术作品、图录作为艺术文献学的研究对象，主要在于其文献属性，而不是其艺术属性。

---

① 沈从文：《中国古代服饰研究》，香港：商务印书馆香港分馆1981年版，第5页。

图37 ［北宋］佚名 《朱云折槛图轴》 台北故宫博物院藏

吟徵調商窻下桐
松間疑有入松風
仰窺低審含情客
以聽無絃一弄中
臣京謹題

聽琴圖

图38 [北宋] 赵佶 《听琴图轴》 北京故宫博物院藏

# 第二章　艺术文献学的研究目的与方法

就文献学研究目的而言，因文献有古典和现代之分，存在着不同的看法。古典文献学研究偏重目录、版本、校雠，甚至认为"目录、版本、校勘，皆校雠家事也"①，而且中国古代文献工作是"随着每一次大规模整理图书的书目工作而逐渐形成的"②。"秦拨去古文，焚烧诗书，故明堂石室，金匮玉版，图籍散乱"（《史记·太史公自序》）。汉朝建立后，汉武帝因见"书缺简脱"，下诏"广开献书之路"，于是"建藏书之策，置写书之官，下及诸子传说，皆充秘府"。（《汉书·艺文志》）公元前26年，汉成帝命光禄大夫刘向校经传、诸子、诗赋；步兵校尉任宏校兵书；太史尹咸校数术；侍医李柱国校方技，"广罗异本，比较异同，除去重复，条别篇章，定著目次，校勘讹文脱简，命定书名，然后写定正本"③。文献学研究目的是"对中国文献的研究、整理以及开发、传播和利用"④，"申明中国文献的地位与世界潮流之趋势，以总其要。典籍结集，为文献学上最重大事业，故首及之。然结集而不施以审订，则无以取精而用宏，择要而弃微，故审订又次之。既审订矣，而不能'涉其流，探其源，采剥其华实，而咀嚼其膏味'（苏东坡《李氏山房藏书记》），则结集审订皆虚事，仍不能发扬其光辉，故讲习又次之。故结集表也，审订里也，讲习则表里兼顾者也。自外学输入，然后有翻译之事业，自印刷发明，而后有编纂之规模，皆吾国文献学上之伟大纪念物焉"⑤。张舜徽提出："对那些保存下来的和已经发现了的图书、资料（包括甲骨、金石、竹简、帛书），进

---

① 张舜徽：《广校雠略》，北京：中华书局1963年版。
② 张君炎：《中国文学文献学》，南昌：江西人民出版社1986年版，第9页。
③ 武汉大学、北京大学编：《目录学概论》，北京：中华书局1982年版，第26页。
④ 郑鹤声、郑鹤春：《中国文献学概要》，上海：上海古籍出版社2001年版，"导读"、第3页。
⑤ 郑鹤声、郑鹤春：《中国文献学概要》，上海：上海古籍出版社2001年版，例言，第3页。

行整理、编纂、注释工作，使杂乱的资料条理化、系统化；古奥的文字通俗化、明朗化，并且进一步去粗取精，去伪存真，条别源流，甄论得失，给研究工作者们提供方便、节省时间，在研究整理历史文献方面，做出有益的贡献，这是文献学的基本要求和任务。"[1]

　　以上涉及的文献学研究目的，主要是针对古典文献和文字文献。艺术文献具有一般文献的共性，即是传达艺术知识信息的载体，但又不完全等同于一般文献。从文献基本属性看，艺术作品也属于文献。艺术文献学研究目的与一般文献学有共同之处，但也因艺术文献的特殊性，又具有自身的特征。艺术文献学要达到一定目的，必须借助一定方法，因而目的和方法往往是密切相关的。这也是本章将艺术文献学研究目的和方法放在一起的原因。艺术文献学研究目的和方法主要是：艺术文献的系统化——目录、结集、分类整理；艺术文献的客观化——版本、校勘、辨伪；艺术文献的现代语释——断句、注释、翻译；艺术文献的信息化、数字化——载体转移与数据库的建立（现代化处理与数据库的建立）；艺术作品信息解读——艺术作品文献学属性探讨，图像学方法运用与图像艺术史的建立；利用艺术文献学的研究成果，辅助艺术学研究。其中后面的内容分别在第一章"艺术文献学研究范围之四——艺术作品、图录的文献属性"，以及第四、五章进行论述。本章所讨论的内容，与一般文献学方法目的密切相关，属于艺术文献的本体问题。

## 第一节　艺术文献的系统化——目录、结集

　　艺术文献的系统化，就是按照一定的原则和方法将分散零乱的艺术文献进行系统整理，以方便保存、检索和利用的过程。艺术文献具有一般文献的属性，可以借鉴一般文献学的方法，包括目录学方法、文献整理结集方法，以及文献分类整理方法等。

---

① 张舜徽：《中国文献学》，郑州：中州书画社1982年版，第4页。

## 一、艺术文献目录的建立

目录是著录一批相关文献并按照一定次序编排而成的一种揭示与报道文献的工具。"目"指文献的名称，"录"指文献的叙录，记载文献内容、作者、校勘、辨正、评价等。目录在科学研究中具有重要作用，通过目录可以了解特定历史时期某学科的发展概况，同时也是进入某学科领域的钥匙。清代史学家王鸣盛在《十七史商榷》中说："目录之学，学中第一要紧事，必从此问途，方能得其门而入。"著名史学家、原北京大学校长陈垣1961年在81岁高龄时曾回顾说，他12岁以前在私塾读"四书五经"，只是呆板地死记硬背。13岁时读张之洞《书目答问》，从此才摸到读书的门径。后来又把《四库全书总目提要》读过多遍，根据其提供的线索有目的去选择图书，学问进步非常快，因而他告诫青年学子要"从目录学入手"。①目录学家姚名达在《目录学》一书中说："目录是开启人类知识结晶的钥匙，假设没有钥匙，吾人就不容易得其门而入。"美术文献目录，由于美术文献的特殊性，其用途可以从三个方面来认识：通过美术作品目录可以了解古代美术发展情况、美术作品存佚情况，并辅助美术史研究；通过著述文献目录，了解古典美术著述文献的整体情况，并针对美术创作、美术理论研究、美术史研究，以及美术批评等的需要，有选择地、有针对性地加以利用；金石文献是美术学研究可以利用的资源，通过金石作品目录和金石文献目录可以充分把握美术学能够利用的金石学研究成果和文献资源。

艺术文献目录的建立包括：（1）艺术作品目录；（2）著述文献目录；（3）专书文献目录。艺术作品目录是中国最早的艺术文献目录形式，可以追溯到刘宋时期虞龢撰《二王》《镇定书目》《羊欣书目》和《钟张书目》等书法作品目录。专书文献目录，是指研究某一重要艺术文献有关著作的目录，如《考工记》是中国古代重要的工艺文献，自东汉郑氏以来，历代研究《考工记》的著作众多，对这些文献进行系统整理，并利用版本学、目录学、校勘学等方法，建立《〈考工记〉研究

---

① 陈垣：《与毕业同学谈谈我的一些读书经验》，《中国青年》1961年第16期。

目录》或版本目录，是艺术文献学研究的重要方法，目的是了解《考工记》研究的基本情况，并借此把握古代设计思想发展和演变过程。有关艺术文献目录发展情况，在"艺术文献的分类"一章将详细叙述。艺术文献目录建立的重点是著述文献目录，是研究古代艺术发展的重要途径，因为"目录是读书治学的途径，是科学研究的指南"。除了综合性目录外，艺术文献的专门目录主要有：余绍宋撰《书画书录解题》，吴诗初撰《书画书录解题补遗》，吴辟疆撰《有美草堂画学书目》，周青云、丁福宝编《四库总录艺术编》，温肇桐《中国古代画论要籍简介》《历代中国画学著述目录》，谢巍《中国画学著作考录》等。这些艺术文献目录，大多是解题目录，记载文献作者、版本、内容提要等主要信息。通过目录，可以了解文献内容，并结合艺术学研究需要，有针对性地查阅和利用。《书画书录解题》从收录文献数量、编排方法、分类，以及版本、辨伪等各方面看，都是最为重要的艺术文献目录著作。下面结合对谢赫《古画品录》著录来加以说明：

"《古画品录》，宋《秘书省续编》到《四库缺书目》，及《宋史·艺文志》俱作《古今画品》一卷。《王氏画苑》本、《津逮秘书》本、《说郛》本、《百川学海》本、《砚北偶抄》本。""南齐谢赫撰。何许人未详。《四库提要》曰姚最《续画品录》称其写貌人物，不须对看，所须一览，便归操笔。点刷精研，意存形似。目想毫发，皆无遗失。丽服靓妆，随时变改。直眉曲鬓，与世竞新。别体细微，多自赫始。委巷逐末，皆类效颦。至于气韵精灵，未穷生动之致。笔路纤弱，不副雅壮之怀。然中兴以来，象人为最。据其所说，殆后来院画之发源。张彦远《（历代）名画记》又称其有《安期先生图传》于代。要亦，六朝佳手也。""论画之书，今存者以是书为最古。而品画之作，亦始于是书。弥足珍重。后来姚最、李嗣真虽曾指其未当，然各人见地不同，未可据以为信也。'六法'之论，创于是书。洵千载画宗矣。前有自序。""《四库提要》曰：是书等差画家优劣；晁公武《（郡斋）读书志》谓分'四品'。今考所列，实为'六品'。盖《（郡斋）读书志》传写之伪。大抵谓画有'六法'，兼善者难。自陆探微以下，以次品第，各为序引。仅得二十七人，意颇矜慎。姚最颇诋其谬。谓如长康之美，擅高往策，矫然独步，终始无双，列于下品，尤所未安。李嗣真亦讥其黜卫进曹，有涉贵耳之论。然张彦远称谢赫评画，最为尤惬。姚、李品藻，有所未安。则固以是书为定论，所言'六法'画家，宗之，亦至今千载不易也。"①《古画品录》解题目录涉及文献名称的差异、版本、内容，以及其他综合性目录的评价。

古代一些综合性目录中，如《四库全书总目提要》、陈振孙《直斋书录解题》、晁公武《郡斋读书志》等对艺术文献的记载也多采用类似的方式。下面是《四库全书总目提要》的目录信息："《历代名画记》十卷，两江总督采进本。唐张彦远撰。自序谓家世藏法书名画，收藏鉴识，自谓有一日之长。案《唐书》称彦远之祖宏靖，家聚书画侔秘府。李绰《尚书·故实》亦多记张氏书画名迹，足证自序之不诬。故是书述所见所闻，极为赅备。前三卷皆画论。一叙画之源流；二叙画之兴废；三、四叙古画人姓名；五论画六法；六论画山水树石；七论传授南北时代；八论顾、陆、张、吴用笔；九论画体工用搨写；十论名价品第；十一论鉴识收藏阅玩；十二叙自古跋尾押署；十三叙自公私印记；十四论装褙裱轴；十五记两京外州寺观画壁；十六论古今之秘画珍图；自第四卷以下，皆画家小传。然即第一卷内所录之三百七十人，即俱列其传于后，则第一卷内所出姓名一篇，殊为繁复。疑其书初为三卷，但录画人姓名。后裒辑其事迹评论续之于后，而未删其前之姓名一篇，故重出也。书中征引繁富，佚文旧事，往往而存。如顾恺之《论画》一篇，魏晋胜流《名画赞》一篇，《画云台山记》一篇，皆他书所不载。又古书画中褚氏书印乃别一褚氏，非遂良之迹。可以释石刻《灵飞经》前有褚氏一印之疑，亦他书之所未详。即其论杜甫诗'幹（韩幹）惟画肉不画骨'句，亦从来注杜诗者所未引。则非但鉴别之精，其资考证者亦不少矣。晁公武《（郡斋）读书志》则别载彦远《名画猎精》六卷，记历代画工名姓，自始皇以降，至唐朝，及论画法并装褙裱轴之式，鉴别阅玩之方。毛晋刻是书跋，谓彦远自序止云《历代名画记》，不及此书，意其大略相似。考郭若虚《图画见闻志》叙诸家之文字，列有是书。注曰：无名氏撰。其次序在张怀瓘《画断》之后，李嗣真《后画品录》之前。则必非张彦远之作，晁氏误也。"②《四库全书总目提要》无论是规模，还是文献分类体系的科学性，都代表中国古代目录学研究的最高水平。目录撰写体例非常合理，通过目录可以把握文献的整体情况，如《历代名画记》提要既包括该书内容、版本，同时还介绍不同目录记录张彦远的著述，并进行"辨伪"工作，认为晁公武《（郡斋）读书志》记载张彦远《名画猎精》是错误的，或许是伪书。

艺术文献目录必须建立在校雠、版本、辨伪基础之上，否则著录文献缺少科学性和准确性，"校雠在目录之先，目录为校雠之果"，"总目录之成，多先经校雠之手续"。①

## 二、艺术文献结集

"典籍结集，为文献学上最重大之事业。"艺术文献的结集是指按照一定分类方法和顺序，在版本、校雠和辨伪基础上，对艺术文献进行系统整理的过程，包括单篇文献结集和著作结集。美术文献最早的结集，要追溯到唐张彦远《法书要录》，其后有宋陈思《书苑菁华》、元吕宗杰《书经补遗》、元苏霖《书法钩玄》等。明清时期艺术文献结集工作发展最为迅速，这与明清时期文献数量激增有直接关系，仅就画学著述而言，现在能查到的730余种中，属于清朝的有397种，而且还不包括书法、工艺、金石等文献。②郑午昌在《中国画学全史·附录》中收录"历代关于画学之著述"372种，其中明朝以前75种，明朝76种，清朝221种。③黄宾虹、邓实编《美术丛书》收录历代文献281种，其中明朝57种，清朝175种。④余绍宋《书画书录解题》记录书画文献850余种，其中明朝226种，清朝304种。⑤上海图书馆编《中国丛书综录》"史部·传记类"共有书画、印人文献57种，其中明朝5种，清朝36种；"子部·工艺类"，包括日用、文房器物文献，共175种，其中明朝33种，清朝60种；"子部·艺术类·书画之属"收文献475种，其中明朝79种，清朝223种。⑥俞剑华《中国古代画论类编》共辑文献286种，其中明朝76种，清朝

---

① 姚名达：《中国目录学史》，上海：上海古籍出版社2002年版，第7页。

② 梁江：《美术学探索》，重庆：重庆出版社2000年版，第277页。

③ 据郑午昌：《中国画学全史》，上海：上海书画出版社2001年版统计。

④ 据邓实、黄宾虹编：《美术丛书》，北京：国际文化出版公司1992年影印本统计。

⑤ 据余绍宋：《书画书录解题》，杭州：浙江人民出版社1982年影印本统计。

⑥ 据梁江：《美术学探索》，重庆：重庆出版社2000年版统计。

83种。<sup>①</sup>于安澜编《画史丛书》共收画史著作22种，其中明朝5种，清朝11种。<sup>②</sup>于安澜编《画论丛刊》共收画论文献52种，其中明朝5种，清朝37种。<sup>③</sup>杨家骆编《艺术丛编》收录美术文献189种，其中明朝39种，清朝91种。<sup>④</sup>从以上文献记载看，明清时期美术文献从数量上占绝对优势，一方面由于明清距今历史较短，文献保存比较完整；另一方面明清时期美术文献的数量还与当时文献发展特点有直接关系。主要表现在：（1）整理了许多总结性的著作，如明郁逢庆《郁氏书画题跋》、清王原祁等辑《佩文斋书画谱》《古今图书集成·博物汇编·艺术典》《古今图书集成·理学汇编·字学典》、张照等编《石渠宝笈》、卞永誉《式古堂书画汇考》、彭蕴璨《历代画史汇传》等；（2）绘画史著作大量出现，而且出现了门类史，如清厉鹗《南宋院画录》专门叙述南宋画院的历史，汤漱玉《玉台画史》专记述女画家等；（3）私人编纂著录之风盛行，如明张丑《清河书画舫》、清安歧《墨缘汇观》等；（4）诗词题跋广泛流行，如明张丑《鉴古百一诗》、清恽寿平《南田画跋》与《题画诗》等。<sup>⑤</sup>

　　文献数量的增多，再加上明清时期，特别是清朝对考据学、校雠学和史料编辑学重视的学风，使得明清文献学在整理、结集、编纂等方面都取得了很大的成绩。梁启超在《中国学术三百史》中说："乾嘉间学者，实自成一股学风，和近世科学家的研究极相近，我们可以给他一个特别名称，叫'科学的古典学派'。"<sup>⑥</sup>他还把这方面的成绩总结为以下几个方面：经书的笺释、史料之搜补鉴别、辨伪书、辑佚书、校勘、文字训诂、音韵、算学、地理、金石、方志之编纂、类书之编纂、丛书之校勘。明清文献整理和结集成就具体体现在：其一，官府组织文献的整理工作，如康熙时期编纂的现存最大的综合性类书《古今图书集成》《佩文斋书画谱》《康熙御定历代题画诗》，乾隆时期的《四库全书》等。《佩文斋书画谱》《康熙御定历代题画诗》是专门书画文献，《古今图书集成·经济汇编·艺术典》《古今图书

---

① 据俞剑华编：《中国古代画论类编》，北京：人民美术出版社2001年版统计。
② 据于安澜编：《画史丛书》，上海：上海人民美术出版社1984年版统计。
③ 据于安澜编：《画史丛书》，上海：上海人民美术出版社1984年版统计。
④ 据杨家骆编：《艺术丛编》，台北：世界书局1962年版统计。
⑤ 温肇桐：《中国古代画论要籍简介》，天津：天津美术出版社1980年版，第6页。
⑥ 梁启超：《中国近三百年学术史》，天津：天津古籍出版社2003年版，第25页。

集成·经济汇编·考工典》《古今图书集成·经济汇编·礼仪典》《四库全书·子部·艺术类》《四库全书·子部·谱录类》《四库全书·史部·政书类》等都辑录了大量艺术文献；其二，艺术文献结集形式多样，按照余绍宋《书画书录解题》的观点，包括"丛书、类书、丛纂、类纂和摘抄"五类。丛书类包括明王世贞《王氏书苑》《王氏画苑》，詹景凤《书苑补益》《画苑补益》，清张祥河《四铜鼓斋论画集刻》，商务印书馆印、马克明校《论画辑要》，蒋和《蒋氏游艺秘录》，近人黄宾虹、邓实《美术丛书》，其中所收文献基本是全文收录，原著内容及结构顺序保持不变；类书包括清沈复粲《熙朝书家姓纂》、彭蕴燦《画史汇传》、陈豫钟《明画姓氏韵编》、冯津辑《历代画家姓氏便览》、鲁骏辑《宋元以来画人姓氏录》、李寿《古今画姓集韵残稿》、沈辰《书画缘》、陈邦彦《康熙御定历代题画诗》等，是从历代艺术文献中辑录有关内容，按照一定顺序和分类方法，重新编排形成的文献，但是《佩文斋书画谱》这一重要类书并没有列入此类；丛纂包括明王世贞《古今法书苑》、唐志契《绘事微言》，清倪涛《六艺之一录》、冯武《书法正传》、蒋和《蒋氏书法正传》、戈守志《汉溪书法通解》、朱履贞《书学捷要》、秦祖永《画学心印》，是对历代单篇艺术文献，进行分类整理形成的文献；类纂包括明宋啬《书法纪贯》、王绂《书画传习录》、潘之淙《书法离钩》，清鲁一贞《玉燕楼书法》、余绍宋《画法要录》，是按照文献内容，如画法、技法、用笔等，将分布于各类文献相关内容辑录成集的文献。"摘抄"是从各类文献中，根据需要摘录，往往缺少系统性，因而在进行系统文献整理时，不便采用这种方式。《书画书录解题》中收录这类明清文献包括明陆深《书辑》、原题徐渭《玄钞类摘》、汪挺《书法萃言》，清顾蔼吉《分书笔法》、白德馨《书法金鍼》、杨宝镛《书画考略》等，以及综合性文献中对艺术文献的辑录，如《太平御览》747至751卷、《太平广记》206至214卷、《古今图书集成·理学汇编·字学典》1至160卷、《古今图书集成·博物汇编·艺术典》749卷至796卷等。

艺术文献的结集必须以版本、校勘、辨伪为基础，也就是说艺术文献的系统性是建立在客观科学基础上的，而采用的方式可以按照余绍宋提出的"丛书、类书、丛纂、类纂"等方式，但余绍宋没有从理论和概念上对"丛书、类书、丛纂、类纂"予以界定，以致把综合性类书及专科类书列入"类纂"和"摘抄"类，是不符合文献学的基本原理的。而"摘抄"这种形式在艺术文献整理和研究时是不宜使用的，只可用在一般的艺术文献利用过程中。

## 第二节　艺术文献的客观化——校勘、版本、辑佚、辨伪

### 一、艺术文献的校勘

"校勘学"是研究校勘的原则、条件、对象、方法、历史等的学科，是文献学的核心。王欣夫认为"目录、版本、校雠"三位一体构成了文献学的主体，中国古代没有文献学的概念，而以"校雠"名之。随着文献学的建立和发展，文献学的概念、体系和方法日益完善，"校雠"等同"校勘"的概念，并成为文献学重要组成部分。"校，考也。"（贾逵《国语注》）"勘，覆定也。"（南朝顾野王撰《玉篇》）"校勘，指用有关同一部书的确凿材料，通过比较考核，从而订正该书由于传抄、翻刻所出现的字句篇章等有意和无意错误的活动"①，目的在于恢复文献的原貌，正本清源。古语云："书三写，鱼成鲁，帝成虎。"（《抱朴子·内篇·遐览篇》）无意错误是指在传抄、刻印过程中，由于传抄者或刻工的无意疏忽而产生的错误，如文字错误、词语顺序错误、出现多余文字等；而有意错误则是特殊原因，如避讳，或者修改古代文献的内容等。杜泽逊将这些错误分"讹、脱、衍、倒、错乱"几种类型。讹即文字错误；脱即漏掉文字；衍即出现多余的文字；倒即文字顺序颠倒；错乱即一段文字乱了顺序。②

艺术文献的校勘必须借助一般文献校勘的知识和方法进行。校勘者必须具备一定素养：首先，必须具备读懂古典艺术文献的能力，对古代语言文字、音韵、训诂、文法都要精通；第二，必须具备基本的艺术素养，如艺术史、艺术创作等方面的知识；第三，必须了解文献学的基本知识，如校勘的原则、方法等。最重要的

---

① 熊笃、许廷桂：《中国古典文献学》，重庆：重庆出版社2000年版，第202页。
② 杜泽逊：《文献学概要》，北京：中华书局2001年版，第169—170页。

是，校勘是为改正文献在抄写和刻印过程中出现的错误，而不是改正文献的内容、观点。

艺术文献校勘目的在于恢复艺术文献的本来面目，实现艺术文献的客观化，为艺术学研究提供客观真实的依据，否则以非客观真实文献去论证相关的艺术理论或史实，结果可想而知。具体表现在以下三个方面：

其一，纠正艺术文献的文字讹误，以及语句、段落等错乱，还艺术文献以原貌，为艺术学研究提供客观真实的依据，并对古代艺术现象进行客观评价。"客有为周君画荚者，三年而成。君观之，与髹荚同状。周君大怒，画荚者曰：'筑十版之墙，凿八尺之牖，而以日始出时加之其上而观。'周君为之，望见其状，尽成龙蛇禽兽车马，万物之状毕具，周君大悦。"（《韩非子》）[1] "画荚与髹荚"在艺术学研究中经常被引用，或证明绘画技巧之高超，或论述艺术形式与功能之间的关系等。要了解这一文献的真实内涵，关键在"荚"本身，该字在大多数文献中写作"筴"。"荚"一般指"豆类植物的果实"。"筴"乃"策"的异体字，竹简；夹东西的器具，古代指箸。[2] 其实无论是通过"荚"还是"筴"去解读上文，都无法获得完美的答案，或根本解释不清楚，通过"竹简、筷子、豆类果实"来解释，都有些牵强。张道一先生认为该字应该是"箧"。"箧"音为"qiè"，"荚""筴"不会是因为通假字的原因，而是因为字形比较一致，抄写或刻印成"筴"，而后又"以讹传讹"成了"荚"。"箧"与"筴"差别细微，完全可能是刻印、抄写之误。"箧乃小箱子，如书箧、行箧。"[3] 以此来解释上面的文字，就非常容易而且合乎逻辑，既可以解释绘画技巧之高超，能够与髹漆工艺达到同样的效果，也可以从韩非的造物思想出发，解释造物中功能和形式之间的关系。《韩非子》"玉卮无当"的寓言，其实与"画箧和髹箧"之说有共同之处。

《韩非子》还有一段与绘画创作有关的文字经常被引用："客有为齐王画者，齐王问曰：'画孰最难者？'曰：'犬马最难。''孰易者？'曰：'鬼魅最易。'夫犬马，人所知也。且暮罄于前，不可类之，故难。鬼魅无形者，不罄

① 王原祁等：《佩文斋书画谱》第3册，北京：中国书店1984年影印版，第1179页。
② 辞海编委会：《辞海》（缩印本），上海：上海古籍出版社1989年版。
③ 辞海编委会：《辞海》（缩印本），上海：上海古籍出版社1989年版。

于前，故易之也。"（《韩非子·外储说》）笔者查阅相关文献，如俞剑华《中国古代画论类编》，李来源、林木编《中国古代画论发展史实》等，都为"不可类之"。这里似乎有些不妥，根据上下文所阐述的道理，应该是"不可不类之"，因为人们常见，才"不能画得不象"。也许是文献抄写或刻印过程中漏掉了"不"字，加上"不"字，更合乎逻辑关系。

其二，纠正艺术文献中有意的更改，还艺术文献真实面目，避免艺术学研究中的历史错误。这里仅以封建社会的避讳对文献影响为例加以说明。在历代文献中，帝王名字的避讳是非常严格的，与帝王重名的画家都采用一些措施，如用近似音的字代替，删除某些字，艺术文献的校勘、整理应该注意这方面的问题。如宋朝为避宋太祖赵匡胤之讳，将唐末画家"刁光胤"改为"刁光"。清朝这种现象更为普遍，如为避康熙玄烨，将著名画家"吴道玄"改为"吴道元"；为避乾隆弘历（简化字为历），改明朝"万曆"为"万歷"，如此等等。《唐朝名画录》的作者因避讳，在历次文献整理中几经更改。谢巍先生《中国画学著作考录》在讨论《唐朝明画录》作者时说"朱景玄，一作景真，避宋讳改"①。《四库全书总目提要》记载《唐朝名画录》："唐朱景元撰。景元吴郡人，官翰林学士。《图画见闻志》作朱景真，避宋讳也。"②也就是说为避清讳，直接改"玄"为"元"。

其三，艺术文献的校勘是艺术文献结集的前提。艺术文献校勘则借助一般文献校勘的基本方法，杜泽逊先生将其总结为对校法、他校法、本校法、综合考证法等。③

## 二、艺术文献的版本

"版本"是指"一书经过多次传写或印刷而形成的各种不同本子。指书籍制作的各种特征，如书写或印刷的形式、年代、版次、字体、行款、纸墨、装订、内容的增删修改，以及一书在其流传过程中所形成的记录，如藏书、印记、题识、批校

---

① 谢巍：《中国画学著作考录》，上海：上海书画出版社1998年版，第81页。
② ［清］纪昀等：《四库全书总目提要》，北京：中华书局1965年版，第954页。
③ 杜泽逊：《文献学概要》，北京：中华书局2001年版，第176—184页。

等。研究版本的特征和差异，鉴别其真伪和优劣，是为版本学"①。"版本"概念是不断发展的，出现于雕版印刷产生以后，"版印书籍，唐人尚未盛为之，自冯瀛王始印五经，已后典籍，皆为版本"（《梦溪笔谈·技艺》）。尔后，版本概念进一步丰富，出现以雕版为主体，又包括写本、活字本、批校本、手稿本、石印本、铅印本等。中国古典文献，一般根据印刷技术和载体两方面区分版本：其一，按载体分为纸本、甲骨、金石、竹木、帛书等，现在又出现了电子版古籍文献；其二，纸本书献按照印刷（抄写）技术分为写本、批校本、题跋本、刻本、套印本、活字本、石印本、影印本、饾版与拱花印本等。

艺术文献版本研究的目的在于借助版本学知识，了解各种类型版本的优劣，利用内容最真实可靠的版本为艺术文献校勘、整理和结集服务，而不是就文献"书写或印刷的形式、年代、版次、字体、行款、纸墨、装订"等进行研究。艺术文献版本研究表现在以下几个方面：

其一，艺术文献的版本研究对象主要应该是纸质文献，而不包括其他载体的文献。

其二，结合艺术文献的特点，了解不同印刷技术印刷文献的特征。艺术文献除了文字文献之外，还有插图或图录文献，其印刷方式不同于一般文字印刷。中国第一本研究文献版本目录著作钱曾的《读书敏求记·考古图》曾对一种影钞本②金石文献进行描述："此系北宋镂板，予得之梁溪顾修远，洵缥囊中异物也。后为季沧苇借去，屡索不还，耿耿挂胸臆者数年。沧苇殁，此书归之徐健庵，予复从健庵借来，躬自摹写。其图像命良工绘画，不失毫发。楮墨更精于椠本，阅之沾沾自喜。"可见影钞本对保存图录艺术文献的作用。在中国版刻发展历史上，对图录艺术文献的处理有很多独到之处，并由此形成了珍贵的文献版本。"饾版与拱花"是适合图录的印刷方式，也就是通常所说的"饾版与拱花印本"。"饾版即将画稿，按深浅浓淡阴阳向背各刻一版，以此套印，有至十多次者。""拱花"就是今天的

---

① 辞海编委会：《辞海》（缩印本），上海：上海古籍出版社1989年版。

② 写本之一种，照底本影摹的本子，见杜泽逊：《文献学概要》，北京：中华书局2001年版，第132页。

凸版印刷。①明胡正言辑录刻印的《十竹斋笺谱》、清王槩《芥子园画传》、近人张兆祥《百花诗笺谱》等用的就是"饾版与拱花"技术。

其三，在包括艺术文献在内的古典文献中，刻板印刷和活字印刷版本占绝大多数，即所谓的刻本和活字本。刻本书献，按照时代可分为唐五代刻本、宋刻本、金刻本、元刻本、明刻本、清刻本、民国刻本；按照刻书地域分，北宋以浙江杭州和四川峨眉为中心的"浙本"和"蜀本"；南宋时福建建阳也成了刻印中心，所刻书称"建本"或"闽本"；此时中国北方金朝以及后来元朝，山西临汾（古称平阳、平水）也成了刻印中心，出现了"平水本"。明朝的刻板中心主要在江苏、浙江、安徽、福建等地，尤其是苏州、常州、金陵和安徽吴兴、新安等。按照刻书资金来源和用途，可分为官刻本、私刻本和坊刻本。官刻本是指在官府资助下刻印的，如国子监本、公使库本、学署本、书院本、州府本、经厂本、藩府本等。私刻本是私人刻印的版本。"五代毋昭裔已开私家刻书之风"②，南宋时盛极一时，据叶德辉统计，出现了以岳飞后代岳珂"相台家塾"为代表的50余家私刻馆，每家刻书少则一两种，多则八九种。坊刻本是指书商为牟利而刻印的文献版本。不同版本，其刻印书籍的质量有别，主要表现在内容的准确性和用纸上。一般来说官刻本质量高于私刻本和坊刻本，因为官府资金充裕，雕版材料好，刻工水平较高，利用的底本多为官府所藏，校勘认真。而坊刻本因牟利需要，纸张、校勘、刻工和底本比较差，所印书籍质量一般不高，但在一些文化比较发达的刻印中心，如南宋时杭州的一些坊刻本质量也很高，与官刻本质量无异，如陈思、陈起父子的坊刻本质量上乘；而南宋时"闽本""麻沙书坊"雕版材料、底本、纸张、校勘都比较差，印数大，属于"宋版"书的下乘。"宋刻本中以官刻最善，私刻为精，坊刻为下。以刻地而论杭州刻本最精，蜀刻次之，建刻最下。"③

其四，艺术文献版本研究的现状与存在问题。艺术文献版本研究是伴随着一般文献版本研究发展起来的，宋晁公武《郡斋读书志》、尤袤《遂初堂书目》、陈振孙

---

① 杜泽逊：《文献学概要》，北京：中华书局2001年版，第134页。

② 熊笃、许廷桂：《中国古典文献学》，重庆：重庆出版社2000年版，第170页。

③《中国大百科全书·图书馆学·档案学·情报学》，北京：中国大百科全书出版社1993年版，第561页。

《直斋书录解题》是最早记录文献版本的著作。明朝研究文献版本的著作较多，如晁瑮 《宝文堂分类书目》、周弘祖《古今书刻》等。清朝考据学和版本学研究的勃兴，研究版本的著作逐渐增多，如钱曾《读书敏求记》、于敏中等人编《天禄琳琅书目》、黄丕烈《百宋一廛书录》、莫友芝《邵亭知见传本书目》、邵懿辰《四库简明目录标注》、丁丙《善本书室藏书志》等，而《读书敏求记》是第一本专门研究文献版本的目录著作。此外，还有民国时期柳诒征等编《江苏省立国学图书馆图书总目》、孙殿起《贩书偶记》等；解放后有《上海图书馆善本书目》《中国善本书提要》，以及《中国古籍善本书目》等。① 这些研究版本的目录学著作记录有大量版本信息，是了解艺术文献版本的重要途径。

《古书经眼录》所收文献，版本、作者、校勘，甚至有关辨伪的信息甚详，如《历代名画记》条目载："唐张彦远撰。明嘉靖间刊。棉纸。半页十一行，行二十字。白口，单鱼尾。徐乃昌旧藏本。"②《铁网珊瑚》："一为明朱存理撰。作十六卷，计书品十卷，画品六卷，初刊于明嘉靖。又清雍正六年年希尧刊本。按：邵氏《四库简明目录标注》云：此书旧题朱存理撰。其实乃赵琪美得秦氏焦氏两家无名氏书画题跋并为一本。又以所见真迹补缀而成。俗谓之'朱铁网'。一为明都穆撰，作二十卷。为其七世孙肇斌校刻。俗谓之'都铁网'。"③

《贩书偶记》是古籍书商孙殿起根据多年经手及见到的古籍编写成的目录，主要收录清以来在《四库全书》和各种丛书中未收录的印本、稿本、抄本、脚本。各书在书名、卷数、作者之后为注释，对作者、版本及刻印特点进行描述。收录美术文献主要分布在书画之属、篆刻之属，是了解明清艺术文献版本的重要依据，如："《图绘宝鉴》八卷补遗一卷，前五卷元夏文彦撰，第六卷明毛大伦撰，后二卷钱塘蓝瑛武、林谢彬同撰。补遗一卷，吴兴夏士良撰。康熙癸亥武林传经堂刊。板心下有'借缘草堂'四字。""《芥子园画传》初集五卷，绣水王安节摹，康熙十八年湖上李渔刊本衙藏板。乾隆壬寅金图书业堂重刊。"④

①《中国大百科全书·图书馆学·档案学·情报学》，北京：中国大百科全书出版社1993年版，第8页。

② 雷梦水：《古书经眼录》，济南：齐鲁书社1984年版，第87页。

③ 雷梦水：《古书经眼录》，济南：齐鲁书社1984年版，第89页。

④ 孙殿起：《贩书偶记》，上海：上海古籍出版社1999年版，第245页。

王重民撰《中国古籍善本书提要》收录古籍艺术文献数量虽然有限，但对文献版本及相关信息考证最为详细，包括书名、主要版本、前人考证、主要内容，以及版本特征等。如："《法书要录》十卷，四册（《四库总目》卷一百二十）（北图）。明刊本（十一行二十字）。原题：'唐河东张彦集。'（卷一）集当脱'远'字。传氏《双鉴楼善本书目》卷三所载者，行款与此同，当是同一刻本。傅氏谓为嘉靖间所刻，不知据序跋，抑据目识也？卷内有：'周氏焕农''积学斋徐乃昌藏书'等印记。自序。"①

记录现存古籍艺术文献版本最全面的是上海古籍出版社出版的《中国古籍善本书目》，但该书只记录版本名称，对版本其他信息及储藏地不作描述。如张彦远《历代名画记》有"明刻本"和"明刻本，清丁丙跋"两个版本；唐朱景玄《唐朝名画录》有"明刻本""明刻本，清周尔墉跋""明朝刻本，清丁丙跋"三种版本；《宣和画谱》有"明万历三十六年高拱明刻本""明刻本，傅增湘校并跋""明抄本，明瞿式耜校并跋""明抄本，清韩应陛跋""明卧云楼抄本，清周星诒跋"等版本。类似的版本记载虽然简单，但给版本研究提供了重要而有效的途径。②

在近现代的艺术文献研究中，版本已经摆脱了原来按照印刷方式（如木板雕刻）确定的概念，甚至不再限定在纸质载体上，而以"异本"代替"版本"。所谓"异本"即不同的本子，同一种文献被不同的文献收集，就形成"异本"。《四库全书》虽然代表了中国古典文献整理和研究的最高成就，但对古籍版本的标注不甚严格，用"异本"标注文献，以收集人、储藏地等当作版本名称，如《古画品录》"两淮盐政采集本"、《贞观公私画史》"浙江鲍士恭家藏本"、《林泉高致》"浙江范懋柱家天一阁藏本"、《图画见闻志》"内府藏本"等。余绍宋先生则将"版本"和"异本"概念结合使用，有时既注明某种刻本，又注明被某书收集而形成的"异本"，如张彦远《历代名画记》（十卷）明刻本、《王氏画苑》本、《津逮秘书》本、《学津讨源》本、《续百川学海》本。于安澜先生在《画论丛刊》

---

① 王重民：《中国古籍善本书提要》，上海：上海古籍出版社1983年版，第294页。

② 《中国古籍善本书目》编委会编：《中国古籍善本书目》，上海：上海古籍出版社1985年版，第383—480页。

《画史丛书》《画品丛书》也基本采用这种方式，如《林泉高致》《山水纯全集》为《画苑补益》本，《历代名画记》为《津逮秘书》本，《图画见闻志》为《四部丛刊》本等。人民美术出版社出版的《中国美术论著丛书》《中国画论丛书》也是如此，认为《历代名画记》通常所见版本包括明王世贞《王氏画苑》本、明毛晋刻《津逮秘书》本、清张海鹏《学津讨源》本。谢巍先生在《中国画学著作考录》一书中则把艺术文献版本范围进一步扩大，将并非完整收录的文献也称为一种版本，如《历代名画记》一书记载了北宋刊本、《说郛》本、《津逮秘书》本、《太平广记》本、《古今图书集成》本、俞剑华《中国古代画论类编》本等26个版本。《太平广记》《古今图书集成》《中国古代画论类编》这类文献，并非完整收集，严格上不属于一个版本，但理清这些分布规律对辅助艺术文献版本、校勘等工作是有意义的。<sup>①</sup>艺术文献版本研究，目的是了解各种版本优劣，尽量选择官刻本或质量较高的私刻和坊刻本，进行校勘、结集，为建立艺术文献版本目录奠定基础。

## 三、艺术文献的辑佚

古典艺术文献和一般文献一样，因战争、政治动荡、水火等灾害，以及文献自身载体的原因，都会造成文献的破损或消失。文献辑佚就是"从现存的文献中辑录已经散佚的文献，以求恢复散佚文献原貌的古籍整理工作，简称辑佚"<sup>②</sup>。古代一般以"钩沉"代替辑佚工作。辑佚主要包括两种情况：其一，原书尚存，但残缺不全，通过其他文献的记载进行辑录补充，使文献尽量恢复原貌；其二，原书已经散佚，其部分段落或语句零散分布于其他文献，根据这些文献进行辑录，使内容系统化。文献辑佚始于宋黄伯思从《意林》和《舞鹤赋》辑出已经散佚的《相鹤经》。文献辑佚在清朝发展最盛，在编纂《四库全书》时，从《永乐大典》中辑出已经散佚的文献444种，4946卷；马国翰辑佚经部文献444种、史部文献8种、子部文献178种，印成《玉函山房辑佚书》；黄奭辑成"经解"86种、"道纬"56种、"子史钩沉"74种，印成《汉字堂丛书》（又名《黄氏佚书考》）。严可均《全上古三代秦汉三国六朝文》则广泛收集唐代以前，共计3519名作者的单篇文献，746卷，有大量单篇艺术文献，如东汉贺纯《会稽先贤像赞》、王延寿《鲁灵光殿赋》、佚名《武氏祠画像赞》、蔡邕《赤泉侯五世像赞》，三国曹植《画赞》，晋夏侯湛《东方朔画赞》、王廙《孔子十弟子图赞》、陶潜《扇上画赞》，陈姚最《续画品》等。

艺术文献辑佚是艺术文献学的重要组成部分，必须借助目录学、辨伪学、校勘学、艺术学方法和知识，并遵循以下原则：

其一，了解艺术文献在古典文献中的分布情况，是确定艺术文献是否散佚的前提和基础，否则辑佚工作将没有意义。

其二，目录是了解艺术文献存在时间的途径，并以此确定通过哪些文献进行辑佚工作。中国古代目录学非常发达，除专门目录学著作外，在正史"艺文志""经籍志"中也专门记录当时存在的古籍文献，通过它们可以了解文献的存佚情况。东汉班固编《汉书·艺文志》中所记载的书籍，根据唐魏征所编《隋书·经籍志》进行核对，已经散佚了百分之六七十。如果某时代的所有目录文献，都没有记载某种文献，那么基本可以确定该文献就在那个时代已经散佚了。《书画书录解题》"散佚"类确定的标准是《佩文斋书画谱》没有辑录，清朝所见的百余种目录学著作未有著录的艺术文献，基本确定为"散佚"。"凡鲜见之书不敢断其即佚。兹姑定一界限，凡明以前之书必清代各家书目未载及著书未征引及之者，然后列入散佚类。其理由有二：清代编《佩文斋书画谱》采撷之书颇多，又曾开四库馆征集备至，而时不见其书，似可以假定为散佚；清代藏书之家甚多，目录版本之学又极盛，尤喜传钞旧本。余从梁任公先生家借读清代各家书目几近百种，若俱不著录，其书似乎可假定为散佚。"① 《书画书录解题》"散佚"类所著录艺术文献，虽然有的尚未散佚，但确定文献是否散佚的标准是非常值得借鉴的。

其三，艺术文献辑佚所用的材料和途径。可以借助辑佚的资料很多，包括类书、方志、古典文献注疏、金石作品、新出土古典文献，以及征引过散佚文献内容的文献等，其中最主要的是类书、古典文献注疏、征引过散佚文献内容的文献。类

---

① 余绍宋：《书画书录解题》卷四，杭州：浙江人民出版社1982年影印本，例序，第5页。

书对某种艺术文献的句、段落、篇章的征引，并分类排列，是辑佚文献某些章节的重要途径。综合性类书，如《太平御览》747卷至751卷，《太平广记》206卷至214卷，《古今图书集成·理学汇编·字学典》1卷至160卷，《古今图书集成·博物汇编·艺术典》749卷至796卷，以及专科类书《佩文斋书画谱》对艺术文献的辑佚具有非常重要的作用。古典文献著作，大量引用相关文献内容，也是辑佚文献的重要途径。以五代喻皓著中国重要的建筑著作《木经》①为例，该书已佚，但从沈括《梦溪笔谈》②（卷十八·技艺·木经）、李诫《营造法式》中可以辑录到某些内容。下面是《梦溪笔谈》对《木经》的辑录：

"营舍之法，谓之《木经》，或云喻皓所撰。凡屋有三分：自梁以上为上分，地以上为中分，阶为下分。凡梁长几何，则配极几何，以为榱等。如梁长八尺，配极三尺五寸，则厅法堂也。此谓之上分。楹若干尺，则配堂基若干尺，以为榱等。若楹一丈一尺，则阶基四尺五寸之类。以至承拱榱桷，皆有定法，谓之中分。阶级有峻、平、慢三等，宫中则以御辇为法：凡自下而登，前竿垂尽臂，后竿展尽臂，为峻道；前竿平肘，后竿平肩，为慢道；前竿垂手，后竿平肩，为平道。此之为下

————————————

① 《木经》是我国最早的建筑学著作，相传3卷，原作已佚，其内容可以从沈括《梦溪笔谈》和李诫《营造法式》中了解，李诫在撰写《营造法式》时参照了《木经》。通过文献的辑佚工作，也可以获得文献的某些内容。《木经》作者喻皓，是北宋著名建筑工匠，擅长建塔，曾督造开封宝寺塔，先作模型，再施工，根据地处平原，多西北风情况，建塔时使塔身略向西北倾斜，以抵抗风力，预计百年后被吹正，后果然得到证实。在建造杭州梵天寺木塔时用"布板""实钉"来解决高层建筑的结构和稳定性问题，这一事例在《梦溪笔谈卷十八·技艺·梵天寺木塔》中有记载。

② 《梦溪笔谈》是我国宋代一部笔记体科技著作，成书于11世纪末年，共26卷，又有《补笔谈》3卷，《续笔谈》1卷，与《齐民要术》《营造法式》《东鲁王氏农书》《本草纲目》《天工开物》，以及地学名著《水经注》《徐霞客游记》一起被列为我国古典八大科学名著之一。著名科学技术史家李约瑟在其《中国科学技术史》中称"《梦溪笔谈》是中国科学史上的坐标"。内容分故事、辩证、乐律、象数、人事、官政、权智、艺文、书画、技艺、器用、神异、异事、谬误、讥谑、杂志、药议17目，涉及天文、数学、物理、化学、生物、地质、地理、气象、医学、工程技术、文学、史学、音乐和美术等。其设计（工艺）、音乐、书画、服饰方面的内容主要分布在如下章节：卷一·故事一：扇箑、衣冠制度、胡服、幞头；卷二·故事二：方团球带、凉衫；卷三·辩正一：阳燧照物（聚光取火铜镜）、丧服、玄色、炼钢；卷五·乐律一：《汉志》言数，近乎"胚庙"、靖边凯歌、演唱之技巧、协律、《广陵散》考、琴材；乐律二：同声相应；卷八·象数二：改进铜浑仪；卷十六·艺文三·耳鉴（书画鉴藏）；卷十七·书画·吴育识画、书画之妙在画意、中国画之散点透视、画格日进秘诀、纠错字、"黄徐"之画、意在笔前、《乐毅论》轶事、赏画常识等；卷十八·技艺：《木经》、垒术和缀术、隙积术和会圆术、造弓术、梵天寺木塔、活版印刷；卷十九·器用：古器、吴钩、矢服、凹凸镜、唐肺石、透光镜、铜匜、锻造铁甲、藻井；卷二十·异事·铜镜奇音；补笔谈卷一·音律·音韵得于声外、声律差舛之因、琴瑟应声、徐衍奏稽琴；补笔谈卷二·官政·古器曲意。

分。其书三卷。近岁土木之工，益为严善，旧《木经》多不用，未有人重为之，亦良工之一业也。"（《梦溪笔谈》）①

## 四、艺术文献的辨伪

"所谓伪书，就是一书的公认著者及时代并非这书的真正著者与时代。"也就是说凡是作者姓名和时代不可靠的文献，都可以称为"伪书"。中国古代伪书甚多，朱熹曾慨叹："天下多少是伪书，开眼看得透，自无多书可读。"（《朱子语类·卷八十四》）明胡应麟在《四部正讹》说："余读秦汉诸古书，核其伪几十七焉"，并根据伪书的不同情况分为20类，即"伪作于前代而世率知之者；伪作于近代而世反惑之者；掇古人之事而伪者；挟古人之文而伪者；传古人之名而伪者；蹈古书之名而伪者；惮于自名而伪者；耻于自名而伪者；袭取于人而伪者；假重于人而伪者；恶其人，伪以祸之者；恶其人，伪以诬之者；本非伪，人托之而伪者；书本伪，人补之益伪者；伪而非伪者；非伪而实伪者；当时知其伪而后世弗传者；当时记其伪而后世弗悟者；本无撰人，后人因近似而伪托者；本有撰人，后人因亡逸而伪题者"（《四部正讹》卷上）②。十分之七的比例虽然不一定准确，却说明古代伪书的严重性。清人张之洞也指出："一分真伪，而古书去其半。"（《輶轩语·语学》）

"辨伪"是对古代典籍真伪的鉴别，包括两个方面：其一，关于古籍文献名称、作者、著作年代真伪等的考辨，与版本学和目录学密切相关；其二，关于古籍文献内容的考辨，如事实和论说的真伪问题，与校雠学、考据学密切相关。③"辨伪"根本目的是求真，弄清文献的真实著者、书名、内容和年代，使读者正确判断其文献价值，避免学术研究的"以讹证讹"，而不是从古籍文献中剔除伪书。辨伪是随着古籍整理和研究工作开始的，东汉班固在《七略》基础上编《汉书·艺文

---

① 广陵书社编：《中国历代考工典》，南京：江苏古籍出版社2003年影印本，第67页。
② 曾贻芬、崔文印：《中国历史文献学》，北京：学苑出版社2001年版，第151页。
③《中国大百科全书·图书馆学·档案学·情报学》，北京：中国大百科全书出版社1993年版，第564页。

志》有许多"依托""非古语""后世所加"之类的评语，隋僧人法经编《众经目录》中专门设"辨伪门"。明清是古籍辨伪发展的高峰，出现了专门研究辨伪的著作，如胡应麟《四部正讹》、万斯同《群书疑辨》、姚际恒《古今伪书考》，并把辨伪看成"读书第一要义也"（《古今伪书考》）。清末民初时，不但辨伪工作取得了很大成就，而且对辨伪方法和目的进行了全面系统总结，逐渐形成了文献学的分支学科——"辨伪学"。胡适在《中国哲学史大纲》中提出了辨别史料真伪的5种方法；梁启超在《中国历史研究方法》《古书之真伪及其年代》中论述了辨伪的重要性、伪书的种类，并总结了13种辨伪方法；张心澂《伪书通考》则系统总结了前人辨伪的成果和方法，成为一部辨伪学工具书。

　　艺术文献同艺术作品一样存在"名不符实"的现象，即存在大量"伪书"。南宋以前艺术文献伪书，如旧题欧阳询《三十六法》、旧题王维《山水诀》之类，"半为历来相传口诀，后人特附益成文以图行远，非尽出于臆造。其中不无精义，未可黜其书，幸读者勿以列入伪托而轻视之"①。艺术文献辨伪的目的在于确认"艺术文献的真实性，为艺术学研究提供客观真实的文献资料"。与一般文献一样，艺术文献辨伪也是伴随文献工作发展起来的，一般文献的辨伪方法和原则同样适用于艺术文献。下面以《四库全书总目提要》和《书画书录解题》为例阐述艺术文献辨伪的成就。

　　《四库全书总目提要》在文献的辨伪上取得了很大成就，收录被辨定或怀疑为伪书的达570余部，而朱熹、宋濂、胡应麟、姚际恒四家辨出的伪书总共不过173部。②其中"子部·艺术类"收录的120余种书画文献，就笔者粗略统计，下面几种几乎被判定为伪书：陈姚最撰《续画品》、旧本题梁孝元帝撰《山水松石格》、唐释沙门彦悰撰《后画录》、旧本题唐韦续撰《墨薮》、旧本题唐李嗣真撰《续画品录》、旧本题唐王维撰《画山水赋》、旧本题唐王维撰《画学秘诀》、旧本题唐王维撰《山水诀》、旧本题郭思撰《续画品》、旧本题宋东楚汤垕③撰《画鉴》、旧本题宋僧仲仁撰《华光梅谱》、旧本题宋李澄叟撰《画山水诀》、旧本题元李衎

---

① 余绍宋：《书画书录解题》卷四，杭州：浙江人民出版社1982年影印本，序例，第3-4页。
② 杜泽逊：《文献学概要》，北京：中华书局2001年版，第247页。
③ 汤垕为宋末元初人。

撰《竹谱详录》、旧本题明朱存理撰《赵氏铁网珊瑚》、旧本题明释莲儒撰《画禅》、旧本题明释莲儒撰《湖州竹派》等。对于这些文献,《四库全书》都一一进行辨证。杜泽逊先生将《四库全书》辨伪方法总结为20种,即从授受源流上辨伪、从被依托的人辨伪、从首先传出该书的人辨伪、从该书与作者行事的矛盾辨伪、据当世人的揭发辨伪、从文体上辨伪、从文章风格辨伪、从特殊词语的起源上辨伪、从声韵系统和时代的矛盾上辨伪、从因袭上辨伪、从称引上辨伪、从佚文上辨伪、从史实的先后辨伪、从称谓上辨伪、从制度上辨伪、从地理沿袭上辨伪、从本书与作者的思想观点矛盾辨伪、从被依托者的学术水平与本书矛盾辨伪、从学术思想发展史的倒置辨伪。①如:"《山水松石格》,旧题梁孝元帝撰。案是书宋《艺文志》始著录。其文凡鄙,不类六朝人语。且元帝之画,《南史》载有《宣尼像》,《金楼子》载有《职贡像》,《历代名画记》载有《蕃客入朝图》《游春苑图》《鹿图》《师利图》《鹈鹤陂泽图》《芙蓉湖醮鼎图》,《贞观画史》载有《文殊像》。是其擅长,惟在人物。故姚最《续画品录》惟称'湘东王殿下工于像人,特尽神妙'。未闻以山水树石传。安有此书也?"②这就是根据作者的专长和所著书内容的矛盾,以及相关文献记载进行辨伪。

　　《四库全书总目提要》对旧题宋李澄叟撰《画山水诀》,考据和辨伪尤其详细,并基本确定该书为元李澄叟所著,并可能已经散佚,后人伪托李澄叟而作,题宋李澄叟。"《画山水诀》旧本题李澄叟撰。澄叟始末不可考。惟序末自称湘中人,序题嘉定辛巳六月,而中称盘礴乎闲者六十余年。则高宗末年人,至宁宗时犹存矣。其论画谓南渡以后有李、萧二君。考南渡后画手李姓者不下数十人,萧姓者则无所考,莫详所指。又澄叟仅及绍兴之末,而泛说一条中乃称绍兴中有一晚进,亦殊矛盾。考《画史会要》载:元有李澄叟,湘中人。自幼观湘中山水,长游三峡、夔门。或水或陆,尽得其态,写之水墨,甚有妙悟,作《山水诀》一卷。人名、书名与此皆合,惟时代与书中违异。今勘验书中所载,皆世传李成画《山水诀》之文,而小变其字句。始原本散佚,妄人剿李成之书,伪撰此本,又误以为宋

――――――――――

　　① 杜泽逊:《文献学概要》,北京:中华书局2001年版,第252-267页。
　　② [清]纪昀等:《四库全书总目提要》,北京:中华书局1965年版,第972页。

人。故全然牴牾。《王氏画苑》乃与成书并收之，亦失于互勘矣。"①

《湖州竹派》则根据内容"因袭上辨伪"。"《湖州竹派》旧本题明释莲儒撰，记文同画竹之派凡二十人。莲儒在明中叶以后，而书中称：山谷为余作诗，云云。又称余问子瞻，云云，而后及金元诸人。时代殊相刺谬。今以所载考之，其李公择妹、苏轼二条乃米芾《画史》之文。黄斌老、黄彝、张昌嗣、文氏、杨吉老、程堂六条乃邓椿《画继》之文。刘中怀、王士英、蔡珪、李衍、李士行、乔达、李偶、周尧敏、姚雪心、盛昭十条乃夏文彦《图绘宝鉴》之文。吴瓘、虞中文、柯九思、僧溥光四条乃陶宗仪《画史会要》之文。皆剽窃原书，不遗一字。惟赵令庇、俞澄、苏大年三条未知其剽窃自何书耳，可谓拙于作伪。陈继儒收之《汇秘笈》中，亦失考甚矣。"②

《书画书录解题》卷，专列"伪托"类，包括书部、画部和书画部。书部被列入伪托文献包括：旧题晋卫夫人撰《笔阵图》、旧题晋王羲之撰《笔势论》等；画部包括旧题梁元帝撰《山水松石格》、旧题唐释沙门彦悰撰《后画录》、旧题唐李嗣真撰《续画品录》、旧题唐李成撰《画山水诀》等；书画部包括旧题明都穆撰《铁网珊瑚》等。三目共收文献37种。余绍宋先生对每种伪书，综合目录学研究成果，结合文献内容进行考辨，甚详。如旧题唐李嗣真撰《续画品录》：

"此书《四库》以为原本已佚。作伪者剽姚最之书，为之嗣真所作。《后画品》甚佳，不应作《画品》如此草率。（《后画品》）所论甚为精当，今检张彦远《历代名画记》征引是书者，见于曹不兴、卫协、顾恺之、陆探微、张僧繇、张善果、展子虔、郑法士、郑法轮、郑德文、孙尚子、董伯仁、杨契丹、刘乌汉、王元昌、阎立本诸传。文辞之妙可见一斑，《四库》以为是明人伪托。叶德辉谓得明嘉靖间翻雕宋本《唐宋书画九种》，则断为宋时坊本。既属伪托，不必深论。嗣真尚有《画人名》一书，见于晁公武《郡斋读书志》及陈振孙《直斋书录解题》。朱景玄讥其空录人名者，当指是书而言，必非指《续画品录》也。至于今本卷后有附语讥其尽剽姚最之说不愧于人，云云。当为王弇州刊《画苑》时所记，未加深究，遂

① ［清］纪昀等：《四库全书总目提要》，北京：中华书局1965年版，第973页。
② ［清］纪昀等：《四库全书总目提要》，北京：中华书局1965年版，第976页。

肆讥弹不足论矣。"①

　　艺术文献的辨伪对于艺术文献学研究是非常重要的，因为文献真实可靠与否，直接决定了利用艺术文献进行艺术学研究的科学性，但被判定为"伪书"的艺术文献，对艺术学研究也有一定价值。如《画山水赋》及所附《笔法记》，旧题唐荆浩撰，被《四库全书总目提要》断为"伪书"，但同时认为"其论颇有可采者"，"备画家一说"。②

　　艺术文献辨伪必须利用文献学基本知识，如版本、目录；艺术学基本知识，如艺术史、艺术创作、艺术批评等；并充分利用一般文献学辨伪的成果和方法，如逻辑学、语言学方法等。首先，必须充分了解目录学的研究成果，通过查阅不同时代目录对某种文献记载来确定一定历史时期是否存在该文献。《书画书录解题》"辨伪"就充分利用了目录学研究成果，对文献进行考证，并作为判断文献真伪的重要依据。以旧题唐李嗣真《续画品录》为例，余绍宋参照了《郡斋读书志》《四库全书总目提要》《崇文总目》等目录著作，以及《说郛》《王氏画苑》《津逮秘书》等文献。其次，艺术文献辨伪必须了解艺术文献在古典文献中分布，通过不同时代文献对某文献辑录、征引、结集情况确定真伪。某种艺术文献是否被某个时代的相关文献所征引，是确定该文献时代、作者，以及一定历史时期有无该文献的重要依据。古典文献结集、辑录、类书，是查找某种文献是否真实的重要线索。《书画书录解题》有关王羲之《笔阵图》的辨伪，除了借助目录、版本研究成果之外，还考证了相关文献对《笔阵图》的辑录，"此书出于依托，孙过庭《书谱》具言之。张彦远《法书要录》有录无书或亦因出于伪作。《墨池编》与《书苑菁华》载之，两本互异"③，又利用了《墨池编》《书苑菁华》《说郛》《汉溪书法通解》《崇文总目》等的辨伪成果。第三，艺术学知识是辅助艺术文献辨伪的重要条件。单纯通过一般文献辨伪知识方法，很难最大限度地实现艺术文献辨伪的目的。对艺术家生平、艺术思想、作品风格等的全面系统把握，是发现伪托文献漏洞、失实及相关逻辑错误，从而判定真伪的重要依据。

---

① 余绍宋：《书画书录解题》卷九，杭州：浙江人民出版社1982年影印本，第9页。
②［清］纪昀等：《四库全书总目提要》，北京：中华书局1965年版，第955页。
③ 余绍宋：《书画书录解题》卷九，杭州：浙江人民出版社1982年影印本，第1—2页。

## 第三节　艺术文献的现代语释——断句、注释、翻译

　　艺术文献的断句、注释、翻译是使古文献由难懂到易懂，是现代人进行艺术学研究的重要途径，是艺术文献学研究的重要内容。中国古代有一个十分矛盾的现象，写文章的人不施加句读符号，而读文章的人自己必须句读。作者要传达的意思和读者所理解的往往产生差异，甚至出现矛盾或笑话。"夔有一足"就是一例。"哀公问于孔子曰：吾闻夔一足，信乎？曰：夔，人也。何故一足？彼其无他异，而独通于声。尧曰：夔一而足矣。使为乐正。故君子曰：夔有一，足，非一足也。"（《韩非子·外储说左下》）传说夔精通音乐，曾为尧的"乐官"。尧曾说："夔有一足。"因为句读问题，被哀公将"夔有一，足"读为"夔有一足"。[①]可见很早以前人们就面临文献断句、标点问题，因而清章学诚认为："点句之法，汉以前已有之。"古人做文章不施标点主要有以下几方面原因：书面语言形成之初，内容简单；文献流传方式和书写条件的限制；不施句读逐渐成为一种风气；与语法水平比较低有关；与古汉语本身特点有关。[②]

　　后人特别是现代人在阅读古文献时，断句是第一道难关，而且断句的差异，会使同一内容，产生不同的内涵。以谢赫《古画品录》"六法"为例，今人对其断句多以张彦远《历代名画记》"一曰气韵生动，二曰骨法用笔，三曰应物象形，四曰随类赋彩，五曰经营位置，六曰传移模写"[③]为基础，进行校点解释。著名学者钱钟书对此颇有微词，认为："谢赫《古画品》。按论古绘画者，无不援据此篇首节之'画有六法'。然皆谬采虚声，例行故事，似乏真切知见，故不究文理，破句失读，积世相承，莫之或省。……'六法者何？一、气韵，生动是也；二、骨法，用笔是也；三、应物，象形是也；四、随类，赋彩是也；五、经营，位置是

---

　　① 管敏义：《怎样标点古书》，北京：书目文献出版社1985年版，第15页。
　　② 管敏义：《怎样标点古书》，北京：书目文献出版社1985年版，第10—12页。
　　③ ［唐］张彦远：《历代名画记》，北京：人民美术出版社1963年版，第13页。

也；六、传移，模写是也。"①钱钟书先生从文法句读的角度批判了流传甚广的"四字一词"的解释，使"六法"内涵发生了变化。艺术文献断句一般采用两种方式，其一是采用某种统一符号，如人民美术出版社出版《中国美术论著丛刊》、于安澜先生《画论丛刊》、上海书画出版社出版《中国书画全书》等采用"。"等符号断句；其二是采用标点进行断句，如人民美术出版社出版《中国画论丛书》、于安澜《画史丛书》等。标点是受惠于西方文化的产物，将之使用于传统艺术文献，使之合乎现代人的口味，需付出"强通悟为穿凿，变活意为死意"②的沉重代价。艺术文献的断句和标点，必须借助艺术学、音韵、训诂等方面的知识。

　　文献的注释就是对文献的解释或讲解，是在文献断句的基础上进行的。这项工作的历史最早可以追溯到孔子"以《诗》《书》《礼》《乐》"对古代文献进行的讲解。

　　子夏问曰："'巧笑倩兮，美目盼兮，素以为绚兮。'何谓也？"子曰："绘事后素。"曰："礼后乎？"子曰："起予者商也！始可与言《诗》已矣。"（《论语·八佾》）③孔子讲解文献，不拘泥于文字训诂，而注重挖掘文献的深刻内涵。

　　根据《汉书·艺文志》《隋书·经籍志》记载，汉代及以前对文献注疏解释的主要形式有"传、章句、解故、解诂、间故、故、说、注、笺、训、音义、音隐、释训、释例、解谊、音、微、难、问、论等，魏晋以后又出现了集解、索隐、子注、正义（疏）"等④，如《左氏春秋传》《春秋公羊传》《春秋谷梁传》（世称《三传》）等。《周礼·考工记》在两汉时就有人对其进行注释研究，最著名的当属文献学家郑玄的《周礼注》；到魏晋及隋唐，《考工记》注释又进一步深入，出现了陆德明《经典释义》、贾公彦《周礼注》等著作，宋王安石、明林希逸、明徐光启三人分别著有《考工记解》，清孙诒让著《周礼正义》。《古今图书集成·经济汇编·考工典》各部所辑《考工记》条目，大都有后人的解释，如"天有时，地有气，材有美，工有巧。合此四者，然后可以为良"。"贾氏曰：此一段言工虽巧，不得天时、地

① 钱钟书：《管锥篇》第四卷，北京：中华书局1996年版，第1353页。
② 卢辅圣主编：《中国书画全书》，上海：上海书画出版社2002年版，序，第21页。
③ 曾贻芬、崔文印：《中国历史文献学》，北京：学苑出版社2001年版，第115页。
④ 曾贻芬、崔文印：《中国历史文献学》，北京：学苑出版社2001年版，第117页。

气、材之美则不良。"①

　　注释是对文献字句、段落的解释，而翻译则是把整篇文献用现代语言进行表示。文献学家郑鹤声、郑鹤春把"翻译"作为文献学研究的重要方法和组成部分，认为翻译是中国文化现代化和融入世界文化的重要手段。翻译包括由古文转化成白话文，由中文转化成外文两个方面。如果说把中文翻译成外文，是在中外文化间建立一座桥梁的话，那么古文翻译成现代文，就是在历史时空建起一座桥梁。在这两座桥梁建造过程中必须考虑传统与现代文化、中西文化及其思维方式差异问题。仍以《古画品录》中"六法"为例，著名画家、艺术教育家刘海粟在解释谢赫"六法"时，从绘画创作的角度，把中西绘画中某些要素做了对应处理，将"六法"归纳为四项："第一，笔致——'骨法用笔'，相当于英文的'Touch'；第二，写实——'应物象形'与'随类赋彩'，相当于英文'Realism'；第三，结构——'经营位置'，相当于英文的'Composition'；第四，模仿——'传移模写'，相当于英文的'Imitation'，并含有'Reproduction'的意义。并说：'气韵生动是各要素的复合，已如上述；在创作方面，气韵生动是他的极致或止境；而在艺术批评方面，气韵生动是最高准则。'"②这种解释，有其合理的一面，是对传统绘画创作、批评观念的多元文化"阐释"。但就中西艺术观念而言，似乎很难找到一种对应的合适词汇来解释两种文化环境下产生的艺术观念。西方古典绘画遵循的是亚里士多德"人是世界最高主宰"的哲学观念，而中国绘画艺术与"天人合一"的哲学理念密切相关，"天"除了自然因素之外，尚有"超自然"的内涵，更不用说中国艺术与政治、伦理结合而产生"成教化，助人伦"的艺术观念了。

　　古典艺术文献的翻译是艺术文献学研究的重要内容之一，与其他古典文献一样，存在一系列问题和误区。"翻译古文如同翻译外文，都是在人与人之间架设理想的桥梁，如果说翻译外文是缩短一国与他国人的空间距离，让不同国度的人不出国门便可见面晤谈，那么翻译古文则是填平古人和现代人的时间沟壑，让现代读者通过译文与相隔千百年的古代作者进行对话。"③可见古典文献翻译的重要作用，

　　① 广陵书社编：《中国历代考工典》，南京：江苏古籍出版社2003年影印本，第58页。
　　② 温肇桐：《古画品录解析》，南京：江苏美术出版社1992年版，第17页。
　　③ 中华书局编：《名家精译古文观止》，北京：中华书局1993年版，前言。

而这种工作又不是一件容易的事情。葛兆光先生说："这里原因很多，撇开翻译者水平的差异不说，大概首先是古今文化的时代差异，古人生活在业已消失的历史之中，时间已经带走了他们的精神、情感、习俗，虽然翻译者可以通过阅读去体验这种历史氛围，通过译文来重现这种历史风貌，但毕竟逝者如斯夫，再好的译者也不能重构历史的真实，而只能部分地还原与逼近真实的历史，即使加上说明，加上注释，也难以完全凸现原文中属于那个时代的精神与情趣；其次是古今语言的时代差异……更何况原文中还有一些典章、器物、习俗、礼仪的术语早已消失，翻译者不得不花很多话语去解释，原文中还有文言特有的节奏、韵律、气脉、风味在白话中无法复现，翻译者不得不另辟蹊径去模仿。"[①]这一解释，对艺术文献同样适用，艺术文献的翻译不单纯是古今语言差异，而且与特定时期的艺术观念有直接关系。这要求翻译者，除了具备一般文献翻译的基本素质外，还必须掌握艺术学，特别是艺术史学的知识。翻译有其积极的作用，方便了现代人对古典艺术文献的需要，但从艺术学研究的角度出发，要想真正了解不同历史时期的艺术思想，必须借助深厚的文献学、音韵学、训诂学知识，以及具有艺术学修养，直接阅读古典艺术文献。

　　文献的断句、注释、翻译是充分挖掘艺术文献价值，为艺术学研究服务的重要手段。这个过程，既是对艺术文献形式的现代化，也是对传统艺术观念的现代语释。西方传统文化观念的现代语释始于文艺复兴时期，而中国则晚得多，传统艺术观念的现代语释是在传统观念基础上进行艺术创新的体现，具有重要的历史和现实意义。

## 第四节　艺术文献的信息化、数字化——载体转移与数据库建立

　　艺术文献的信息化是指将艺术作品和文字艺术文献，借助计算机、视频技术，转移为数字信息的过程。艺术作品的数字化处理，是保护珍贵艺术作品，并最大限度地满足各种需要的重要途径，敦煌石窟艺术的数字化处理，数字化故宫的建成，

---

① 中华书局编：《名家精译古文观止》，北京：中华书局1993年版，前言。

就是艺术作品信息化、数字化的重要步骤。借助VR（虚拟现实）技术建成的数字化故宫博物院，人们不但可以看到故宫藏品，而且可以在未到故宫的情况下，体会一下"身临其境"的感觉。艺术作品的数字化，为艺术作品的保护和传承提供了强有力的保障，目前已经非常普及。

纸质载体文献是古典艺术文献的主要形式，也是艺术文献学研究的主要对象。这类艺术文献的载体转移与数据库的建立，一是为了保护文献，避免纸张损坏而造成文献资源的损失；二是为方便检索、研究和利用。文字艺术文献的数字化，目前尚处于起步阶段，必须建立在古典文献学基础上。其一，必须以现代艺术概念为出发点，弄清古典艺术文献的分布范围；其二，利用校雠、辨伪、辑佚等文献学方法，最大限度地实现文献的客观化；其三，利用目录学和版本学方法和研究成果，建立艺术文献综合目录和版本目录；其四，文献载体转移和建立数据库，形成古典文献的"数字化版本"。

根据艺术文献实际情况和艺术学研究需要，艺术文献载体转移和数据库建立，可以选择以下几个基本途径：

第一，建立艺术文献综合数据库，按照艺术分类的方法，以时间先后为序，对在不同时期出现的艺术文献或刊印的各种版本，进行客观真实的原样数字化处理，同一种文献可能因版本差异多次出现。目的是为艺术文献研究提供强有力的保证。可以通过扫描等手段直接把古籍文献转移到计算机中，形成设计艺术文献、书法文献、绘画文献等数据库。

第二，建立校勘本数据库。利用校勘、版本学的方法和成果，建立权威客观的校勘本数据库，并对艺术文献进行断句和字体繁简转化。

第三，广泛搜集重要艺术文献的各种版本，原样录入计算机，以便进行文献版本对照研究，如《考工记》版本数据库、《古画品录》版本库、《历代名画记》版本库等。

第四，建立艺术家数据库，将某个艺术家，在不同文献中信息如实录入，注明出处，以便对艺术家思想和生平进行客观研究，某一个艺术家都会从各种文献辑录出若干条信息。

第五，根据艺术学研究需要，建立艺术史、艺术批评、艺术创作、题跋等文献数据库。

六、建立各种途径的艺术文献索引，如以艺术文献语句、篇目、著作名、艺术家、作者等为检索途径的索引数据库。

结合艺术学研究的实际需要和艺术文献自身特点，文字艺术文献数字化和数据库建立，包括以下几种类型，如表二：

**表二：艺术文献数据库的建立及其检索途径**

| 数据库名称 | 数据库内容 | 检索途径 |
|---|---|---|
| 门类艺术文献数据库 | 收集各艺术门类的艺术文献 | 艺术分类途径 |
| 艺术文献版本数据库 | 收集单独成书各种艺术文献的各个版本，各版本原文照录，便于艺术文献版本对照研究 | 艺术文献名称检索，出现其各种版本，或以版本名称检索，出现该版本的各种文献 |
| 艺术文献关键词（主题）数据库 | 以艺术文献的内容为主题建立数据库，如艺术史、艺术批评、艺术创作、艺术功能、艺术发生学、艺术与宗教等 | 以某一主题为检索途径，出现该主题文献的最佳版本和形式（如校点本） |
| 人物索引数据库 | 收入各艺术家的生平、艺术思想资料、代表作品等文献 | 以某一艺术家为检索途径，获得其个人全部资料 |
| 篇名索引数据库 | 某些艺术文献，被多种文献收集，建立该文献在各种文献中分布情况数据库 | 以篇名为检索途径，获得该篇各个版本 |
| 单句索引数据库 | 搜集经、史、子、集各类文献中，有关艺术的相关言论，并注明其出处 | 以某句或某人为检索途径，如以苏轼为检索途径，可以了解其书画相关言论及分布情况 |
| 艺术作品数据库 | 收集整理艺术文献有关艺术作品的目录，并注明作品时间、存佚情况 | 以时间、作者、作品名称为检索途径 |

综上所述，艺术文献学研究的方法和目的是息息相关的，本章涉及的方法和目的是针对艺术文献本体的客观化、真实化，与方便保护和利用的问题，如艺术文献的系统化——目录、结集、分类整理；艺术文献的客观化——版本、校勘、辨伪；艺术文献的现代语释——断句、注释、翻译；艺术文献的信息化——载体转移与数据库的建立。这项工作是满足艺术学研究需要的前提和保障，目的是为艺术学研究提供科学、真实、系统和方便检索的艺术文献。而艺术文献学研究成果与艺术学研究关系的问题是本书第四章、五章所探讨的内容。

宿雨清畿甸

朝陽麗帝城

豐年人樂業

隴上踏歌行

图39 ［宋］马远 《踏歌图轴》 北京故宫博物院藏

图40　[元]黄公望　《天池石壁图》　北京故宫博物院藏

# 第三章　艺术文献分类

　　"类例既分，学术自明"（郑樵《通志·校雠略》），文献分类是艺术文献学研究的重要内容，也是艺术文献系统研究、保护与利用的途径。艺术文献属于文献的范畴，其分类与一般文献有共同之处。关于古典艺术文献的分类问题，在前文已经进行过系统探索，现代艺术文献的分类一般是建立在各种图书馆分类方法基础上的。图书馆在处理古典艺术文献时一般遵循传统的对艺术文献"四部"分类的处理方法。《中国图书馆分类法》根据学科体系把艺术文献分为"绘画、书法篆刻、雕塑、摄影艺术、工艺美术、建筑艺术、音乐、舞蹈、戏剧艺术、电影电视艺术"等，并统一归入"J"—艺术类，"建筑艺术"则根据具体需要又分在"TU—8""建筑艺术"类，工艺美术部分文献分在"F"（经济）和"TS"（轻工业）类，"戏剧艺术、电影电视艺术"的文学脚本列入"I"（文学）类，再根据内容分成若干小类。这种分类方法适合于现代艺术文献，或新版古典艺术文献，而对其他古籍艺术文献则不适用。艺术文献学是建立在艺术学和文献学交叉的基础之上，其研究对象的分类既要考虑艺术文献的一般文献属性，又要结合艺术文献学研究的需要和目的及艺术文献的特殊属性来进行。

## 第一节　艺术文献分类标准

### 一、根据艺术分类对艺术文献进行分类

　　广义的艺术概念是非常丰富的，艺术种类也非常之多。电影艺术产生后，西方

曾有"文学、音乐、舞蹈、绘画、演剧、建筑、雕刻、舞蹈、电影"八类艺术之分。中国古代艺术概念的宽泛,决定了其艺术分类的多样性,这一点在本书第一章有关艺术内涵的内容已经有系统阐述。"五四"运动前后,随着西方"美术"概念的传入,"艺术"和"美术"概念还曾经混用过一段时间,黄宾虹、邓实编《美术丛书》是以"美术"代替中国传统"艺术"概念。丰子恺在《艺术的园地》中从大艺术的概念出发,将艺术分为12类:书(书法)、画(绘画)、金(金石)、雕(雕塑)、建(建筑)、工(工艺)、照(摄影)、音(音乐)、舞(舞蹈)、文(文学)、剧(演剧)、影(电影)。张道一先生在《艺术与人生》一文中,从不同角度对艺术进行分类:根据艺术的作者分为专门艺术和民间艺术、专门艺术与业余艺术、高雅艺术与通俗艺术;按照艺术的用途分为鉴赏性艺术和实用性艺术;以艺术感官分为视觉艺术、听觉艺术、动作艺术和综合艺术;按照艺术时空分为时间艺术、空间艺术、综合艺术;通常的分类分为美术(绘画、雕塑、建筑、工艺、书法、摄影)、音乐、舞蹈、戏剧(戏曲)、电影(电视)、曲艺(杂技)。[1]潘树广先生将广义的艺术分为:造型艺术,也就是美术,包括绘画、雕塑、书法、篆刻、工艺美术、建筑艺术、摄影艺术等;表演艺术,包括音乐、舞蹈;语言艺术,包括文学和戏剧影视的文学脚本;综合艺术,包括戏剧、电影和电视。[2]

西方对艺术的分类问题也在不断发展和探索之中,美国符号学美学学派代表人物苏珊·朗格在《情感与形式》中从符号美学研究出发,对绘画、雕塑、建筑、音乐、舞蹈、诗歌、戏剧和电影等各类艺术进行全面探讨,并把艺术归结为五类:虚幻的空间(绘画、雕塑、建筑)、虚幻的时间(音乐)、虚幻的力(舞蹈)、诗(抒情诗、叙事诗、民谣、小说、史诗)、戏剧幻象(悲剧、喜剧)。[3]莫·卡冈在《艺术形态学》中将艺术分为:造型创作,主要样式包括艺术摄影、书法刻印、绘画、雕刻、全景艺术、玩具艺术、化妆艺术;表演创作,主要样式包括皮影、马戏、魔术、戏剧、哑剧等;语言艺术,主要样式有广播艺术、演说艺术、艺术政

---

[1] 张道一:《张道一文集》,合肥:安徽教育出版社1999年版,第23—30页。

[2] 潘树广主编:《艺术文献检索与利用》,杭州:浙江美术学院出版社1989年版,第1页。

[3] 万书元:《艺术分类学:历史与方法》,见于汝信、张道一主编:《美学与艺术学研究》,南京:江苏美术出版社1996年版,第193页;[美]苏珊·朗格著,刘大基等译:《情感与形式》,北京:中国社会科学出版社1886年版,目录。

论；音乐创作，主要样式有音乐演奏（即器乐）、音乐即兴创作（伴奏、伴唱）、作曲创作等；舞蹈，主要样式有耍高艺术、动物舞蹈训练艺术、运动舞蹈、芭蕾舞、音乐舞蹈等；建造创作，主要样式有服饰艺术、珠宝艺术、艺术设计的"器具"、艺术设计的室内陈设、城市建设艺术、园艺、工业设计等；混合—综合艺术，包括多种混合艺术形式。[1]

　　艺术分类是艺术学研究的重要内容，在艺术文献学研究中探讨艺术分类问题，其初衷不在于艺术分类，而是因为艺术文献分类与艺术分类有密切关系。根据艺术分类进行各类艺术文献研究，是艺术文献学研究重要任务和内容之一。在中国最权威的图书文献分类规则《中国图书馆分类法》中凡是归入"J"（艺术类）的图书文献首先是按照艺术的分类原则分类；然后按照各种艺术文献的内容，进行细分，如绘画文献分为"绘画理论、绘画技法、中国绘画作品、各国绘画作品"四小类，而"绘画理论"又包括"绘画艺术哲学、绘画艺术与其他科学的关系、绘画美学、绘画艺术的基本理论（绘画与生活、内容与形式的关系等）、绘画工作者、绘画创作方法、绘画评论和欣赏、绘画造型艺术理论、绘画艺术史等。[2]

　　从一般艺术分类原则出发，艺术文献可分为美术文献、音乐文献、舞蹈文献、戏剧戏曲文献和电影电视文献。电影电视及美术中的摄影，由于出现时间较晚，古典文献并不包括这类文献。美术文献、音乐文献、舞蹈文献、戏剧戏曲文献和电影电视文献，具有不同特点。音乐、舞蹈等表演艺术，艺术作品本身的文献价值，超过记录其信息的文字文献价值。人类早期的音乐必须通过文献及考古发现，结合美术作品所表现的乐器、音乐演奏过程，进行综合研究，因而一些美术作品可视为音乐、舞蹈文献。青海大通县上孙家寨墓地出土的新石器时代的舞蹈纹彩陶盆，是研究早期舞蹈艺术的最直观文献。位于山东济南柳埠镇的神通寺，始建于东晋初叶，几经重修，保存大量遗迹，如四门塔、龙虎塔、千佛崖、小宋塔、墓塔林等。龙虎塔因塔身雕刻龙虎得名，在塔的第二层束腰部，凿有石龛两个，内部雕刻伎乐人

---

[1] 万书元：《艺术分类学：历史与方法》，见于汝信、张道一主编：《美学与艺术学研究》，南京：江苏美术出版社1996年版，第193页；［苏］莫·卡冈著，凌继尧、金亚娜译：《艺术形态学》，北京：生活·读书·新知三联书店1986年版，第332-387页，"艺术样式及其品种"一章。

[2] 中国图书馆分类法编委会编：《中国图书馆分类法》（第四版），北京：北京图书馆出版社1999年版，第177-199页。

物，外雕刻覆莲；塔第三层覆莲以上雕刻有狮、角神、伎乐人物；塔的最底层，环绕塔基一周，全部为反映乐舞场面的浮雕。这些雕刻内容，与音乐舞蹈艺术有直接关系，是研究中国隋唐乐舞的重要文献，刻画的场面和动作是文字文献所无法反映的。

## 二、根据文献加工方式对艺术文献进行分类

艺术文献具有一般文献的共性，在形成和发展过程中，根据需要进行加工整理，形成不同艺术文献，即一次艺术文献、二次艺术文献和三次艺术文献。

一次艺术文献，是艺术文献中最基本的类型，是人类研究艺术问题时创造的知识第一次被固化在一定物质载体上所形成的文献，也称为原始艺术文献。这种文献是作者本人直接记载，或直接反映艺术家、艺术流派、艺术作品、艺术思想的文献。艺术作品、艺术史料、艺术家传记、艺术家言论，以及其他直接或间接探讨艺术问题的文献，都属于一次文献。记录先秦诸子言论、画评、画赞、画跋、画家传记资料，以及艺术史著作就是一次文献。在艺术文献的形成中，引用和辑录他人著作而形成的具有自己主张的文献，也属于一次艺术文献，如张彦远《历代名画记》引用谢赫《古画品录》内容，但属于一次艺术文献。艺术史、艺术品评、艺术创作等著作属于一次艺术文献。余绍宋《书画书录解题》"史传类"，如唐张彦远《历代名画记》、宋邓椿《画继》等；"作法类"，如晋卫恒撰《四体书传并书势》、清笪重光《画筌》等；"论述类"，如南朝宗炳《画山水叙》，唐徐浩《论书》，宋郭熙《林泉高致集》、韩拙《山水纯全集》、沈括《图画歌》，清金农《论画杂诗》等；"品藻类"，如南齐谢赫《古画品录》，唐张怀瓘《书断》、朱景玄《唐朝名画录》，明李开先《中麓画品》，清秦祖永《桐荫论画》、黄钺《二十四画品》等；"题赞类"，如晋成公绥《隶书体》、清陈彦修撰《松陵画友诗》等；"杂识类"，如唐何延之撰《兰亭记》、明杨慎撰《墨池琐录》等，以及"伪托类"，这七类艺术文献大多属于一次艺术文献。古代艺术文献以"单句、段落、寓言故事、篇、著作"等形式存在的也属于一次艺术文献。

二次艺术文献，是对一次艺术文献进行加工整理的产物，也就是对无序的一次

文献按照主题、出处、作者、时代等规律进行整理而形成的文献。艺术作品是一次文献，那记录艺术作品的目录，就属于二次文献，宋《宣和画谱》《宣和书谱》、明张丑《南阳法书表》《南阳石画表》《清河书画表》、清朝乾隆敕编《秘殿珠林》和《石渠宝笈》、宋李廌《德隅斋画品》等；历代正史"艺文志""经籍志"有关艺术文献的目录或著录属于二次艺术文献；历代类书，如《古今图书集成》《佩文斋书画谱》等对艺术文献的分类整理属于二次文献；艺术文献分布广泛，针对这些文献的分布而建立的"索引""文摘"属于二次文献，如上海书画出版社编辑出版的《中国书画文献综录》《中国历代书画文献总索引》，是对《中国书画全书》的补充。《中国书画全书》以完整汇编的形式收录历史上曾经单独成书的史、论、法、鉴等书画专著；《中国书画文献综录》以文摘汇编的方式搜集散见于其他文献和传世书画作品中关于书画的文字资料；《中国历代书画文献总索引》则是在前两者基础上，根据现代学术研究需要建立起来的分类索引。《古今图书集成》相当于"二十四史主题分类汇编""十三经主题分类汇编"一类的工具书，所辑录文献多为整段、整篇、整部古籍原文，注明出处，便于查核、检索和深入研究。艺术文献主要分布在《博物汇编·艺术典》《理学汇编·字学典》《经济汇编·礼仪典》《经济汇编·乐律典》《经济汇编·考工典》，这些内容可以当作书画文献、服饰文献、音乐文献、设计艺术文献（工艺文献）的"索引"。扬州广陵书社编《中国历代艺术典》《中国历代礼仪典》《中国历代考工典》是在《古今图书集成·博物汇编·艺术典》《理学汇编·字学典》《经济汇编·礼仪典》《经济汇编·乐律典》《经济汇编·考工典》的基础上，辅以《清朝续文献通考》的《邮传考》和《实业考》影印编辑而成，[①]属于中国书画艺术、服饰（礼仪典）、设计艺术文献索引。《佩文斋书画谱》是中国第一部以书画文献为研究对象的类书，征引文献分类排列，注明出处，可视为进一步研究检索书画文献的索引工具书。

艺术文献的丛书、辑录、类编等属于二次艺术文献。丛书如元吕综杰辑《书经补遗》；明王世贞《王氏书苑》《王氏画苑》；清张祥河辑《四铜鼓斋论画集刻》；近人黄宾虹、邓实辑《美术丛书》，于安澜编《画史丛书》《画论丛刊》和

---

① 《中国历代考工典》目前已经出版，《中国历代艺术典》《中国历代礼仪典》尚未与读者见面。

《画品丛书》等；纂集如唐张彦远《法书要录》、韦续《墨薮》，宋朱长文《墨池编》、陈思《书苑菁华》和明唐志契《绘事微言》等，是对前人单篇艺术文献的汇集；类纂，如宋僧适之撰《金壶记》，以及余绍宋《画法要录》和《画法要录二编》等。俞剑华先生编《中国古代画论类编》从古代书画文献辑出相关内容，分类编排，一方面可以使人了解中国古代文献相关内容，使读者获得"较为充足之资料，以省寻访搜检之劳"①，本身为检索原始艺术文献提供了重要线索，属于二次艺术文献。

艺术文献目录是最重要的二次艺术文献。如余绍宋《书画书录解题》，周青云、丁福宝《四部总录·艺术编》，《四库全书总目提要·经部·乐类》，《四库全书总目提要·史部·政书类》②，《四库全书总目提要·史部·目录类》③，《四库全书总目提要·子部·艺术类》，《四库全书总目提要·子部·谱录类》等。蒋孔阳、高若海先生主编《中国学术名著提要·艺术卷》是解题目录，属于二次文献，该书将古典艺术著作分为音乐编、戏曲编、书法编、绘画编、建筑园林编，收入各类艺术文献358种，每种文献包括著作名（异名、略称）、卷数、版本（列举主要的有影响的版本）、作者（包括作者姓名、字号、生卒年月、籍贯、主要经历和学说、著述、生平史料等）、写作经历及成书年代、内容提要（总说、序跋、章节篇目、要点等）、学术影响和后人研究情况。

三次艺术文献。一般文献中的三次文献是根据给定的课题，利用二次文献选择有关的一次文献加以分析、综合而编写出来的专题报告或专著，如综述报告、述评报告、研究报告、技术报告、数据手册、一次文献书目的书目、二次文献的书目和索引等。④三次艺术文献的整理和研究，尚处于空白阶段，这也与艺术学自身的发展和特点有直接关系，随着艺术学专题研究的深入，三次艺术文献日益重要，如《考工记》研究专题文献等。

---

① 俞剑华：《中国古代画论类编》，北京：人民美术出版社2001年版，前言。
② 设计艺术文献在此类，如宋李诚《营造法式》。
③ 金石文献在此类，如宋洪适《隶释》。
④《中国大百科全书·图书馆学·档案学·情报学》，北京：中国大百科全书出版社1993年版，第365页。

### 三、根据文献载体对艺术文献进行分类

文献载体是承载信息的物质。艺术文献根据其载体不同，可分为甲骨文献、金石文献、布帛文献、简牍文献、纸质文献、音像文献、机读文献、光盘文献、电子文献等。古典艺术文献主要是纸质文献，如文字文献。随着文献载体技术的发展和丰富，不同的艺术门类，文献载体的差异较大，表演艺术、电影电视艺术机读文献、光盘文献逐渐成为其主流。各种载体的艺术作品，作为艺术文献的一种形式，也逐渐转化为机读文献和光盘文献。古典纸质文献利用声像技术、计算机技术，逐渐实现载体的转化，并利用现代文献处理方法，如分类方法、编目方法、索引方法等，形成各种文献数据库，成为电子版古籍文献。

## 第二节　美术文献分类

美术是最重要的艺术门类之一，一般包括绘画、书法篆刻、雕塑、建筑、工艺美术和摄影。摄影出现的时间[①]比较晚，古典美术文献不包括摄影文献。美术文献根据美术分类分为绘画文献、书法文献、雕塑文献、设计艺术文献（建筑、工艺文献）四类。根据记载信息方式，分为美术作品、金石作品和文字文献三类。中国古典美术文献，绘画和书法占绝大多数，而雕塑、设计艺术所占比例很小，这与中国古代"重道轻器""不尚技巧"的观念有直接关系。书法、绘画的创作主体是文人士大夫，而雕塑和工艺多是工匠，社会地位有很大差别，记载各自知识信息的文献数量悬殊很大。

---

① 1839年法国人达盖尔发明摄影术的时间算起。

## 一、美术文献分类的研究现状

在美术文献研究中，一般根据内容进行分类。《佩文斋书画谱》收录书法和绘画两种美术文献，这是在美术文献的整理中，第一次将书法和绘画集中在一起。该书根据所辑录书画文献内容，建立了一套比较合理的分类体系，分为论书（书体、书法、书学、书品）、论画（画体、画法、画学、画品）、历代帝王书、历代帝王画、书家小传、画家小传、历代无名氏书、历代无名氏画、御制书画跋、书辨证、画辨证、历代鉴藏书、历代鉴藏画19类。余绍宋①撰《画法要录》将绘画著述分为六类："论画专书今存目者，始自南齐迄于胜清末造，不下四五百种。间尝辨其性质，谓可分为六类：第一为画品类，所以品题画之品格者，如谢赫《古画品录》、朱景玄《唐朝名画录》是也；第二为画史类，叙述画家生平，并其宗派作法，如张爱宾《历代名画记》、郭若虚《图画见闻志》之属是也；第三为著录类，记载（绘画）名迹，录其标题、款式、题跋、印章，以及纸绢高广尺寸者，如张米菴《清河书画舫》、卞令之《式古堂书画汇考》之属是也；第四为题跋类，乃画家自录其题识或题人画，后者如董广川《画跋》、恽南田《瓯香馆画跋》之属是也；第五为论述类，则凡叙述或辨论流派得失，与夫自抒心得者属之，如董香光《画旨》、沈熙远《芥舟学画编》之属是也；第六为作法类，则言作画秘诀或摹绘各家画式，以教人者，如黄子久《画山水诀》、邹原褒《小山水画谱》，乃至王安节所辑《芥子园画传》是也。是六类中以画品、著录两类为最古，而书亦较多。画史类次之。作法类又次之。题跋、论述两类又次之，书亦较少。"②俞剑华《中国古代画论类编》"虽名画论，而所包括内容颇广，凡画理、画法、画诀、画诗、画品、画评、画谱、画说、画鉴、画筌、画麈、画跋等之与画学原理有关者"③，都斟酌收录，这

---

① 余绍宋（1883—1949），字越园，号寒柯，浙江龙游人。1904年留学日本，归国后曾任北京法政专门学校、北京美术专科学校校长，《东南日报》副刊《金石书画》主编，中山大学教授。工诗文，擅书画，精通画理。书法擅长章草，绘画擅长山水、松竹，著有《寒柯堂集》《书画书录解题》《中国画学源流概观》，编有《画法要录》《龙游县志》《浙江通志》《节庵先生遗诗》等。余绍宋著作《书画书录解题》和《画法要录》对艺术文献利用和艺术学研究具有非常重要的意义。

② 余绍宋：《画法要录》，北京：中国书店1990年影印本，第3页。

③ 俞剑华：《中国古代画论类编》，北京：人民美术出版社2001年版，卷首语，第2页。

本身也是对古典绘画文献的分类。书中又将画论文献按内容或绘画主题分为泛论、品评、人物、山水、花鸟畜兽梅兰竹菊、鉴藏装裱工具和设色六编。于安澜先生将古代绘画文献分为画史、画论和画品三大类，并分别校勘整理出版了《画论丛刊》《画史丛书》《画品丛书》。温肇桐先生在《历代中国画学著述录目》将中国古代到1955年的书画理论著作和相关文献分为断代目、书名目、著者目三部分，其中断代目按照朝代次序编排，同一朝代书画著述又分书论、画论、画诀、画谱、题跋、题画诗、画品、画评、画史、著录、传记、年谱、目录、辞典、年表、年鉴、装潢、材料等。在其另一本著作《中国古代画论要籍简介》中将绘画文献分为画理、画法、品评、画史、著录、诗词题跋、丛辑和伪托画论八类。周积寅先生在《中国画论辑要》中将从中国画论著作中辑录的文献分为：功能论、创作论、品评论、形神论、气韵论、意境论、风格流派论、继承论、避忌论、修养论、笔法论、笔墨论、设色论、诗画论、书画论、题款印章论，是对辑录美术文献按照内容进行的分类。

## 二、余绍宋《书画书录解题》分类方法与标准

《书画书录解题》最早于1932年由北平图书馆排印出版，1982年由浙江人民出版社影印出版，是对书画文献版本、内容、真伪、分类等进行整体研究的目录著作，收书画文献860余种，单纯绘画文献574种，其中包括丛书6种、类书10种、丛纂4种、摘抄2种、散佚77种、未见137种。根据内容将书画文献分为史传类、作法类、论述类、品藻类、题赞类、著录类、杂识类、从辑类、伪托类、散佚类和未见类11类，每类根据内容和存在形式分若干目，每目文献先书法后绘画，然后以时代先后为序。具体情况如下：

第一类，史传类，分"历代史、专史、小传和通史"四目。历代史是"有自古及于作者生时者，有续前人著作至其生时者"[①]，如唐张彦远《历代名画记》、宋郭若虚《图画见闻志》、宋邓椿《画继》等20种，《图画见闻志》续《历代名画

---

① 余绍宋：《书画书录解题》，杭州：浙江人民出版社1982年影印本，序例，第3页。

记》，《画继》续《图画见闻志》；专史是记录一类、一地或一品书画家的文献，如清厉鹗《玉台书史》和《南宋院画录》、清童翼驹《墨梅人名录》等17种；小传是指主体不是书画史，而附有书画家传记的，如刘宋时羊欣撰《古来能画人名录》、清周亮工撰《读画录》等13种；通史是现代人所著历代书画史著作，如陈衡恪《中国绘画史》、滕固《中国美术小史》、郑昶《中国画学全史》等6种。

第二类，作法类，分"体制、图谱、歌诀和法则"四目。体制包括书法的隶篆真草，以及别体、画之院体、界画、没骨、双钩、指头画等，如晋卫恒撰《四体书传并书势》、唐韦续《五十六种书法》、清高秉撰《指头画说》等16种，以书法为主；图谱包括书画执笔结构样式的图范，如《永字八法并详说》、清王槩《芥子园画传》等38种，但不包括封建社会科举应试之书；歌诀，是口授书画作法口诀，如唐卢隽撰《临池妙诀》、清笪重光《画筌》等18种；法则不属于体制、图谱、歌诀三者的内容，而涉及书画创作方法，如清王宗炎《论书法十一则》、蒋和《学书杂论》等16种。

第三类，论述类，包括"概论、通论、专论、杂论、论画诗"五目。概论为"统论大体者"，如宗炳《山水画叙》等共七种；通论为"通于大体，分列节目，较有系统之作"，如宋郭熙《林泉高致》、韩拙《山水纯全集》、近代黄宾虹《古画微》等23种；专论是"专就一端立论者"，即"专就（某一书画门类）源流派别或作家鉴赏家之得失立论者"，如后汉赵壹《非草书》、近人陈衡恪《中国文人画之研究》等12种；杂论为"随笔札记之文"，如米芾《海岳名言》、明莫是龙《画说》等22种；论画诗为"论书画之诗"，但"仅为题赠之作不属于此目"，包括宋沈括《图画歌》、清金农《论画杂诗》等7种。

第四类，品藻类，"品藻之事，古人最尚，元明清以后，效者渐稀少"，此类多是古籍文献，并分"品第、评骘、比况和杂评"四目。品第为"凡分列四目九等，考定其高下者"，如南朝谢赫《古画品录》，唐张怀瓘《书断》、朱景玄《唐朝名画录》等共11种；评骘为"评议得失，仍列品目者"，如南齐王僧虔《论书》、明李开先《中麓画品》、清秦祖永《桐荫论画》共4种；比况为"品评之词，涉于比拟形容，而不列等第者"，如南朝梁袁昂《古今书评》，清桂馥《国朝隶品》、黄钺《二十四画品》和潘曾莹《红雪山房画品》等7种；杂评为其他与书画品评有关的，包括唐张怀瓘《画估》和清侯仁朔《侯氏书品》2种。

第五类，题赞类，书画赞在汉晋时期就开始了，而且是汉、三国、两晋和南北朝时期最主要的艺术文献类型。唐宋之后，文人画兴起，书画题赞成了书画艺术文献的重要组成部分，特别是明清之际，题赞"实即品藻之支流也"，包括"赞颂、题咏、名迹跋、题自作和杂题"五目。赞颂多为赞书法艺术的，如晋成公绥《隶书体》、索靖《草书状》、唐李约等撰《壁书飞白萧字记赞三篇》、宋岳珂《宝真斋法书赞二十八卷》和清廖燕撰《画罗汉颂》5种，赞画者仅收《画罗汉颂》1种。历代赞画者非常多，"赞画者本不为稀，惟如《殿阁画赞》《昭陵六马图赞》，以及历代名人画谱赞，诸佛菩萨像赞之属，多不注重画理，未敢滥收"①。题咏全是明清时期题画的诗歌，如明张丑《鉴古百一诗》、清陈彦修《松陵画友诗》等8种，而题书法作品诗不收入；名迹跋为"文多有关于鉴赏及考证无泛作者"，如宋董逌《广川画跋》、宋米芾《海岳题跋》、明王世贞《弇州题跋》、清周亮工撰《赖古堂书画跋》等21种；题自作为画家"题识之文，其间发挥妙意，抒写怀抱者"，也就是画家自己作品的题跋，如石涛撰、汪绎辰辑《大涤子题画诗跋》、金农《冬心自写真题记》等27种，仅金农一人就有6种，即《冬心自写真题记》《冬心画佛题记》《冬心画马题记》《冬心画梅题记》《冬心画竹题记》和《冬心先生杂画题记》；杂题为"合前两目（赞颂、题咏）者也"，即书画题跋，如清蒋衡撰《拙存堂题跋》、王翚撰《清晖画跋》等10种。

第六类，著录类，相当于书画目录，包括"记事、前代内府所藏、一家所藏、鉴赏和集录"五目。"记事"是以记事方式描述书画的文献，如唐卢玄卿《法书录》等6种；前代内府所藏为历代内府所藏的书画记载，如《宣和画谱》《宣和书谱》、清乾隆敕编《秘殿珠林》和《石渠宝笈》等11种；一家所藏为私人藏书画目录，如宋李廌《德隅斋画品》、明张丑《南阳法书表》《南阳名画表》《清河书画表》等32种。前代内府所藏和一家所藏是典型的书画目录；鉴赏是指对所见书画作品，进行真伪、时代鉴定，并加以著录，并非单纯一家或内府所藏，如宋米芾《宝章待访录》《书史》《画史》、宋末元初汤垕《画鉴》、清安歧撰《墨缘汇观》等

---

① 余绍宋：《书画书录解题》，杭州：浙江人民出版社1982年影印本，序例，第4页。

29种；集录是根据传闻或其他文献记载、或收集某人作品整理形成的书画目录，如唐裴孝源《贞观公私画史》、明张丑《清河书画舫》、清卞永誉《式古堂书画汇考》等10种。

第七类，杂识类，内容涉及前六类的综合性书画文献，包括"纯言书画""不纯言书画"两目。纯言书画者，如唐何延之撰《兰亭记》等18种；不纯言书画者，除了书画内容外，还有其他知识，如宋欧阳修撰《欧阳公论试笔》和近人邓实辑《谈艺录》等10种。

第八类，丛辑类，属于书画文献收集、整理和辑录的文献，包括"丛书、类书、丛纂、类纂和摘抄"五目。丛书包括元吕宗杰《书经补遗》、明王世贞《王氏书苑》《王氏画苑》、清张祥河辑《四铜鼓斋论画集刻》和近人黄宾虹、邓实辑《美术丛书》等9种；类书包括清沈复粲撰《熙朝书家姓纂》、冯津辑《历代画家姓氏便览》等11种；丛纂是"似丛书而非丛书者，皆采辑成书而成，或加以诠解删订"而成的文献，如唐张彦远《法书要录》、宋陈思《书苑菁华》和明唐志契《绘事微言》等13种，其实是可以单独成篇的艺术文献的汇集；类纂为"似类书而非类书者，则自定体例而辑成文，加以改编，大约皆不录全篇或以一篇分入数类"的文献，是对艺术著作部分内容的辑录，如宋僧适之撰《金壶记》、近人余绍宋《画法要录》和《画法要录二编》等9种，但笔者认为《佩文斋书画谱》应该为类书，列入此类不当；摘抄为有一定价值，而"最无聊而又不能弃者"，大多是从书画文献中"断章取义"的抄写，如元刘维志《字学新书摘抄》和近人陈敏辑《书学秘旨要诀大观》等8种。

第九类，伪托类，"伪托之书有原书已亡，而后人始为伪者；有本无其书，而后人藉其名以为者"①，分"书部、画部和书画部"三目。书部包括旧题晋卫夫人撰《笔阵图》等15种；画部包括旧题唐王维撰《画学秘诀》、旧题唐荆浩撰《笔法记》和旧题李成撰《山水诀》等20种；书画部包括旧题明都穆撰《铁网珊瑚》、旧题明项元汴撰《蕉窗九录》、旧题清高士奇撰《书画综考》3种。

第十类，散佚类，为从其他书目文献中记录相关信息，通过辑佚获得某些内容

---

① 余绍宋：《书画书录解题》，杭州：浙江人民出版社1982年影印本，序例，第4页。

的文献，分"书部、画部和书画部"三目。收后汉崔瑗《飞龙篇篆草书势》、南朝宋陆探微《四时设色》和明唐寅《书画手镜》等163种，叙述在其他文献中的记录信息，如《飞龙篇篆草书势》："合三卷。后汉崔瑗撰。瑗字子玉，琢郎安平人，以矢迁济北相。见《旧唐书·经籍志》《新唐书·艺文志》同，至《宋史·艺文志》已不著录，想宋时已佚矣。凡"新旧两唐书"著录，而《宋史·艺文志》不载者并同。"①

　　第十一类，未见类，是作者无法见到的，因不能确定文献内容，无法分类，故列此类，分"书部、画部和书画部"三目，包括旧题郭思撰《图画见闻志》等187种。"未见之书较多，非尽由于寡见，其因概有五焉：《明史·艺文志》作于清初，其著录之书不尽征于目见，采自黄氏《千顷堂书目》②者为多，而黄氏此目非尽出藏书，得之传闻者亦入之，故往往不详其撰人、卷数。是《明史·艺文志》'艺术类'之书在清初尚存与否已属可疑。今既以断代为限，只得仍入未见。其一，各家征引书目亦有故意多列，以炫博者，即如《佩文斋书画谱》征引后魏孙畅之《述画记》、唐窦蒙《画录拾遗》、蜀僧仁显《广画新录》诸书者，皆历来书目中未见著录者。又如王弇州之《三吴墨妙考》，《四部》稿一百三十一卷，仅有《三吴墨妙跋》，而非其自著之书，又汪氏《珊瑚网》载弇州《尔雅楼所藏法书》有《三吴墨妙》两卷又别一卷，亦为前人墨迹，而非著书，是其二也；《说郛》中所载各书，多从割截，绝少全书，不能据此残编，而为论断，亦惟有列入未见一途。其他见于《古今图书集成》《佩文斋书画谱》等书，仅窥其一鳞片爪者亦同，其三也；各家所藏稿本，历久未见，刊行丧乱相寻，安敢永保其无遗失，然仍然不能不入未见，以俟考稽，其四也；亦有其书曾经寓目，亦曾为解题而丧于去秋之役。其初在北京时所见或假自朋侪，或观从估客，今故交星散，又不能复返旧都，历时既多，亦遂不能追忆，惟有仍入未见，以期再觏而已，其五也。"③

───────────

① 余绍宋：《书画书录解题》卷十，杭州：浙江人民出版社1982年影印本，第1页。
②《千顷堂书目》为清黄虞稷编写的古籍目录，所收文献基本是明朝人著述，卷末附宋辽金元人著作，分经、史、子、集四部，部下分门。
③ 余绍宋：《书画书录解题》，浙江人民出版社1982年影印本，序例，第5-6页。

## 三、按照内容和存在形态对美术文献进行分类

按照美术文献的形态可以分为：单句文献，如先秦诸子中有关艺术的言论，以及散见于其他文献的艺术言论。单篇文献，如魏晋时书画赞、图序，文人书画评等。美术著述，如谢赫《古画品录》、张彦远《历代名画记》、郭若虚《图画见闻志》等。伪托文献，汇编，将前人单篇、著作进行校勘、版本研究，然后编辑成册而形成的文献，如沈子丞辑《历代论画名著汇编》、1978年台湾世界书局出版的《清人画学论著》等；类书，如《艺文类聚》《古今图书集成》《佩文斋书画谱》等；辑录，是对古代书画文献的句子、段落进行摘录，并进行校勘形成的文献，如王世贞《王氏画苑》、詹景凤《詹氏画苑补益》首为辑录，开创这种书画文献体例之先河；丛书，如于安澜《画史丛书》《画品丛书》《画论丛刊》，邓实、黄宾虹《美术丛书》，上海古籍出版社出版《四库艺术丛书》，上海书画出版社出版《中国书画全书》等。

根据美术文献的内容分为：《古画品录》出现以前的艺术文献，这类文献是零星的言论，散见于先秦诸子著作、历史文献、地理著作、笔记体小说，以及早期神话故事著作，如《水经注》《世说新语》等，大多与艺术起源、艺术的宗教和伦理功能有直接关系，有的并非专门针对美术而发表的言论，但对解读和阐释美术起源、功能等都有很大作用；美术史文献，如《历代名画记》《图画见闻志》《画继》等；美术创作文献，如余绍宋《画法要录》；美术批评（品评、评论）文献，如谢赫《古画品录》、姚最《续画品》、李嗣真《续画品录》等；目录索引，如《宣和书谱》《宣和画谱》《书画书录解题》等；书画题跋文献，包括美术家自己的题跋和他人的题跋、题画诗、美术年表、美术鉴藏、设计艺术文献及图录等。

# 第三节　美术史文献

美术史研究范围包括建筑、雕塑、绘画、工艺美术、书法、篆刻等，涉及美

术家、美术作品、美术理论、美术思潮和美术流派。广义的美术史文献泛指一切美术文献，而狭义的美术史文献则是美术史研究的史料和研究美术史的著述和典籍。除美术作品之外，西方现存最早的美术史文献始于古希腊。1世纪普里纽斯《博物志》、2世纪波舍尼亚斯《希腊周游记》被视为西方美术史文献的萌芽。文艺复兴时期意大利人G·瓦萨利的《艺苑名人传》是西方美术史最早的比较完整的著述，其作者也因此被称为"美术史之父"，具有现代意义的美术史著作则是1784年德国人温克尔曼著《古代美术史》。《古代美术史》突破了以往美术史只谈逸事、列传、游记、藏品目录、技法的研究范畴，而是以考古学为依据，通过研究古希腊美术遗迹，以美术样式变迁为线索，把古希腊美术史分为：古典风格时期、崇高雄伟的风格时期、优美风格时期、摹仿衰退阶段。[①]

中国美术史文献以书法和绘画为主，而且多与书画品、书画论、书画录等一同出现。顾恺之《论画》《魏晋胜流画赞》是绘画评论及绘画技法文献，也是中国最早的独立美术史文献。《历代名画记》卷五"顾恺之传"云："著《魏晋胜流画赞》，评量甚多，又有《论画》一篇，皆模写要法"[②]，评论了当时存在的21幅画，是了解当时美术风格及事实的可靠资料。如："《小列女》：面如恨，刻削为容仪，不尽生气，又插置丈夫肢体，不以自然。然服章与众物既甚奇。作女子尤丽，衣髻俯仰中，一点一画，皆相与成其艳姿，且尊卑贵贱之形，觉然易了，难可远过之也。《周本纪》：重叠弥绘有骨法，然人形不如《小列女也》"[③]。谢赫《古画品录》对27个画家进行分级品评，记载生平，也是重要的美术史资料。

《书画书录解题》"史传"类收入"书画史"文献，分"历代史、专史、小传和通史"四类。温肇桐认为："画史可以分为通史、专史和志传三种。而通史中又可以分为断代史和编年史。专史则可以分为画种史和地方画史。"[④]这两种分类方法都是针对古代美术史著述进行的，从《书画书录解题》"史传"收录的内容

　　① 李泽厚、汝信主编：《美学百科全书》，北京：社会科学文献出版社1990年版，"美术史""古代艺术史"条。
　　② ［唐］张彦远：《历代名画记》，北京：人民美术出版社1983年版，第113页。
　　③ ［唐］张彦远：《历代名画记》，北京：人民美术出版社1983年版，第116页。
　　④ 温肇桐：《中国古代画论要籍简介》，天津：天津美术出版社1980年版，第34页。

看，"历代史"的一部分和"通史"应该归为一类——"通史"。①该书将成书于某个朝代的"通史"如《历代名画记》及"断代史"如《图画见闻志》，列入"历代史"不符合历史学概念，其"通史"概念是描写从远古到现代的书画史，如陈衡恪《中国绘画史》、郑午昌《中国画学全史》等。综合余绍宋、温肇桐对美术史文献的分类方法，结合历史学概念原理，以及文献内容和形式，美术史文献可以分为美术史料、美术通史、美术断代史、美术专史、美术史文献汇编（美术史丛书列入此类）。美术史料是指分布于美术史著述以外，与美术史有关的史料；美术通史，凡记述成书以前美术发展的历史著述，都可以称为通史，如唐张彦远《历代名画记》、宋陈思《书小史》、元夏文彦《图绘宝鉴》、明朱谋垔《画史会要》、郑午昌《中国画学全史》等；美术断代史是记述某一朝代、某几个朝代，或某一历史时期美术发展历史的文献，如北宋郭若虚《图画见闻志》、南宋邓椿《画继》、清张庚《国朝画征录》等；美术专史，是记述某一地域、某一流派、某一主题书画历史的文献，余绍宋称之为"记录一类、一地或一品书画家的文献"，如明释莲儒《画禅》专记历代"释氏能画者"，即历代出家人能画者，清厉鹗《南宋院录》专门记述南宋画院美术史；美术史文献汇编，即将前人留下的美术史资料或著述辑录或校勘汇编，形成的美术史文献，如清彭蕴璨《历代画史汇传》、于安澜《画史丛书》等。

先秦诸子，以及《周易》《周礼》《春秋》《左传》等有关艺术起源及功能和发展的言论对美术史研究具有重要意义。中国第一部系统美术史著述是张彦远《历代名画记》，从此中国美术史著述进入全新的历史阶段。"《历代名画记》为画史之祖，亦为画史中最良之书。后来作者虽多，或为类书体裁，如《画史汇传》等，或则限于时地，如专史一类之书。即有通于历代之作，亦多有所承袭，未见有自出手眼，独具卓裁如是书者，真杰作也。"②《历代名画记》乃"画史之祖"，有人称之为"画史中的《史记》"。该书成书于唐大中元年（847年），共十卷，内容分画论和史传两部分。前三卷为画论，内容主要有《叙画之源流》，阐述绘画起源，绘画的伦理、政治、教育功能，"成教化，助人伦"乃其开篇之语；《叙

---

① 《书画书录解题》将续其他艺术史的断代著作列为"历代史"类，如《图画见闻志》《画继》。
② 余绍宋：《书画书录解题》卷一，杭州：浙江人民出版社1982年影印本，第4页。

画之兴废》，叙述自汉到唐宫廷、贵族等对名画的收藏和流传情况；《论画六法》结合六朝到唐朝的画家，对谢赫《古画品录》进行解释，记载主要内容；《论画山水树石》是对山水画从魏晋萌芽到唐朝成熟发展过程的评述。"魏晋以降，名迹在人间者，皆见之矣。其画山水，则群峰之势，若钿饰犀栉，或水不容泛，或人大于山。……吴道玄者，天付劲毫，幼抱神奥，往往于佛寺画壁，纵以怪石崩滩，若可扪酌，又于蜀道写貌山水。由是山水之变，始于吴，成于二李。"①《叙师资传授、南北时代》是对魏晋南北朝、隋唐画家的师承、宗派关系的系统阐述，如"卫协师于曹不兴，顾恺之、张墨、荀勖师于卫协。史道硕、王微师于荀勖。戴逵师于范宣"②。《论顾、陆、张、吴用笔》选择晋顾恺之、南朝宋陆探微、梁张僧繇和唐吴道子这四位不同时期代表画家说明中国绘画的演变过程，以及他们的艺术成就。《论画体工用榻写》记述唐朝所使用的绘画颜料、临摹方法，以及色彩在绘画表现上的作用；《论名价品第》记述书画作品价格和市场行情，以及价格评定标准；《论鉴识收藏阅玩》阐述当时书画收藏、鉴赏存在的问题；《叙自古跋尾押署》记述唐以前内府所藏绘画作品鉴识押署情况；《叙自古公私印记》记述书画收藏家的印章；《论装背裱轴》记述书画装裱方面的知识；《记两京外州寺观画壁》记录隋唐时期著名寺院的壁画及作者，是研究隋唐时壁画的重要史料；《述古之秘画珍图》是古代重要书画的目录。四至十卷是画家史传，记述从传说时代的轩辕到唐朝会昌元年（841年）画家370余人。《历代名画记》除了是一部重要的美术史文献之外，也是一部重要的绘画理论著作，前三卷对书画起源、功能、品评、创作、技法的研究具有重要意义，对谢赫《古画品录》"六法"的解释，"书画同源""成教化，助人伦"观点的提出，在中国美术理论发展中具有划时代意义。

　　北宋郭若虚撰《图画见闻志》，共六卷，是继《历代名画记》之后，又一部重要的美术史著述。《历代名画记》所记古代画家截止唐会昌元年，是一部美术通史。《图画见闻志》所叙史实始于唐会昌元年，到北宋熙宁七年（1074年），是一部美术断代史。在结构上，参照了《历代名画记》，全书分三部分，第一部分（卷一）为绪论，包括《叙诸家文字》《叙国朝求访》《叙自古规鉴》《叙图画名意》

①［唐］张彦远：《历代名画记》，北京：人民美术出版社1983年版，第15—16页。
②［唐］张彦远：《历代名画记》，北京：人民美术出版社1983年版，第19页。

《叙制作楷模》《论衣冠异制》《论气韵非师》《论用笔得失》《论曹吴体法》《论吴生设色》《论妇人形象》《论收藏圣像》《论三家山水》《论黄徐体异》《论画龙体法》和《论古今优劣》共16篇，是"仿《历代名画记》前三卷所作"。①《叙诸家文字》是作者当时所见书画文献，"自古及近代纪评画笔，文字非一，难悉具载，聊以其所见闻，篇目次之。凡三十家"②。记载文献包括南齐高帝撰《名画集》、谢赫撰《古画品录》、毛惠远撰《装马谱》，梁武帝撰《昭公录》、无名氏撰《僧鲧录》、无名氏撰《画说文》，后魏孙畅之撰《述画记》，陈姚最撰《续画品录》，唐释沙门彦悰撰《后画品录》、张怀瓘撰《画断》、无名氏撰《名画猎精录》、李嗣真撰《后画品录》、韩幹撰《杂色骏骑录》、张璪撰《绘境》、顾况撰《画评》、刘整撰《续画评》、裴孝源撰《公私画录》（即《贞观公私画史》）、窦蒙撰《画拾遗录》、吴恬撰《画山水录》、朱景玄撰《唐朝名画录》、张彦远撰《历代名画记》、荆浩撰《画山水诀》、无名氏撰《梁朝画目》、蜀沙门仁显撰《广画新集》、辛显撰《益州画录》、无名氏撰《江南画录》、徐铉撰《江南画录拾遗》，宋胡峤撰《广梁朝画目》、黄休复撰《总画集》、刘道醇纂、符嘉应撰《本朝（唐朝）名画评》。所记载文献有的已经佚失，对文献辑佚、辨伪有很大帮助。《论制作楷模》《论妇人形象》是对人物、山水、树石、屋木、花鸟、鱼虫等创作方法的论述。绪论部分十六篇文献涉及绘画著作、绘画方法、绘画评论、绘画功能（艺术原理）等内容，对艺术创作、艺术评论，以及艺术原理研究具有重要意义。第二部分为《纪艺》（卷二至卷四），是从唐会昌元年，经五代到宋初熙宁七年艺术家的传记，其中唐朝末年27人，五代91人，宋初166人，大多是根据唐、五代画史著作，如黄休复《益州名画录》、刘道醇《五代名画补遗》《圣朝名画评》等画家传记资料删减而成。第三部分《故事拾遗》（卷五）和《近事》（卷六）是对前两部分的补充。《近事》记述宋初、孟蜀、江南、大辽、高丽等画坛故事三十二则，大多是作者所见、所闻，对研究宋朝绘画（卷轴画、壁画、版画），以及中外艺术交流等具有参考价值。如《高丽画》记述了宋时中国、高丽（朝鲜）、日本之间的艺术交流情况："皇朝之盛，遐荒九译来庭者，相属于路。惟高丽国敦尚文

① 余绍宋：《书画书录解题》卷一，杭州：浙江人民出版社1982年影印本，第6页。
② ［宋］邓椿：《画继》，北京：人民美术出版社1983年版，第2页。

雅，渐染华风。至于伎巧之精，他国罕比，固有丹青之妙。钱忠懿家有着色山水四卷，长安临潼李虞曹家有《本国八老图》二卷，及曾于杨褒虞曹家见细布上画《行道大王》，皆有风格。熙宁甲寅岁，遣使金良鉴入贡，访求中国图画，锐意购求，稍精者十无一二，然犹费三百余缗。丙辰冬，复遣使崔思训入贡。因将带画工数人，奏请模写相国寺壁画归国。诏许之。于是尽模之持归，其模画人颇有精于工法者。彼使人每至中国，或用折叠扇为私觌物，其扇用鸦青纸为之。上画本国豪贵，杂以妇人鞍马，或临水为金沙滩，暨莲荷、花木、水禽之类，点缀精巧。又以银泥为云气月色之状，极可爱。为之倭扇。本出于倭国也，近岁尤秘惜。典客者盖稀得之。"[1]《故事拾遗》多辑自前人文献，由于所采自的文献有的已经佚失，因而保存了大量古代珍贵美术资料。如《阎立本》辑自《太平广记》征引的《国史纂异》；《吴道子》辑自《太平广记》的《独异志》；《金桥图》引自《太平广记》的《开天传信记》；《先天菩萨》《石桥图》《资圣寺》《浮域寺》等条目辑自唐段成式《寺塔记》；《王维》辑自《唐画断》；《崔圆》辑自《明皇杂录》；《周昉》辑自朱景玄《唐朝名画录》；《张璪》辑自《历代名画记》；《西园图》辑自李绰《尚书故实》；《郑赞》辑自《唐阙史》。[2] 这些资料为美术史研究提供了大量佐证，也为在未标明"艺术（美术）文献"的其他文献中辑录、查找艺术文献提供了有效途径。《图画见闻志》对唐末、五代和宋初绘画艺术的演变、风格、流派以及艺术家研究，都是重要文献。宋末元初文献学家马端临在《文献通考》中称《图画见闻志》为"看画之纲领"，可见其艺术文献价值早就受到重视。

　　南宋邓椿的《画继》是继《历代名画记》《图画见闻志》之后又一重要美术史著作，该书是一部断代史。所记美术史实从《图画见闻志》成书那年——北宋熙宁七年起到南宋乾道三年，共94年，涉及画家219位。全书共十卷，前七卷是画家传记。一至五卷按照画家的社会地位，即圣艺、侯王、贵族、轩冕才贤、缙绅韦布、道人衲子和世胄妇女分类编写，六、七卷则根据画家所擅长的题材，即仙佛鬼神、人物传写、山水林石、花竹翎毛、畜兽虫鱼、屋木舟车、蔬果药草和小景杂画来撰写。第八卷《铭心绝品》是作者所见名画的目录，记载了宋朝宗室、贵族、士庶、

---

① ［宋］郭若虚：《图画见闻志》，北京：人民美术出版社1983年版，第156页。
② ［宋］郭若虚：《图画见闻志》，北京：人民美术出版社1983年版，第156页。

僧人等三十七家所收藏的绘画作品。除了《三教图》①之外，其余为唐朝、五代和宋朝绘画作品。第九卷"杂说论远"，为绘事品评；第十卷"杂说论近"，记载宋朝画家逸事。九、十两卷，以杂记形式，阐述了作者的艺术主张，"书中总断也"②。从中可以看出宋朝绘画已经由"礼教功能"走向"文学化"，文人画成为画坛的主流，并提出"画者，文之极也"③的主张，还特别推崇苏轼、米芾等文人画家，强调题咏在绘画中的作用。《画继》对研究宋朝绘画思潮，特别是对研究文人画发展情况具有重要价值。

《国朝画征录》是清张庚④撰写的断代美术史，余绍宋列入"历代史"目，记述清初到乾隆年间画家476人，另附明画家2人，每人一传或合传，记述画家字号、生平、师承、擅长、画法、理论见解、著述书目、时人品评，或有作者平隲、论赞等。

《历代画史汇传》是清彭蕴璨辑录的美术史文献，全书72卷，是从1263种各类文献包括省府县等地方志辑录出的美术史料。"取历代画家及工绘事者，汇编其小传而成书"，涉及从古代到清朝嘉靖、道光年间画家7500余人。卷首一卷为国朝圣制；卷一为古帝王门；卷二至卷六十一为画史门；卷六十二，为偏阙门，即姓、名、字、号仅存其一的画家；卷六十三，为外藩门；卷六十四至六十五为释氏门；卷六十六为后妃门。以上五门，按照画家时代排列，再按照姓韵次序。卷六十七至七十二，为女史门，按照姓韵分编。卷首一卷至七十二卷，都是画家小传，每人都注明征引文献的来源，但对被征引文献的可靠性及版本不作考证说明，前人的错误延续下来，与《佩文斋书画谱》存在的缺陷是一致的。

《画史丛书》是于安澜⑤研究美术史文献的成果。该丛书收唐至清重要画史著述22种，并把这22种画史文献记载的4300余画家按姓氏笔画排成"历代画家人名索

① 系伪托顾恺之所作，三教之说始于北周，东晋尚无此称谓。见《中国画学著作考录》，第182页。

② ［清］纪昀等：《四库全书总目提要》，北京：中华书局1965年版，第960页。

③ ［宋］邓椿：《画继》，北京：人民美术出版社1983年版，第113页。

④ 张庚（1865—1760），通史地，擅长诗文、画，画法学董源、巨然、倪瓒和黄公望等，著有《古诗十九首解》《通鉴纲目释地补注》《通鉴纲目释地纠谬》《国朝画征录》《画论》《强恕斋集》等。

⑤ 于海晏（1902—），字安澜，河南大学中文系教授，擅长小篆，著有《汉魏六朝韵谱》《古书文字易解》，辑有《画论丛刊》《画史丛书》《画品丛书》等。

引"。所收画史文献分为断代、地方、别史、笔记四类。断代类收唐张彦远撰《历代名画记》，后附《郡斋读书志》《四库全书总目提要》《书画书录解题》的评价；宋郭若虚撰《图画见闻志》，后附《郡斋读书志》《四库全书总目提要》《书画书录解题》的评价；宋邓椿撰《画继》，后附《四库全书总目提要》《直斋书录解题》《读书敏求记》《书画书录解题》的评价；宋《宣和画谱》，后附《王鏊书画传习录》《汪琬尧峰文钞》《内阁藏书目录》《天一阁书目》《四库全书总目提要》《铁琴铜剑楼藏书目录》《郑堂读书记》《书画书录解题》的评价；元末明初夏文彦撰《图绘宝鉴》及《图绘宝鉴续纂》，后附《辍耕录》《读书敏求记》《江村消夏录》《四库全书总目提要》《平津馆鉴藏记续编》《士礼居藏书题跋记》《滂喜斋藏书志》《书画书录解题》的评价，以及余绍宋《书画书录解题》对《图绘宝鉴续纂》作者的考据；清姜绍书撰《无声诗史》，后附《四库全书总目提要》《书画书录解题》的评价；清徐沁撰《明画录》，后附《郑堂读书记》和《书画书录解题》的评价；清张庚撰《国朝画征录》，后附《浙江采集遗书总录》《四库全书总目提要》《郑堂读书记》《方薰山静居画论》《墨香居画识例言》《书画书录解题》的评价。地方类：宋黄休复撰《益州名画录》，后附《郡斋读书志》《直斋书录解题》《四库全书总目提要》《郑堂读书记》《善本书室藏书志》《书画书录解题》的记述和评价；明王穉登撰《吴郡丹青志》，后附《尼古录》《四库全书总目提要》《郑堂读书记》《书画书录解题》的评价；清鱼翼撰《海虞画苑略》《海虞画苑补遗》，后附《书画书录解题》对该书的评价；清陶元藻撰《越画见闻》，后附《书画书录解题》的评价。别史类：包括明释莲儒撰《画禅》，后附《四库全书总目提要》《郑堂读书记》的评价；释莲儒撰《湖州竹派》，后附《四库全书总目提要》《郑堂读书记》《书画书录解题》的评价；清厉鹗撰《南宋院画录》，后附《浙江采集遗书总目》《四库全书总目提要》《国朝画苑录》《书画书录解题》的评价；清胡敬撰《国朝院画录》，后附余绍宋《书画书录解题》的评价；清汤漱玉撰《玉台画史》，后附《篛庵画麈》《书画书录解题》的评价；清童驹撰《墨梅人名录》，后附《书画书录解题》的评价。笔记类：清周亮工撰《读画录》，后附《书画书录解题》的评价；黄钺撰《画友录》，后附《书画书录解题》的评价；清钱泳撰《履园画学》；清盛大士撰《谿山卧游录》，后附《书画书录解题》的评价。每种文献后附作者简介，以及校勘和考据过程。

　　《画史丛书》书前特列"历代画家人名索引"，通过不同美术文献相互校证，可以全面了解艺术家的情况。如吴道子生平事迹，《画史丛书》所收美术史文献，有三种涉及。"吴道玄，阳翟人。好酒使气，每欲挥毫，必须酣饮。学书于张长史旭、贺监知章，学书不成，因工画。曾事逍遥公韦嗣立为小史，因写蜀道山水，始创山水之体，自为一家。其书迹似薛少保，亦甚便利。初任兖州瑕丘县尉。初名道子，玄宗召入禁中，改名道玄，因授内教博士，非有诏不得画。张怀瓘云：吴生之画，下笔有神，是张僧繇后身也。可谓知言。官至宁王友。开元中，将军裴旻善舞剑，道玄见旻舞剑，见出没神怪，既毕，挥毫益进。时又有公孙大娘亦善舞剑器，张旭见之，因为草书。杜甫歌行述其事。是知书画之艺，皆须意气而成，亦非儒夫所能作也。彦远云：亲叔主客员外郎谠，有《吴画说》一篇。"（《历代名画记》卷九）①　"吴道玄，字道子，阳翟人也。旧名道子，少孤贫，客游洛，学书于张颠、贺知章不成，因工画。……大率师法张僧繇，或者谓后身焉……。"（《宣和画谱》卷二）②　"吴道玄，字道子，阳翟人也。旧名道子，少贫，游洛阳，学书于张颠、贺知章，不成；因工画，深造妙处，若悟之于性，非积习所能致。初为兖州瑕丘尉，明皇闻之，召入供奉，更今名，以道子为字，由此名震天下。其笔法超妙，为百代画圣，早年行笔差细，中年行笔磊落，如莼菜条。人物有八面，生意活动。其傅采，于焦墨痕中略施微染，自然超出缣素，世谓之'吴装'，或谓'张僧繇后身'，信不诬也。供奉时为内教博士，非有诏不得画，官止宁王友。"（夏文彦撰《图绘宝鉴》卷二）③

　　《画史丛书》所收文献，后面都附有目录著作对该书的评价和提要，以及版本校勘、版本细微差异、刊印错误等。美术史属于人文学科的范畴，但《画史丛书》所录文献在分类上明显存在与人文科学相悖之处，将按历史学概念属于通史的著作入"断代"类，如《历代名画记》《宣和画谱》《图绘宝鉴》。

---

① 于安澜：《画史丛书》第二册，上海：上海人民美术出版社1984年版，第108页。
② 于安澜：《画史丛书》第二册，上海：上海人民美术出版社1984年版，第23页。
③ 于安澜：《画史丛书》第二册，上海：上海人民美术出版社1984年版，第15页。

# 第四节　美术理论文献

　　"广义的美术理论包括美术史、美术基础理论和美术批评；狭义的美术理论是指美术基础理论。一般通行的是指狭义的美术理论。"<sup>①</sup>美术理论（狭义）研究对象包括两个方面：美术本身，包括美术创作、美术欣赏、美术思潮、美术流派和美术家等；美术同社会存在及其他社会意识形态之间的关系。由于美术理论研究对象是美术本身，也包括美术创作，因而美术理论文献与美术创作理论文献密切相关，本书特别列出美术创作文献，只是从文献分类的角度而为之。在中国美术文献中美术创作理论和一般美术理论往往与美术史、美术评论、书画跋等内容形成一体，很难从文献载体和存在形式上进行区分。在文献学研究中，只能根据文献内容侧重点分类。根据美术文献的内容进行辑录，以便系统把握古典美术文献，为艺术学研究服务。《书画书录解题》列"论述类"，"凡叙论或辨论源流派别，及作家、鉴赏家之得失，与夫自抒心得之作皆属之"<sup>②</sup>。俞剑华《中国古代画论类编》列"泛论"，从89种文献，如诸子文献、别集文献、书画文献辑出有关绘画创作、绘画功能、绘画欣赏、绘画评论等方面的言论、段落和篇章，讨论的都是艺术的本质问题。如《庄子》"解衣般礴"表面上记述的是历史事实，其实阐述的是艺术创作主客观之间的关系。对艺术家主观而言，艺术行为必须是"非功利"的，而且是在不受任何客观因素限制的条件下进行的。这是老子"乌托邦"思想在艺术上的体现，理论上是对艺术创作的最好论述，但与实际相距甚远。温肇桐《中国画论要籍简介》列"画理"类，"画理是中国古代画论的首要部分，是整个古代画论的一个纲领，内容包括画学和绘画创作问题的泛论、总论、短论和杂论"<sup>③</sup>，并收录了顾恺之《画云台山记》、宗炳《画山水叙》、王微《叙画》、荆浩《笔法记》、郭熙《林泉高致》、董其昌《画禅室随笔》、唐志契《绘事微言》、石涛《石涛画语录》和方薰

---

① 李泽厚、汝信主编：《美学百科全书》，北京：社会科学文献出版社1990年版，第319页。
② 余绍宋：《书画书录解题》，杭州：浙江人民出版社1982年影印本，序例，第3页。
③ 温肇桐：《中国古代画论要籍简介》，天津：天津美术出版社1980年版，第1页。

《山静居画论》9种文献。

美术理论文献论述内容具有一定理论高度和创新观点，解决美术的本质问题。以具体问题为基础，但不讨论具体问题，是对美术的"形而上"思考。如刘宋时期宗炳《画山水叙》在开头就从哲学高度对山水画进行论述，认为山水画不是客观存在自然景物的反映，而是画家主观世界的表现，即所谓"含道映物""澄怀味象"。当然也涉及具体绘画技巧，"昆仑山之大，瞳子之小，迫目以寸，则其形莫睹；迥以数里，则可围以寸眸；诚由去之稍阔，则其见弥小"，阐释的是透视问题。郭熙《林泉高致》提出"三远"之说："山有三远。自山下而仰山巅，谓之高远；自山前而窥山后，谓之深远；自近山而望远山，谓之平远。高远之色清明；深远之色重晦；平远之色有明有晦。高远之势突兀，深远之意重叠，平远之意冲融。"① 这种建立在艺术实践基础上的理论，具有创新性，可以指导艺术实践。董其昌《画禅室随笔》对"南北宗""文人画"与"院体画"的论述也奠定了该著作的美术理论基础。就美术理论文献而言，中国古代很少有专门探讨美术本质问题的著作，大多分布于诸子文献、美术史文献、画论文献或者美术家言论。美术理论文献一般包括以下几个方面：其一，美术起源论。美术起源问题是艺术学研究的基本问题之一，有关这一问题的探讨，在第四章将有系统论述。在艺术文献学研究中，结合文献分类整理以及艺术学研究需要，对有关美术起源文献进行系统整理，建立中国艺术发生学的概念范畴、理论体系具有重要意义。其二，美术创作论。探讨美术创作本质问题或开拓性理论观点，而涉及具体技法的理论纳入"美术创作文献"。前面提到《庄子·田子方》"解衣般礴"阐明的道理就属于此列。虽然历史上未必真有此事，但所阐述的道理足可上升到"艺术哲学"高度。孔子的"文质彬彬"、顾恺之的"形神论"、张璪"外师造化，中得心源"、苏轼"绘画以形似，见与儿童邻"等，都是中国美术创作极具代表性的理论。对这些文献的系统整理，并结合艺术发展的现实需要，作出合理阐释，是艺术文献学研究的内容之一。孔子说："质胜文则野，文胜质则史。文质彬彬，然后君子"（《论语·雍也》），可以阐释为艺术创作"内容"和"形式"的关系；顾恺之"形神论"体现的是绘画作

---

① 于安澜：《画论丛刊》，北京：人民美术出版社1989年版，第23页。

为表现对象的载体，与表现对象内在精神之间的关系，"形为神之托，神为形之帅"①；张璪"外师造化，中得心源"，则是对艺术创作客观现实和艺术家之间关系进行的深刻阐释，与郑板桥"现实之竹、胸中之竹、画中之竹"之说有同样的理论内涵；苏轼"绘画以形似，见与儿童邻"则从艺术创作所追求的目标出发，确定绘画评价的标准。其三，美术欣赏与品评论。虽然在中国古典美术文献中没有"美术批评"这一概念，但有丰富的美术批评思想，并以"画评""画品""题跋"等形式出现，具有独特的美术评价标准和体系。对这类文献的研究、整理和利用，是研究美术批评发展史，建立中国美术批评体系的重要内容。本书专门列"美术批评文献"。其四，美术功能论。郑午昌《中国画学全史》将中国绘画发展分为实用时期、礼教时期、宗教化时期和文学化时期，主要依据是绘画功能，其次是绘画题材。文人画出现以前，绘画"非审美"大于其审美功能，从"有巢氏之绘轮圈，伏羲氏之画八卦，轩辕氏之染衣裳"的实用目的，到"成教化，助人伦"，再到后来成为宗教传播的工具，都体现了这一点。文人画兴起，绘画成了文人"娱情达意"的工具，审美因素才逐渐占据主导地位。在中国古典美术文献中，有关美术功能的探讨非常多，一部美术史也是"一部美术功用史"，《尚书》"诗言志，歌咏言"，《周易》"周易论象"，《论语》"孔子观周明堂画"，《左传》"铸鼎象物，使民知神奸"，如此等等，都代表了中国美术功能发展史的观点。

此外，还有讨论美术继承发展、美术与社会意识形态关系等问题，以及以诗、题跋等形式阐述美术理论的文献。

## 第五节　美术创作文献

美术创作文献主要是书画创作技法、要诀、材料工具等内容的文献。余绍宋《画法要录》将论画著述分为画品、画史、著录、题跋、论述和作法六类，其中以

---

① 李泽厚、汝信主编：《美学百科全书》，北京：社会科学文献出版社1990年版，第547页。

画品、著录两类历史最久，数量也最多；画史著作数量第二，与美术创作相关的"作法类"列第三位，题跋、论述两类最少。①《书画书录解题》列"作法"类，收文献88种，分"体制、图谱、歌诀和法则"四目。美术创作文献无论对当今艺术创作、艺术史，还是艺术批评史研究都具有重要作用，了解和把握前人美术创作原则和要领是继承和创新的基础和前提。"艺欲其工，先明法度"②，此处"法度"乃是通过古典文献获得的创作原则和方法。《书画书录解题》"作法"类，"体制"目是指书体和画体，如书法的隶、篆、真、草，以及别体，绘画的院体、界画、没骨、双钩以及指头画等；图谱主要是书画执笔结构样式图范，但是封建社会以精美书法抄写的应试之书，以及无文字说明的图谱不在此列；歌诀是口授书画作法口诀。除图谱外，古典美术创作文献大多是以文字来论述的，讨论山水画法的文献多于人物和花鸟。③"梅、兰、竹、菊"四君子是文人喜欢的创作题材，有专门技法著作，如元李衎撰《竹谱》（又名《竹谱详录》）。温肇桐《中国古代画论要籍简介》"画法"类收以绘画创作为主体的理论、技法、图谱文献共九种，分别是北宋韩拙撰《山水纯全集》，元饶自然撰《绘宗十二忌》、李衎撰《竹谱》、黄公望撰《写山水诀》、王绎撰《写像秘诀》，清笪重光撰《画筌》、邹一桂撰《小山画谱》、丁皋撰《写真秘诀》和沈宗骞编《芥舟学画编》。

根据存在形态，美术创作文献可分为著述、辑录和丛书三类。

《书画书录解题》和《中国古代画论要籍简介》所收都是编或撰形成的独立著述。辑录是指从古典文献中，辑录有关美术创作的句、段落、篇章、主题等内容，按照一定顺序和分类方法形成的文献，如余绍宋《画法要录》④，其"意在整理旧籍，订讹误，杜抄袭，以明画论之源流，使之成为有系统之科学"⑤。该书"甄集精萃，区划类次，疏抉而条贯之。繁而不乱，位而各当。盖网络自六朝至今一千五百

---

① 余绍宋：《画法要录》，北京：中国书店1990年影印本，第3页。
② 余绍宋：《书画书录解题》，杭州：浙江人民出版社1982年影印本，序例，第3页。
③ 温肇桐：《中国古代画论要籍简介》，天津：天津美术出版社1980年版，第15页。
④ 最早于1926年在北京出版，1936年上海中华书局仿宋印本再版，1967年台北出版排印本，1990年中国书店出版缩印本，未注明版本依据，根据版式样式，可能是根据1936年上海中华书局仿宋印本缩印的。
⑤ 谢巍：《中国画学著作考录》，上海：上海书画出版社1998年版，第736页。

年间论画佳者，尽于是矣。曰前录为研习画诀画理之先河，无论山水、人物、羽毛、花卉，一切皆不离此。自谢赫以来，皆以气韵生动列画法之首，顾此超越形家无可捉摸。设与布皱渲染，同科则有难易，不分浅深倒置之失，今列前录，吾无问焉；曰总录分录前者，统山水画诀；后者分论树石诸法，并及入手先后次第。此三录盖犹书之有通论、各论焉；曰后录，则采撷题识纸绢画具等。虽与画诀、画理无关，而亦一切山水、人物、羽毛、花卉所不可离者，故以殿焉。是为中国画学开系统研究之始。次则就一类而撷，其前后诸作互相发明，或彼此持论各殊者，类聚互证，取便学者，又书之征引，失序一语而错见，相沿而迷其本原，割裂攘窃，从无究诘者，则为厘订爬剔，各还其主。此谓越园致力最专处。至于伪书讹刻版本同异，亦复一一校勘精审。是为中国画学开忠实考据之始。此书编次成说，字字有来历，而自辟义例成一家言。"①《画法要录》分两编，第一编17卷，第二编12卷。第一编主要与画法和技术有关，内容分四类，依次为：一、前录，分通论、气韵、画病三篇；二、总录，分布局法、用笔用墨法、钩皱擦染法、点法、设色法、临摹法；三、分录，分树木画法、山石画法、水泉画法、时景画法、点缀画法、杂画法；四、后录，分纸绢、题识两篇。第二编，是根据绘画题材分类进行的，包括颜料用法及制法（附用具）、人物篇、传神篇、宫室篇（附器用）、畜兽篇（附鱼龙）、羽毛篇（附草虫）、花木篇（附蔬果）、墨竹篇、墨兰篇、墨梅篇，卷末为点缀。每篇又分总录和分录，内容收录标准类似第一编"前录、总录和分录"，其中"花木篇，分录"又分"木本花卉画法第一""草本花卉画法第二""竹木花卉画法第三""蔬果画法第四"。第一编征引《古画品录》《历代名画记》《画史》《梦溪笔谈》《东坡文集》，直到陈衡恪撰《文人画之价值》等画学文献及别集120余种；第二编征引《韩非子》《后汉书》《白氏长庆集》《历代名画记》《图画见闻志》《画继》《东坡文集》《山谷集》和《豫章文集》等文献108种。《画法要录》所辑绘画创作文献，分类系统，是了解中国古代绘画创作理论和技法的重要文献。辑录每条内容，都注明出处，为进一步查找相关文献提供了线索，如"余尝论画，以为人、禽、宫室、器用，皆有常形。至于山石竹木、水波烟云，虽无常形，

---

① 余绍宋：《画法要录》，北京：中国书店1990年影印本，"序"，第1—2页。

而有常理。常形之失，人皆知之。常理之失，虽晓画者有不知。故凡可以欺世而取名者，必托于无常形者也。虽然常形之失止于所失，而并能病其全。若常理之不当，则举废之矣。以其形之无常，是以其理不可不谨也。"（苏轼《东坡文集》）①

于安澜编《画论丛刊》1937年由中华书局出版，1960年、1989年修订再版。收录自南朝宋、梁时期到清朝画法、画理著作54种。1960年和1989年的版本，实际收郭熙《林泉高致》、韩拙《山水纯全集》等53种。作者还根据《四库全书总目提要》《郡斋读书志》《直斋书录解题》《书画书录解题》等著作，对作者、版本进行了相应的补充，增加宗炳《画山水叙》，并据《佩文斋书画谱》将管道升《墨竹谱》归入李衎《竹谱》，并删除初编收录的伪作《华光梅谱》。王维《画学秘诀》虽被认定是伪作，但自《四库全书总目提要》以来归入荆浩，作者在修订时也注明。顾凝远《画引》依据《佩文斋书画谱》增加多条内容，董其昌《画旨》以《式古堂书画汇考》本为基础，依据各种文献进行增补。《画论丛刊》1989年再版本，书前有作者生平，如，"宗炳，字少文，南阳涅阳人，善书画。江夏王义恭尝荐炳于宰相，前后辟召，竟不就。善琴书，好山水，西陟荆巫，南登衡岳。因结宇衡山，怀尚平之志，以疾还江陵。叹曰：'噫，老病俱到，名山恐难遍游，唯当澄怀观道，卧以游之。'凡所游历，皆图于壁，坐卧向之，其高情如此。年六十九。"（《历代名画记》）②所收文献附校勘版本，如《画山水叙》以《历代名画记》本为主，《山水松石格》《画学秘诀》《画山水赋》附《笔法记》《山水诀》《林泉高致集》《山水纯全集》等以《画苑补益》本为主。注明版本和作者考证，以及《四库全书总目提要》或《书画书录解题》的提要和校勘，如《画学秘诀》"旧题王维"。《四库全书总目提要》："旧本题唐王维撰，词作骈体而句格皆似南宋人语言。王缙编《维集》，亦不载此篇。明焦竑《国史·经籍志》始著于录，盖近代依托也。明人收入《维集》，失考甚矣。"《书画书录解题》："《画学秘诀》一卷，旧题唐王维撰。是编詹氏画苑本，凡二百九十二言。末附断句六十言。唐六如画谱本则有一千零十六言。关中石本又略异，俱言山水布置之法，专尚规矩，疑为南宋画院之流所伪为者，文格甚低。王孟端《书画传习录》盛赞之。疑为嵇承咸所

---

① 余绍宋：《画法要录》，北京：中国书店1990年影印本，第2页。
② 于安澜：《画论丛刊》上卷，北京：人民美术出版社1989年版，第1页。

附益者。赵松谷笺注《王右丞集》，谓伪作是也。"①

## 第六节　美术批评文献

　　艺术批评被称为"运动着的美学"，作为人文学科的艺术学其构成主体是艺术原理、艺术史和艺术批评。美术学是艺术学的一个门类，也属于人文学科的范畴，美术批评在美术学，乃至艺术学中占有重要位置。"美术批评"和"美术"的概念一样是舶来品，中国古代没有"美术批评"一词，即使"批评"一词在古典美术文献中也很少出现，但"依据一定审美标准对美术现象（包括美术创作、美术理论、美术思潮）作出理论分析和价值判断的评论却异常丰富"②，大多以"品""评""论""议"等字眼出现。在文献名称上，则大多是"评""品""断""议""赞""录""谱""序""题跋""记""随笔"等，如谢赫《古画品录》、张怀瓘《画断》、朱景玄《唐朝名画录》、董逌《广川画跋》等。

　　中国古典美术文献，一般是"史、论、评、品"四者合一，很难将美术批评文献与其他文献强行分开，只能根据研究需要、内容侧重点进行分类。同一文献在不同文献学著作中划分为不同类，如米芾《画史》在《中国古代画论要籍简介》中入"画品"类，而《书画书录解题》则入"著录"类"鉴赏"目。《书画书录解题》列"品藻"类，专门收录有关美术批评的单篇或著述文献，并根据内容进一步分为"品第、评骘、比况和杂评"四目。最早的美术批评文献可以追溯到先秦诸子有关美术的言论和寓言故事，以及后来的书画赞。东晋顾恺之《魏晋胜流画赞》就是一篇比较早的绘画批评文献，评论了魏晋时期卫协、戴逵等的21幅作品，即《小列女》《周本纪》《伏羲》《神农》《汉本纪》《孙武》《醉客》《穰苴》《壮士》《列士》《三马》《东王公》《七佛》《大列女》《北风诗》《清游池》《七贤》

① 于安澜：《画论丛刊》上卷，北京：人民美术出版社1989年版，第5页。
② 李一：《中国古代美术批评史纲》，哈尔滨：黑龙江美术出版社2000年版，第4页。

《嵇轻车诗》《陈太丘二方》《嵇兴》《临深履薄》。文章的开头提出："凡画，人最难，次山水，次狗马，台榭一定器耳，难成而易好，不待迁想妙得也。此以巧历不能差其品也。"①阐述的是绘画题材的难易与绘画品评的标准。

中国古代以美术批评为主要的著作有以下几个基本特点：其一，确定美术评价的标准，并对画家及作品进行等级评价，如谢赫《古画品录》、陈姚最《续画品录》，以及被怀疑为伪托之作的唐李嗣真《续画品录》、释沙门彦悰《后画录》等。唐朱景玄《唐朝名画录》、宋刘道醇《宋朝名画录》、《五代名画补遗》、黄休复《益州名画录》等确定的"神、妙、能、逸"等概念范畴，是绘画等级评定标准的延续。到了明清，美术批评在总结前人的基础上，出现新的评价形式，这集中体现在明李开先《中麓画品》、清黄钺《二十四画品》、许玉年《廿四画品》、潘曾莹《红雪山房画品》等著作上；其二，中国美术批评，明显体现了美术的功利色彩，以"成教化，助人伦"为主旨的传统儒家思想，在美术批评发展史中占有重要位置；其三，鉴赏、题跋类文献，是美术批评思想比较集中的地方。

从目前专门美术批评文献研究看，于安澜编《画品丛书》是比较系统的。该书收入自谢赫《古画品录》（《津逮秘书》本）、姚最《续画品》（《津逮秘书》本）、裴孝源《贞观公私画史》（《百川学海》本）、释沙门彦悰《后画录》（《津逮秘书》本）、李嗣真《续画品录》（《津逮秘书》本）、朱景玄《唐朝名画录》（《王氏书画苑》本）、刘道醇《五代名画补遗》（《王氏书画苑》本）、刘道醇《圣朝名画评》（《王氏书画苑》本）、米芾《画史》（《津逮秘书》本）、李廌《德偶斋画品》（《顾氏文房小说》本）、董逌《广川画跋》（《翠琅轩馆丛书》本）、周密《云烟过眼录》（十万卷楼本）、汤垕《画鉴》（《学海类编》本）共13种。每种都有提要，提要来源于《四库全书总目提要》《直斋书录解题》《郡斋读书志》等目录学著作，后附"各书校勘记"。该书非常注意版本研究，选择比较早的版本为主体，再选择两三个版本进行对照校勘，如《古画品录》以《津逮秘书》本为毛本，以《百川学海》本和《王氏书画苑》本为校本，相互补充。《唐朝名画录》《五代名画补遗》《圣朝名画评》取自《王氏书画苑》本，没

---

① 温肇桐：《中国古代画论要籍简介》，天津：天津美术出版社1980年版，第25页。

有与其他版本校勘。

美术批评文献的分类研究，着眼点应该放以下四个方面：其一，对分散的美术批评文献进行辑录和系统整理；其二，对专门的美术批评文献著作进行校勘、辨伪、断句、汇编成集；其三，系统研究美术批评文献中概念范畴，为建立中国美术批评体系奠定基础；其四，借助艺术文献学研究成果进行进行美术批评史的研究。前两个方面是文献本体研究，而后两者则是目的和根本所在。

# 第七节　目录

中国最早的艺术文献目录就是书画作品目录，"论其先后，仅次于文章志及佛经录"①。刘宋虞龢撰《二王》《镇定书目》《羊欣书目》《钟张书目》是最早的书法作品目录，其后有南朝梁傅昭《法书目录》、陈姚最《法书录》、唐朱景玄《书品目录》、唐褚遂良《右军书目》等。这些目录，多"有目无录"，只记载作品名称。《宣和书谱》是真正的书法作品目录，所收书法作品，截止到北宋蔡京、蔡卞和米芾，因此有人怀疑是三人所编。②内容分《历代诸帝王书》《篆书》《隶书》《正书》《行书》《草书》《八分书》《制诏诰命》8篇。除了《历代诸帝王书》外，其他各篇有叙论，篆书、隶书、正书、行书、草书、八分书，叙各体书法源流及传承。《制诏诰命》叙论论述"制、诏、诰、牒文"的政治作用和艺术特征。除了《制诏诰命》篇外，其他各篇先列书法家，上至帝王，下至臣、学者、僧人，然后介绍书法家字号、籍贯、书法传承、擅长的书体，并品评其优劣，列出内府所藏书法作品，共197家，1344幅。米芾《书史》则"记其目见法书，详录藏家、纸本、印章、跋尾，实为后世著录家之祖，叙述中兼及故事轶闻，时有评论"③。明张丑撰《南阳法书表》在书法目录的编排体例上又有创新。将书法分为时代、正书、行

---

① 姚名达：《中国目录学史》，上海：上海古籍出版社2002年版，第282页。
② 余绍宋：《画法要录》卷六，北京：中国书店1990年影印本，第3页。
③ 余绍宋：《画法要录》卷六，北京：中国书店1990年影印本，第25页。

押、草圣、石刻五格，涉及书家37人，书法作品72幅，作品都记有题跋人、收藏印记等。绘画目录始于南齐，齐高帝曾命令侍臣选择优秀的古代绘画作品，不以时代远近，而以优劣分等第，自陆探微到范惟贤，共42人，分42等，绘画作品348卷，形成目录。宋郭若虚《图画见闻志》中记齐高帝撰《名画集》，大概就是此书。现存最早绘画目录是唐裴孝源《贞观公私画史》，"著录唐朝高贵乡公到贞观十三年唐朝秘府、佛寺和私人所藏298卷，屋壁48所"①。每一幅画记有作者姓名，注明是否被《太清目》所记载，由此推断《贞观公私画史》以前有《太清目》。《隋书·经籍志》记载《名手画录》一卷，唐窦蒙有《齐梁画目》，都已经散佚。米芾《画史》著录绘画作品，品评优劣。宋徽宗敕撰《宣和画谱》每画家一传，作品分道释、人物、宫室、蕃族、龙鱼、山水、鸟兽、花木、墨竹、蔬果十类。明清两代随着私人书画著录风气的兴起，出现了大量的书画目录，其分类方法和体系不尽相同，如明张丑《清河书画舫》、赵琦美《铁网珊瑚》、文嘉《钤山堂书画记》，清卞永誉《式古堂书画汇考》、安歧《墨缘汇观》等。解放前金陵大学编《历代著录画目》征引古代文献达101种。《书画书录解题》"著录"类就是书画目录文献，共88种，分为"记事、前代内府所藏、一家所藏、鉴赏、集录"五种。文献学家姚名达将书画目录分为：仅著录书画名称类，如清内府所藏书画目录《清南薰殿尊藏图像目》《茶库贮藏图像目》；考证图像者，如清胡敬撰《南薰殿图像考》、阮元撰《石渠随笔》；备录题跋者，如近人吴芝瑛撰《小万柳堂王惲画目》；详述画意者，如清张庚撰《图画精意识》等。

著述文献目录是另一种重要美术文献目录，是指记录美术著述文献名称、作者、版本、主要内容等相关信息，并按一定分类方法和顺序编排的二次文献。这些文献可分两类：一是专门著录美术著述文献的目录，如余绍宋撰《书画书录解题》，吴诗初撰《书画书录解题补遗》，吴辟疆撰《有美草堂画学书目》，周青云、丁福宝编《四库总录艺术编》，温肇桐撰《中国古代画论要籍简介》《历代中国画学著述目录》，谢巍著《中国画学著作考录》等。《历代中国画学著述目录》，分断代目、书名目、著者目三部分。断代目按照朝代次序编录，同一朝代各种

---

① 卢辅圣：《中国书画全书》第一卷，上海：上海书画出版社2002年版，第170页。

著述，大致按照书论、画论、画诀、画谱、题跋、题画诗、画品、画评、画史、著录、传记、年谱、目录、辞典、年表、年鉴、装潢、材料等。《中国古代画论要籍简介》收录中国历代绘画文献46种，分画理、画法、画评、画史、著录、诗词题跋、丛辑、伪托画论八类编排，每类以时代为序。《四库总录艺术编》收录图书文献包括书画、法帖、版画等，并附傅惜华《明代画谱解题》《中国版画研究重要书目》。

除了专门的美术著述文献目录外，还有综合目录，收录有大量的美术文献，如宋晁公武《郡斋读书志》、陈振孙《直斋书录解题》，清钱曾《读书敏求记》、《四库全书总目提要》、张之洞《书目答问》、雷梦水《古书经眼录》等，下面是几种典型的综合目录：

《读书敏求记》是中国第一本研究版本目录的著作，是以私家藏书为基础编写的解题目录。钱曾以私家藏书4100余种为基础，编写《也是园书目》《述古堂书目》和《读书敏求记》三种目录，其中《读书敏求记》所著录图书是其私家藏书的精品，大多是宋元精刻本或旧抄。每书都标明次第完缺、古今异同，介绍主要内容并加以评论，并对作者加以考证和介绍。所收文献按照经、史、子、集四部划分。经部包括礼乐、字学、韵书、数术和小学；史部包括时令、器用、食经、种艺、豢养、谱牒、科第、地理舆图、别志；子部包括杂家、农家、兵家、天文、五行、太乙、奇门、历法、卜筮、星命、相法、宅经、葬书、医家、针灸、本草方书、伤寒、摄生、艺类、类书；集部包括诗集、总集、诗文评、词。《读书敏求记》将宋末元初周密撰《云烟过眼录》列入杂家，大概因为此书记载所见所闻的书画、古器、奇玩等，内容庞杂。艺术类收投壶、象棋之类的文献，是古代"艺术"概念的延续。艺术类除了《贯经》一卷（投壶游戏）、《投壶谱》一卷、《温公七国象棋局》一卷和《李逸民棋谱》二卷这些与今天"艺术"内涵不符的外，还有朱存理《铁网珊瑚》十四卷、邓椿《画继》十卷、汤垕《画鉴》一卷、夏文彦《图绘宝鉴》、宋伯仁《梅花喜神谱》二卷、李衎《竹谱详录》一卷、饶自然《山水家法》一卷和郭熙《林泉高致》这些美术文献。

《四库全书总目》是清朝官修的大型解题目录，也称《四库全书总目提要》，收录《四库全书》收入的古籍3461种、79309卷，以及未收入《四库全书》的存目古籍6793种、93550卷，基本涵盖了清乾隆以前古典文献著作，是在乾隆三十年开始编《四库全书》时，编修者在阅读各书所撰写的提要。艺术文献主要在"经部"的"乐类""小学"类，如宋阮逸、胡瑷奉敕编《皇祐新乐音乐图记》，陈阳撰《乐书》、蔡元定撰《律吕新书》，元熊朋来撰《瑟谱》等；"史部"的"政书"类，如宋李诫奉敕撰《营造法式》，明张问之撰《造砖图说》、龚辉撰《西槎汇草》、沈啓撰《南船纪》，周梦阳撰《水部备考》，清吴允嘉《浮梁陶政志》等，也就是说与宫廷有关的工艺（设计）文献都在"政书"类；"史部"的"目录"类，收录了大量金石文献，如宋欧阳修撰《集古录》、赵明诚撰《金石录》、黄伯思撰《法帖勘误》、刘次庄撰《法帖释文》、翟耆年撰《籀史》、洪适撰《隶释》《隶续》、姜夔撰《绛帖平》、曾宏父撰《石刻铺叙》、曹士冕撰《法帖谱系》、旧本题桑世昌撰《兰亭考》、俞松撰《兰亭续考》、陈思撰《宝刻丛编》、王象之撰《舆地碑记目》、佚名《宝刻类编》；明陶宗仪撰《古刻丛钞》、朱珪编《名迹录》、陈暐撰《吴中金石新编》、都穆撰《金薤琳琅》、顾从义撰《法帖释文》、赵均撰《金石林实地考》、赵崡撰《石墨镌华》、郭宗昌撰《金石史》、杨慎撰《水经注碑目》、于奕正撰《天下金石志》、胡世安撰《禊帖综闻》；清顾炎武撰《求古录》《金石文字记》《石经考》，万斯同撰《石经考》，林侗撰《来斋金石考》，叶封撰《嵩阳石刻集记》，李光暎撰《观妙斋金石文考略》，万经撰《分隶偶存》，王澍撰《淳化秘阁法帖》《竹云题跋》，褚峻摹图、牛运震补说《金石经眼录》，杭世骏撰《石经考异》，孙承泽撰《间者轩帖考》，周在浚撰《天发神识碑释文》，张弨撰《昭陵六骏赞辨》《瘗鹤铭辨》，汪士鋐撰《瘗鹤铭考》，陈奕喜撰《金石遗文录》，叶万撰《续金石录》，刘青藜撰《金石续录》，黄叔璥撰《中州金石考》，佚名《石迹记》，褚峻摹图、牛运震补说《金石图》；"子部""艺术类"，按照先列"收入《四库全书》"，后列"存目"的顺序，分书画、音乐、印、博弈等类，其中音乐、书画、印等属于今天艺术文献范围，如谢赫《古画品录》、梁庾肩吾撰《书品》、旧本题陈姚最撰《续画品》；唐裴孝源撰《贞观公私画史》、孙过庭《书谱》、张怀瓘撰《书断》、窦臮撰、窦蒙注《述书赋》、张彦远撰《法书要录》《历代名画记》、朱景玄撰①《唐朝名画录》、韦续

---

① 《四库全书总目提要》因为避讳康熙玄烨改为朱景元。

《墨薮》、旧本题荆浩撰《画山水赋》；宋赵构撰《翰墨志》、刘道醇撰《五代名画补遗》《宋朝名画评》、黄休复撰《益州名画录》、郭若虚撰《图画见闻志》、旧题郭思撰《林泉高致集》①、朱长文撰《墨池编》、李廌撰《德隅斋画品》、米芾撰《画史》《书史》《宝章待访录》《海岳名言》、宋徽宗敕编《宣和画谱》《宣和书谱》②、韩拙撰《山水纯全集》、董逌撰《广川画跋》《广川书跋》、邓椿撰《画继》、姜夔撰《续书谱》、岳珂撰《宝真斋法书赞》、陈思撰《书小史》《书苑菁华》、董史撰《书录》；元李衎撰《竹谱》、汤垕撰《画鉴》、郑构撰《衍极》、盛熙明撰《法书考》、夏文彦撰《图绘宝鉴》；明陶宗仪撰《书史会要》、朱存理撰《珊瑚木难》、赵琦美撰《铁网珊瑚》③、都穆撰《寓意编》、杨慎撰《墨池琐录》、佚名《书诀》、孙鑛撰《书画跋跋》、唐志契撰《绘事微言》、项穆撰《书法雅言》、赵宧光撰《寒山帚谈》、潘之淙撰《书法离钩》、朱谋垔撰《画史会要》、郁逢庆撰《郁氏书画题跋记》、张丑撰《清河书画舫》《真迹日录》《法书名画见闻表》《南阳法书表》《清河书画表》、汪砢玉撰《珊瑚网》、清康熙敕编④《佩文斋书画谱》《御制书画跋》乾隆敕编《石渠宝笈》《三朝宸翰》、清孙承泽撰《庚子消夏记》、王毓贤撰《绘事备考》、冯武撰《书法正传》、高士奇撰《江村消夏记》、卞永誉撰《式古堂书画汇考》、厉鹗撰《南宋院画录》、倪涛撰《六艺之一录》⑤、邹一桂撰《小山书谱》、蒋骥撰《传神秘要》。此外，还有唐南卓撰《羯鼓录》（音乐文献），宋朱长文撰《琴史》，元吾邱衍撰《学古编》，明严澂撰《松弦馆琴谱》，杨抡撰、清和素翻译辑录而成《琴谱合璧》，清朝《松风阁琴谱》，朱象贤撰《印典》等。以下为"存目"，旧本题梁孝元皇帝《山水松石格》；唐释沙门彦悰撰《后画录》、旧本题唐李嗣真撰《续画品录》、旧本题唐

---

①《四库全书总目提要》说旧题郭思撰，与郭熙撰《林泉高致》有别，余绍宋《书画书录解题》将旧题郭思撰《林泉高致》一卷入"未见"类。

②《四库全书总目提要》载两书"不著撰人名"，考订作者也是艺术文献学研究的重要课题。

③《四库全书总目提要》云：旧本题明朱存理撰。末有万历中常熟赵琦美跋。此处可能有误，在中国美术文献中有至少三本以《铁网珊瑚》命名的文献，作者分别是明朝朱存理、都穆和赵琦美。《四库全书总目提要》经过校勘研究认为是赵琦美所著。

④ 一般注为王原祁等纂辑。

⑤《六艺之一录》共计460卷，续编12卷，文献分八类：金器款式、刻石文字、法帖论述、古今书体、历朝书论、历朝书谱、六书之异同、法之变化以及刊刻墨迹之源流得失。

王维撰《画学秘诀》、旧本题唐李成撰《山水诀》；宋徽宗敕编《宣和论画杂评》、旧本题宋僧仲仁撰《华光梅谱》、宋僧适之撰《金壶记》、旧本题宋李澄叟撰《画山水诀》；旧本题元李衎撰《竹谱详录》、苏霖撰《书法钩元》、刘惟志撰《字学新书摘钞》、佚名《画纪补遗》；明张绅撰《法书通释》、黄瑜编《书学会（汇）编》、佚名《书纂》、陆深撰《书辑》、刘璋撰《明书画史》、陆树声撰《平泉题跋》、王世贞撰《画苑》及詹景风撰《画苑补益》、王世贞撰《王氏书苑》及詹景风撰《王氏书苑补益》、王世贞撰《弇州山人题跋》、李开先撰《中麓画品》、徐渭撰《笔元要旨》、王穉登撰《吴郡丹青志》、汪显节撰《绘林题识》、张凤翼撰《海内名家工画能事》、旧本题明释莲儒撰《画禅》、旧本题明释莲儒撰《湖州竹派》、李日华撰《竹懒画媵》、莫是龙撰《画说》、朱象衡编《笔道通会》、张泰阶撰《宝绘录》、周之士撰《游鹤堂墨薮》、陈继儒撰《书画史》、黄凤池撰《唐诗画谱》、沈兴文撰《画志》、佚名《画谱》、佚名《草书集韵》；清孙承泽撰《研山斋墨迹集览》、姜绍书撰《无声诗史》、万斯同撰《书学汇编》、郭礎撰《画法年纪》、陶南望编《草韵汇编》、孔衍栻撰《石村画诀》、顾仲清撰《历代画家姓氏韵编》、佚名《研山斋图绘集览》、戈守智撰《汉溪书法通解》、张庚撰《国朝画征录》、王樑撰《月湖读画录》。旧题明宋仕校正、杨嘉森编《琴谱正传》，杨表正撰《琴谱大全》，胡文焕撰《文会堂琴谱》；明张廷玉撰《理性元雅》，林有麟撰《青莲舫琴雅》，杨抡撰《伯牙心法》《太古遗音》；清胡世安撰《操缦录》、徐祺撰《溪山琴况》、曹庭栋撰《琴学内篇》。明来行学刊印《宣和集古印史》、徐官撰《古今印史》、顾从德撰《印薮》、何通撰《印史》；清胡正言撰《印存初集》。除了"史部""目录"类，收金石文献目录外，"子部""谱录"类也收金石文献，包括梁陶宏景撰《古今刀剑录》、虞荔撰《鼎录》；宋吕大临撰《考古图》、王俅撰《啸堂集古录》、王黼撰《宣和博古图》；明吕震撰《宣德鼎彝谱》；明时西洋人邓玉函撰《奇器图说》《诸器图说》；乾隆敕编《钦定西清古鉴》。此外，还有宋苏易简撰《文房四谱》、佚名《歙州砚谱》、米芾撰《砚史》、佚名《砚谱》、佚名《歙砚说》、佚名《端溪砚谱》、高似孙撰《砚笺》，乾隆敕编《钦定西清砚谱》；宋李孝美撰《墨谱》、晁氏撰《墨经》、元陆友撰《墨史》、明沈继孙撰《墨法集要》、乾隆敕编《钦定钱录》，"谱录""存目"包括梁江淹撰《铜剑赞》，明郭子章撰《蠙衣生剑记》、钱希言撰《剑筴》；宋吕大临撰《别本考古图》、旧本题宋张抡撰《绍兴内府古器评》、张潮辑《焦山古鼎考》，明陆深撰《古奇器录》、胡文焕撰《古器具名》。旧本题宋龙大渊撰《古玉图谱》、洪遵撰《泉志》、旧题宋黄伯思撰《燕几图》，明黄鹤撰《槎居谱》、严澂撰《蝶几谱》；明钟岳撰《文苑四先生集》、江贞撰《歙砚志》、程君房撰《程氏墨苑》、方于鲁撰《方氏墨谱》、顾孟容撰《冠谱》、佚名《冠图》，清张仁熙撰《雪堂墨品》等。

　　张之洞《书目答问》所收文献按经、史、子、集四部分类，内容比《四库全书总目提要》有较大变动，特别是子部。史部包括正史、编年史、纪事本末、古史、别史、杂史、载记、传记、诏令奏议、地理、政书、谱录、金石、史评；子部包括周秦诸子、儒家、兵家、法家、农家、医、天文算法、数术、艺术、杂家、小说家、释道家、类书；集部包括楚辞、别集、总集、诗文集和丛书。史部金石类分金石目录、金石图像、金石文字、金石义例四类。金石目录包括宋欧阳修《集古录》，赵明诚《金石录》《金石录补》，王象之《舆地碑记目》《蜀碑记》，陈思《宝刻丛编》，佚名《宝刻类编》，孙星衍、邢澍《寰宇访碑录》；清朝《寰宇访碑录补》、王昶《金石萃编》、翁方纲《两汉金石记》、钱大昕《潜研堂金石目》等共13种。金石图像包括宋吕大临《考古图》、王黼《宣和博古图》、《王复斋钟鼎款式》、王俅《啸堂集古录》；清乾隆敕撰《钦定西清古鉴》《钱录》、黄易《小蓬莱阁金石文字》和徐渭仁《随轩金石文字八种》等共10种。金石文字类包括明陶宗仪《古刻丛抄》、都穆《金薤琳琅》、顾炎武《金石文字记》等共34种。金石义例类包括元潘昂霄《金石例》、明王行《墓铭举例》等共9种。"子部谱录类"主要收年谱，如《杜工部年谱》《苏文忠年谱》等。"子部"的艺术类主要收书画、琴、篆刻等内容，论书包括唐张彦远《法书要录》、孙虔礼《书谱》，宋朱长文《墨池编》、姜夔《续书谱》、包世臣《艺舟双楫》，明陶宗仪《书史会要》；论画包括唐张彦远《历代名画记》、裴孝源《贞观公私画史》，宋郭若虚《图画见闻志》、邓椿《画继》，元夏文彦《图绘宝鉴》，清周亮工《读画录》、张庚《画征录》，以上7种文献"考证历代画家大略"，为画史著作；胡敬《南薰殿图像考》、《佩文斋书画谱》，《书目答问二种》注释"以上论画"①；宋黄伯思《东观余论》、董逌《广川书跋》，此"统论书画"；宋曹士冕《法帖谱系》、王澍《阁帖释文考证》和《虚舟题跋》、翁方纲《苏斋题跋》、姚鼐《法帖题跋》、元吾丘衍《学古编》，以上为"论法帖"；桂馥《续三十五举》、周亮工《印人传》，以上为"论印章"；唐段安节《乐府杂录》、宋朱长文《琴史》，以上为"论乐"。

"艺术类"收文献共27种，分论书、考证历代画家、论画、统论书画、论法帖、论印章和论乐7类。《书目答问》对每种文献注明版本、著者、卷数、藏地等信息，如欧阳修《集古录》："《集古录》跋尾十卷，宋欧阳修。目五卷，欧阳棐。三长物斋合刻本，跋尾附集本。（补）光绪间吴县朱记荣金石丛书重刻三长物斋本，何焯校本，未刊，写本旧藏丰顺丁氏持静斋。江阴缪荃孙辑宋欧阳棐《集古录目》十卷，自刻云云自在龛丛书本。"②《历代名画记》："《历代名画记》十卷。唐张彦远。津逮本。续百川本。上古至唐会昌。"③

《古书经眼录》所收文献按照经、史、子、集排列，子部设"艺术类"和"谱录类"。艺术类文献按书画、音乐（主要是琴谱）和刻印的顺序，再按时代先后排列，包括唐张彦远撰《历代名画记》；宋郭若虚撰《图画见闻志》；元夏文彦撰《图绘宝鉴》；明程大宪撰《程氏竹谱》、胡正言临辑《十竹斋画谱》、石涛撰《画谱》；清郭礎撰《画法年纪》，王宸撰《绘林伐材》，汪卓撰《鸿雪斋题画小品》。明朱存理撰《铁网珊瑚》；清康熙撰、焦秉贞绘图、朱圭、梅裕凤镌《耕织图》，光绪五年淮浦居士刻《红楼梦图咏》，王锡侯撰《书法精言》，陈廷庆编辑《肄书稧校本》，张庚撰《国朝画征录》附《图画精意识》，秦祖永撰《桐阴论画》，潘庭筼兰垞撰《粉末尊闻》（明清两代画家评传）。宋朱长文撰《琴史》；明潞藩敬一道人撰《潞藩纂集古音正宗》（琴谱）；清徐祺撰《五知斋琴谱》、裴奉俭撰《酣古斋琴谱》、马兆辰撰《卧云楼琴谱》、史荣辑《忠心堂琴谱集萃》、周永荫校订《琴砚斋琴谱》。清芮维新篆《仓籀心法》（印谱）、李渔辑《述古印

---

①［清］张之洞：《书目答问》，北京：生活·读者·新知三联书店1998年版，第185页，而实际《佩文斋书画谱》为书画方面的专门类书，辑录的论书法文献所占比例非常大，作者在撰写此目录时未必阅读过该书。

②［清］张之洞：《书目答问》，北京：生活·读者·新知三联书店1998年版，第133页。

③［清］张之洞：《书目答问》，北京：生活·读者·新知三联书店1998年版，第184页。

说》、林霔虹桥辑《虹桥印谱》、赵子琛《补罗迦室印谱》、桂馥撰《续三十五举》、吴云平斋鉴藏《二百兰亭斋古印考藏》、陈介祺《十钟山房印举》、吴大澂《十六金符斋印存》、孟昭鸿《汉印分韵》共33种，此外还有射箭谱、棋谱等内容。谱录类所著录文献对艺术学研究也有一定价值，如清翁树培考藏《宜泉古泉拓本》、陆廷燦辑《艺菊志》、清金砚云考藏《古钱考》等。

金石目录也属于美术文献的重要内容。金石目录主要有四种：一是记录器物的名称，如宋赵明诚《金石录》，前二十卷收录古代器物两千余种，后十卷都是辨证金石的文字；二是记录拓印的文字；三是记录研究金石的题跋，这类目录始于北宋欧阳修《集古录跋尾》；四是集考证著录前三者的文献所形成的目录，如清末民初叶铭撰《金石书目》、黄立猷撰《金石书目》、容媛撰《金石书目》等。黄立猷《金石书目》收文献878种，分金文、石文、匋（同陶）文、骨文、地方、法书、义例、题跋、汇考、目录十类；林钧所著《石庐金石书志》，类似于余绍宋《书画书录解题》，是一部金石文献解题目录，"仿藏书之体例，略述各书之大意，权其异同，录其题跋印记"，收文献969种，分地、断代、录文、存目、图谱、石经、记载、考证、释例、字书、法帖、杂著12类。[①]除了专门的金石文献目录外，隋以后的文献整理对金石文献都有收录，如《隋书·经籍志》将汉魏时期的金石拓文入"小学"类；宋陈振孙著《直斋书录解题》将金石文献入"书（书法）目"类；《四库全书总目提要》则将金石文献一分为三，分别入目录类、谱录类和小学类。

## 第八节　类书、辑录

类书是中国古代百科全书式的资料汇编，材料之丰富，列古代各类工具书之首。《四库全书总目提要》称类书为"兼收四部，而实非经、非史、非子、非集，四部之内乃无类可归"，包括综合性类书和专科性类书。前者所辑文献涉及各门学

---

① 姚名达：《中国目录学史》，上海：上海古籍出版社2002年版，第297页。

科，如宋四大类书《太平御览》《册府元龟》《太平广记》《文苑英华》，以及现存最大类书《古今图书集成》等；后者是某学科门类的类书，如美术类《佩文斋书画谱》①。唐虞世南编《北堂书钞》是现存最早的综合性类书，包括帝王、后妃、政术、刑法、封爵、设官、礼仪、艺文、乐、武功、衣冠、仪饰、服饰、舟、车、酒食、天、岁时、地19部，部下分目，共852类，对了解隋以前艺术文献具有重要作用。明王圻编《三才图会》则是一部图文并举的综合性类书，共106卷，分天文、地理、人物、时令、宫室、器用、身体、衣服、人事、仪制、珍宝、文史、鸟兽和草木等14门，是查找古代器物、建筑、服装图像资料的最重要的类书。《书画书录解题》收清沈复粲撰《熙朝画家姓纂》、陈邦彦编《（康熙御定）历代题画诗》等书画类书11种。类书是从浩瀚的文献中按照主题需要辑录，然后按照一定的分类体系，如学科分类、征引词条的声韵等进行排列，并注明所征引文献的出处。通过《佩文斋书画谱》可以查找所征引1800余种各类原始文献。在艺术文献整理中，还有一种类似于类书的方式，根据艺术文献的主题，如技法、传记等进行辑录，如余绍宋《画法要录》、俞剑华《中国画论类编》就属此类。《佩文斋书画谱》《康熙御定历代题画诗》是典型的美术类书。

《佩文斋书画谱》，因康熙藏字画书斋而得名，该书博采自上古到明朝书画资料万余条，涉及各类文献1844种。最早版本是康熙四十七年（1708年）静永堂刊本，另有《四库全书》本、民国八年扫山房石印本、1984年中国书店影印本、上海古籍出版社影印《四库艺术丛书》本等。该书对古典书画文献整理具有重要价值。其一，收书画文献面甚广，"内府书籍纂成是书，凡经、史、子、集，稗官野乘，山经地志，释典道藏，靡不蒐采以类相从"②。文献注明引文出处，为读者提供了检索途径；其二，该书将书画文献合二为一，这与张怀瓘《书断》《画断》，米芾《书史》《画史》等书画文献分开的做法不同；其三，根据文献内容创建了比较科学的分类体系，分"论书（书体、书法、书学、书品）、论画（画体、画法、画学、画品）、历代帝王书、历代帝王画、书家小传、画家小传、历代无名氏书、历代无名氏画、御制书画跋、书辨证、画辨证、历代鉴藏书、历代鉴藏画"19类。排

---

① 余绍宋撰《书画书录解题》列"类纂"类，笔者认为是类书。

② 王原祁等：《佩文斋书画谱》第1册，北京：中国书店1984年影印本，"凡例"，第1页。

列顺序考虑了内容的逻辑关系，"自造书制画以后，书有五十六种，画有十三科，所谓体也。其体既分，则有八法、六法以视学者。学有工拙，斯品有高下，故首辑论书论画十八卷，其中先明源流，以为体次，备规矩以为法，述指要以为学，列次第以为品。若诸书文有疵颣，语涉繁杂者，略为删节以期简当"①。该书重要作用不可低估，"览此书可知清代以前书画发展之大要"②，所征引文献有的当时比较完整，而后逐渐散佚，对辑佚具有重要作用，如牛戬《画评》、金赍《画史会要》、刘璋《皇明书画史》等。

该书不足之处在于：其一，辑录内容缺少系统性，读者无法整体把握文献内容。在征引文献中，涉及绘画著作71种，仅摘录部分内容，如宋郭若虚《图画见闻志》在卷十二"论画"篇仅摘录《宋郭若虚论曹吴体》《宋郭若虚论黄徐体》《宋郭若虚记吴装》《宋郭若虚记没骨图》《宋郭若虚叙图画名意》五条，其他条目按内容又收入其他地方，下面是《宋郭若虚论曹吴体》和《宋郭若虚记吴装》两条："曹吴二体，学者所宗。按唐张彦远《历代名画记》，称北齐曹仲达者，本曹国人，最推工笔梵像，是为曹；谓唐吴道子曰吴。吴之笔，其势圆转而衣服飘举；曹之笔，其体稠叠而衣服紧窄，故后辈称之曰'吴带当风，曹衣出水'。""吴道子画，古今一人而已。爱宾称前不见顾陆，后无来者，不其然哉？尝观所画墙壁卷轴，落笔雄劲而傅采（赋彩）简淡，或有墙壁间设色重处，多是后人装饰。至今画家有轻拂丹青者谓之'吴装'。"（《图画见闻志》）③其二，提供文献散佚信息不准确。虽然注明征引之文献，但有些文献当时已经散佚，是根据其他文献引用而辑录的，并未说明，使读者产生误解。如后魏孙畅之撰《述画记》，在隋唐以后之"经籍志""艺文志"等文献都无记载，只有《历代名画记》"叙画之兴废""叙历代能画人名"等卷，《图画见闻志》"叙诸家文字"篇④，以及明朱谋垔《画史会要》书目中有记载，因此有人断定该书早已散佚。而《佩文斋书画谱》辑录画家传记时直接注为《述画记》，使人误以为文献在清朝仍然存在。实际上，大多是根据

---

① ［清］王原祁等：《佩文斋书画谱》第1册，北京：中国书店1984年影印本，"凡例"，第1页。
② 谢巍：《中国画学著作考录》，上海：上海书画出版社1998年版，第474页。
③ ［清］王原祁等：《佩文斋书画谱》第2册，北京：中国书店1984年影印本，第303页。
④ ［宋］郭若虚：《图画见闻志》，北京：人民美术出版社1983年版，第2页。

《历代名画记》辑录的。《历代名画记》征引《述画记》十二条，涉及书画家十六人，即刘褒、蔡邕、杨修、卫协、王献之、康昕、顾恺之、史道硕、温峤、谢岩、曹龙、丁远、杨惠、江思远、戴勃、谢约。"后汉孙畅之有《述画记》。梁武帝、陈姚最、谢赫、隋沙门彦悰、唐御史大夫李嗣真、秘书正字刘整、著作郎顾况并兼有画评。中书舍人裴孝源有《画录》、窦蒙有《画拾遗录》，率皆浅薄漏略，不越数纸。僧悰之评，最为谬误。传写又不复多错，殊不足看也。"①其三，辑录文献，版本未经仔细选择，没有进行辨伪，有时真伪皆收。文献同名者未注明作者，如朱谋垔、金赉撰《画史会要》都注《画史会要》。《书画书录解题》说："又编中伪书一并采用，不加可否，审核之功，盖犹有未尽焉。"《佩文斋书画谱》涉及经、史、子、集各部文献，与《古今图书集成·博物汇编·艺术典》《古今图书集成·理学汇编·字学典》所辑文献类似，"书画家名流列传"几乎一致。"……其所取材之书约千八百余种，大体与《古今图书集成》'字学部'及'画部'相同，而分类较为精审，后出之书必胜于前，亦自然之理矣。……。"②《古今图书集成》成书于1706年，而康熙四十四年（1705年）始纂《佩文斋书画谱》，可能是参照了《古今图书集成》的成果，而两书的编纂都是按康熙旨意。

　　《佩文斋书画谱》前十卷为"论书"。"论书·书体"（卷一、二），辑《伏羲书》《仓颉书》《唐虞世南书旨述》等138条有关书体或书法起源的文献，如《伏羲书》："古者伏羲氏之王天下也，始书八卦，造书契，以代结绳之政，由是文籍生焉。"（《孔安国尚书序》）③"隶篆古文为体各异。秦汉以来，学者务极其能，于是有字书之学。"（《崇文总目》）④"论书·书法"（卷三、四）收录《后汉蔡邕九势》等有关书法创作方法、规则、口诀、体会等内容的文献41条。如《后汉蔡邕九势》："夫画肇始于自然，自然既立，阴阳生焉。阴阳既生，形势出矣，藏头护尾，力在字中，下笔用力，肌肤之丽。故曰势来不可止，势去不可遏，惟笔软则奇怪生焉……。"（《书苑菁华》）⑤"论书·书学"（卷五、六、七）收《秦

---

① ［唐］张彦远：《历代名画记》，北京：人民美术出版社1983年版，第12页。

② 余绍宋：《书画书录解题》卷八，杭州：浙江人民出版社1982年影印本，第27页。

③ ［清］王原祁等：《佩文斋书画谱》第2册，北京：中国书店1984年影印本，第1页。

④ ［清］王原祁等：《佩文斋书画谱》第2册，北京：中国书店1984年影印本，第28页。

⑤ ［清］王原祁等：《佩文斋书画谱》第2册，北京：中国书店1984年影印本，第55页。

李斯论用笔》《唐欧阳询用笔论》《宋苏轼论古人书》等书法理论文献136条。如《秦李斯论用笔》："夫用笔之法，先急回，后疾下，如鹰望鹏逝，信之自然，不得重改，送脚若游鱼得水，舞笔如景山兴云，或卷或舒，乍轻乍重，善深思之礼，当自见矣。"（《蒙恬笔经》）[1]"书学"大量辑自文人别集，如《宋欧阳修试笔》分《学书为乐》《学书消日》《学书作故事》《学真草书》《学书工拙》《作字要熟》《用笔之法》《苏子美论书》《李邕书》《苏子美蔡君谟书》等题目，以及《宋欧阳修书蔡君谟茶录后》等辑自《欧阳文忠公集》。[2]《宋沈括论书》辑自《梦溪笔谈》[3]"论书·书品"（卷八、九、十），收入《晋葛洪论书》《宋苏轼评书》《宋黄庭坚论古人书》《宋米芾评书》等书法品评文献66条。

《佩文斋书画谱》卷十一至十八为"论画"。"论画·画体"（卷十一、十二），共辑绘画文献220余条，涉及各种绘画题材、画法，如《史皇作图》《周画扆》《唐凌烟阁功臣画像》《宋李成画雪》《宋苏轼画朱竹》《宋朱熹论画墨梅》《明宋濂画原》等。《史皇作图》："世本曰：史皇作图；宋忠曰：史皇黄帝臣图，谓画物象。"（《李善文选注》）[4]《周画扆》："孔安国尚书，传云扆屏风也，画为斧形置户牖间是也。"（《尚书注疏》）[5]《汉画车》："文成言上即欲与神通，宫室被服非象神，神物不至，乃作画云气车及各以胜日。"（《汉书·郊祀志》）"古今注曰：武帝天汉四年，今诸侯王大国，朱轮画特虎居前，左兕右麋；小国朱轮画特熊居前，寝麋（应为麇）居左右，卿车者也。"（《后汉书·舆服志注》）[6]《宋朱熹论画墨梅》："墨梅诗自陈简斋以来，类以白黑相形，故汤叔雅始出新意，为倒晕素质以反之。汤君自云得其舅氏扬补之遗法，其小异处则有所受也。"（《朱子文集》）[7]"论画·画法"（卷十三、十四），收《唐张彦远论画六法》《宋郭熙山水训》《宋苏轼论画竹》《宋董逌论画水》《宋饶自然绘宗

---

① ［清］王原祁等：《佩文斋书画谱》第2册，北京：中国书店1984年影印本，第125页。
② ［清］王原祁等：《佩文斋书画谱》第2册，北京：中国书店1984年影印本，第151-154页。
③ ［清］王原祁等：《佩文斋书画谱》第2册，北京：中国书店1984年影印本，第155-156页。
④ ［清］王原祁等：《佩文斋书画谱》第2册，北京：中国书店1984年影印本，第277页。
⑤ ［清］王原祁等：《佩文斋书画谱》第2册，北京：中国书店1984年影印本，第277页。
⑥ ［清］王原祁等：《佩文斋书画谱》第2册，北京：中国书店1984年影印本，第280页。
⑦ ［清］王原祁等：《佩文斋书画谱》第2册，北京：中国书店1984年影印本，第304页。

十二忌》《明董其昌画旨》等绘画创作理论文献35条。"论画·画学"（卷十五、十六）收《秦韩非论书画难易》《唐白居易论画》《宋苏轼论画》《宋沈括论画》《宋郭若虚论用笔得失》《宋邓椿论画》等画论文献92条。如《后汉张衡论画》："画工恶图犬马而好作鬼魅，诚以实事难形而虚伪不穷也。"（《后汉书·张衡传》）[1] "论画·画品"（卷十七、十八）收谢赫《古画品录》、陈姚最《续画品并续》、唐李嗣真《画后品》、唐张彦远《论名价品第》、宋郭若虚《论三家山水》、宋刘道醇《圣朝名画评》、宋黄休复《益州名画录》、宋邓椿《画继》、明董其昌《画评》等绘画品评著作24种，辑录文献比较完整。

"历代帝王书"并附"后妃诸王"（卷十九、二十），记录历代帝王及其王室相关书事活动，共记录从三皇五帝到明238人，"仁宗，讳祯初，名受益，真宗第六子。景佑二年置迩英、延义二阁，写《尚书·无逸篇》于屏。至和七年，幸宝文阁，为飞白书，分赐众臣"[2]。"历代帝王画"并附"后妃诸王"（卷二十一），记录历代帝王及宫廷画事活动，涉及自黄帝到明朝共69人。如："皇帝者，少典之子，姓公孙氏，名曰轩辕。"（《史记·五帝本纪》）"黄帝以四岳皆有，佐命之山，乃命潜山为衡岳之副，帝乃造山，躬写形象，以为五岳真形之图。"[3] 书法家传记（卷二十二至四十四），共收仓颉等5000余人。画家传记（卷四十五至五十八），共收3600余人。叙述书画家生平及主要书法作品及其事迹。著名书画家不同文献的记述都有收录，并注明出处，如阎立德七条、阎立本五条，分别辑自《唐书·阎立本传》《旧唐书·阎立本传》《历代名画记》《唐朝名画录》《广川画跋》；李思训八条，辑自《旧唐书·李思训传》《历代名画记》《画史会要》《唐朝名画录》《东坡集》《云烟过眼录》《容台集》和《画旨》。

"历代无名氏留于金石之上的铭文书法"（卷五十九至六十四），分金、石两类，收从夏朝古钟到五代铁钱，从唐虞《尧碑舜碣》到明朝《万寿寺碑》等3100余种，记述金石作品时代、地点及铭文等。辑录资料来源主要是金石著作或图录，如薛尚功《历代钟鼎彝器款识》、赵明诚《金石录》、吕大临《考古图》、王黼《宣

---

① ［清］王原祁等：《佩文斋书画谱》第2册，北京：中国书店1984年影印本，第375页。

② ［清］王原祁等：《佩文斋书画谱》第2册，北京：中国书店1984年影印本，第497页。

③ ［清］王原祁等：《佩文斋书画谱》第2册，北京：中国书店1984年影印本，第517页。

和博古图》、《绍兴古器评》、《刀刃录》、《鼎录》、《钱谱》、王象之《舆地碑目》等，也有的辑自《广川书跋》《墨池编》《汉隶字原》《法帖神品目》等书法文献，其他还有《水经注》《晋书》等。如："宝和钟——此铭文字皆古文，为周以前所作无疑。"（《金石录》）① "赣榆刻石——赣榆县北东侧巨海，有秦始皇碑在山上，去海一百五十步，八寸一行十二字。"（《水经注》）②

"历代无名氏画"（卷六十五至六十六），收录从殷《伊尹九主图》、周《周公相成王》、唐《虢国夫人夜游图》《岷山池江画图》、宋《盘车图》、元《职贡图》、明《匡庐社图》《轩辕图》等345幅绘画资料。主要出自历史文献、金石文献、书画文献、别集等，如《史记》《汉书》《后汉书》《三国志》《隋书》《唐书》《宋书》《天下金石志》《舆地碑目》、米芾《画史》《水经注》《陶渊明集》《杜工部集》《柳河东集》《昌黎集》《白氏长庆集》《欧阳文忠公集》《东坡集》等，有的是作品目录，有的则是文人对绘画的评价或题诗，如："《周官礼图》十卷。"（《隋书·经籍志》）③ "《虢国夫人夜游图》——佳人自鞚玉花骢，翩如惊燕踏飞龙。金鞭争道宝钗落，何人先入明光宫。宫中羯鼓催花柳，玉奴弦索花奴手。坐中八姨真贵人，走马来看不动尘。明眸皓齿谁复见，只有丹青余泪痕。人间俯仰成今古，吴公台下雷塘路。当时亦笑张丽华，不知门外韩擒虎。"（《东坡集》）④ "《桃源图》——韩愈《桃源图》诗云：神仙有无何渺茫，桃源之说诚荒唐。流水盘回山百转，生绡数幅垂中堂。武陵太守好事者，题封还寄南宫下，南宫先生忻得之，波涛入笔驱文辞，文工画妙各臻极，异境恍惚移于斯。"（《昌黎集》）⑤

"御制书画跋"（卷六十七），包括《跋王羲之〈快雪时晴帖〉》《跋赵孟𫖯墨迹后》《跋董其昌墨迹后》，以及《题周文矩画说剑图诗》《题张择端〈清明上河图〉诗》等25种。"历代帝王书跋"（卷六十八），共收《夏禹治水碑》《唐太宗晋祠铭》《宋徽宗御书》《明世宗御书》等75种；"历代帝王画跋"（卷

① ［清］王原祁等：《佩文斋书画谱》第4册，北京：中国书店1984年影印本，第1618页。
② ［清］王原祁等：《佩文斋书画谱》第4册，北京：中国书店1984年影印本，第1671–1672页。
③ ［清］王原祁等：《佩文斋书画谱》第4册，北京：中国书店1984年影印本，第1852–1853页。
④ ［清］王原祁等：《佩文斋书画谱》第4册，北京：中国书店1984年影印本，第1855页。
⑤ ［清］王原祁等：《佩文斋书画谱》第4册，北京：中国书店1984年影印本，第1861页。

六十九），收从《晋明帝画穆天燕瑶池图》到《明宪宗山水小景》等25种，其中收宋徽宗16种，即《宋徽宗雪江归棹图》《宋徽宗摹卫协高士图》《宋徽宗摹唐人明皇训子图》《宋徽宗着色山水》《宋徽宗竹禽卷》《宋徽宗画瑶池马图》《宋徽宗画翎毛》《宋徽宗墨竹》《宋徽宗红栏鸂鶒图》《宋徽宗三马图》《宋徽宗画水图》《宋徽宗漫游化城图》《宋徽宗双喜图》《宋徽宗双蟹图》《宋徽宗荷鹭惊鱼图》《宋徽宗画十八学士图》。"历代名人书跋"（卷七十至八十），收《秦李斯泰山石刻》《晋王羲之黄庭经》《明董其昌尺牍》等历代名人书跋1200余种；"历代名人画跋"（卷八十一至八十七），收《晋朝顾恺之勘书图》《唐李思训摘瓜图》等历代名人画跋750余种。

"书辨证"（卷八十八至八十九），主要是对书法作品（包括金石法帖）不同临摹版本，存佚及存放地点进行考证，包括《比干墓字》《大飨碑》《兰亭序》《淳化法帖》等21种，其中《淳化法帖》为单独一卷。辑录对王羲之《兰亭序》考证的文献最多，涉及《智永临本》《陆临兰亭》《唐人摹本》《定武本》《玉枕本》《淳化本》《褚兰》《三米本》《都下木本成都本》《宝月本》《悦生堂本》《大业石本》《复州本》《豫章本》《江州本》《鄱阳本》《处州本》《石氏本》《不知处本》《淡墨本》《刘无言本》《永嘉本》《北京本》《金陵清凉本》《考兰亭》《兰亭集刻》《永乐内府本》《周邸兰亭》《东阳本》《颖上本》等版本，以及《黄庭经》《黄庭内景经》《东方朔画赞》《道教经》《十七帖》《狸骨帖》《笔阵图》《理头眩方》《右军杂迹》等专门考证文献，每一版本都对作品特点、临摹人进行考证。下面是"三米本"："兰亭葬昭陵，真迹不复出，摹勒岂无误。拓本徒仿佛能解此意，然后可与语兰亭也。流俗不察，独取定武本为真，妄矣。子顷见唐刻本有二：一是贞观间石刻；一是泗南山杜氏所藏板本。崇宁初米老尝模刻于宝晋斋，号为'三米兰亭'。锋势笔法绝不类他本，区区宝爱定武本者，是不知有唐刻本也。"（《兰亭博议》）①《兰亭集刻》共收《兰亭序》117个版本，记述了《兰亭序》各版本详细情况，是研究《兰亭序》流传的重要资料，如：甲集一十二刻（州郡），即"修城本（叶中山跋）、定武古刻、定武阔行、定武肥、定

___

① ［清］王原祁等：《佩文斋书画谱》第5册，北京：中国书店1984年影印本，第2556页。

武瘦、定武板刻、定武缸石、定武断石、两京断石、古懿郡斋、永兴、宣城"十二个版本。另有"乙集十三刻""丙集十刻""丁集十刻""戊集十刻"、（内府）"巳集九刻""庚集十刻""辛集十四刻""壬集十四刻""癸集十四刻"。① "画辨证"（卷九十），对画时代、真伪、内容进行辨证描述，辑录《武氏祠堂画像》《兵符图》《王维画》《吴道子画》《张萱图》《步辇图》《清明上河图》《辋川图》等66种。如《兵符图》："曹弗兴，古称善画作人物，衣纹皱缩。画家谓'曹衣出水，吴带当风'，宣和内府刻意搜访，不过《兵符图》一本。余尝见于钱塘人家，止有绍兴题印，笔意神采疑是唐末宋初人所为也。"（《画鉴》）② 《张萱画》："张萱画仕女人物，尤长于婴儿，不在周昉之右。平生凡见十许本，皆合作。画妇人以朱晕耳根，以此为别，览者不可不知也。"（《画鉴》）③

"历代鉴藏书"（卷九十一至九十四），为历代书法作品目录，涉及梁虞龢《论书表》，唐褚遂良《晋右军王羲之书目》，唐张怀瓘《二王等书录》，宋欧阳修《集古录序》、欧阳棐《集古录目序》、《宣和书谱》、米芾《宝章待访录》《画史》、赵明诚《金石录序》，宋末元初周密《云烟过眼录》，元汤允谟《云烟过眼续录》，明朱存理《铁网珊瑚》、张丑《清河书画舫》、董其昌《容台集》《画禅室随笔》、汪砢玉《珊瑚网》等34种文献。《晋右军王羲之书目》为唐书法家褚遂良撰写，收入王羲之《乐毅论》《黄庭经》《东方朔赞》《快雪时晴帖》《兰亭序》等书法作品58种。《宣和书谱》中收王羲之书法作品，仅御府就达243种，王献之89种。④ "历代鉴藏画"（卷九十五至一百），是历代绘画目录文献，涉及《唐画目》、唐裴孝源《贞公私画史》、张彦远《历代名画记》，宋郭若虚《图画见闻志》、《宣和画谱》、米芾《画史》，宋末元初周密《云烟过眼录》，元汤允谟《云烟过眼续录》，明张丑《清河书画舫》、董其昌《容台集》《画禅室随笔》、陈继儒《秘笈》、汪砢玉《珊瑚网》等28种文献。

---

① ［清］王原祁等：《佩文斋书画谱》第5册，北京：中国书店1984年影印本，第2561-2562页。
② ［清］王原祁等：《佩文斋书画谱》第5册，北京：中国书店1984年影印本，第2619-2620页。
③ ［清］王原祁等：《佩文斋书画谱》第5册，北京：中国书店1984年影印本，第2624页。
④ ［清］王原祁等：《佩文斋书画谱》第5册，北京：中国书店1984年影印本，第2668-2671页。

# 第九节　丛书、纂集

　　丛书是由多种不同的书编在一起，冠以一个总的名称的书。丛书编纂，是在版本、校勘、辨伪的基础上进行的，并要保持所收文献的完整性。丛书包括综合性丛书和专科性丛书，前者如《四库全书》、明陶宗仪编《说郛》等，后者如清纪昀等编《四库全书艺术丛刊》，近人黄宾虹、邓实编《美术丛书》，以及上海书画出版社出版的《中国书画全书》等。"丛书"之名源于唐陆龟蒙《笠泽丛书》，但此书是文集，不是真正意义的丛书。真正的丛书始于南宋俞鼎孙、俞经编《儒学警悟》，收录宋朝著作六部；其次是南宋左圭编《百川学海》，收录唐宋著作100种，179卷，收录了部分美术文献，后人在研究书画文献时，很多依据该丛书版本，并称为《百川学海》本。《百川学海》收录的绘画文献包括：谢赫《古画品录》、姚最《后画品录》、李廌《画品》、汤垕《画论》、郭若虚《画论》《纪艺》、郭熙《林泉高致》等；明吴永编《续百川学海》，又收录李嗣真《续画品录》、裴孝源撰《贞观公私画史》、张彦远撰《历代名画记》、释仲仁撰《画梅谱》、李衎撰《竹谱》、管道升撰《墨竹谱》等。《说郛》收书一千余种，"九成取经史传记，下迫百氏杂说之书千余家，纂成一百卷，凡数万条"，收绘画文献21种，即谢赫《古画品录》、姚最《后画品录》、黄休复《益州名画录》、张彦远《历代名画记》《名画猎精》、马朗《采画录》、释显仁《广画录》、裴孝源《贞观公私画史》、郭熙《林泉高致》、郭若虚《画论》《纪艺》、华光道人《画梅谱》、李衎撰《竹谱》、管道升撰《墨竹谱》、王维《画学秘诀》、米芾《画史》、李廌《画品》、汤垕《画论》《画鉴》。《说郛》所收文献多为节选，在文献学研究中，特别是校勘，不能作校勘底本，而只能用作参校本。

　　美术类专科丛书始于元吕宗杰《书经补遗》。明清是美术文献整理和研究比较发达的时期，丛书作为整理文献的一种形式也迅速发展起来。此时期重要的美术丛书包括明《唐宋画苑珠林》、《汇刻唐宋画书》、王世贞《王氏画苑》《王氏书苑》、詹景凤辑《画苑补益》《书苑补益》、清纪昀《四库全书艺术丛刊》、张祥和《四铜鼓斋论画集刻》等。近现代及当代主要有黄宾虹、邓实编《美术丛书》，于安澜编《画史丛书》《画论丛刊》《画史丛书》，沈子丞编《历代论画名著汇编》，（中国台湾）世界书局编《清人画学论著》，（日本）近藤条元粹编《萤雪轩论画丛书》（收《古画品录》等19种中国绘画文献），（日本）关天彭《东洋论画集成》（收《历代名画记》等美术文献），人民美术出版社出版《中国美术论著丛刊》《中国画论丛书》，上海书画出版社出版《中国书画全书》等。《中国画学著作考录》收录有绘画文献的综合丛书及绘画专门丛书58种，但把俞剑华《中国古代画论类编》归入丛书类是不恰当的。

《四库全书艺术丛刊》后来由上海古籍出版社以《四库艺术丛书》名称出版，汇聚文渊阁本《四库全书》"子部·艺术类、谱录类""史部·金石类"有关艺术典籍共170余种，包括书画、金石碑帖、器物、音乐、花木虫鱼和茶饮众多门类的论著、图录，为研究传统艺术提供了丰富资料，为艺术品甄别、鉴赏、品第提供了可以参考的依据。底本多为稀见的抄本、刊本和稿本，其中有的现在也仅有此本。黄宾虹、邓实编《美术丛书》是借助刚传入的"美术"概念，收集古代"艺术"概念下的著述，包括书画、雕刻摹印（附文房各品）、瓷铜玉石、文艺类（词曲、传奇）和杂记类五类278种，其中绘画文献134种，还收集了朱琰《陶说》、丁佩《绣谱》、张丑《野服考》等工艺美术文献，以及陶瓷、玉器、青铜器文献。从文献学角度看，此丛书存在致命缺陷：其一，美术概念并不明确，只是借助外来"美术"概念，取代古代"艺术"概念，一些不属于美术范畴的文献也有收录，如张谦德《茶经》等；其二，丛书所收文献分类和排列顺序不系统，不便检索，甚至不同版本同一文献重复出现，如韩拙《山水纯全集》、张澂《画录广集》等；其三，所收书画文献不注重版本选择，几乎没有进行校勘、辨伪工作。《图画见闻志》《宣和画谱》等取自王世贞《王氏画苑》，而《王氏画苑》在编纂中不是全本照录；其四，一些重要的美术文献没有收录，如张彦远《历代名画记》、郭若虚《图画见闻志》、邓椿《画继》等。上海书画出版社出版《中国书画全书》收录上至魏晋，下到清代，凡是单独成书的书画史论、技法、著录、鉴赏等著述，所收文献都是在选择合适版本基础上进行完整收录，共收文献600余种。每种文献前有提要、作者简介、版本情况，并进行标点。所采用的底本大多是精刻本或名家善校本，并利用其他版本进行互校。该丛书是目前中国美术文献中比较全面系统的一种。

在编纂方法上与丛书类似的还有"纂集"，一般是将单篇文献或著作中单独成篇内容收集整理，以某一书名出现的文献形式。张彦远最早专门辑录单篇的书法文献，命名为《法书要录》，是第一部系统整理唐以前书法文献的总集，开创了专门整理艺术文献并结集之先河。该书收自东汉到唐朝元和年间（805年）诸家书法理论文章及重要法书34种，原文照录，未见原书者，记录目录，并进行相应辨伪工作，"唐以前论书之文，颇多伪托之作，俱未见于是书，或彦远已灼知其伪矣"①。显然张彦远在收集、整理文献时，进行了辨伪工作。该书分十卷：第一卷收后汉赵壹《非草书》、晋王羲之《论书》和《教子敬笔书》（目录）、晋卫夫人《笔阵图》、王羲之《题卫夫人"笔阵图"后》、宋羊欣《采古来能书人名》、齐王僧虔《答齐太祖论书启》和《论书》、宋王愔《文字志目》、梁萧子云《论书启》共10篇；第二卷收梁虞龢《论书表》、梁武帝《观钟繇书法十二意》、《梁武帝与陶隐居论书启》九首、梁庾元威《论书》、梁庾肩吾《书品论》、梁袁昂《古今书评》、陈释智永《题右军"乐毅论"后》、后魏江式《论书表》共8篇；第三卷收唐虞世南《书旨述》、褚遂良《右军书目》、李嗣真《书后品》、武平一《徐氏书法记》、徐浩《论书》和《古迹记》、何延之《兰亭记》、褚遂良《拓本"乐毅论"记》、崔�《壁书飞白"萧"字记》、李约《壁书飞白"萧"字记》、高平公《萧齐记》、蔡恽《书无定体论》（目录）共20篇；第四卷收唐颜师古注《急就章》（目录）、张怀瓘《书估》《二王等书录》《书议》《文字论》《六体书》（目录）、《唐朝叙书录》、韦述《叙书录》、卢元卿《法书录》共9篇；第五、六卷分别收《述书赋》上、下各一卷；第七、八、九卷各收录张怀瓘《书断》上、中、下各1篇；第十卷收录"二王"法帖释文共82帖，其中王羲之65帖，王献之17帖。②《法书要录》版本众多，主要有明刊本、《津逮秘书》本、《学津讨源》本、《王氏书苑》本、《四库

---

① 余绍宋：《书画书录解题》卷八，杭州：浙江人民出版社1982年影印本，第11页。
② 卢辅圣：《中国书画全书》第一卷，上海：上海书画出版社2002年版，第30页。

全书》本等，"汉以来佚文绪论，多赖（之）以得"①。《书画书录解题》"丛辑"类，"丛纂"目收张彦远《法书要录》、唐韦续《墨薮》、宋朱长文《墨池编》和陈思《书苑菁华》等13种。从内容看，余绍宋所收这些文献，并非全是对单篇美术文献的纂集，如《墨薮》是"汇辑前人论书短篇而成，或加以删节，非由自撰。其所辑诸篇，不尽著人姓氏，最为疏失"②。《书苑菁华》辑录论书著作及言论，分为"书法"③类、书势、书状、书体、书旨、书品、书评、书议、书估、书断、书录、书谱、书名、书赋、书论、书记、书表、书启、书笺、书判、书书、书序、书歌、书诗、书铭、书赞、书叙、书传、书诀、书意、书志和杂著32类，收文130余篇，歌诗30余首。一些综合性纂辑文献，也有单篇美术文献收录，如清严可均编《全上古三代秦汉三国六朝文》收录了东汉时期《武梁祠堂画像》等多篇美术文献。

美术文献的丛书、纂集，是系统整理文献的一种形式，其文献价值，关键要看收录文献版本的可靠性，以及校勘、辨伪等文献工作的系统性、科学性。

# 第十节　设计艺术文献

设计艺术是一个现代概念，涵盖了工业设计、环境艺术设计，以及过去的工艺美术等。工业设计主要针对工业生产相关的设计，而中国工业化进程起步较晚，相关文献不属于古典文献学研究范围。古典艺术文献数量最多的是关于绘画和书法的，关于设计艺术（工艺美术）的文献数量很少，雕塑仅有个别雕塑比例法则。设计艺术文献除了数量有限的著述外，零散的言论比较多，明清时期文人别集和散记中，记载了大量民间设计现象和规律，特别是工艺和园林设计，如明程羽文《清闲供》、费元禄《晁采馆清课》、沈仕《林下盟》、陈继儒《岩栖幽事》，清李渔

① ［清］纪昀等：《四库全书总目提要》，北京：中华书局1965年版，第954页。
② 余绍宋：《书画书录解题》卷八，杭州：浙江人民出版社1982年影印本，第12页。
③ 书法艺术创作方法，如王羲之《笔阵图》等。

《闲情偶寄》、李斗《扬州画舫录》等。此外，明清文人如杨慎、王世贞、袁中道、张岱、郑燮、袁枚、曹雪芹、钱泳等人的著作也有大量与工艺和园林设计有关的言论。

## 一、古典设计艺术文献内容特征

其一，古典设计艺术文献中包含了丰富的设计思想，其哲理性高于实用性，一些理论观点在今天看来仍然是正确的。换句话说，古典设计艺术文献有丰富的设计思想，乃至设计哲学理念，但缺少对具体设计艺术实践理论和经验总结，能够指导具体设计实践的文献比较少，导致中国古代一些重要的手工技艺失传。中国古代工艺美术、建筑，以及水利工程设计都取得过辉煌成就，但在占统治地位儒家的"农桑为本，工商为末"，"重义轻利"，"不尚技巧"，"形而上者谓之道，形而下者为之器"等思想影响下，从事具体设计实践的工匠未受到重视。而针对"形而下"设计实践的"形而上"思考却非常发达，并形成独特的设计思想体系。意大利评论家乌别托·艾克说："如果其他国家把设计艺术看作是一种理论的话，那么意大利则有设计哲学，或者设计意识形态。"[1]中国虽然现当代设计实践落后于西方发达国家，但古典设计艺术文献包含的设计思想远远超过西方发达国家。先秦诸子文献表现得最为突出，《墨子》《老子》《韩非子》《管子》等都包含着丰富的设计思想，并通过具体事情或寓言故事表现出来。《墨子》设计艺术思想是其经济思想的重要体现，经济上主张"强本节用"，在设计（工艺美术）上则"注重产品的实用功能"，"其为衣裘何以为？冬以圉寒，夏以圉暑。凡为衣裳之道，冬加温，夏加清者，芊组；不加者，去之"。"其为宫室何以为？冬以圉风寒，夏以圉暑雨。有盗贼加固者，芊组；不加者，去之。""其为舟车何以为？车以行陵陆，舟以行川谷，以通四方之利，凡为舟车之道，加轻以利者，芊组；不加者，去之。"（《墨子·节用篇》上）强调衣服、宫室、舟车设计制造要以实用功能为出发点，并主导着墨子造物观念，升华为一种设计伦理思想。《老子》"有无之说"更是从

---

① 董占军：《西方现代设计艺术史》，济南：山东教育出版社2002年版，第211页。

哲学的高度阐释了人类造物"虚实""有无"空间转换关系。"三十共一毂，当其无，有车之用；埏埴以为器，当其无，有器之用；凿户牖以为室，当其无，有室之用。故有之以为利，无之以为用。"（《老子·十一章》）美国建筑师弗兰克·莱特非常推崇老子"有无之说"，并提出"有机建筑"[①]的思想。《韩非子》的设计艺术思想，多通过寓言故事表现出来，最具代表性的就是"玉卮无当"和"鲁人迁越"。"堂谿公谓昭侯曰：'今有千金玉卮，通而无当，可以盛水乎？'昭侯曰：'不可。''有瓦器而不漏，可以盛酒乎？'昭候曰：'可。'对曰：'夫瓦器，至贱也，不漏，可以盛酒。虽有千金之玉卮，至贵而无当，漏不可盛水，则人孰注浆哉？"（《韩非子·外储说》）阐述的是产品实用与材料贵贱（材料本身的价值，包括审美和礼教功能）之间的关系，也可理解为产品实用与审美的关系。这一问题是现代主义和后现代主义设计争论的焦点之一。"鲁人身善织屦，妻善织缟，而欲迁于越。或谓之曰：'自必穷矣。'鲁人曰：'何也？'曰：'屦，为履之也，而越人跣行；缟，为冠之也，而越人被发。以子之长，游于不用之国，无穷，其可得乎！"（《韩非子·说林上》）阐述的是产品设计、生产与市场之间的关系，而市场的形成又与自然、社会等多种因素密切相关。在自然经济占主导地位，商品流通不发达的社会条件下，在不穿鞋、带帽的地区设计和生产这两种产品，结果可想而知。

其二，记载宫廷、贵族相关设计的文献比较多，与封建礼制密切相关。在历次文献整理中，设计艺术文献很大一部分集中在"经部·礼类""史部·政书类"。《古今图书集成》将水利工程设计文献放入《方舆汇编·山川典》，乐器设计制造放入《经济汇编·乐律典》，文房器具制造放入《理学汇编·字学典》，冠服佩带放入《经济汇编·礼仪典》。"礼仪典服饰类"大多记载封建皇室、宫廷贵族、官绅等着装制度，以及服饰图案等，而关乎百姓生活的内容几乎没有，资料多辑自"史书"，如《史记》《汉书》《晋书》《三国志》等，以及政书，如《周礼》、唐杜佑撰《通典》、宋郑樵撰《通志》、宋王溥撰《唐会要》等。《四库全书》所收设计艺术著作集中在"史部·政书类"中。《四库全书总目提要》著录收入《四

---

[①] "有机建筑"，是由美国建筑设计师莱特提出的，他认为"建筑是自然的，真实的。设计要自内而外地进行，有突出建筑形象的内涵，要与周围环境密切结合，要表现材料本身质感"。

库全书》及"存目"设计艺术文献，包括宋李诫奉敕撰《营造法式》、明张问之《造砖图说》、明龚辉撰《西槎汇草》、明沈启撰《南船纪》、明周梦阳撰《水部备考》、清吴允嘉撰《浮梁陶政志》，记载的都是宫廷或政府的设计行为或规则。《营造法式》是中国现存最早、最完整的建筑学著作，北宋熙宁年间官府掌管手工业的部门"将作监"编修，元佑六年（1091年）成书，绍圣四年（1097年），因该书"只有料状，别无变造用材制度，其间工料太宽，关防无术"①之故，由"将作监"少监李诫重修，于元符三年成书（1100年），内容除了政府管理的"关防工料"之外，注重建筑设计、施工。全书34卷，357篇，3555条，包括释名、各作制度、功限、料例和图样五部分，其中规定的许多内容和制度一直沿用到清朝，是中国第一部由官方制定的建筑专书。到了清朝，又有《清工部工程做法》出现，成为工匠营造房屋的标准和主管部门验收工程、核定经费的依据，主要用于坛庙、宫殿、仓库、城防、王府等建造，并与《清会典·工部·营造房屋规则》所规定的民间建筑禁限共同使用，俗称"工部律"。《造砖图说》记载苏州为宫廷造砖的过程。《南船纪》记载明永乐年间江苏镇江各府所造"海风船"，以及《职官志》中所记载各种型制的船，如黄船、遮洋船、浅船、马船、风快船、备倭战船等。《水部备考》记载"河渠桥道，舟车织造器用，权量征输，供亿丛事，凡十考"②。《浮梁陶政志》记载景德镇官窑始末。

其三，"考工"名下的文献，与设计艺术密切相关。"考工"是古代职官名，汉朝少府属官有"考工室"，太初元年（前104年）更名为"考工"，主管制造兵器弓弩及织绶诸杂工。③从古典文献记载看，"工"是主管某一行业的官员，如："五鸠，鸠民者也。五雉为五工正。五雉，雉有五种：西方曰鷷雉，东方曰鶅雉，南方曰翟雉，北方曰鵗雉，伊洛之南曰翚雉。贾逵云：西方曰鷷雉，攻木之工也。东方曰鶅雉，搏埴之工也。南方曰翟雉，攻金之工也。北方曰鵗雉，攻皮之工也。伊洛之南曰翚雉，设五色之工也。""帝尧命垂为工以利器用。""《礼记·曲礼》六工有：土工、金工、石工、木工、兽工、草工。《周礼》有攻木之工、攻金之工、

---

① ［清］纪昀等：《四库全书总目提要》，北京：中华书局1965年版，第712页。
② ［清］纪昀等：《四库全书总目提要》，北京：中华书局1965年版，第727-728页。
③ 广陵书社编：《中国历代考工典》，南京：江苏古籍出版社2002年版，第1页。

攻皮之工、设色之工、搏埴之工，皆是也。"①《古今图书集成·经济汇编·考工典》辑录的是古代与设计艺术密切相关的文献，共250卷，分154部（类），包括考工总部、工巧部名流列传、工巧部总论、木工部、土工部、金工部、石工部、陶工部、染工部、漆工部、织工部、规矩准绳部、度量权衡部、城池部、桥梁部、宫室总部、宫殿部、苑囿部、公署部、仓廪部、库藏部、馆驿部、坊表部、第宅部、堂部、斋部、轩部、楼部、阁部、亭部、台部、园林部、池沼部、山居部、村庄部、旅邸部、厨灶部、厩部、厕部、门户部、梁柱部、窗牖部、墙壁部、阶砌部、藩篱部、窦部、砖部、瓦部、器用总部、玺印部、仪仗部、符节、伞盖部、幡幢部、车舆部、舟楫部、尊彝部、卣部、壶部、盉部、罍部、瓮（甕）部、瓶部、缶部、甒部、瓿部、爵部、斝部、觯部、觚部、斗部、角部、杯部、卮部、瓯部、盏部、觥部、瓢部、勺部、玉瓒部、杂饮器部、鼎部、釜部、甗部、鬲部、䰝部、簋部、笾豆部、盘部、匜部、敦部、洗部、钵部、盂部、盆部、碗部、匕箸部、杂食器部、几案部、座椅部、床榻部、架部、柜椟部、筐筥部、囊橐部、机杼部、梳栉部、杖部、筇部、扇卷部、拂部、枕部、席部、镜部、奁部、灯烛部、帷帐部、被褥部、屏幛部、帘箔部、笼部、炉部、唾壶部、如意部、汤婆部、竹夫人部、熨斗部、锥部、钩部、剪部、椎凿部、铃柝部、砧杵部、管钥部、鞍辔部、槽枥部、鞭策部、绳索部、杂什部、耒耙部、锹锄部、镰刀部、水车部、桔槔部、杵臼部、磨砣部、连耞部、箕帚部、杂农部、网罟（鱼网）部、磁器部、奇器部、古玩部、棺椁部、溺器部。《古今图书集成·经济汇编·考工典》辑录文献，工艺、建筑、日常用品、生产工具无所不包，有的图文结合，对研究中国古代设计艺术具有重要作用。

## 二、《考工记》文献学研究

《考工记》是中国第一部工艺著作，也是世界上最早的科技文献，记载了"百工"之事，涉及工艺技术及设计理论等。该成书于春秋时期，是齐国人记录手工业

---

① 广陵书社编：《中国历代考工典》，南京：江苏古籍出版社2002年版，第1-2页。

技术的官书。西汉河间王刘德整理先秦文献时，因《周官》缺《冬官》而以《考工记》补入。刘歆将《周官》改为《周礼》，因而又称《周礼·考工记》。《考工记》入《周礼》自有其道理，《周礼》是记载先秦政治制度的文献，分天官、地官、春官、夏官、秋官和冬官六篇。"冬官"管"百工之事"，《冬官》篇散失，以《考工记》补充，顺理成章。按照《古今图书集成·经济汇编·考工典》记载："攻木、攻金、攻皮、设色、刮摩、抟埴之工仍皆隶于冬官。……《周礼·冬官》则记考工之事，与此不同，盖本缺《冬官》，汉儒以《考工记》当之也。"①《考工记》内容包括：总论，叙述"百工之事"原由及特征，尔后几篇主要叙述古代官营手工业及家庭手工业的工种、作法及规则；攻木之工，木工艺，包括轮、舆、弓、庐、匠、车、梓，共七工；攻金之工，金属工艺，包括筑、冶、凫、栗、段、桃六工；攻皮之工，皮革工艺，包括函、鲍、韗、韦、裘五工；设色之工，染织工艺，包括画、缋、钟、筐、巾荒五工；刮摩之工，雕刻工艺，包括玉、楖、雕、矢、磬五工；抟埴之工，制陶工艺，包括陶和瓬两工。《考工记》记载的技术大多已经失去其实用价值，但对中国古代设计艺术（工艺）史、科学技术史、美学史研究具有重要作用。英国科学史家李约瑟在《中国古代科学技术史》中认为该书是"研究中国古代科学技术史的重要文献"，美学家朱光潜认为该书是"研究中国美学史的重要资料"，科学史家钱宝琮认为"研究中国科学技术史，应该上抓《考工记》，下抓《天工开物》"。②《考工记》的学术价值早已受到重视，并出现了一些研究《考工记》的专门著作。从《考工记》的文献属性出发，其研究应该从两个方面着手：

　　其一，利用文献学知识对《考工记》进行版本、校雠、注疏等研究，建立《考工记》版本目录。因《考工记》被收入《周礼》，《周礼》版本的增加，使得《考工记》版本增多，重要的版本包括《十三经》《十三经注疏》《唐开成石壁十二经》等本。历代研究《考工记》的文献比较多，一般采用"释、注疏、图解"等不同方式。自汉以来，对文献的系统整理和研究就开始了，对《考工记》的文献学研究也始于此。在现存有关《考工记》文献中，经常出现"郑注"，就是东汉时期"郑氏"文献学家所注释，包括经学家郑兴（郑大夫）、郑众（郑司农）父子，世

---

① 广陵书社编：《中国历代考工典》，南京：江苏古籍出版社2002年版，第2页。
② 闻人军：《考工记导读》，成都：巴蜀书社1996年版。

称"先郑"。现存的文献"郑注"大多是稍后郑玄所注,称"后郑"。郑玄(127—200),字康成,东汉著名经学家,遍注经书,是汉朝经学集大成者,世称"郑学",留存下来所注文献有《周礼注》《礼记注》《仪礼注》和《毛诗注》四种。郑玄所注《周礼》在版本选择、辨伪、纠错、注释等方面都很出色,历代对《考工记》的辑录、征引大多都记载郑玄注释。他在注释《周礼》时都注明"有故书今书的区别",指明错误,"某当为某,声之误也",因而对《考工记》版本、辨伪等具有重要价值。[①]魏晋隋唐研究和校点《考工记》的著作,主要有唐陆德明《经典释文》、贾公彦《周礼注疏》;宋元明出现了王安石、林希逸、徐光启的同名著作《考工记解》;清朝是校雠学、考据学发展的重要时期,《考工记》研究也取得了重要成绩,出现了戴震《考工记图》、程瑶田《考工创物小记》、孙诒让《周礼正义》等。甚至研究《考工记》的著作,如戴震《考工记图》也出现了不同版本。《古今图书集成·经济汇编·考工典》对《考工记》的辑录分布于考工总部、工巧部总论、木工部、土工部、金工部、陶工部、染工部、规矩准绳部、城池部、宫室总部、宫殿部、仓廪部、窗牖部、阶砌部、车舆部、爵部、勺部、玉瓒部、杂饮器部、甑部、扁部、甂部、簠簋部、笾豆部、盆部、几案部、机杼部、梳栉部、耒耜部、锹锄部等部,每条《考工记》原文都注明相关注释。虽然不是全文收录,读者无法了解《考工记》全貌,但可以提供众多《考工记》版本信息,除了"郑司农曰""郑康成曰"等"郑注"外,还有"郑锷曰""王昭禹曰""赵氏曰""贾樊所言""贾氏曰"(贾公彦)、"毛氏曰"等,这说明研究《考工记》的人非常多,而根据笔者查阅的文献资料,"郑锷曰"当不属于前面提到的"郑注"。如:"坐而论道,谓之王公;作而行之,谓之士大夫;审曲面埶,以饬五材,以辨民器,谓之百工。""郑康成曰:五材各有工,言百众之言也。""王昭禹曰:五材者,民器资之以有成也。一材不可缺,一器不可废,则百工之事乌可废哉。然欲辨民器,必先乎饬五材,欲饬五材,必先乎审曲面。"[②]郑康成和王昭禹从不同角度对《考工记》同一内容进行解释,一个是从百工的职责,一个则是从设计的过程。"知者创物,巧者述之,守之世,谓之工。""赵氏曰:此段是推原制器本末先后

---

① 来新夏等:《中国古代图书事业史》,上海:上海人民出版社1990年版,第53—54页。
② 广陵书社编:《中国历代考工典》,南京:江苏古籍出版社2002年版,第5页。

之序。无所不通谓智，惟智者明物灼理，所以世间原无此器，智者以心思之妙，理致之精，自我创出来。巧谓工巧之巧者，见智者之创体立而不备法具，而未详以其心术之巧，又依旧制上继述而增修之。创是开端造始之意，述是继述不作之意。巧者因仍增益之功。至于自祖及孙世世守而勿失，如函人之子常为弓之类，流传愈久，则技艺愈精，然后为之工焉。"①这里说的是器物发明者和制造者之间的关系。

"天有时，地有气，材有美，工有巧。合此四者，然后可以为良。材美工巧，然而不良，则不时，不得地气也。""郑锷曰：世之不明寒暑燥湿之理，徒谓吾有美材矣，有工巧矣，不患乎器之不良也。而器之成，卒不甚善者，上不得天时，下不得地气而已。故斩木者必顺其阴阳。阳木必斩于仲冬，阴木必斩于仲夏。……"②这里阐述的是设计的基本要素，以及设计与材料的关系。

从以上所引用的材料看，《古今图书集成》涉及《考工记》版本非常多，古代对《考工记》原文注疏和解释都形成了《考工记》的不同版本。对这些文献的系统整理，是了解中国设计思想发展的重要依据，也是个案艺术文献学的研究内容。

其二，以文献学研究成果为基础，阐释《考工记》设计艺术思想。《考工记》除了设计史、美学史、科技史研究的价值外，其包含的设计思想对当今设计实践具有指导意义，挖掘其设计思想，是《考工记》文献研究的任务之一。前面提到的"天有时，地有气，材有美，工有巧。合此四者，然后可以为良。材美工巧，然而不良，则不时，不得地气也"，结合今天的设计实践，可以阐释为：设计与材料、设计与工艺、设计与环境（可以拓展为自然和人文环境）的关系，这些问题都是现代设计理论所关注的，可以理解为"生态设计"观。

### 三、古典设计艺术文献形式特征

古典设计艺术文献中，专门著作所占比例不大。就存在形式而言，主要有以下几种：

其一，零散的设计思想言论，先秦诸子及经学文献中这类内容丰富，涉及设计

---

① 广陵书社编：《中国历代考工典》，南京：江苏古籍出版社2002年版，第5页。
② 广陵书社编：《中国历代考工典》，南京：江苏古籍出版社2002年版，第6页。

艺术的根本问题，诸如功能与形式、造物伦理观念等。如，"为衣服，适身体，和肌肤而足矣，非荣耳目而观愚民也；为舟车也，锢轻利，可以任重致远。"（《墨子·辞过》）"古之良工，不劳其智以为玩好，是故无用之物，守法者不生。"（《管子·法法》）"百工者，致用为本，以巧饰为末。"（《管子·王辅》）

其二，单篇的文献，大多收录在别集文献中，如唐柳宗元《梓人传》、唐白居易《草堂记》、宋苏舜钦《沧浪亭记》等。

其三，著作，包括设计艺术著作，以及后人注释、注疏、校勘等。如《考工记》及后人研究《考工记》的著作，北魏杨衒之《洛阳伽蓝记》①，五代宋初喻皓《木经》②，宋李诫《营造法式》，元朱景石《梓人遗制》、王士点《禁扁》，明宋应星《天工开物》、午荣编《鲁班经》、黄大成《髹饰录》、计成《园冶》，清朱琰《陶说》、李斗《工段营造录》、清官府颁布《清工部工程做法》、姚承祖《营造法原》等。

其四，设计艺术图录。古人有"左图右书"之说，文字文献是古典设计艺术文献的重要组成部分，也是设计艺术思想、设计艺术史研究的主要资料来源，但不可忽视图录的设计艺术文献价值。设计艺术图录主要包括三种：一是金石文献中有关金石器物的图谱，如宋王黼《宣和博古图》、清梁诗正等奉敕编《西清古鉴》等；二是综合性文献中图文结合的设计艺术文献，如明王圻编《三才图会》、明章潢《图书编》，明解缙、姚广孝编《永乐大典》，以及清《古今图书集成》等。《古今图书集成·经济汇编·礼仪典》《经济汇编·考工典》的服饰、工具、器物、机械等图谱资料最为集中。以《经济汇编·考工典》第二百四十九卷"奇器部"为例，共收"起重"设备11种、"引重"设备4种、"转重"设备2种、"取水"设备9种、"转磨"14种、"解木"工具4种、"解石"设备1种、"代耕"工具1种、"水铳"4种，并配文字说明，是研究中国古代技术和设计的最重要资料，难怪李约瑟称该书为"康熙百科全书"；三是设计艺术专著的插图，李诫《营造法式》、宋应星《天工开物》等都有插图。

其五，文人笔记或著作。文人别集、随笔、著作，特别是明清以来的文人著

① 一部记述佛寺建筑园林风物的专著。
② 已佚失，《梦溪笔谈》中略有记载。

作，有关设计作品的描述或对工匠的记述，是研究古代设计思想和设计史的重要文献，如唐柳宗元《柳河东文集》的《梓人传》、白居易《白氏长庆集》中的《草堂记》；宋欧阳修《欧阳文忠公文集》、王安石《邻川先生文集》、沈括《梦溪笔谈》、宋敏求《长安志》、李格非《洛阳名园记》、张淏《艮岳记》；宋末元初周密《吴兴园林记》；明陶宗仪《南村辍耕录》，文征明《王氏拙政园记》，王稚登《寄畅园记》，王世贞《弇山园记》《游金陵诸园记》，文震亨《长物志》，刘侗、于奕正《帝京景物略》，祁彪佳《寓山注》；清顾炎武《历代宅京记》、李斗《扬州画舫录》、李渔《闲情偶寄》、钱大昕《网师园记》、袁枚《随园记》、吴长元《宸垣识略》、徐松《唐两京城坊考》等。欧阳修在《古瓦砚》一诗中说："砖瓦贱微物，得厕笔墨间；于物用有宜，不计丑与妍。金非不为宝，玉岂不为坚，用之以发墨，不及瓦砾顽。乃知物虽贱，当用价难攀。"（《欧阳文忠公文集》卷五十二）[1]"于物用有宜，不计丑与妍"强调产品的实用价值，与《韩非子》"玉卮无当"阐释的道理是一样的。王安石在论述器物功能与装饰时说："要之以适用为本，以雕镂绘画为之容也而已。不适用，非所以为器也，不为之容，其亦若是乎？否也。然容亦未可已也，勿先之其可也。"（《临川先生文集》卷七十七）[2]对于器物最重要的是"适用"，但也没有否认外观装饰的作用。李渔说："一事有一事之需，一物备一物之用。"（《闲情偶寄》）他还从功能美角度提出了自己对建筑的见解："民宅无论精粗，总以能蔽风雨为贵。常有画栋雕梁、琼楼玉槛，而止可娱晴，不堪坐雨者，非失之太敞，则病于过峻。""窗棂以明透为先，栏杆以玲珑为主。然此皆属第二义，其首重者，止在一字之坚，坚而后论工拙。"（《闲情偶寄·居室部》）"明透、玲珑"是通过设计获得的形式美感，而李渔认为窗棂和栏杆的造型问题不是第一位的，最重要的是"坚"，即结实、耐用和实用，符合功能要求。"坚而后论工拙"是李渔设计艺术思想的核心。中国古典建筑以木结构为主，木材作为建筑的框架，从使用寿命来考虑，就不能进行过分雕镂加工。"木之为器，凡合榫使就者，皆顺其性以为之者也。雕刻使成者，皆戕其体而为之者也。一涉雕镂，则腐朽可立待矣。"（《闲情偶寄·居室部》）由此可见，文人别

---

[1] 北京大学编：《中国美学史资料选编》（下），北京：中华书局1980年版，第10页。
[2] 北京大学编：《中国美学史资料选编》（下），北京：中华书局1980年版，第25页。

集设计艺术学价值是不可忽视的，文献学研究应该关注这部分内容。

　　综合本章所述，艺术文献的分类问题是艺术文献学研究的重要内容，其目的是从文献内容和形式上，对艺术文献进行系统了解，从而为艺术学研究提供有效检索途径，而不是强行把某一具体文献进行归类。另外，由于文献有古典和现代之分，"艺术"概念有古今差异，再加上古典艺术文献分布广泛，在艺术文献分类研究中，很难以统一的标准进行分类，同时要把古典艺术文献分类与现代图书馆分类方法相区别。

图41　[元]王蒙　《夏山高隐图》　北京故宫博物院藏

图42 ［明］沈周 《庐山高图》 台北故宫博物院藏

# 第四章　艺术文献与艺术原理研究

　　文献学是读书治学的基础学科。无论从事人文科学、社会科学，还是自然科学研究，都要熟悉本专业的基础文献，了解其研究的历史和现状，从而提高研究的起点、效率。对艺术学而言，艺术文献学是学科体系的组成部分，是其他分支学科及交叉学科研究的基础。正如张道一先生所言："我国艺术有着悠久的传统，不论在哪一方面都有优秀的成果，并取得丰富的经验。从历史文献资料看，虽然对艺术的整体研究不多，但分门别类的研究非常丰富，有的已经达到很高的水平。对于各个时代的有关艺术的论著、议论，包括艺术家的片断言论，进行系统整理和注释，不但是一宗有价值的财富，也是艺术学建设的必要条件。"[①]

　　文献学主要研究文献的形态、整理方法、鉴别、分类与编目、收藏、形成与发展历史，研究各种文献的特点与用途等等，目的在于全面认识文献，能够从浩瀚的文献中，检索自己进行学术研究所需要的充分、合适的资料，并了解相关学术研究的现状及观点。"文献学是通往学术宝库的门径，打开文献宝库的钥匙"，清人张之洞[②]在任四川学政时批评生童不知读书[③]，生童问他"应读何种书，书以何本为善"，他撰写《輶轩语》与《书目答问》，并说："泛滥无归，终身无得。得门而入，事半功倍。"（《輶轩语·语学·论读书宜有门径》）现代一些著名学者，如蔡元培、鲁迅、胡适、刘半农、钱玄同、闻一多、郑振铎、郭沫若、叶圣陶等都有

---

[①] 张道一：《艺术学研究之经》，2002年6月6日在浙江大学"艺术学研讨会"上的讲演。

[②] 张之洞（1837—1909），清末洋务派首领，字孝达，号盎公，又号无竟居士，曾任翰林院编修，四川、湖北学政，内阁学士，山西巡抚，两广总督等职。著有《輶轩语》和《书目答问》，前者讲治学方法、科举时文和有关程式的书，后者主要收录清代特别是乾隆嘉庆以来到当时的学术著作，分经、史、子、集、丛书五部，每部之中分若干类，每类书以时代为序。

[③] 张之洞指的读书，是指经史之学、词章考据之学。

深厚的文献学基础，为他们的学术研究，或文学创作注入了新的活力，文献知识是他们博古通今的途径。

　　中国传统的学术是按"经、史、子、集"区分，就是通常所说的"四部"之学，而用今天的"艺术"内涵界定的艺术文献，在古典文献中分布得非常散乱，广泛分布于"经、史、子、集"各部之中。中国"艺术学"的提出早在20世纪30年代就已出现，而其学科的系统建立则始于20世纪80年代。1933年由光华书局出版的张泽厚著《艺术学大纲》是中国最早的一部以"艺术学"命名的学术专著，[①]该书系统探讨了艺术与经济基础、上层建筑的关系，艺术的功能，以及艺术的内容和形式，艺术的起源与发展规律，艺术与科学的区别与联系等。从其内容而言，是一部艺术理论著作，虽称"艺术学"，但并未对艺术学的学科框架进行构筑。20世纪90年代，张道一先生先后发表了《应该建立艺术学》[②]《关于中国艺术学的建立问题》[③]等文章，对艺术学的学科体系及其定位进行了系统思考，并将"艺术文献学"纳入到"艺术学"学科体系。"艺术学是研究艺术实践、艺术现象和艺术规律的专门学问，它是带有理论性和学术性的，属于有系统知识的人文学科。"[④]艺术学的人文学科归属，及其学科体系的建立完善，是艺术学学科建设的里程碑。科学包括自然科学、社会科学和人文科学。社会科学应该包括经济学、政治学、法学、社会学、心理学等；人文科学包括语言学、文学、历史学、哲学、考古学、艺术学。[⑤]艺术学的人文学科定位，既有利于人文学科的建设，也有利于艺术学学科的发展。

　　1997年6月，国务院学位委员会和教育部（当时为国家教委）颁布了新修订的《授予博士、硕士学位和培养研究生的学科、专业目录》，本着"科学、规范、拓宽"的原则，和"逐步规范和理顺一级学科、拓展和调整二级学科"的目标，将"艺术学"列为文学学科门类下的一级学科，下设艺术学、音乐学、美术学、艺术设计学、戏剧

---

　　① 陈池瑜：《中国现代美术学史》，哈尔滨：黑龙江美术出版社2000年版，第5页。

　　② 该文见张道一主编：《艺术学研究》，南京：江苏美术出版社1995年版，该文同时收入《张道一文集》。《艺术学研究》于1995、1996年共出两期，1996年5月更名为《美学与艺术学研究》，由汝信、张道一主编。

　　③ 见《文艺研究》1997第4期。

　　④ 张道一：《张道一文集》，合肥：安徽教育出版社1999年版，第3页。

　　⑤ 刘梦溪：《人文与社会科学研究的几个问题》，《新华文摘》2002第10期。

戏曲学、电影学、广播电视艺术学和舞蹈学八个二级学科。从艺术学下的二级学科的研究范围来看，几乎每个学科都把艺术文献作为一项重要内容。一级"艺术学"下的二级"艺术学"在"学科研究范围"中明确规定，"艺术文献学"与艺术原理、中外艺术史、艺术美学、艺术评论、比较艺术、艺术分类学、艺术形态学、民间艺术、艺术教育学、艺术管理等处于同一层面。在其他艺术学二级学科，如音乐学的"音乐文献编译""中国古谱""中国古代音乐文献"等，也都明确了文献在该学科中位置。2011年颁布的学科专业目录，艺术学上升为门类，下设艺术学理论、音乐与舞蹈学、戏剧与影视学、美术学、设计学，艺术文献学学科位置应该得到提升。下面以"艺术起源"为例，探讨"艺术文献与艺术学原理研究"的关系，并把握古典艺术文献所体现的特殊概念范畴。

## 第一节  "艺术起源"研究方法及在艺术原理中的地位

艺术原理"探讨艺术的起源，艺术的本质，各种艺术的发展序列；艺术与生活各方面的联系，艺术在社会生活中的地位和作用；艺术的形式与内容，艺术的语言特点与风格流派，艺术的创作过程、继承和创新等"[1]。艺术原理探讨的是艺术的本质问题，诸如，什么是艺术？艺术是怎样产生的？人为什么要创作艺术？艺术的功能是什么？等。艺术的起源是艺术发生学研究的问题，是艺术原理的重要内容。格罗塞在《艺术学研究》（1900年）一书中说，艺术学就是对我们所能理解的各种艺术现象的认识，即对艺术的本质、起源的认识。换言之，即：研究艺术的本质、艺术活动和各种艺术作品的特质；研究艺术的起源和条件；研究艺术的作用。[2]

---

① 张道一：《张道一文集》，合肥：安徽教育出版社1999年版，第11页。
② 马采：《艺术学与艺术史文集》，广州：中山大学出版社1997年版，第6页。

## 一、西方关于艺术起源的研究方法

从20世纪初开始，艺术起源问题的研究主要有三种途径：一是从史前考古学的角度对史前艺术遗迹的分析研究；第二就是从现代遗存的原始部落的艺术进行分析和研究；第三是从儿童艺术心理学方面所进行的分析研究。[①] 而这方面的研究，又逐渐形成了艺术考古学、艺术社会学和艺术心理学。把艺术现象与人类学、人种学、史前考古所提供的实物资料结合，进行艺术起源研究的代表人物就是格罗塞、希恩（Yrjo Hirn）和冯特。格罗塞在《艺术的起源》中提出："宗教学不能根据文明民族高度发展的、复杂的体系开始研究，即不能从佛教、伊斯兰教和基督教的研究出发，而应从野蛮民族对亡灵或恶魔的原始信仰出发。同样艺术学也必须从研究对象的原始状态出发，即艺术社会学最初且最紧迫的问题是研究原始民族的原始艺术。"[②] 持这种观点的人还很多，如《原始音乐》和《音响艺术的起源》的作者瓦拉塞克、《音乐的起源》的作者斯图姆普夫、《劳动与节奏》的作者布赫尔、《艺术的进化》（Evolution in Art）的作者哈顿（A.C.Hardon），以及《原始艺术》的作者波哈斯等。通过原始部族来研究艺术起源的方法又分三种情况："其一、根据原始民族生活的各种冲动的分类，来说明艺术起源，如希恩《艺术的起源——心理学及社会学的索究》；其二、根据原始民族的心理固定下来的客观物，即所谓的艺术作品的一种文化遗物的观察，探讨原始民族艺术的成立和发展，如冯特《艺术》和《民族心理学的基本原理》；其三、应用文化艺术的体系，从人类学立场来探讨原始艺术的发生，如格罗塞《艺术的起源》。"[③] 无论是哪种方法，都必须有相对保持原始状态的民族或部落作为研究对象，如格罗塞《艺术的起源》以澳洲的土著人、非洲布须曼人和北极爱斯基摩人的艺术行为和艺术作品为研究对象。这又必须建立在原始民族或部落与人类文明初期时几乎处于同一状态的假设上，而从社会发展的角度上讲，即使是最原始、最封闭与世隔绝的民族和部落，总是以某种进化步伐不

---

① 朱狄：《艺术的起源》，北京：中国青年出版社1999年版，第27页。

② 马采：《艺术学与艺术史文集》，广州：中山大学出版社1997年版，第70页。

③ 马采：《艺术学与艺术史文集》，广州：中山大学出版社1997年版，第71页。

断地创造和发展着自己的文明。因而把原始民族的艺术行为、结果和目的与人类文明初期相对照，是有很大差距的。而对儿童艺术心理学方面所进行的分析，来研究"艺术起源"是建立在"人的童年"和"人类的童年"等同的基础上的。随着社会的发展，物质和精神文明的进步，人的智力和行为模式会在出生之始就存在某种差异，因而"潜意识"状态下的艺术行为模式会有很大差距。

艺术起源的研究应建立在历史事实的基础上，第一种方式无疑是最重要的，而其他两种方式是以特定区域与特定时间的某种社会、自然和人文条件下进行的某种假设性实验，对艺术起源的研究只能起到补充作用。通过考古发现早期人类遗留下来的艺术品，才是研究艺术起源的唯一可靠证据，人类史前的工具、雕刻品、原始建筑、洞穴壁画等，已经成为研究艺术起源的主要资料。

## 二、西方艺术学研究中的艺术起源观

艺术起源问题的研究，首先解决"什么是艺术的问题"，而这一问题是很难以准确的定义来回答的。一般来说艺术具备两个条件："其一、艺术是人的创造而非自然存在物；其二、艺术主要价值是供人欣赏，以满足人的审美需要，而不是其他实际功利性的用途。"[1] 其实审美需要本身就是功利的，而人类早期艺术行为又是出于某种功利需要，因而探讨艺术起源问题似乎应该抛开类似的有些自相矛盾的概念。艺术的创作主体是人，创作的结果是人造物。艺术伴随着人类的诞生并开始造物时就产生了，"艺术的起源，就在文化起源的地方"[2]。那什么是文化呢？人类学家泰勒（E.B. Tylor）说"文化乃是一团复合物（complex whole），包括知识、信仰、艺术、道德、法律、风俗及其他凡人类因为社会的成员而获得的能力及习惯"，"文化是人类活动的结果，但不是遗传的，而是积累的"。[3] 文化包括物质文化和精神文化两个方面。

既然"艺术的起源，就在文化起源的地方"，而艺术又属于文化的范畴，文

---

① 孙美兰主编：《艺术概论》，北京：高等教育出版社1992年版，第40页。

② ［德］格罗塞著，蔡慕晖译：《艺术的起源》，北京：商务印书馆1994年版，第26页。

③ 林惠祥：《文化人类学》，北京：商务印书馆1996年版，第4-5页。

化又是"人类活动的结果"，因而文化、艺术产生的前提就是人类的诞生。"劳动创造了人"，人在劳动中逐渐形成审美意识，因而学者把艺术起源归结为劳动。除了"劳动创造了人"，这个艺术产生的最基本条件之外，劳动的需要也是艺术产生的直接原因之一。在中国古典文献中有大量内容，反映艺术起源与劳动的关系。"今夫举大木者，前呼邪许，后亦应云，此举重劝力之歌也。"（《淮南子·道应训》）"今举大木者，前乎舆謣，后亦应之。此其于举大木者善矣，岂无郑卫之音哉，然不若此其宜也。"（《吕氏春秋·审应览·淫辞》）[1] "举重劝力之歌"可以说是人类早期的音乐、诗歌结合的艺术形式，但这并非为"审美"而作，而是一齐"举力"而采取的"功利"行为。鲁迅先生对此评价说："我们的祖先原始人，原是连话也不会说的，为了共同劳作，必须发表意见，才渐渐地练出复杂的声音来，假如那时大家抬木头，都觉得吃力了，却想不到发表，其中有一个叫道：'杭育杭育'，那么这就是创作；大家也要佩服，应用的，这就等于出版；倘若用记号留存下来，这就是文学。"[2]《吕氏春秋》更明确指出"前乎舆謣，后亦应之"有益于劳动者，并与"郑卫之音"相对照。《吕氏春秋·古乐》还记载："昔葛天氏之乐，三人操牛尾，投足以歌八阕：一曰《载民》，二曰《玄鸟》，三曰《遂草木》，四曰《奋五谷》，五曰《敬天常》，六曰《达帝功》，七曰《依地德》，八曰《总禽兽之极》。"[3]三个人手持牛尾巴，边跳舞边唱歌，歌词有八段，内容已佚，仅留下每段的名称。依其名称推测，有的与劳动有关，如《遂草木》《奋五谷》可能是对丰收的期盼，有的则与原始巫术活动或图腾崇拜有联系，如《玄鸟》《敬天常》。《礼记·郊特牲》有一首记载伊耆氏《蜡辞》："土返其宅，水归其壑，昆虫勿作，草木归其泽"，同样反映的是劳动人民对风调雨顺的期盼，表明原始艺术和劳动的密切关系。

从艺术的创作主体（人）或内容（艺术表现劳动场面或是劳动的需要）来讲，说"艺术起源于劳动"应该是无可厚非的，但人类为什么通过劳动就创造了艺术，而不

---

[1] 北京大学哲学系美学教研室编：《中国美学史资料选编》（上），北京：中华书局1980年版，第83页。

[2]《鲁迅全集》第6卷，北京：人民文学出版社1968年版，第75页。

[3] 北京大学哲学系美学教研室编：《中国美学史资料选编》（上），北京：中华书局1980年版，第78页。

是其他什么东西呢？也就是人类为什么要创造艺术，或者艺术起源的直接原因是什么呢？这个问题的解决，才是解答艺术起源问题的关键所在。西班牙阿尔塔米拉、品达尔洞，法国拉斯科洞穴、三兄弟洞，印度的高曼谷洞、辛甘普尔洞等遗址的壁画，确实是人劳动的结果，但有没有其他原因促使原始人进行这些创作呢？对于先民而言，今天被称为"原始艺术"的东西更多的是一种表现手段，而不是目的。正如鲁迅先生所说："画在西班牙阿尔塔米拉洞里的野牛，是有名的原始人遗迹，许多艺术史家说，这正是'为艺术而艺术'，原始人画着玩玩的。但这种解释未免过于'摩登'，因为原始人没有19世纪文学家那么有闲，他画一只牛，是有缘故的，为的是关于野牛，或者是猎取野牛，禁咒野牛的事。"[①]画野牛的缘故，是研究被我们今天称之为"艺术"起源的直接原因。

哈顿在《艺术的进化》中提出，艺术行为出于四种需要。（1）艺术：这是纯粹由于审美性，专为欣赏形状色彩等快感的，即所谓的"为艺术而艺术"；（2）信息：人类的传达意见如语言及拟势还不够时便用绘画来补助它；（3）财富：除审美性以外，人类为喜爱财物并要增加其价值的缘故，也会制造装饰品；（4）宗教：人类为要和神灵发生同情的关系，常表现于外而为艺术。[②]哈顿从艺术进化发展的角度解释人类为什么要创造艺术，是有道理的，但是不能解释人类最早的艺术行为。如果用这种观点来解释人类艺术起源，真的有些太"摩登"了。格罗塞在探讨"人体装饰"起源时，认为是人类最早的艺术"原始民族的画身（人体装饰），主要目的是为了美观。它是一种装饰，并非像有些人所说的，是一种原始的衣着"[③]。但在具体论证这一观点时，出现了矛盾，经常用装饰的实用目的来解释他认为"为了美观"的人体装饰。归纳起来，包括五个方面：为了避免鬼的迫害；图腾崇拜；引起敌人的恐怖心理；表示等级的差别；表示自己将自己已经贡献给神灵。[④]"为了美观"其实就是一种功利目的。在原始的蛮荒时代，人类衣不遮体，食不果腹，在生命没有保证的情况下，何谈"为了美观"？倒是以功利色彩的观点来解释更

---

① 《鲁迅全集》第6卷，北京：人民文学出版社1968年版，第69页。
② 林惠祥：《文化人类学》，北京：商务印书馆1996年版，第300页。
③ ［德］格罗塞著，蔡慕晖译：《艺术的起源》，北京：商务印书馆1994年版，第47页。
④ 朱狄：《艺术的起源》，北京：中国青年出版社1999年版，194页。

具有说服力。普列汉诺夫坚决反对原始的人体装饰是"为了美观"的看法。在艺术起源问题上"从有用的观点对待事物的态度，优先于从审美的观点对待事物的态度"①，人体装饰（文身）目的主要是：不让死者的阴魂认出来；是财富的象征；图腾崇拜；氏族关系；割开皮肤以减少发炎；想表现自己有忍受肉体痛苦的能力。②

　　有关艺术起源问题的研究，观点众多，在西方学术界形成了一系列学说。中国学术界在介绍和研究这些学说时，大多以西方的学术成果为基础，如摹仿说、劳动说、巫术说、游戏说、表现说、潜意识说等。摹仿说认为艺术起源于人的摹仿本能。古希腊哲学家认为艺术是摹仿的产物，柏拉图在《法律篇》中提出音乐"摹仿善或恶的灵魂"。③这种观点到意大利文艺复兴时期达到了顶峰，其代表性人物是达·芬奇，他认为"画家的心应该像镜子一样，面前有多少色彩和形象就摄取多少色彩和形象，否则就算不上一位好画师"。但他同时认为，画家摹仿的对象是源于自然，高于自然的"第二自然"。④巫术说最早由英国人爱德华·泰勒在《原始文化》中提出，认为原始人给一切现象凭空加上人格化的神灵作用，并让这种幻想充满自己周围的时空，这样就产生"交感巫术"和"摹仿巫术"。法国考古学家进一步阐述了艺术起源与巫术的关系，认为原始艺术就是巫术的一种。后来一些学者用这种观点解释一些原始的岩画和洞穴壁画，如西班牙阿尔塔米拉洞穴壁画《受伤的野牛》，原始人为什么要画它呢？在原始的狩猎时代，要想猎取一头健壮的野牛是有难度的，原始人希望它受伤，从而容易猎取。将它中箭倒地的形象画在岩壁上，是通过巫术诅咒对野牛施加影响。游戏说最早由德国古典主义美学家席勒提出，他在《美学书简》中认为艺术产生于"游戏时过剩精力的流露"，"这种过剩精力的流露表现在人身上，感性冲动和形式冲动融合为自由的游戏冲动，也就是审美冲动"。⑤表现说认为艺术源于"情感传达的需要"，艺术是"一个人用某种外在的

①［俄］普列汉诺夫著，曹葆华译：《论艺术》，北京：生活·读书·新知三联书店1975年版，122页。

②朱狄：《艺术的起源》，北京：中国青年出版社1999年版，第194页。

③朱狄：《艺术的起源》，北京：中国青年出版社1999年版，第91页。

④李泽厚、汝信主编：《美学百科全书》，北京：社会科学文献出版社1990年版，第239页。

⑤李泽厚、汝信主编：《美学百科全书》，北京：社会科学文献出版社1990年版，第610页。

标志有意识地把自己体验过的感情传达给别人，而别人被这些感情所感染，也体验到这种感情"。<sup>①</sup>坚持类似观点的还有雪莱和科林伍德等。潜意识说以弗洛伊德为代表，认为艺术是个人潜意识的象征表现，而潜意识的真正内容是被压抑的性欲，艺术活动（艺术创作和欣赏）是摆脱苦闷的一种"诱惑的奖赏"。

在艺术学研究中，西方这些学术观点占据了主导位置。那么有着悠久文明和辉煌艺术成就的中国，在艺术原理研究方面是不是一片空白呢，答案当然是否定的。中国古典艺术文献所体现出的艺术概念、范畴和理论观点，丝毫不逊色于西方。充分利用艺术文献资源，进行艺术原理研究，是艺术文献学研究的重要目的之一，这也是本书介绍艺术起源问题的原因。

## 第二节　从古典艺术文献看中国艺术起源观

以上谈到艺术起源的问题，观点都是西方学术界的，而没有涉及以中国艺术为主体的东方艺术，是学术界"欧洲中心论"所致。艺术文献研究与利用，目的就是挖掘艺术文献内容，寻找有利于艺术学研究的资料。无论是艺术史研究，还是艺术原理研究，都离不开资料，包括文字文献资料和实物文献资料。20世纪中国学术发展中出现过一个派别，后来被称为"史料学派"，以傅斯年为代表的原中央研究院历史语言研究所是此一学派的重镇。傅斯年特别重视史料的挖掘，把史料提到第一位。他说什么是学问？就是找资料，口号是"上穷碧落下黄泉，动手动脚找资料"。陈寅恪的学术方法，也是在史中求史识。<sup>②</sup>类似的观点对于艺术原理研究而言具有重要借鉴意义，资料来源于哪里，就是艺术作品本身，以及相关的文献资料。就艺术起源而言，中国古典艺术文献虽没有提出什么"摹仿说""劳动说""巫术

---

① ［俄］列夫·托尔斯泰著，何永祥译：《什么是艺术》，南京：江苏美术出版社1990年版，第3页。

② 刘梦溪：《人文与社会科学研究的几个问题》，《新华文摘》2002年10期。

说""游戏说""表现说""游戏说"和"潜意识说"之类学说，但通过某种形式表达了自己的观点，并形成特殊的概念范畴和理论体系。

"艺术起源于摹仿"，在古典文献中就有阐述，涉及书画、音乐等。书法的诞生是伴随着汉字起源而开始的。仓颉造字的传说："古者庖羲氏之王天下也，仰则观象于天，俯则观法于地。观鸟兽之文与地之宜；近取诸身，远取诸物，于是始作八卦，以通神明之德，以类万物之情。"（《周易》）[1]"仓颉之初作书，盖依类象形，故谓之文。其后相声相印，即谓之字。"（《说文解字》）[2]文献记载传说伏羲画八卦，仓颉最初造字，都是摹仿自然的结果。文字之起源，"实为画之起源"，文字创立的动机和原因有三：曰观天象，曰观鸟兽迹，曰河洛出图书。"仓颉仰观奎星圆曲之势，俯察龟文鸟迹之象，博采众美，合而为字，是曰古文。"（《法书要录》）"黄帝有熊氏命仓颉为左史，沮诵为右史。仓颉见鸟兽之迹，体类象形而制字，使天下义理必归文字，天下文字必归六书。"（《通鉴·外纪》）[3]"观天象，观鸟兽迹"，而作文字，说的都是文字起源于对现实的摹仿。而"河洛出图书"，则将文字起源赋予了神秘色彩，但也应该归于"摹仿"。

根据文献记载，"河洛出图书"的传说有三种情况："一以为灵龟贡之于世者；二以为河鱼贡之于世者；三以为河龙贡之于世者。"[4]"仓颉为帝南巡，登阳虚之山，临于元扈洛汭之水，灵龟负书丹甲青文以授之。"（《水经注·河图玉版》）"仓帝史皇氏名颉，姓侯冈……仓颉俯查龟文、鸟羽、山川、掌指，而创文字。"（《路史》）[5]"洛龟曜书。垂荫画字。"（《孝经·授神契》）"天老告黄帝曰：'洛有龟书。'"（《河图·挺佐辅》）"黄帝游翠妫之川，有大鱼出，鱼没而图见。"（《河图·挺佐辅》）"伯禹观于河，有长人鱼身出，曰河精也，授禹河图，蹼入渊。"（《尚书·中候》）"天老告黄帝曰：'洛有龙图。'"

---

[1] ［清］王原祁等：《佩文斋书画谱》第2册，北京：中国书店1984年影印本，第467页。

[2] 北京大学哲学系美学教研室编：《中国美学史资料选编》（上），北京：中华书局1980年版，第128页。

[3] ［清］陈梦雷主修、蒋廷锡重校：《古今图书集成·理学汇编·字学典》，北京：中华书局、成都：巴蜀书社1986年版，第79164页。

[4] 郑午昌：《中国画学全史》，上海：上海古籍出版社2001年版，第13页。

[5] ［清］陈梦雷主修、蒋廷锡重校：《古今图书集成·理学汇编·字学典》，北京：中华书局、成都：巴蜀书社1986年版，第79164页。

（《河图·挺佐辅》）"河以通乾出天苞，洛以流坤吐地符，河龙图发。"（《春秋说题辞》）①无论是"灵龟贡之于世，河鱼贡之于世"，还是"河龙贡之于世"，其实古人把文字和图画的起源归结为因"龟、鱼、龙"而出，也就是对这些动物的摹仿。当然"龙"是传说中的动物，那"河龙图发"之类的龙又来于哪呢？动物学家认为"龙"的古代原形是上古的一种爬虫。②

在探讨艺术起源时，列举大量神话传说中的例证，虽然不能确切说明艺术起源的真实原因，但代表了中国古代对艺术起源这一复杂问题的认识，对艺术起源研究是有很大帮助的。

对于绘画而言，为了追求摹仿的真实性，就必须把客观现实表现出来，因而在《韩非子》中出现了"鬼魅最易""犬马最难"的寓言故事。《淮南子》也说："今夫画工，好画鬼魅而憎画狗马者，何也？鬼魅不世出，而狗马可日见也。"顾恺之也认为"凡画，人最难，次山水，次狗马；台榭一定器耳，难成而易好，不待迁想妙得也。"这里虽然谈的是绘画题材的难易，其实与艺术所追求的目标有直接关系，也就是与"人类为什么要创造艺术？"这一问题有关。《左传》曰："定王使王孙满劳楚子。楚子问鼎之大小轻重焉。对曰：在德不在鼎。昔夏之方有德也，远方图物，贡金九牧，铸鼎象物，百物而为之备，使民知神奸。"③所谓"铸鼎象物"乃指鼎的造型而言。后汉蔡邕说："夫书肇于自然，自然既立，阴阳生焉，阴阳既生，形势出矣，藏头护尾，力在字中，下笔用力，肌肤之丽。故曰势来不可止，势去不可遏，惟笔软则奇怪生焉……"（《九势》）④"夫书肇于自然"，认为书法始于对现实世界的描绘。谢赫《古画品录》提出"气韵生动、骨法用笔、应物象形、随类赋彩、经营位置和传移模写"六条绘画评价标准，其中"骨法用笔、应物象形、随类赋彩、经营位置"四条与绘画的再现性（摹仿）有直接关系。中国艺术强调再现性比古希腊的摹仿说更进一步。希腊艺术强调人本能与摹仿之间的关

---

① 郑午昌：《中国画学全史》，上海：上海古籍出版社2001年版，第13页。

② 郑午昌：《中国画学全史》，上海：上海古籍出版社2001年版，第13页。

③ 北京大学哲学系美学教研室编：《中国美学史资料选编》（上），北京：中华书局1980年版，第2页。

④ ［清］王原祁等：《佩文斋书画谱》第2册，北京：中国书店1984年影印本，第55页。

系，亚里士多德说人从孩提时代就有摹仿的本能，而艺术就是出自本能的摹仿。[①]
中国艺术中的摹仿，把摹仿对象与主观情感表达结合起来，类似于"摹仿说"与
"表现说"的结合。《易传》中所谓"修辞立其诚"（《乾卦·文言》），扬雄谓
"言，心声也；书，心画也"（《法言·问神》）等等，强调的就是艺术摹仿现实
与情感表达之间的关系。

在古希腊，最先得到发展的是与摹仿和再现性因素最为密切的史诗、雕塑和戏
剧等艺术门类，而在中国，似乎与主观情感密切的音乐最早发达起来，并且很早就
出现了相关的理论著作。先秦诸子有专门论述音乐的成篇文献，如《管子·地员》
《墨子·非乐》《荀子·论乐》，以及公孙尼子《乐记》等，与诸子零星的关于书
画艺术的言论或寓言相比，可以说已经有了系统的理论体系。有关音乐起源问题，
更加突现了"艺术起源"与"摹仿"的关系。《吕氏春秋·古乐》篇有："昔黄
帝令伶伦为律。伶伦自大夏之西，乃至阮隃之阴，取竹于嶰溪之谷，以生空窍厚钧
者，断两节间，其长三寸九分，而吹之，以为黄钟之宫，吹曰舍少。次制十二筒。
以之阮隃之下，听凤凰之鸣，以别十二律。其雄鸣为六，雌鸣亦六，以比黄钟之宫
适合，黄钟之宫，皆可以生之。故曰，黄钟之宫，律吕之本。黄帝又命伶伦与荣将
铸十二钟，以和五音，以施英韶；以仲春之月，乙卯之日，日在奎，始奏之，命之
曰《咸池》。帝颛顼生自若水，实处空桑，乃登为帝。惟天之合，正风乃行；其音
若熙熙凄凄锵锵。帝颛顼好其音，乃令飞龙作效八风之音，命之曰《承云》，以祭
上帝。乃令鱓先为乐倡。鱓乃偃寝，以其尾鼓其腹，其音英英。""帝尧立，乃命
质为乐。质乃效山林溪谷之音以歌，乃以麋䐗置缶而鼓之，乃拊石击石，以象上帝
玉磬之音，以致舞百兽；瞽叟乃拌五弦之瑟，作以为十五之瑟。命之曰《大章》，
以祭上帝。"[②]

---

　①　朱狄：《艺术的起源》，北京：中国青年出版社1999年版，第91页。
　②　北京大学哲学系美学教研室编：《中国美学史资料选编》（上），北京：中华书局1980年版，
78-79页。该书根据《诸子集成·吕氏春秋》辑录。《吕氏春秋》又名《吕览》，相传为春秋末年秦国吕
不韦召集幕僚所编，其版本有《隋书·经籍志》著录的汉高诱《吕氏春秋注》、清毕沅《吕氏春秋新校
正》、中华书局出版的蒋维乔《吕氏春秋汇校》，以及学林出版社出版的陈奇猷《吕氏春秋校释》等版
本。书中有众多音乐文献，《吕氏春秋·论乐》包括《大乐》《侈乐》《适乐》《古乐》《音律》《音初》诸
篇。1963年上海文艺出版社曾经出版过吉联抗注释的《吕氏春秋音乐文字译注》本。《古乐》篇有大量关于
音乐起源的论述。

"听凤凰之鸣，以别十二律"，"效八风之音"，"效山林溪谷之音以歌"，表面上说的是音乐起源于摹仿，而音乐的目的是什么呢？乃是"以象上帝之音"，"以祭上帝"。这又与西方从功利和巫术的角度去解释艺术起源又有何差异呢？中国早期音乐，"礼乐"紧密结合。"中国古代的文化，常将'礼乐'并称。但甲骨文中没有正式的'礼'字，以'豊'为古'礼'字的说法不一定成立，但是甲骨文中不止一次出现了'乐'字。这充分说明礼比乐早。"[1] 那么"礼乐"又是怎样结合起来的呢？《礼记》中有"乐"因"礼"而起，而"礼"的起源又与敬神和祖先等有关系，带有巫术色彩，又把艺术与巫术间接地联系起来。这可从《礼记·礼运》[2]中得到证明："昔者先王未有宫室，冬则居营窟，夏则居橧巢。未有火化，食草木之实、鸟兽之肉，饮其血，茹其毛。未有麻丝，衣其羽皮。后圣有作，然后修火之利。范金，合土，以为台榭、宫室、牖户。以炮，以燔，以亨，以炙，以为醴酪。治其麻丝，以为布帛。以养生送死，以事鬼神上帝。皆从其朔。故玄酒在室，醴醆在户；粢醍在堂，澄酒在下，陈其牺牲，备其鼎俎；列其琴瑟、管磬、钟鼓，修其祝嘏。以降上神与其祖先，以正君臣，以笃父子，以睦兄弟，以齐上下，夫妇有所。是谓承天之祐。"[3] 这里从人类蛮荒生存状态开始，谈到人们敬神、敬鬼的目的、仪式，并伴随类似今天的音乐行为，表达了对"礼乐"关系的看法。又说："礼交动乎上，乐交应乎下，和之至也。礼也者，反其所自生；乐也者，乐其所自成。是故先王之制礼也以节事，修乐以道志。故观其礼乐而治乱可知也。"（《礼记·礼器》）[4] 其实表达的就是"礼乐相成"的观点。

中国绘画艺术一开始就具有强烈的实用主义色彩，"初民作画，全为实用，不在审美，雕题文身之俗，固无论矣；即稍近于文明之域者，亦多用以记事状物图案，有巢氏之绘轮圜，伏羲氏之画八卦，轩辕氏之染衣裳，无不旨在实用"[5]。晋陆机曰：

---

① 徐复观：《中国艺术精神》，上海：华东师范大学出版社2001年版，第1页。

②《礼记》，又叫《小戴记》或《小戴礼记》，传说为西汉戴圣辑录，记载秦朝以前礼仪制度，共49篇。《乐记》是谈论音乐的内容，涉及礼乐起源及关系问题，是研究中国艺术理论的重要文献。

③ 北京大学哲学系美学教研室编：《中国美学史资料选编》（上），北京：中华书局1980年版，第85页。

④ 北京大学哲学系美学教研室编：《中国美学史资料选编》（上），北京：中华书局1980年版，第85页。

⑤ 郑午昌：《中国画学全史》，上海：上海古籍出版社2001年版，第7页。

"宣物莫大于言，存形莫善于画"，把"存形"作为绘画的目的。《历代名画记·叙画之源流》就是一篇有关书画起源的重要文献，涉及"摹仿""实用主义"和"礼教功能"等。

中国古典艺术文献中的艺术起源问题，除了本章第一节谈到与劳动的关系之外，还可从以下几个方面来认识：

其一，书画起源于摹仿。张彦远继承和发展了前人关于书画艺术起源的观点。"古先圣王受命应箓，则有龟字效灵，龙图呈宝。自巢、燧以来，皆有此瑞，迹暎乎瑶牒，事传乎金册。庖羲氏发于荣河中，典籍图画萌矣。轩辕氏得于温洛中，史皇、仓颉状焉。奎有芒角，下主辞章；颉有四目，仰观垂象。因俪鸟龟之迹，遂定书字之形。造化不能藏其秘，故天雨粟；灵怪不能遁其形，故鬼夜哭。是时也，书画同体而未分，象制肇创而犹略。"张彦远还引用《广雅》①《尔雅》②《说文》（即《说文解字》）、《释名》③等文字学和训诂学文献观点，证明绘画源于摹仿。"《广雅》云：画，类也"，认为"绘画就是类似"，与什么类似呢？只能是与绘画所描写的内容。"《尔雅》云：画，形也。""形"就是"形状"，象形的意思。"《说文》云：画，畛也。象田畛畔，所以画也。"《说文》的原文是："画，界也，象田四界，聿（笔），所以画之。"（《说文解字》）张彦远的引用有误，或是加以发挥了。根据《说文解字》原文，意思非常明确，说的也是绘画与现实生活原形的关系。"《释名》云：画，挂也。以彩色挂物象也。"《释名》先进行字音的转换，再进行解释，有些牵强。④

其二，强调书画的实用功能，认为绘画是文字辅助工具。"颜光禄云：图载之意有三：一曰图理，卦象是也；二曰图识，字学是也；三曰图形，绘画是也。又周官教国子以六书，其三曰象形，则画之意也，是故知书画异名而同体也。"⑤"无以

　　①《广雅》是三国时魏张揖撰写的训诂学著作。
　　②《尔雅》是由汉初学者辑录周到汉有关解释训诂方面的文献而成，也是我国第一部按照词义系统、事物分类系统编排的词典，全书4300余词条，共计13113字。
　　③《释名》东汉刘熙撰的训诂学著作，全书分释天、释地、释山、释水等27篇。
　　④［唐］张彦远：《历代名画记》，北京：人民美术出版社1983年版，第1-2页。
　　⑤［唐］张彦远：《历代名画记》，北京：人民美术出版社1983年版，第2页。

传其意，故有书；无以见其形，故有画。天地圣人之意也。"[1] "记传所以叙其事，不能载其容；赞颂有以咏其美，不能备其象。图画之制，所以兼之也。"[2] 绘画艺术一开始就被当作记录的工具，弥补了文字记录缺少直观、无法"见其形"的缺憾。

其三，绘画与封建礼教密切相关，并承担惩戒教育的功能。《古画品录》开篇便说："图绘者，莫不明劝戒，著升沉，千载寂寥，披图可鉴。"[3] 谢赫认为绘画的作用是劝戒，描绘历史兴亡，甚至千百年来无人注意的事情，都可以通过绘画作品了解。《历代名画记·叙画之源流》开头也说："夫画者，成教化，助人伦，穷神变，测幽微，与六籍同功。"[4] "故鼎钟刻，则识魑魅而知神奸；旌章明，则昭轨度，而备国制；清庙肃而觞彝陈，广轮度而疆理辨。以忠以孝，尽在于云台；有列有勋，皆登于麟阁。见善足以惩恶，见恶足以思贤。留乎形容，式昭盛德之事，具其成败，以传既往之踪。""丹青之兴，比雅颂之述作，美大业之馨香。"（陆机语）"画者，见三皇五帝，莫不仰戴，见三季异主，[5] 莫不悲惋；见篡臣贼嗣，莫不切齿；见高节妙士，莫不忘食；见忠臣死难，莫不抗节；见放臣逐子，莫不叹息；见淫夫妒妇，莫不侧目；见令妃顺后，莫不嘉贵。是知存乎鉴戒者，图画也。"（曹植语）[6] 绘画与音乐、诗歌一样，与儒家思想结合起来，人们以强烈的功利主义色彩看待艺术，属于艺术功能范畴，也是艺术产生的直接原因之一。

据文献记载，如《孔子家语》、屈原的《天问》等，中国封建统治阶级在宫殿和庙宇等墙壁上都画有壁画。孔子就曾经看到明堂门墉上画着尧舜和桀纣的形象，并把绘画看成了与音乐一样是体现和宣传"礼"，培养仁德、实行仁政的有力武器。"孔子观乎明堂，睹四门墉，有尧舜之容，桀纣之象，而各有善恶之状，兴废之戒焉。又有周公相成王，抱之负斧扆，南面以朝诸侯之图焉。孔子徘徊而望之，谓从者曰：此周所以盛也。夫明镜所以查形，往古所以知今也。"（《孔子家

①［唐］张彦远：《历代名画记》，北京：人民美术出版社1983年版，第1页。

②［唐］张彦远：《历代名画记》，北京：人民美术出版社1983年版，第3页。

③［南齐］谢赫、［隋］姚最撰，王伯敏点校：《古画品录 续画品录》，北京：人民美术出版社1953年版，第1页。

④［唐］张彦远：《历代名画记》，北京：人民美术出版社1983年版，第1页。

⑤ 季，末也，指桀、纣、幽三个亡国之君。

⑥［唐］张彦远：《历代名画记》，北京：人民美术出版社1983年版，第3页。

语·观周第十一》）后汉王延寿作《汉鲁灵光殿画赋》不但描绘了鲁灵光殿的辉煌和结构，还详细记录了墙壁上的壁画，内容多为天地鬼神、历代帝王、忠臣孝子、烈士贞女、贤愚成败，并说明这些壁画的创作目的是"恶以戒世，善以示后"。《佩文斋书画谱》"论画"（11—18卷），辑录有大量绘画作品（包括石刻），如《汉画列士》《汉鲁灵光殿画》《后汉画列女》《唐忠孝图》《唐凌烟阁功臣画像》《唐上阳宫十八学士图像》《唐武成庙名将画像》《唐古君臣图》《唐麟德殿汉名臣画像》和《宋画先贤像》等，都是为宣传礼教，警示后人或当作楷模。据唐《翰林盛事》载，上阳宫画有十八学士画，即《唐上阳宫十八学士图像》，"开元中拜张说等十八人为学士，于东都上阳宫含像亭图像写御赞述之"[1]。

　　对艺术起源问题尚无一致看法，但一般认为应该抛弃"艺术起源于……"的单一看法。目前普遍存在的观点，都是从艺术的某一方面进行解释的，因而学术界提出"艺术起源的多元论"观点，从社会学、心理学、生理学、人类学等多个角度去探讨艺术起源问题。中国的艺术学起步比较晚，大多接受的是西方学界流行的观点。其实中国古典文献中，有大量关于艺术起源的观点和资料，虽然没有上升到某种理论的程度，但却是了解中国古代有关艺术起源及相关理论的重要资料，完全可以经过总结、阐释，并上升到理论高度，在艺术学理论体系中增加中国文化基因。这也是本书列"艺术文献与艺术原理研究"一章的目的。

---

① ［清］王原祁等：《佩文斋书画谱》第2册，北京：中国书店1984年影印本，第290页。

蓮花冠子道人衣日侍君王宴

紫微花榭不知入已去年開綠

興未徘

蜀後主每於宮中累小巾命宮妓

衣道衣冠蓮花冠日尋花栖以

侍醼宴蜀之謠巳溢耳矣而主

不摭注之竟至濫賜伴後想搖

頸之令不無扼腕唐寅

图43 〔明〕唐寅 《孟蜀宫妓图》 北京故宫博物院藏

图44　［明］唐寅　《落霞孤鹜图》　上海博物馆藏

# 第五章　艺术文献在艺术史研究中的作用

著名学者梁启超说"明清之交各大师，大率都重视史学——或广义的史学，即文献学"，认为"广义的史学就是文献学"。笔者虽然不赞成由此推断"广义的艺术史学就是广义的艺术文献学"，但至少可以断定艺术文献与艺术史学、艺术史研究存在密切关系。

## 第一节　艺术文献在艺术史学中的地位

何为艺术史学？艺术史学在艺术学体系中占有什么样的位置呢？艺术史学和一般的艺术史研究有何区别与联系？艺术史学与文献学有什么样的关系？马采先生认为："艺术学或一般艺术学，就是根据艺术特有的规律去研究一般艺术的一门科学"，"广义的艺术学包括特殊艺术学和一般艺术学。特殊艺术学涵盖各种艺术史（美术、建筑、音乐、戏剧及其他）、各种艺术博物馆学（美术博物馆学、建筑博物馆学、音乐博物馆学、戏剧博物馆学及其他）、各种艺术学（美术学、建筑学、音乐学、戏剧学等）；一般艺术学包括艺术体系学、艺术心理学、艺术社会学和艺术哲学。"[1] 陈池瑜先生认为："艺术学和美术学都是人文科学的一个组成部分，属于人文科学。艺术学以各门艺术为研究对象，包括艺术理论、艺术美学、艺术哲学、艺术史和艺术史学、艺术批评等。"[2] 也就是说艺术史和艺术史学都是艺术学

---

① 马采：《艺术学与艺术史文集》，广州：中山大学出版社1997年版，第18页。
② 陈池瑜：《中国现代美术学史》，哈尔滨：黑龙江美术出版社2000年版，第6页。

的重要组成部分。

"艺术史是研究艺术发生、发展的规律和历史的科学，其研究范围包括艺术内容、形式、风格、流派、艺术思想的发展历史，各个历史时期各类艺术发展的风貌、创作方法、艺术思想和流派讨论争鸣的情况，以及具有代表性的艺术家、艺术作品的研究，对其作出历史的、辨证的评价和分析。"[1]马采先生将艺术史称为"事实艺术学"，[2] 主要研究艺术的生成和发展的历史事实和艺术的形式，目的在于确定艺术的事实，而确定艺术事实的中心则是艺术作品。艺术史学是研究艺术史研究的本质、方法和原则问题，以及艺术史研究成果著述和评论。"美术史学主要的研究对象是美术史的研究原则、观念和方法、研究工具、鉴定手段等；美术史的研究著述，即美术史的研究成果等。"[3] 也就是说艺术史研究艺术的历史，是研究对象和目标的问题，而艺术史学则是关于艺术史如何研究的问题，是关于艺术史的理论。西方艺术史学的发展已经有两百余年的历史，出现了温克尔曼[4]、布克哈特、沃尔夫林[5]、沃尔格尔[6]、里格尔[7] 等著名艺术史学家，并出版了一些艺术史学著作。他们的"艺术史"或"艺术"概念中几乎都指绘画、雕塑、建筑、工艺等诉诸于视觉的造型艺术，即美术，而不包括音乐、舞蹈、电影和戏剧之类，因此艺术史就是美术史。他们的著作大多阐述的是艺术史研究的原则和方法，而非单纯对艺术史的再现和求真，如温克尔曼在研究古希腊艺术史时，结合地理、环境、气候和政治制度，并把古希腊"高尚的单纯，静穆的伟大"之艺术成就的取得，归功于这些因素。沃尔夫林被认为是继温克尔曼、布克哈特之后西方第三位著名艺术史学家，他的艺术史学著作《艺术史原则》（Principles of Art History）就是关于艺术史研究方法和原则的著作，潘耀昌先生将此书译为《艺术风格学》。作者以文艺复兴和巴洛克艺术为研究对象，把艺术史研究归结为五对具有辨证关系的基本概念，即

---

① 李泽厚、汝信主编：《美学百科全书》，北京：社会科学文献出版社1990年版，第612页。

② 马采：《艺术学与艺术史文集》，广州：中山大学出版社1997年版，第7页。

③ 陈池瑜：《中国现代美术学史》，哈尔滨：黑龙江美术出版社2000年版，第8页。

④ 温克尔曼（Johan Joachim Winckelmann，1717—1768），德国古典艺术学家，古代艺术史研究创始人，艺术考古学奠基人。

⑤ 沃尔夫林（Heinrich Wolfflin，1864—1945），瑞士艺术史家，布克哈特的继承者。

⑥ 沃尔格尔（Wilheim Worringer，1881—1965），德国艺术史学家。

⑦ 里格尔（Alosis Riegl，1858—1905），奥地利著名艺术史家。

线描与图绘、平面和纵深、封闭的形式和开放的形式、多样性的统一和同一性的统一、清晰性和模糊性。①

西方艺术史学，还注重艺术作品与文献之间关系的研究，主要体现在两个方面：其一，注重文献在艺术史学中的地位和作用，如意大利雅冈（J.Argan）和法乔乐（M.Fagiolo）著《艺术史学基础》和《艺术史书目导读》两书，由曾堉（台湾）合并译为《艺术史学》，就属于此类。《艺术史书目导读》是以艺术史著述成果为研究对象进行探索，属于艺术文献学研究的重要内容。《艺术史学基础》则是艺术史学方法论，包括：艺术的领域，艺术文献，艺术史的目标、批评的标准与艺术价值，艺术品的真伪，艺术品的品质，艺术史研究的工具、鉴定，艺术批评、历史与批评、时空范围、风格造型方法论、社会学的方法、图像学的方法、结构主义的方法、科学方法与艺术史的关系。尤其重要的是把"艺术文献"单列一章，作为艺术史学研究的基础之一。② 其二，艺术作品的文献属性及其与一般文献的关系。在近现代的艺术史学研究中，利用艺术作品本身所传达的信息，进行艺术史、生活方式史等的研究，并结合文化人类学、社会学、心理学、图像学、形式分析等方法对艺术作品和艺术史料进行分析，目的是发现艺术作品本身所传达的历史信息。美术史与历史学密切相关，美国历史学家彼德·盖伊（Peter Gay）力图通过美术作品的研究证实其中所表现的历史事实，在历史学著作中，用"一段历史"来讨论马内、格罗佩斯、蒙德里安的美术作品。正因为如此，西方美术史家和历史学家之间有一种密切合作的趋势，历史学家时常关注美术的问题，而美术家则经常借助历史学的方法和事实帮助美术史的研究。有人认为这种结合是基于一种假设："艺术作品和别的实践一样，是一段历史。"③ 文艺复兴时期意大利人G·瓦萨利著《艺苑名人传》是西方最早的比较系统的美术史著作。他将"发生、完成、衰落"的概念引入美术史，并基于美术史是"技术发展史"的理论，把美术史描述成一部美术"进化史"，提出 "规则、次序、均匀、技巧、风格"的美术作品入史标准。温克尔曼

---

① ［瑞士］沃尔夫林著，潘耀昌译：《艺术风格学》，沈阳：辽宁人民出版社1987年版，译者前言，第4页。

② 陈池瑜：《中国现代美术学史》，哈尔滨：黑龙江美术出版社2000年版，第10页。

③ ［美］阿尔帕斯著，杨思梁译：《艺术是历史吗？》，《美术译丛》总24期。

著《古代美术史》是一部真正具有近代意义的美术史，除了在撰写方法上有所突破之外，在美术史研究方法和相关学科的结合运用上都有了巨大的突破。《艺苑名人传》以记传的形式描绘美术史，温克尔曼则打破了这种模式，超越了只谈艺术家逸事、游记、藏品目录、技法等，而直接研究遗物，以美术样式的变迁研究美术史，一部美术史就是一部按照"美的风格""美的追求""美的观念""进化"的"美"的发展史。他把古希腊美术史分为古典、高贵、优美、摹仿等阶段，并认为美术的发展与民族、宗教、国别、风俗文化等因素相关，因此美术史的研究要结合相关学科的方法和成果来进行。在研究方法上，温克尔曼开拓了样式史和精神史两种方法，其实就是对作品样式运用多学科方法进行研究。也就是利用美术作品的文献属性，并结合其他学科的研究需要和方法，进行美术史研究。

## 第二节　艺术文献与艺术史研究的关系

艺术史属于人文学科的范畴。潘诺夫斯基在《作为人文学科的美术史》一文中说："（自然）科学致力于将各种混乱的自然现象转化为所谓的自然宇宙（cosmos of nature），而人文科学则致力于将各种散乱的人类记录转化为所谓的文化宇宙（cosmos of culture）。"[1] 自然科学家观察自然时，使用各种仪器，并参照前人相关研究的文献记载，"人文学家研究人类记录时，使用各种文献，而这些文献本身则产生于他所研究的人类活动过程当中"[2]。无论是自然科学家，还是人文科学家，都离不开文献，而人文科学家对文献的依赖程度更大，所依赖文献具有广义文献内涵，而并非狭义的以文字形式记载的文献。具有图像意义的美术作品也是人文学者所常用的文献之一，从而突出了艺术作品本身的文献属性，其传达的信息与其他文

---

① 曹意强、洪再辛编：《图像与观念——范景中学术论文选》，广州：岭南美术出版社1992年版，第413页。

② 曹意强、洪再辛编：《图像与观念——范景中学术论文选》，广州：岭南美术出版社1992年版，第415页。

献相比具有多学科属性。

## 一、艺术史研究的依据

描述和评价艺术历史依据历史事实，这些事实主要源于包括艺术作品本身在内的艺术文献。艺术史研究艺术作品、艺术家和艺术流派等。艺术作品包括传世艺术作品，以及通过考古发现的艺术作品，是评价和研究艺术史的主要根据。但对艺术家和艺术流派，以及艺术思想、艺术风格等的研究则不是单纯通过艺术作品可以解决的问题。艺术史研究的依据主要包括四个方面：

其一，传世艺术作品是研究艺术史，包括艺术发生、发展，艺术风格等的宝贵资料，但是传世艺术作品本身存在严重缺陷，一是确切年代很难认定；二是古代出于各种目的，艺术品存在仿制和作伪现象。中国古代的书画、青铜器、玉器、陶瓷器有许多是后人临摹或仿制的，甚至伪托前人的名义进行伪造。其二，科学的田野考察和考古发现的实物资料及相关艺术品是研究艺术史的最可靠资料。艺术考古学的建立和发展，更增加了这种资料的艺术学价值。其三，文字艺术文献。历代有关艺术作品、艺术家、艺术流派的记载，以及广泛分布在各类文献的文字资料，是艺术史研究的重要依据之一。就中国美术史而言，历代丰富的书画品评、书画史、书画录等都是研究美术史的重要文献资料。除此之外，经、史、子、集各部文献中，没有以艺术名称出现的文献对艺术史研究也有重要价值。美国普林斯顿大学教授贝格利（Robert Bagley）说："研究中国古代文化应该通晓中国考古学、文献和有关的研究。"[①] 其四，艺术史属人文学科的范畴，是整个人类历史的组成部分，艺术的发生、发展及艺术风格、流派和形式的生成，以及艺术家创作行为的发生等，都属于社会生态系统的组成部分，并一定程度上受到自然环境的影响。艺术行为是在社会生态系统中进行的，艺术史研究应该考虑艺术与政治、宗教、文化、生活方式等的关系，与之相关的历史文献、宗教文献等也是艺术史研究可以借鉴的资料。温克尔曼把古希腊艺术的起源、发展、转态衰败与希腊的自然条件和社会条件结合起来，

---

① 常宁生：《冲突与融合——西方艺术史学理论与方法对中国美术史研究的影响及其若干问题》，见李砚祖主编：《中国艺术学研究》，长沙：湖南美术出版社2001年版，第208页。

认为古希腊艺术取得辉煌成就的原因：一是在于古希腊所处海洋开阔的自然环境，二是在于希腊人的政治体制和机构，以及由此产生的思想。在西方美术史研究中，一般认为意大利地处地中海沿岸，气候温和，艺术家性格开朗潇洒，轻松自由；而德国地处欧洲北部，气候阴霾，艺术家拘谨古板，注重理性思考。[1]自然条件影响艺术家的性格，间接作用于其创作行为，影响艺术风格的形成。艺术创作题材源于现实生活，自然环境所提供的素材也会影响艺术家的创作。宋朝以郭熙、李成、范宽、关仝为代表的"北方山水画派"，以及李唐、刘松年、马远、夏珪"南宋四家"为代表的"豪纵简约"画风的南派山水，与他们所处的不同自然环境有直接关系。而史学家还认为马远、夏珪"马一角，夏半边"风格与南宋偏安一隅的政治环境有关，是南宋政治环境在艺术上的体现。

## 二、传世书画作品的局限与文字文献在艺术史研究中的不可替代性

文字文献和图像（书画、图录、雕塑、工艺品等）是记载人类文明、传达信息的主要形式，也是人类文明记忆的体现。艺术史作为人类文明史的重要组成部分，其研究的直接对象就是艺术作品本身，如美术的书画、雕塑、工艺，以及建筑实物等。中国书画，由于主要以绢帛、宣纸为载体，有一定寿命期限，而且容易受水火、战乱等灾难的破坏，在历史的传承中很容易消失。《历代名画记·叙画之兴废》云："汉武创置秘阁，以聚图书；汉明雅好丹青，别开画室，又创立鸿都学，以集奇艺，天下之艺云集。乃董卓之乱，山阳西迁，图画缣帛，军人皆取为帷囊，所收而西七十余乘，遇雨道艰，半皆遗弃。魏晋之代，固多藏蓄，胡寇入洛，一时焚烧。宋、齐、梁、陈之君，雅有好尚。晋遭刘曜，多所毁散；重以桓玄，性贪好奇，天下书法名画，必使归己，及玄篡逆，晋府真迹，玄尽得之。"[2]张彦远这里所述的只是中国书画在流传中，所遭劫难之九牛一毛，水、火、兵、虫、鼠、霉等都会使中国书画遭灭顶之灾。书画经各种劫难，"唐朝以前书画真迹几乎已绝"[3]，

---

① 孙美兰主编：《艺术概论》，北京：高等教育出版社1992年版，第112页。
② ［唐］张彦远：《历代名画记》，北京：人民美术出版社1983年版，第5页。
③ 郑午昌：《中国画学全史》，上海：上海书画出版社2001年版，第46页。

"元代以前之真迹，传世者为万千仅得其一，明清真品百十存其一二"①。这种现实使得以艺术作品为主要依据的艺术史，只能依靠古籍文献的记载，所以文字文献就成了书画史研究的主要依据，包括书画史、画法、图谱、书画论、书画品评、书画跋、书画目录，以及分布于"经、史、子、集"中的艺术文献。书画著述是艺术文献的重要组成部分，明清以前书画著述很少，但无论是史、著录，还是书画论，都具有极高的学术价值。以书画著录而言，很大一部分是对作者当时所收藏、亲眼所见或内府所藏的真实记录，如《宣和画谱》《宣和书谱》等。无法见到艺术作品，文字文献至少可以解决艺术史研究中的以下几个问题：

其一，了解不同时代书画作品的存佚情况，以及书画艺术的发展规律。艺术史研究如果无法见到艺术作品，凭借文字文献虽有"隔履搔足"之憾，但也是了解艺术发展规律的重要方法。在古代众多艺术文献中，书画史、书画录，以及历史著作"艺文志"，如《新唐书·艺文志》，"经籍志"，如《隋书·经籍志》等，记载了大量历代存在的书画作品。通过这些记录可以间接了解艺术作品的主题、内容、作者等情况，对研究艺术发展规律，以及艺术家个人风格是非常有益的。书画录的作用更为突出。最早的书法作品目录为刘宋虞龢撰《二王》六卷、《镇定书目》六卷、《羊欣书目》一卷、《钟张书目》一卷。绘画录始于南齐，高帝曾经命侍臣选择古画精美者，"不以远近为次，但以优劣为等第。自陆探微至范惟贤四十二人，为四十二等，共得二十七帙，三百四十八卷"。唐裴孝源撰《贞观公私画史》是"现存考隋代以前古画名目之祖本"②。书画目录是了解古代书画作品，以及书画家创作情况的最有效途径之一。

未标明"艺术"的文献对艺术史研究同样具有重要价值。东汉班固撰《汉书·艺文志》未列"艺术类"，"绘画目录"分布于"杂说、论语、兵书、阴阳家、杂家"等类中，包括"单独成图者""文后附图者"。《佩文斋书画谱》（卷十一）收录了《汉书·艺文志》所录《兵家图》。《古今图书集成·博物编·艺术典·画部》收录《汉书·艺文志》记载的绘画目录、卷数，具体如下：《神输》五篇，图一卷；《孔子徒人图法》二卷；《孙武子兵法》八十二卷，图九卷；《齐孙

---

① 谢巍：《中国画学著作考录》，上海：上海书画出版社1998年版，弁言。

② 何志明、潘运告编：《唐五代画论》，长沙：湖南美术出版社1997年版，第9页。

子》八十九卷，图四卷；《楚兵法》七卷，图四卷；《孙轸》五篇，图二卷；《王孙》十六篇，图五卷；《魏公子》二十一篇，图十卷；《黄帝》十六篇，图三卷；《风后》十三篇；《鹎冶子》二十一篇，图一卷；《鬼容区》三篇，图一卷；《别成子望军气》六篇，图三卷；《鲍子兵法》十篇，图一卷；《伍子胥》十篇，图一卷；《苗子》五篇，图一卷。以上各图大多是先秦古图，是文字文献插图，辅助说明文字文献的内容，但可视为中国早期绘画。宋欧阳修等撰《新唐书·艺文志》卷五十九"唐画目"收入唐朝绘画作品59种，这些作品在撰写《新唐书》时仍然存世，并被宋朝一些书画文献所记载。《新唐书·艺文志》等历史著作所收书画作品，有些是专门书画文献所没收录的，在艺术史研究中可以利用艺术文献和史学文献相互补正。《历代名画记·述古之秘图珍画》著录97种绘画作品，一部分是《隋书·经籍志》和《旧唐书·经籍志》等历史文献记录的。

　　郑午昌[①]撰《中国画学全史》，分为"画之起源与成立、夏商周秦之画学、汉之画学、魏晋之画学、南北朝之画学、隋之画学、唐之画学、五代之画学、宋之画学、元之画学、明之画学和清之画学"共十二章。从"汉之画学"开始，每章分"概况、画迹、画家和画论"四节，"画迹"之研究大多依靠前人书画著录，并说："汉画散见于记载者甚多，但言当时之画，须放大范围；若仅以后人所谓入审美者衡之，则直可谓无画。"[②]"汉之画迹"主要依据文献记载，如《汉书》《后汉书》《山海经》，金石作品多根据《集古录》《金石录》《水经注》《画史》等文献。如："肃宗时郡尉府舍，皆有雕饰，画山神海灵奇禽异兽以炫耀之，夷人益畏惮焉。"（《后汉书·南蛮传》）"汉宣帝甘露三年，单于始入朝，上思股肱之美，乃图画其人于麒麟阁，法其形貌，署其官爵姓名。"（《汉书·苏武传》）"黄帝时，有神荼、郁垒兄弟二人，能执鬼，于度朔山桃木下，简阅百鬼之无道者，缚以苇索，执以饲虎。帝及立桃木于门，画二人像以御鬼，谓之仙木。"（东汉应劭撰《风俗通义》）这应该是民间年画的最早记载。"郭巨墓亦谓之孝经堂，在平阴县东北官道侧，冢上有石室，制作工巧，其内镌刻人物车马。"（《集古

---

　　① 郑午昌（1894—1952），字昶，号弱龛，别号双柳外史、丝鬓散人、黑鸳鸯楼主、且以居士、午社词人等，著名书画家。著有《中国画学全史》《中国美术史》《石涛画语录释义》等著作。
　　② 郑午昌：《中国画学全史》，上海：上海书画出版社2001年版，第29页。

录》）金石作品除了文献记载之外，由于有的传流到现在，也可以根据实物进行研究。郑午昌先生根据文献和金石实物，对汉绘画题材和笔法进行了综合阐述。汉画之题材有三："传写经史故事，实写风俗现状，意写神兽祥瑞。顾实写风俗现状，意写神兽祥瑞，多为当时民间艺术作品。至若王室士族，则极注重经史故事之传写，以其有足昭炯戒助教化之用也，如周公辅成王、孔子见老子等经史故事，尤为绝妙之画材。其制作也，用笔多古拙雄浑；而状物图事，则不避繁复而务求实在，其取材要以人物为主。"①

对魏晋、南北朝、隋朝、唐朝、五代和宋朝画迹的研究，主要依据画史、书画录文献。魏晋画迹主要根据裴孝源《贞观公私画史》，包括魏高贵乡公画四卷、杨修画三卷、曹不兴画五卷、卫协画五卷、张墨画一卷、嵇康画二卷、王廙画六卷、顾恺之画十六卷、史道硕画八卷、夏侯瞻画二卷、戴逵画十一卷、戴勃画三卷、晋明帝画三卷。《贞观公私画史》所著录绘画作品大多取自《太清目》，但由于《太清目》已佚，《贞观公私画史》成了记载魏晋时期绘画作品比较可靠的文献了。"《贞观公私画史》，自梁太清目失传外，实为我国最古最赅之画迹记籍，凡自魏晋而迄隋代以前之遗作，多搜入而著目焉。"②根据《贞观公私画史》记载的绘画作品分析，魏晋绘画题材经史故事占十分之三，风俗现状十分之二，道释画及人像十分之三，其余是"杂禽异兽，及关于学术著作"，而没有山水画的记载，说明当时山水尚未形成独立画科，人物画占据主导位置。郑午昌又根据《历代名画记》《历代书画舫》《画鉴》③《宣和画谱》、郭若虚《图画见闻志》、米芾《画史》、汪砢玉《珊瑚网》等对《贞观公私画史》所未收录的魏晋绘画进行补充，并根据不同时期文献记载，推断绘画作品的存佚及后人临摹情况。以曹不兴绘画作品为例，《贞观公私画史》收五卷，即《清溪侧坐赤龙盘赤龙图》二卷、《龙头样》一卷、《四头南海监牧进十种马图》一卷、《夷子蛮兽样》一卷，未收入《兵符图》。《宣和画谱》有："（不兴）尝画《兵符图》极工，然而不见诸传者，岂非一时秘而不

---

① 郑午昌：《中国画学全史》，上海：上海书画出版社2001年版，第37页。
② 郑午昌：《中国画学全史》，上海：上海书画出版社2001年版，第46页。
③ 宋朝温子融所著，另有宋末元初周密著《画鉴》，作者在《贞观公私画史》中并未注明是哪本，但根据内容推测应该是宋朝温子融所著。

出，故得以传远，不坐丰狐文豹之厄也。今御府所藏一《兵符图》。"①《历代书画舫》则记载："《兵符图》一卷，曹不兴画，旧藏韩太史存良家，绢本，破碎，笔意奇绝。"宋朝温子融所撰《画鉴》则云："宣和内府刻意搜访，不过《兵符图》一卷，笔意神采，疑为唐末宋初人所为。"②郑午昌先生由此推断"是曹画至宋时，已无有存者亦"③。

对南北朝时期绘画研究也主要依据《贞观公私画史》，包括陆探微画二十五卷、陆绥画二卷、顾宝光画十三卷、袁倩画七卷、顾景秀画十卷、谢稚画十一卷、宗炳画四卷、江僧宝画四卷、尹长生画五卷、濮万年画二卷、史艺画三卷、史敬文画三卷、刘瑱画三卷、毛惠远画四卷、史粲画二卷、范惟贤画二卷、毛惠秀画四卷、谢赫画一卷、陈公恩画三卷、钟宗之画一卷、王殿画一卷、章继伯画一卷、陶景真画二卷、姚昙度画二卷、解倩画四卷、西域僧迦佛陀画六卷、梁元帝画六卷、张僧繇画十九卷、张善果画二卷、张儒童画二卷、聂松画一卷、杨子华画四卷、曹仲达画六卷。在研究南北朝画迹时特别强调"《贞观公私画史》所载南北朝画迹如此，其余未曾收载，而散见于各记籍者，亦不少"④，《宣和画谱》《历代名画记》《隋书·经籍志》《山海经》等中都有记载，并根据卷轴画和壁画的题材和内容，作出"以卷轴画迹而言，尚未见佛画之特盛，并壁画而观之，则知当时图画，几全受宗教化焉。其他关系学术礼制之绘画，亦不少"⑤的总结性结论。这也是他把魏晋、南北朝绘画归为"宗教化"的依据。

隋朝绘画研究主要依据《贞观公私画史》和《宣和画谱》，分为"卷轴画、壁画和其他"三类。将壁画单独列类分析，说明壁画在当时已经具有相当大的规模。隋朝画家，大多擅长壁画创作。无论是文献记载，还是传世作品，隋唐时期的壁画都超过卷轴画。唐、五代和宋的画迹主要依据《宣和画谱》。《宣和画谱》是宋徽宗时由内臣撰写的一部宋宣和时期内府收藏的从魏晋到宋名家绘画作品的文献，是第一部系统记录品第宫廷藏画的著作。该书与《宣和书谱》一样都是研究宋以前书

① 岳仁译注：《宣和画谱》，长沙：湖南美术出版社1999年版，第111页。
② 郑午昌：《中国画学全史》，上海：上海书画出版社2001年版，第47页。
③ 郑午昌：《中国画学全史》，上海：上海书画出版社2001年版，第47页。
④ 郑午昌：《中国画学全史》，上海：上海书画出版社2001年版，第68页。
⑤ 郑午昌：《中国画学全史》，上海：上海书画出版社2001年版，第71页。

画艺术的最可靠文献。之所以这样说是因为《宣和画谱》所品评的画家，内府必须有其藏品，最少者一种，多者几种、十几种、几十种，最多至两百多种。也就是说，记载的绘画作品在宣和二年（1120年）仍然藏于内府；另外宋朝时各门绘画艺术都基本成熟，作品空前丰富，鉴藏之风盛行，民间和内府的收藏非常多。皇帝多酷爱书画艺术，以帝王权威和力量广搜天下书画名迹，藏于内府，其全面性、真实性和艺术水准应该非同一般；宋距唐、五代较近，《宣和画谱》所收藏唐和五代绘画作品数量仅次于宋，其中唐朝收自阎立德后共计77人，作品1186种。除了《宣和画谱》外，郑午昌先生在研究唐、五代和宋的画迹时，还参照了米芾《画史》、董逌《广川画跋》、汪砢玉《珊瑚网》、王象之《舆地碑目》，以及《旧唐书》《文苑英华》《白氏长庆集》《山谷集》等艺术、金石、历史、总集和别集文献。《宣和画谱》收藏宋绘画作品达到3300余件，但该书完成于宣和二年，其后宋绘画名作也非常多，南宋嘉定年间（1208—1225）《中兴阁馆藏名画》记录宋名画1000余轴，除去与《宣和画谱》重复者，尚有340余轴。郭若虚《图画见闻志》、邓椿《画继》、周密《云烟过眼录》等对宋绘画记载非常丰富，是补《宣和画谱》之缺的重要文献。

其二，通过文献对艺术作品的记载，了解书画作品的真伪、风格，以及艺术家艺术风格思想。就某一具体艺术作品而言，可以借助不同文献的记载判定其真伪情况。以1900年被八国联军从颐和园抢走，后藏于大英国博物馆的《女史箴图》为例，该画共12段，现存9段，每段书有箴文，卷首有乾隆题字"顾恺之女史箴并书真迹"，卷末有"顾恺之画"。《历代名画记》卷五对顾恺之作品记录非常详细，收录作品三十余幅，"《梁书·外域传》：狮子国晋义熙初献一玉像，高四尺二寸，玉色特异，制作非人工力，历晋、宋朝。在瓦棺寺，寺内有戴安道手制佛五躯，及长康所画《维摩诘》，时称三绝。齐东昏侯取玉像为宠妃钗钏。俄尔而东晋昏侯暴卒。顾画有《异兽古人图》《桓温像》《桓玄像》《苏门先生像》《中朝名士图》《谢安像》《阿谷处女》《扇画招隐》《鹅鹄图》《箨图》《王安期像》《列女仙》《白麻纸三狮子》《晋帝相列传》《阮修像》《阮咸像》《十一头狮子》白麻纸、《司马宣王像》一素一纸、《刘牢之像》《虎射杂鸷鸟图》《庐山会图》《水府图》《司马宣王并魏二太子像》《凫雁水鸟图》《列仙画》《木雁图（三）》

《天女图》《行三龙图》，绢六幅图。山水、古贤、荣启期、夫子、阮湘，并水鸟屏风"。《贞观公私画史》收顾恺之绘画作品十七幅，即《司马宣王像》《刘牢之像》《谢安像》《桓宣像》《列仙像》《唐僧会像》《沅湘像》《三天女像》《八国分猱狲图》《木雁图》《水府图》《庐山图》《行龙图》《樗蒲会图》《虎啸图》《虎豹杂鸷图》《凫雁水洋图》。① 以上两种文献都没有《女史箴图》的记载，北宋以前其他艺术文献也同样没有记载。② 但宋、元、明、清艺术文献对该画记载和考证逐渐增多。《宣和画谱》记载顾恺之名下绘画九种，即《净名居士图》《三天女美人图》《夏禹治水图》《黄初平牧羊图》《古贤图》《春龙出蛰图》《女史箴图》《斫琴图》和《牧羊图》。③ 米芾《画史》说："顾恺之《维摩天女飞仙》在余家。《女史箴》横卷在刘有方家。已上笔彩生动，髭发秀润，《太宗实录》载，购得顾笔一卷。今士人家收得唐摹顾笔《列女图》至刻板作扇，皆是三寸余人物，与刘氏《女史箴》一同；吾家《维摩天女》，长二尺，《名画记》所谓'小身维摩'也。"④ 据米芾记载，当时应该存在顾恺之名下《女史箴图》，但真假并没有作出判断。明汪砢玉撰《珊瑚网》据米芾的记载，将该画确定为顾恺之真迹，"顾笔《女史箴》横卷，人物三寸余，笔彩生动，髭发秀润"⑤。明书画家、鉴赏家董其昌撰《戏鸿堂帖》将该画"箴文"收录，从其跋中可以看出董其昌将该画归入顾恺之名下，"虎头与桓灵宝论书，夜分不寐，此《女史箴》风神俊朗，……自余始为拈出，千载快事也"⑥。而与董其昌关系密切的陈继儒则提出相反看法，在《妮古录》中说："《女史箴》余见吴门，向来谓是顾恺之，其实是宋初笔，（箴文）乃（宋）高宗书，非（王）献之也。"明项元汴曾收藏此画，并在卷末题"宋秘府所藏晋顾恺之小楷书女史箴图神品真迹，明墨林山人项元汴家藏珍秘"。张丑撰《清河书画舫》在顾恺之相关记载只是附带"晋人张茂先（张华，字茂先）《女史箴图》"，认为是晋朝的画，但并未认定是顾恺之所为。清胡敬撰《西清劄记》认为

① 卢辅圣主编：《中国书画全书》第一卷，上海：上海书画出版社2002年版，第172页。
② 伍蠡甫主编：《中国名画鉴赏辞典》，上海：上海辞书出版社1993年版，第125页。
③ 岳仁译注：《宣和画谱》，长沙：湖南美术出版社1999年版，第15—16页。
④ 卢辅圣主编：《中国书画全书》第一卷，上海：上海书画出版社2002年版，第978页。
⑤ 卢辅圣主编：《中国书画全书》第五卷，上海：上海书画出版社2002年版，第1200页。
⑥ 伍蠡甫主编：《中国名画鉴赏辞典》，上海：上海辞书出版社1993年版，第125页。

《女史箴图》为唐人的临摹作品。就文献记载看，对《女史箴图》的看法包括：顾恺之真迹、晋人画、唐临摹、宋临摹。由于北宋以前文献记载很少，唐、宋临摹更有道理，但其临摹原作又来自何处？如果唐时该画已佚失，临摹也谈不上，最多是后人根据当时顾恺之画风格的仿作赝品。杨仁恺先生认为"隋唐官本"比较可信。[①]

艺术作品是艺术史研究的对象之一，在见不到书画作品的情况下，通过文字文献记载和描述可以了解其主要特征。图序、图传、图赞、书赞、图目、书目、画目、赋等是最早的艺术文献形式，在魏晋以前的书画文献中占绝大多数，在历史文献以及历次文献整理中都有收录。文字记述是艺术作品的"传记"，是了解艺术作品基本情况比较可靠的资料，如汉东方朔《五岳图序》、王延寿《鲁灵光殿赋》，三国曹植《画赞》，东晋王廙《孔子十弟子图赞》等。《五岳图序》是最早一篇记述山水画的文字。[②]《五岳图》原作及后人临摹之作，已经无从看到，但借东方朔《五岳图序》可以了解作品的基本风格。现据谢巍先生《中国画学著作考录》摘录如下："五岳真形者，山水之象也。盘曲回转，陵阜形势，高下参差，长短舒卷，波流似于奋笔，锋芝畅乎岭崿。云林玄黄，有如书字之状。是以天真道君，下观规矩，拟纵趣向，因如字之韵，随形而名山焉。……昔黄帝征师诸侯，与蚩尤战于涿鹿之野，遂禽之。诸侯咸宗轩辕为天子，代神农，是为黄帝。天下有不顺者，从而征之，破山通道，未尝宁居。东至于海，登太岋岱宗；西至崆峒，登鸡头；南至于江，登熊湘；北逮蝉粥，合符釜山；而邑于涿鹿之阿，迁徙往来，无有常处。察四岳，并有佐命之山，惟南岳孤峙，而无辅，乃章词三天。太上道君命霍山、潜山为储君。奏可，帝乃自造山，躬写形象，连五图之后。又命拜青城为丈人，署庐山为使者，形皆以次相续。此适始于黄帝耳。……东方朔言：古画五岳真形首目者，乃是神农前世，太上八会群方飞天之书法，殆鸟迹之先代也，自不得仙人译注显出，终不可知……"[③]

《武氏祠堂画像赞》为描述武氏祠堂相关内容的文献。武氏祠位于今山东省济宁市嘉祥县的紫云山，是武氏家族的墓葬，建于汉桓帝建武元年（147年），祠

---

①　杨仁恺主编：《中国书画》，上海：上海古籍出版社2001年版，第15页。

②　谢巍：《中国画学著作考录》，上海：上海书画出版社1998年版，第2页。

③　谢巍：《中国画学著作考录》，上海：书画出版社1998年版，第2页。

堂主人为武梁，以教授经、史、诸子为业。宋朝后倾塌，现存双石阙、1对石狮、2通武氏碑和4组零散的祠堂画像石，其中石刻汉画具有极高的艺术价值和历史文献价值。从艺术学上讲，是了解汉朝绘画艺术最宝贵的实物资料。汉桓帝时（147—167）就出现了《武氏祠画像赞》，宋朝随着金石学的建立和发展，出现了《武氏祠堂画像》详细记载，最早见于赵明诚撰《金石录》。南宋金石学家洪适撰《隶释》及《隶续》记录了其中的一些榜文和部分图像内容，并出现了汉画拓片。①清黄易1786年挖掘武氏祠全部画像石，并撰《访碑图题记》附《修武氏祠堂记》，清中叶瞿中溶撰《汉武氏祠堂石刻画像考》六卷附图一卷，清杨澥辑《武梁祠堂画像石拓片集》，清陆九和撰《汉武氏石室画像题字补考》等。

下面是《佩文斋书画谱》摘录洪适撰《隶释》有关《武氏祠堂画像》的记载："《武氏祠堂画像》为石六，其五则横分为二。梁高行、蔺相如二段，又广于他石。所画者，古帝王、忠臣、义士、孝子、贤妇，各以小字识其旁。有为之赞文者，其事则《史记》《两汉列女传》诸书，合百六十有二人，有标题者八十七人，其十一人磨灭不可辨，又有鸟兽、草木、车盖、器皿、屋宇之属甚众。《水经注》云：金乡有司隶校尉鲁恭冢，冢前有石祠。自书契以来，忠臣、孝子、贞妇、孔子及七十二弟子形象，皆刻之四壁，今此碑无。阙里圣贤知其非鲁君石祠物也。又云：巨野有荆州刺史李刚墓，其石室三间，四壁雕刻为君臣、官属、龟龙、鳞凤之文，飞禽走兽之像。今此碑不画四灵，又知其非李刚石壁也。赵德甫虽云尝得鲁君石室所刻，而题其所藏碑，则云《武氏石室画像》。其说云武氏有数墓在济之任城，墓前有石室，四壁刻古圣贤像，赵君东人当知其实而不能辨。此画为武氏谁人冢前者，金乡、巨野皆隶山阳与任城接境，必是东州阡垄。当时竞有此制。余按任城有从事掾武梁碑以威宗元嘉元年立其辞云：孝子仲章、季章、季立，孝孙子侨躬修，子道竭家所有，选择名石南山之阳，攫取妙好色无斑黄，前设坛墠，后建祠堂，良匠卫改雕文刻画，罗列成行，摅骋技巧，委蛇有章，似是谓此画也。故予以《武梁祠堂画像》名之帝王世纪，称上古圣人牛首蛇身之类，亦犹孔子四十九表所谓龟脊虎掌，世之言相者有犀形鹤形之比也。俗儒作图谱遂有真为异类之状者，此

①《中国大百科全书·文物·博物馆卷》，北京：中国大百科全书出版社1993年版，第260页。

碑所画伏羲自腰以下皆蛇然，亦非也。"①洪适对武氏祠堂的人物刻画及具体情况作了详细描述，同时还对不同地方及个人收藏并称之为《武氏石室画像》进行了分析和辨证，因而《佩文斋书画谱》将这个内容放在"画辨证"类文献中。后来洪适撰《隶续》中《武梁祠堂画记》对上面所刻画的人物又进行了具体叙述："自伏羲于夏桀，齐公至于秦王，管仲至于李善，及莱子母、秋胡妻、长妇儿、后母子骞、浆羊公之类，合七十六人。其名磨灭，初无题识者，又八十六人。"②由此可知，《武氏祠堂画像》开始除了刻画人物之外，还有对所刻画人物的赞颂，留存到今天还有"伏羲、祝诵氏、神农氏、黄帝、姑姊、曾子、老莱子、丁蓝"等八人，都是四言骈文，如"伏羲仓精，初造工业，画卦结绳，以理海内"。文字文献与现存武氏祠画像的对照和相互印证，是研究汉朝绘画、书法、建筑、雕刻及丧葬民俗等的重要方法和途径。

对艺术家的研究包括生平、思想，以及作品风格。艺术风格可以通过其传世艺术作品进行分析研究，而没有传世艺术作品的艺术家则只能借助文字文献记载。艺术家研究可以依赖的文字文献包括：正史和别史中的人物传记、地方志中名人录、艺术文献等，以李思训、阎立本为例，《佩文斋书画谱》中所收阎立本传记资料来自《唐书·阎立本传》《旧唐书·阎立本传》《历代名画记》《唐朝名画录》《广川画跋》；李思训传记资料来自《旧唐书·李思训传》《历代名画记》《画史会要》《唐朝名画录》《东坡集》《云烟过眼录》《容台集》和《画旨》等文献。这些文献的对比利用，是了解艺术家生平、艺术思想及艺术风格的依据。如果艺术家有传世之作，文字文献与艺术作品相互印证，更有说服力，如：

"阎立德雍州万年人，隋殿内少监，毗之子也。毗初以工艺知名。立德与弟立本早传家业，武德中累除尚衣奉御，贞观初封大安县男，历将作大匠，迁工部尚书，进封为公。"（《旧唐书·阎立德传》）"阎立德画《文成公主降蕃图》《玉华宫图》《关雎图》。"（《唐书·艺文志》）"阎立德《职贡图》，异方人物，诡怪之质，自梁魏以来名手不可过也。"（《唐朝名画录》）"常乐坊赵景公寺，三阶院门上白画树石，颇似阎立德予携，立德行天祠粉本验之。"（段成式《寺塔

---

① 王原祁等：《佩文斋书画谱》第5册，北京：中国书店1984年影印本，第2619页。
② 谢巍：《中国画学著作考录》，上海：上海书画出版社1998年版，第6页。

记》）"唐阎立德有《封禅图》。"（《图画见闻志》）"李嗣真云：博陵大安难兄难弟……，二阎同在上品。"（《后画品》）"二阎师于郑张杨展兼师于毗。"（《历代名画记》）①"李思训宗室孝斌之子。高宗时江都令，武后革命，思训弃官潜匿。中宗复宗社，以思训旧业，骤迁宗正卿。开元初，历左武卫大将军，封彭国公。思训尤善丹青，迄今绘事者，推李将军山水。"（《旧唐书·李思训传》）"思训早以艺称于当时，一家五人并善丹青，书画称一时之妙。其画山水树石，笔格遒劲，时人谓之大李将军。"（《历代名画记》）"思训用金碧辉映为一家法，后人所画着色山，往往宗之。"（《画史会要》）"思训山水绝妙，鸟兽草木皆穷其态。天宝中，明皇召思训画大同殿壁兼掩障。异日因对语思训曰：'卿所画掩障，夜闻水声，通神之佳笔也，国朝山水第一。'"（《唐朝名画录》）"唐李将军思训，作《明皇摘瓜图》，嘉陵山川中，帝乘赤骠起，三骏与诸王及嫔御十数骑出，飞仙岭下初见平陆，马皆若惊，而帝马见小桥，作徘徊不进状。"（《东坡集》）"李思训《溪山满卷》，皆小景，甚奇。"（周密《云烟过眼录》）"李思训画一鱼甫完，未施藻荇之类，有客扣门，出看寻入，失去画鱼，使童子觅之，乃风吹入池水，拾视之，唯空纸耳。后尝戏画数鱼投池内，经日夜终不去。"（《容台集》）"唐时始分画之南北二宗，北宗则李思训父子，着色山水，流传而为宋之赵干、赵伯驹、赵伯骕，以至马远、夏珪辈。"（董其昌《画旨》）②

据《历代名画记》记载，魏晋时期著名画家在百人以上，因时代久远，其作品已经散佚，即使是后人临摹之作，也难见到，因而只能根据文献"按图索骥"了。"（曹）不兴之迹，殆莫能传，唯秘阁之内一龙而已"（《古画品录》），而继承其画风的是卫协，顾恺之在《魏晋胜流画赞》提到曾看到过他的几幅作品，谢赫对其评价甚高，"古画之略，至协始精，六法之中，殆为兼善，虽不该备形妙，颇得壮气，陵跨群雄，旷代绝笔"。③张僧繇之真迹已无，后人临摹之笔还可见到，④文献记载他作画时"笔才一二，像已应焉"。

① 王原祁等：《佩文斋书画谱》第3册，北京：中国书店1984年影印本，第1209页。
② 王原祁等：《佩文斋书画谱》第3册，北京：中国书店1984年影印本，第1217页。
③ 卢辅圣主编：《中国书画全书》第一卷，上海：上海书画出版社2002年版，第1页。
④ 杨仁恺主编：《中国书画》，上海：上海古籍出版社2001年版，第13页。

　　其三，文献是研究中国艺术思想发展史的主要依据，包括艺术家个人思想、流派思想，以及一个时期在特定社会历史条件下形成的艺术思潮，如艺术发生学思想、艺术美学思想、艺术创作思想和艺术批评思想等。艺术思想研究是对艺术现象的理论概括和把握，文献中关于艺术发生、艺术美学、艺术创作和艺术批评的内容非常丰富。对其进行系统整理、阐释和利用是艺术思想研究的主要依据，也是艺术文献学研究的主要目的，并由此建立艺术学的分支学科：中国艺术发生学、中国艺术美学、中国艺术批评学等。近年出版的中国艺术美学、中国艺术批评学等著作无不是建立在丰富的艺术文献基础之上的，如徐复观著《中国艺术精神》、郭茵著《中国绘画美学史稿》、葛路著《中国古代绘画理论发展史》《中国绘画美学范畴体系》、温肇桐著《中国绘画批评史》以及李一著《中国古代美术批评史纲》等。

　　其四，艺术文献的辨伪问题与艺术文献的可靠性，直接影响艺术史研究的真实性。艺术文献和艺术作品一样存在真伪问题，客观真实的文献可以辅助鉴别艺术作品的真伪，增强艺术学研究的科学性。利用艺术文献进行艺术史研究，要注意艺术文献本身真伪问题，依据书画目录确定书画基本情况必须先认定文献本身年代的科学性和准确性，以伪文献去印证艺术问题，其科学性可想而知。这就涉及文献的辨伪问题，在"艺术文献学研究目的与方法"一章已有论述。

## 第三节　艺术文献学研究成果运用与艺术史结构体例创新

　　中国美术史研究已经取得了一定的成果，陈师曾、姜丹书、郑午昌、潘天寿、俞剑华、胡蛮、李朴园、滕固等人都撰写过美术史。就内容看，这些著作分为通史、断代史和专题史三类。通史又可以分为三类：第一类是适合中等和高等院校教学需要的教材，如姜丹书撰《美术史》、潘天寿撰《中国绘画史》；第二类是专著，如郑午昌撰《中国画学全史》、王伯敏主编《中国美术通史》、王朝闻主编

《中国美术史》等；另一类是简史，如滕固撰《中国美术小史》、傅抱石撰《中国绘画变迁史》等。就撰写结构而言，包括两类：一类是按照封建历史分期或编年而撰写的美术史，如郑午昌撰《中国画学全史》、潘天寿撰《中国绘画史》、俞剑华撰《中国绘画史》、李朴园撰《中国艺术史概论》、滕固撰《中国美术小史》等；另一类是用分类、分科的方法撰写的，如姜丹书撰《美术史》开创了这种体例的先河，冯贯一撰《中国艺术史各论》和郑午昌撰《中国美术史》也沿用了这种方法，即由分类史来构成中国美术史的体系，如《中国艺术史各论》分文字、书法、绘画、铜器、陶瓷、玉器、漆器、丝绣、地毯、文房四宝、建筑、汉画像石、壁画、云岗石佛、龙门及其他二十章。

　　艺术史是建立在文献史料基础之上的，其结构体例也会因艺术文献学的研究成果而发生变化。文献学家张舜徽在《中国文献学》中说："整理文献的主要目的和重大任务是从复杂的（文献）资料中，去粗取精，经过剪裁熔铸，编述为内容丰富的通史。"[①]在利用各种文献和出土文物的基础上，"创立新的《中华人民通史》体例"，打破"过去史学家如司马迁、郑樵编述通史的体例"[②]，提出《中华人民通史提纲》，包括"地理（包括一些重大的工程项目，如水利、长城修建等）、社会、创造、制度、学艺和人物"六个部分，从而打破以封建王朝更迭为顺序结构体例，以及司马迁的纪传体的历史撰写方法。其中的"学艺"和"人物"内容和结构体例是艺术史撰写可以借鉴的。

　　"学艺"部分包括：（一）文字：文字发生、发展变化的历程；六书分类之说；形、声、意三者的关系；文字形体孳乳日多的原因；声与韵；历代字书所载字数。（二）文学：散文；诗骚及乐府；古今体诗；词；曲本；小说；骈文及八股。（三）美术：绘画；书法；雕塑；建筑；织染；刺绣；琢玉、漆饰、陶瓷和冶铸。（四）音乐：音律；古代音乐；汉以后少数民族对音乐的贡献；唐之雅乐；清乐；四十八调的变化；元明间的南北曲；乐器；乐舞；戏剧。（五）礼俗：尊卑间的等级礼仪；宗法；丧服；重男轻女的理论和习俗；君权、夫权、族权的为害。（六）宗教：古代的迷信与神话；阴阳家言及谶纬家言；道教的兴起与传播；佛教的传入

---

① 张舜徽：《中国文献学》，郑州：中州书画社1982年出版，第363页。
② 张舜徽：《中国文献学》，郑州：中州书画社1982年出版，第371页。

与流派；摩尼教、犹太教、回教、基督教的传人。（七）学术：古代学在官府；周末百家争鸣；儒家经传之出现；汉武帝罢黜百家、表彰六经；两汉经学；南北朝隋唐经学；佛典的翻译；佛教、道教的争辩与会通；宋元理学的勃兴；程朱与陆王；汉学与宋学；启蒙思想的出现。（八）书籍：龟甲、简牍、帛书；石经；书籍的传写装潢；印刷术发明后的影响；活字板；汉以来历代官府的藏书；宋明以来私人的藏书；类书的编纂；丛书的辑印；制图与拓帖。

"人物"部分包括：（一）农民革命家（二十三人）：陈胜等；（二）政治家（四十六人）：管仲等；（三）军事家（二十三人）：廉颇等；（四）外交家（五人）：苏秦等；（五）思想家（三十五人）：老子等；（六）教育家（三十二人）：孔丘等；（七）科学家（二十五人）：张衡、沈括、李诫、宋应星等；（八）工技家（十五人）：包括鲁班、李冰、赵过、蔡伦、李春、毕升、高超、宇文恺、耿询、怀丙、燕肃、孙威、黄道婆、潘季驯、翟金生；（九）医学家（十七人）：扁鹊等；（十）历史学家（二十四人）：司马迁等；（十一）文献学家（三十三人）：刘向、赵明诚等；（十二）地理学家（十一人）：裴秀等；（十三）语言文字学家（十七人）：史游等；（十四）文学家（四十九人）：屈原等；（十五）书法家（十九人）：蔡邕、钟繇、王羲之、王献之、欧阳询、虞世南、褚遂良、颜真卿、卫道韫、柳公权、米芾、蔡襄、赵孟頫（兼画家）、巙巙、文征明（兼画家）、伊秉绶、邓石如、张裕钊、何绍基；（十六）绘画家（三十一人）：顾恺之、展子虔、李思训、阎立本、吴道子、王维、徐熙、黄筌、郭熙、李公麟、赵佶、马远、夏珪、黄公望、管道昇、王冕、吕纪、林良、沈周、徐渭、朱耷、原济、马守真、高其佩、恽格、吴历、王时敏、王鉴、王原祁、王翚、华岩；（十七）戏剧音乐家（三人）：珠帘秀、柳敬亭、成兆才；（十八）宗教家（八人）：张道陵、法显、僧佑、智顗、隆琦、道宣、玄奘、鉴真；（十九）货殖家（四人）：范蠡、徐润、胡光墉、张謇。

综观张舜徽先生以文献学为基础的通史思想，其出发点是依据历史文献资料和文物资料以重要的事件和人物为记述主题，按照时间顺序撰写通史。在艺术文献学研究基础上，结合传世艺术作品，以及考古发现的文物资料，重构艺术史撰写的结构体例，可以将艺术史分为以下几个部分：

　　一、艺术的起源与原始艺术。艺术起源属艺术发生学的范畴，也是艺术原理、艺术史研究的重要内容。有关艺术起源的问题，中国古代虽然没有提出什么具体学说，但古典文献中却有大量相关言论阐明了艺术起源的观点。艺术的起源与人类的起源密切相关，人的产生是艺术产生的前提，而人类的某种"功利"需要是艺术产生的直接原因。魏晋南北朝时期文艺理论家刘勰认为人与天地配合，孕育灵性，产生天、地、人"三才"，由此才产生包括艺术在内的"人文"，人"为五行之秀，实天地之心。心生而言立，言立而文明，自然之道也"（《文心雕龙·原道》）。"歌咏所生，宜自生民始也。"（《宋书·谢灵运传》）[1]类似关于艺术起源的观点、言论和事例在春秋战国的史书及诸子文献中非常丰富，通过对这些内容的系统分类整理，借此加强艺术发生学的研究，是艺术原理、艺术史研究的重要内容。

　　二、门类艺术发展史。即根据艺术分类撰写各自的历史，美术史应进一步细分为绘画史、书法史、雕塑史、工艺美术史、建筑史。或根据美术的题材，撰写专题艺术史，如山水画史、人物画史、花鸟画史，以及系统研究宗教和美术关系的宗教美术史等。

　　三、艺术批评发展史。中国美术批评的文献资料非常丰富，特别是书画批评。《古画品录》是中国最早的美术批评著作；《历代名画记》既是画史著作，又是绘画批评著作；唐朱景玄《唐朝名画录》提出了"神、妙、能、逸"的"四品"说，绘画批评进入新的时期；宋郭熙《林泉高致》、刘道醇《宋朝名画评》、黄休复《益州名画录》、明董其昌《画旨》、清石涛《画语录》等都有丰富的美术批评思想。温肇桐先生将中国绘画批评分为四个阶段：萌芽期——先秦至西晋，出现了零星的艺术批评言论；独立期——东晋至南北朝，出现了专门的绘画著述，奠定了绘画批评的理论基础；繁荣时期——唐宋朝，确定了"神、妙、能、逸"的批评标准；多元发展时期——元、明、清，创建了多种独特评价体系和方式。[2]艺术批评理论是艺术理论的重要组成部分，二者息息相关。葛路先生将中国绘画理论发展分为三个阶段：春秋至汉代，最早散见于先秦诸子百家之言论；秦汉至唐五代是绘画理论蓬勃发展时期；宋

---

① 李泽厚、汝信主编：《美学百科全书》，北京：社会科学文献出版社1990年版，第610页。

② 温肇桐：《中国绘画批评史略》，天津：天津人民美术出版社1982年版。

朝至清，是绘画理论大转折的时期，其中文人画的作用不可磨灭。[①]李一先生将中国美术批评发展分为五个阶段：萌芽期——先秦两汉；确立期——魏晋南北朝；成熟期——隋唐五代；转捩期——宋元；鼎盛期——明清。[②]陈池瑜先生在《中国美术批评学研究提纲》一文中，从八个方面对中国艺术批评进总结分析：（一）建立中国艺术批评学的意义。中国艺术文献有丰富的艺术批评思想，并与哲学、宗教、文化等密切相关，无论是精神观念还是批评范畴、批评标准、理论形态都非常独特，与西方艺术批评迥然不同；（二）兴成教化，中国美术批评的儒家传统；（三）身与物化，中国美术批评中的山水精神；（四）象、意、形、神，中国美术批评中的主要范畴；（五）气韵生动，中国美术批评中的审美标准；（六）风、骨、筋、肉，中国美术批评中的拟喻方法；（七）神、妙、能、逸，中国美术批评的风格品类；（八）品、评、史、论，中国美术批评的整一形态。[③]挖掘艺术文献资源，进行艺术批评史研究，并建立中国艺术批评范畴、概念和理论体系，是艺术文献学研究的重要目的和任务。

四、艺术美学思想史。艺术美学是研究艺术学与哲学、艺术学与美学之间关系的学科。艺术美学思想是通过艺术行为所体现的美学主张或审美观点。在西方美学思想体系传入以前，中国美学同哲学、伦理学，特别是文学和艺术理论融合在一起，古代艺术又与文学、哲学，以及伦理学存在密切关系，因而中国艺术美学思想虽然主体集中于以艺术为主体的文献中，但在文学、哲学、宗教、伦理学等文献中也有广泛分布。在中国美学史研究中，艺术美学占有相当大的比例。李泽厚、刘纲纪主编的《中国美学史》，认为音乐美学和书画美学占有重要位置。如孔子关于"成于乐，游于艺"，有关艺术作用的"兴、观、群、怨"，以及"文质"统一的美学思想；墨子"非乐"美学思想；老子对审美与艺术活动的基本态度；荀子论美感的实质与艺术的社会功能；《乐记》的美学思想；《韩非子》对美与艺术的观点；《吕氏春秋》的美学思想；《淮南鸿烈》"文与质"，"形、气、神"等的美学思想；扬雄"言为心声，书为心画"的观点；汉书法（包括崔瑗《草书论》、许慎《说文解字》和蔡邕的书法美学）的美学思想；阮籍《乐论》的美学思想；嵇

---

① 葛路：《中国古代绘画理论发展史》，上海：上海人民美术出版社1983年版，"出版说明"。

② 李一：《中国古代美术批评史纲》，哈尔滨：黑龙江美术出版社2000年版，第16页。

③ 陈池瑜：《中国美术批评学研究提纲》，《美术观察》2003年4期。

康"声无哀乐论"的美学思想；魏晋书法的美学思想；魏晋画论中的美学思想（顾恺之绘画的美学思想）；宗炳《画山水序》的美学思想；王微《叙画》、谢赫《古画品录》、姚最《续画品》的美学思想；齐梁书法理论中的美学思想（王僧虔的书论、袁昂《古今书评》、萧衍的书论、庾肩吾的《书品》等）。① 该书截止于南北朝，在中国早期艺术美学思想研究上，取得非常大的成就。在北京大学哲学系美学教研室编撰的《中国美学史资料选编》中，书画文献、音乐文献，以及文人学者讨论艺术的文献资料，占绝大多数，内容包括：（一）先秦诸子及以前文献中有关艺术的零星言论，如《左传》中的"铸鼎象物"，《国语》中的"政象乐，乐从和"，《论语》的"美与大""论乐"，《墨子》中的"非乐"，《孟子》中的"充实之谓美""目之于色有同美""与民同乐故能乐"，《老子》中的"美与恶"，《庄子》中的"美与大""自美则不美"，《周礼·考工记》中的"画缋之事""梓人为笋虡""知者创物"，《韩非子》中的"画犬马最难，画魅最易"，《淮南子》中的"论美丑"等。值得注意的是，这些艺术美学思想，一般与哲学、伦理学等融合在一起；（二）文学家、史学家、哲学家等艺术美学思想言论，如扬雄、曹植、萧衍、王维、李白、杜甫、韩愈、柳宗元、白居易、杜牧、欧阳修、王安石、苏轼、曹雪芹，以及司马迁、姚鼐、郑樵、章学诚、朱熹、黄宗羲、顾炎武、叶燮等，大多源于他们的别集文献；（三）书画家的艺术美学思想，包括其言论及理论著作，如卫夫人、王廙、王羲之、顾恺之、宗炳、虞世南、颜真卿、徐渭、董其昌、石涛、郑板桥等。他们大多有书画文章或著作，如顾恺之《魏晋胜流画赞》《画云台山水记》、宗炳《画山水叙》、董其昌《画旨》和石涛《画语录》等；（四）书画史、书画品评、书画论著作，如谢赫《古画品录》、姚最《续画品》、孙过庭《书谱》、李嗣真《书后品》《续画品录》、张怀瓘《画断》、朱景玄《唐朝名画录》、张彦远《历代名画记》、黄休复《益州名画录》、郭熙《林泉高致》、郭若虚《图画见闻志》和董逌《广川画跋》等。②

　　根据艺术分类，艺术美学思想史研究可以再分为音乐美学思想史、绘画美学思想史、设计美学思想史、舞蹈美学思想史、戏剧美学思想史等，或以某时代，如先

---

① 李泽厚、刘纲纪主编：《中国美学史》，北京：中国社会科学出版社1984年版。
② 北京大学哲学系美学教研室编：《中国美学史资料选编》，北京：中华书局1980年版。

秦艺术美学思想；某个艺术家，如顾恺之艺术美学思想；某种艺术文献，如诸子艺术美学思想；以研究对象，进行专题或断代研究。

五、艺术家名录。艺术家是艺术创作的主体，其生平、主张、作品及其艺术风格、传承关系是艺术史研究的重要内容。将历史文献、艺术文献中相关内容进行收集、整理、分类、校勘，然后以纪传体撰写以艺术家为主体的艺术史，是对艺术史研究的一种有意义的尝试。俞剑华先生编《中国美术家人名辞典》记古今书法家、画家、篆刻家、雕塑家、工艺美术家等约3万人，按照艺术家姓氏笔画排序，在词条后面注明文献资料的来源，如"张择端"条注"《清明上河图跋》《图绘宝鉴》《寓意编》《严氏书画记》《南濠文跋》《铁网珊瑚》《清河书画舫》《东图玄览》《孙退谷寓目记》《历代名画跋》《退庵题跋》。"在该书《前言》说："本书资料来源均注明出处，一大部分沿用类书，未能查遍全书，沿误之处，一定不少。"类似的文献还有朱铸禹编《唐前画家人名辞典》《唐宋画家人名辞典》，都注明文献资料来源，包括古籍文献和现代文献。王伯敏编《132名中国书画家》，按年代顺序编排，上起曹不兴、戴逵，下至陈师曾、高剑父等。

六、艺术作品名录。通过对艺术作品具体情况，如时代、作者、名称、形式、质地、题材、创作年代、纵横以及其他情况的系统描述，形成艺术作品的"传记"，既包括传世艺术作品，也包括通过文献辑录获得的某一时期存在的艺术作品。在古典书画文献中，对作品记载非常多，"书画史"类和"书画著录"类文献，是著录最集中的地方。传世艺术作品可以结合文献记载，进一步分析研究，然后详细描述；已经佚失的只能通过不同文献的记载，进行相互印证，然后进行科学描述。《书画书录解题》列"著录"类，收录以书画作品著录为主要内容的文献，包括"记事、前代内府所藏、一家所藏、鉴赏和集录"五目。"记事"收刘宋时期虞龢撰《论书表》、唐韦述撰《叙画录》、唐武平一撰《徐氏法书记》、唐徐浩撰《古迹记》、唐张怀瓘撰《二王书录》、唐卢玄卿《法书录》6种；"前代内府所藏"包括《宣和画谱》《宣和书谱》《南薰殿尊藏图像目》《茶库贮藏图像目》、清胡敬撰《南薰殿尊藏图像考》和《西清箚记》、清乾隆敕编《秘殿珠林》和《石渠宝笈》、清阮元撰《石渠随笔》、近代金梁辑《盛京故宫书画录》、《古物陈列所书画目录》11种；"一家所藏"收宋李廌撰《德隅斋画品》、明张泰阶撰《宝绘录》、明张丑撰《南阳法书表》《南阳名画表》《清河书画表》、明茅维撰《茅氏南阳名画表》、明文嘉编《钤山堂书画记》、原题明朱之赤撰《朱卧菴藏书画目》、清孙承泽撰《庚子消夏记》、清高士奇撰《江村书画目》、清姚际恒撰《好古堂家藏书画记》、清周二学撰《一角编》、清孙星衍撰《平津馆鉴藏书画记》、清梁章钜撰《退庵所藏金石书画跋尾》、清韩泰华撰《玉雨堂书画记》、清蒋光煦撰《别下斋书画录》、佚名《我川书画记》、清陶樑撰《红豆树馆书画记》、清张大镛撰《自怡悦斋书画录》、清胡积堂撰《笔啸轩书画录》、清孔广陶撰《岳雪楼书画录》、清方濬颐撰《梦园书画录》、清余恩铦撰《藏拙轩珍赏目》、清顾文彬撰《过云楼书画记》、清杜瑞联撰《古芬阁书画记》、清葛金烺撰《爱日吟卢书画录》、清邵松年撰《古缘萃录》、清陈夔麟撰《宝迂斋书画录》、近人庞元济撰《虚斋名画录》、近人吴芝瑛编《小万柳堂王悝画目》、近人秦潜辑《曝画记余》、近人关冕钧撰《三秋阁书画录》共32种；"鉴赏"目包括：宋米芾撰《宝章待访录》《书史》《画史》、宋末元初汤垕撰《画鉴》、宋末元初周密撰《云烟过眼录》、明朱存理撰《珊瑚木难》、明都穆撰《寓意编》、明张丑《法书名录见闻表》和《真迹日录》、明汪砢玉撰《珊瑚网》、明项药师撰《历代名家书画题跋》、明郁逢庆撰《郁氏书画题跋记》、明末清初顾复撰《平生壮观》、清张庚撰《图画精意识》、清迮朗撰《三万六千顷湖中画船录》、清刘体仁撰《七颂堂识小录》、清高士奇撰《江村消夏录》、清吴升撰《大观录》、清缪曰藻撰《寓意录》、清安歧撰《墨缘汇观》、清陆时化撰《吴越所见书画录》、清陈焯朝撰《湘管斋寓赏编》、清潘世璜撰《须静斋云烟过眼录》、清吴荣光撰《辛丑消夏记》、佚名《我川寓赏编》、清李佐贤撰《书画鉴影》、清谢堃撰《书画所见录》、清陆心源撰《穰梨馆过眼录》、清李葆恂撰《海王村所见书画录》29种；"集录"收唐裴孝源《贞观公私画史》、唐褚遂良《右军书目》、明杨慎撰《名画神品目》、明赵琦美撰《铁网珊瑚》、明孙凤撰《孙氏书画钞》、明张丑《清河书画舫》、清卞永誉《式古堂书画汇考》、清李调元撰《诸家藏书画簿》、清黄本骥撰《颜书编年录》、清青浮山人撰《董华亭书画录》共10种。①艺术作品名录可以分为以下几种类型：

---

① 余绍宋：《书画书录解题》，杭州：浙江人民出版社1982年影印本，第14—17页。

通史性质的艺术作品目录。根据文献和传世艺术作品，以时代为序，以艺术家作品为单元，对各个历史时期的书画作品进行系统详细的记述，并标明作品时代、主题、作者、存佚情况。这是一项复杂而艰巨的工作，需要查阅大量的艺术文献及历史文献，把不同文献对同一作品的描述进行对照，再将文献记载与传世艺术作品相互印证，由此建立客观真实的艺术作品目录，对了解中国书画艺术的发展规律具有重要意义。

传世艺术作品目录。对现存书画作品建立目录，并附照片资料。中国书画作品数量繁多，真伪混杂，建立客观科学的传世艺术作品目录，关键在于书画作品真伪鉴定。1983年文化部成立中国书画鉴定组，对全国范围内公私收藏的书画进行全面系统考察、鉴定，并分别出版了《中国古代书画目录》《中国古代书画图目》和《中国古代书画精品录》。《中国古代书画目录》是一种帐目式目录，凡被鉴定为真品者，一律收录，格式为"编号（收藏号）、时代、作者、作品名称、形式、质地、墨色、创作年代、纵横（尺寸）、备注"十个项目。《中国古代书画图目》是附有黑白图版的目录，该书从《中国古代书画目录》中精选出一批艺术水平较高者进行收录，所收作品在《中国古代书画目录》相应目录上加注"△"，以备检索。《中国古代书画精品录》是从《中国古代书画图目》中精选艺术水准更高的，印为彩色图录，并附有文字说明。林树中先生主编的《海外藏中国历代名画》，是一部收流传海外的中国书画作品目录。人民美术出版社等四家单位联合出版的《中国美术全集》其实也是一部综合的美术传世作品图录。

分类艺术作品目录，包括书法作品目录、绘画作品目录、雕塑作品目录、工艺品目录等。徐邦达先生等人编写《中国美术史图录》丛书，包括《中国绘画史图录》《中国印章史图录》《中国雕塑史图录》《中国工艺史图录》《中国版画史图录》《中国陶瓷史图录》《中国书法史图录》《中国建筑史图录》《中国民间年画史图录》就属于这种类型的目录。这套专题目录具有极强的文献价值，包含了丰富的艺术信息，对中国艺术史研究具有重要意义，同时在方法和体例上具有参考价值。以《中国绘画史图录》"明朝张灵《朝仙图卷》"为例：

张灵，字梦晋，吴（今苏州市）人。善画人物山水，笔致秀逸。善诗，好交游，使酒狂放，与唐寅齐名。生卒年月不详。《朝仙图卷》为纸本，纵29.8厘米，横111.5厘米。墨笔画，石桥坡岸边芦荻芙蓉，一女笼袖对月独立。白描衣纹细劲飘洒，仕女姿容秀美。款："张灵图"，钤白文"张灵印"一印。

日本学者铃木敬编写的《中国绘画综合图录》（东京大学1982年版）也属于这种类型的目录，图录以时代为序，共五卷，前四卷为正文，第五卷为主题和作者索引。主题索引按绘画题材分道释、人物、宫室、番族、龙鱼、山水、禽兽、花鸟、杂画、书迹十类。时代艺术作品目录，即某朝代或时期艺术作品的目录，如《中国美术全集》的《隋唐五代绘画》。艺术家作品目录，即针对某个艺术家所有作品而建立的目录。某收藏机构艺术作品目录，如日本讲谈社和中国文物出版社合作出版的《中国博物馆丛书》，包括《天津艺术博物馆》《南京博物院》《陕西博物馆》等就属于这种类型。

综合本章所述，艺术文献的运用与艺术史研究的关系是非常密切的，艺术史研究必须建立在丰富、可靠的文献资料基础之上。在直接研究传世美术作品受到限制的情况下，文字艺术文献就成了艺术史研究的主要依据。同时，前人研究美术史的著述也是后人可以借鉴的资料。对艺术文献资料进行系统整理并加以利用，结合艺术史研究的实际需要，建立科学合理的艺术史结构体系是艺术文献学研究成果的升华。

# 结　语

　　"艺术文献是记录艺术知识信息的载体"，与其他文献相比，其特殊性表现在：记录手段多样，除文字文献外，还有艺术语言、符号、图像，以至艺术作品本身形成的文献；文献载体多样，非书资料丰富；艺术文献价值具有经久性，一些古典文献属文物范畴；艺术作品具有文献属性，记录的信息具有多学科性，通过艺术语言在传达艺术信息——艺术风格、艺术思想等的同时，也传达其他相关信息，如生活方式、伦理观念、社会政治事实等，其用途往往超出艺术学范围。

　　古典艺术文献研究必须阐明古今"艺术"内涵的差异：中国古代"艺术"的内涵是不断发展的，称为"艺术"的文献并非都属于今天艺术文献范畴；古典文献中，一些没有冠以"艺术"的文献，有众多属于今天艺术文献范畴，而且这类文献占有相当大的比例，广泛分布于"经、史、子、集"各部文献中，特别是"集"部文献的艺术学价值还没有被充分认识。在搜集整理古典艺术文献过程中，类书可以提供发现艺术文献的途径，是艺术文献学研究可以倚重的工具。从艺术文献内涵出发，纸载体文字文献是艺术文献学研究的重点，不单是古典艺术文献著作，而且还包括"经、史、子、集"各部文献零散的、未以"艺术"名称出现的文献；由于金石与艺术的关系密切，决定了金石文献也属于艺术文献学的研究范畴，但这并不意味着金石学和艺术文献学研究的雷同，二者目的上存在着根本差异：金石学研究方法和目的是"著录、摹写、考释和评述，用以证经典之同异，证诸史之谬误，补载籍之缺佚，考文字之变迁"；艺术文献学则研究金石作品、金石文献的艺术文献价值，金石作品有的就是书法、雕刻艺术品；金石作品目录（金石图谱目录）是了解古代器物造型、审美问题的重要资料；金石铭文具有艺术文献价值；金石作品，如古代乐器，是辅助破解古代艺术之迷的重要依据；金石图录是研究古代工艺美术的重要文献。

艺术文献学是艺术学和文献学的交叉学科，也是艺术学建立、发展和完善的基础学科。其研究内容包括：艺术文献学基本理论，即艺术文献基本理论、应用理论和检索理论，确定艺术文献学的学科性质、特征、体系，艺术文献学建立的意义，以及它与艺术学、文献学、图书情报学、考古学、文物学、金石学等的关系；艺术文献的界定及在古典文献中分布规律的确定；文献学与艺术学的关系；艺术作品的文献属性及其蕴藏信息的解读和利用；门类艺术文献研究；艺术文献内容研究，包括艺术史料、艺术思想、艺术家等。

艺术文献学研究目的在于：其一，艺术文献本体研究，借助一般文献学方法，并结合艺术学相关知识进行；其二，艺术文献内容研究，也就是利用艺术文献学成果，进行相关学术研究。本体研究主要是文献系统化、客观化和现代语释，目的是为艺术学研究提供真实、系统和方便利用的文献资源。具体包括：艺术文献系统化——目录、结集、分类整理。艺术文献目录的建立是艺术学研究的捷径，包括艺术作品目录、著述文献目录、专书文献目录。艺术文献的结集以版本、校勘、辨伪为基础，也就是说艺术文献的系统性是建立在客观科学基础上的，采用方式包括"丛书、类书、丛纂、类纂"等；艺术文献客观化——版本、校勘、辨伪、辑佚。艺术文献版本研究的目的在于借助版本学知识，了解各种版本的优劣，利用内容最真实可靠的版本为校勘、整理和结集服务，而不是就文献"书写或印刷的形式、年代、版次、字体、行款、纸墨、装订"等进行研究。艺术文献校勘的目的在于恢复文献本来面貌，实现艺术文献的客观准确，为艺术学研究提供科学依据。艺术文献辨伪的目的在于确认"艺术文献的真实性，为艺术学研究提供客观真实的文献资料"。艺术文献辑佚的目的在于从现存文献中辑录已经散佚的文献，以求恢复散佚文献的原貌；艺术文献的现代语释——断句、注释、翻译；艺术文献信息化、数字化——载体转移与数据库的建立。

艺术文献内容研究包括：解读艺术作品信息，建立图像艺术史；利用艺术文献学的研究成果，辅助艺术学研究。艺术文献与艺术学研究关系非常密切，本书从古典艺术文献与艺术起源研究，以及文献与艺术史研究的关系的角度对这一问题进行了探讨。对艺术起源而言，艺术学界多接受的是西方学术观点，而在中国古典文献中对艺术起源问题已有深刻探讨，并形成了特殊的概念范畴和理论体系，如书画起源与摹仿的关系、书画起源的功能主义思想、艺术与礼教的关系等。文献和艺术史研究的关系更密切，与传世艺术作品、科学的田野考察和考古发现的实物资料同是艺术史的依据，特别是由于中国书画主要以绢帛、宣纸为载体，有一定寿命期限，而且具有容易受水火、战乱等灾难的破坏的局限，文字文献对研究中国书画艺术更是具有不可替代性。从"广义的史学就是文献学"出发，文献学研究成果是艺术史研究和结构体系创新的依据，笔者认为应该从以下几个方面或角度撰写艺术史：艺术的起源与原始艺术、门类艺术发展史、艺术批评发展史、艺术美学思想史、艺术家名录、艺术作品名录。"类例既分，学术自明"，艺术文献分类是艺术文献学研究的重要内容，也是艺术文献系统研究、保护与利用的途径。艺术文献可以根据艺术分类、文献加工方式、文献的载体进行分类。本书以艺术学研究的实际需要为出发点，从内容和形式两个方面把古典艺术文献分为：美术史文献；美术理论文献；美术创作文献；美术批评文献；目录；类书、辑录；丛书、纂集；设计艺术文献；年表和图录等。目的是方便艺术学研究需要，为艺术文献整理提供一条途径，而不是强行把文献进行分类，或者说这里的分类也是为艺术文献内容研究服务的。

# 参考文献

1. 姚名达：《中国目录学史》，上海：上海古籍出版社2002年版。

2. 王欣夫：《文献学讲义》，上海：上海古籍出版社1986年版。

3. 王欣夫：《王欣夫说文献学》，上海：上海古籍出版社2000年版。

4. 吴枫主编：《简明中国古籍辞典》，长春：吉林文史出版社1987年版。

5. 吴枫：《中国古典文献学》，济南：齐鲁书社1982年版。

6. 余嘉锡：《余嘉锡说文献学》，上海：上海古籍出版社2000年版。

7. 郑鹤声、郑鹤春：《中国文献学概要》，上海：上海古籍出版社2001年版。

8. 武汉大学《中文工具书使用法》编写组编：《中文工具书使用法》，北京：商务印书馆1989年版。

9. 武汉大学、北京大学《目录学概论》编写组编：《目录学概论》，北京：中华书局1986年版。

10. 张舜徽：《中国文献学》，郑州：中州书画社1982年版。

11. 张舜徽：《文献学论著辑要》，西安：陕西人民出版社1985年版。

12. 杜泽逊：《文献学概要》，北京：中华书局2001年版。

13. 潘树广主编：《艺术文献检索与利用》，杭州：浙江美术出版社1989年版。

14. 潘树广编：《书海求知：文科文献检索方法释例》，北京：知识出版社1987年版。

15. 潘树广、黄镇伟、涂小马：《文献学纲要》，桂林：广西师范大学出版社2000年版。

16. 赵国璋、潘树广主编：《文献学辞典》，南昌：江西教育出版社1991年版。

17. 张传玺主编：《中国历史文献简明教程》，北京：北京大学出版社1990年版。

18. 陈登原：《古今典籍聚散考》，上海：上海书店1983年版。

19. 严灵峰、陈登原辑：《书目类编·古今典籍聚散考》，台北：成文出版社1978年影印本。

20. 单淑卿、张春玲编：《中国经济文献学》，青岛：中国海洋大学出版社1991年版。

21. 孙立：《中国文学批评文献学》，广州：广东人民出版社2001年版。

22. 魏隐儒、王金雨编：《古籍版本鉴定丛谈》，北京：印刷工业出版社1984年版。

23. 王余光：《中国历史文献学》，武汉：武汉大学出版社1988年版。

24. 谢玉杰、王继光主编：《中国历史文献学》，北京：民族出版社2001年版。

25. 张君炎：《中国文学文献学》，南昌：江西人民出版社1988年版。

26. 杨燕起、高国抗主编：《中国历史文献学》，北京：北京图书馆出版社1997年版。

27. 彭斐章等编：《目录学资料汇编》，武汉：武汉大学出版社1986年版。

28. 谢灼华主编：《中国图书和图书馆史》，武汉：武汉大学出版社1987年版。

29. 熊笃、许廷桂编：《中国古典文献学》，重庆：重庆出版社2000年版。

30. 曾贻芬、崔文印：《中国历史文献学》，北京：学苑出版社2001年版。

31. 高路明：《古籍目录与中国古代学术研究》，南京：江苏古籍出版社1997年版。

32. 詹德优编：《中文工具书导论》，武汉：湖北教育出版社1994年版。

33. 祝鸿熹、洪湛侯主编：《文史工具书词典》，杭州：浙江古籍出版社1996年版。

34. 袁珂编：《中国神话传说词典》，上海：上海辞书出版社1985年版。

35. 袁珂校译：《山海经校译》，上海：上海古籍出版社1985年版。

36. 宋原放主编：《简明社会科学词典》，上海：上海辞书出版社1982年版。

37. 本书编辑委员会编：《简明社会科学词典》，上海：上海辞书出版社1982年版。

38. 汪玢玲主编：《中华古文献大辞典·文学卷》，长春：吉林文史出版社1994年版。

39. 郑振铎编：《中国历史参考图谱》，北京：书目文献出版社1992年版。

40. 本书编委会编：《中国古籍善本书目》，上海：上海古籍出版社1985年版。

41. 王重民：《中国古籍善本书提要》，上海：上海古籍出版社1983年版。

42. 孙殿起：《贩书偶记》，上海：上海古籍出版社1999年版。

43. 来新夏等：《中国古代图书事业史》，上海：上海人民出版社1990年版。

44. 雷梦水：《古书经眼录》，济南：齐鲁书社1984年版。

45. 管敏义：《怎样标点古书》，北京：书目文献出版社1985年版。

46. ［清］张之洞：《书目答问二种》，北京：生活·读书·新知三联书店1998年版。

47. ［清］钱曾著，丁瑜点校：《读书敏求记》，北京：书目文献出版社1984年版。

48. ［南朝］刘义庆：《世说新语》（影印本），上海：上海古籍出版社1982年版。

49. ［南朝］谢赫、姚最：《古画品录　续画品录》，北京：人民美术出版社1953年版。

50. ［汉］司马迁著，［唐］张守节正义：《史记》，北京：中华书局1982年版。

51. ［汉］许慎：《说文解字》，扬州：广陵古籍刻印社1996年版。

52. ［唐］张彦远：《历代名画记》，北京：人民美术出版社1983年版。

53. ［唐］段成式：《寺塔记》，北京：人民美术出版社1983年版。

54. ［宋］邓椿：《画继》，北京：人民美术出版社1983年版。

55. ［宋］郭若虚：《图画见闻志》，北京：人民美术出版社1983年版。

56. ［宋］黄休复：《益州名画录》，北京：人民美术出版社1983年版。

57. ［元］庄肃：《画继补遗》，北京：人民美术出版社1983年版。

58. ［元］佚名：《元代画塑记》，北京：人民美术出版社1983年版。

59. ［明］唐志契：《绘事微言》，北京：人民美术出版社1983年版。

60. ［明］宋应星：《天工开物》，扬州：广陵古籍刻印社1997年版。

61. ［清］李斗著，周春东注：《扬州画舫录》，济南：山东友谊出版社2001年版。

62. ［清］李渔著，民辉译：《闲情偶寄》，长沙：岳麓书社2000年版。

63. ［清］王原祁等纂辑：《佩文斋书画谱》，北京：中国书店1984年影印本。

64. ［清］安歧：《墨缘汇观》（点校本），广州：岭南美术出版社1994年版。

65. ［清］沈宗骞述，齐振林写：《芥舟学画编》，北京：人民美术出版社1953年版。

66. ［清］陈梦雷主持修成、蒋廷锡重校：《古今图书集成·博物汇编·艺术典》，北京：中华书局、成都：巴蜀书社1986年版。

67. ［清］陈梦雷主持修成、蒋廷锡重校：《古今图书集成·经济汇编·礼仪典》，北京：中华书局、成都：巴蜀书社1986年版。

68. ［清］陈梦雷主持修成、蒋廷锡重校：《古今图书集成·理学汇编·字学典》，北京：中华书局、成都：巴蜀书社1986年出版。

69. ［清］陈梦雷主持修成、蒋廷锡重校：《古今图书集成·经济汇编·乐律典》，北京：中华书局、成都：巴蜀书社1986年版。

70. ［清］陈梦雷主持修成、蒋廷锡重校：《古今图书集成·经济汇编·考工典》，北京：中华书局、成都：巴蜀书社1986年版。

71. ［清］纪昀等：《四库全书总目提要》，北京：中华书局1965年版。

72. ［清］陈邦彦编：《康熙御定历代题画诗》，北京：北京出版社1996年版。

73. ［清］陈邦彦编：《历代题画诗类编》，北京：人民美术出版社1995年版。

74. ［清］石涛著，汪绎辰辑：《大涤子题画诗跋》，上海：上海人民美术出版社1987年版。

75. 《四库全书存目丛书》编纂委员会编：《四库全书存目丛书·子部·艺术类》（第71-76卷）（影印本），济南：齐鲁书社1995年版。

76. 《四库全书存目丛书》编纂委员会编：《四库全书存目丛书·子部·谱录类》（第79卷）（影印本），济南：齐鲁书社1995年版。

77. 《四库艺术丛书》，上海：上海古籍出版社1991年影印本。

78. ［清］严可均辑：《全上古三代秦汉三国六朝文》，中华书局1958年版。

79. 余嘉锡：《世说新语笺疏》，北京：中华书局1983年版。

80. 张道一：《张道一文集》，合肥：安徽教育出版社1999年版。

81. 张道一：《美术长短录》，济南：山东美术出版社1992年版。

82. 张道一：《工艺美术论集》，西安：陕西人民出版社1986年版。

83. 张道一：《造物艺术论》，福州：福建美术出版社1989年版。

84. 张道一主编：《工艺美术研究》（第一集），南京：江苏美术出版社1987年版。

85. 张道一主编：《艺术学研究》（第一、二集），南京：江苏美术出版社1996年版。

86. 汝信、张道一主编：《美学与艺术学研究》（第一、二、三集），南京：江苏美术出版社1997年版。

87. 中华书局编：《名家精译古文观止》，北京：中华书局1993年版。

88. 钱穆：《中国文化史导论》，北京：商务印书馆1994年修订版。

89. 梁启超：《中国近三百年学术史》，天津：天津古籍出版社2003年版。

90. 杨伯峻编：《春秋左传注》，北京：中华书局1986年版。

91. 卢辅圣主编：《中国书画全书》，上海：上海书画出版社2002年版。

92. 谢巍：《中国画学著作考录》，上海：上海书画出版社1998年版。

93. 广陵书社编：《中国历代考工典》，南京：江苏古籍出版社2003年影印本。

94. 邓实、黄宾虹编：《美术丛书》，北京：国际文化出版公司1992年影印本。

95. 余绍宋：《书画书录解题》，杭州：浙江人民出版社1982年影印本。

96. 余绍宋：《画法要录》，北京：中国书店1990年影印本。

97. 于安澜编：《画史丛书》，上海：上海人民美术出版社1984年版。

98. 于安澜编：《画论丛刊》，北京：人民美术出版社1989年版。

99. 于安澜编：《画品丛书》，北京：人民美术出版社1982年版。

100. 丁福保、周青云编：《四部总录艺术编》，北京：商务印书馆1957年版。

101. 温肇桐编：《历代中国画学著述目录》，北京：朝花美术出版社1962年版。

102. 温肇桐：《古画品录解析》，南京：江苏美术出版社1992年版。

103. 温肇桐编：《中国古代画论要籍简介》，天津：天津美术出版社1980年版。

104. 温肇桐：《中国绘画批评史略》，天津：天津人民美术出版社1982年版。

105. 孟兆臣校注：《画品》，哈尔滨：北方文艺出版社2000年版。

106. 周积寅编：《中国画论辑要》，南京：江苏美术出版社1985年版。

107. 俞剑华编：《中国古代画论类编》，北京：人民美术出版社2001年版。

108. 俞剑华编：《中国美术家人名辞典》，上海：上海人民美术出版社1981年版。

109. 伍蠡甫：《中国画论研究》，北京：北京大学出版社1983年版。

110. 伍蠡甫主编：《中国名画鉴赏辞典》，上海：上海辞书出版社1993年版。

111. 李来源、林木编：《中国古代画论发展史实》，上海：上海人民美术出版社1990年版。

112. 何志明、潘运告编：《唐五代画论》，长沙：湖南美术出版社1997年版。

113. 云告译注：《宋人画评》，长沙：湖南美术出版社1999年版。

114. 潘运告编：《中晚唐五代书论》，长沙：湖南美术出版社1997年版。

115. 萧元编：《初唐书论》，长沙：湖南美术出版社1997年版。

116. 岳仁译注：《宣和画谱》，长沙：湖南美术出版社1999年版。

117. 葛路：《中国古代绘画理论发展史》，上海：上海人民美术出版社1983年版。

118. 胡道静、金良年：《梦溪笔谈导读》，成都：巴蜀书社1988年版。

119. 阮璞：《画学丛证》，上海：上海书画出版社1988年版。

120. 奚传绩：《设计艺术经典论著选读》，南京：东南大学出版社2002年版。

121. 奚传绩：《中外美术史大事对照年表》，南京：江苏美术出版社1988年版。

122. 倪建林、张抒编：《中国工艺文献选编》，济南：山东教育出版社2002年版。

123. 蒋孔阳、高若海主编：《中国学术名著提要·艺术卷》，上海：复旦大学出版社1998年版。

124.《中国大百科全书·文物·博物馆卷》，北京：中国大百科全书出版社1993年版。

125.《中国大百科全书·考古卷》，北京：中国大百科全书出版社1986年版。

126.《中国大百科全书·美术卷》，北京：中国大百科全书出版社1998年版。

127.《中国大百科全书·图书馆学·档案学·情报学》，北京：中国大百科全书出版社1993年版。

128. 吴诗池编：《文物学概论》，上海：上海文艺出版社2002年版。

129. 林树中主编：《海外藏中国历代名画》，长沙：湖南美术出版社1998年版。

130. 郑午昌：《中国画学全史》，上海：上海书画出版社2001年版。

131. 岑家梧：《中国艺术论集》，上海：上海书店1991年版。

132. 岑家梧：《图腾艺术史》，台北：地景企业公司1996年版。

133. 岑家梧：《史前艺术史》，台湾：商务印书馆1974年版。

134. 林同华：《中国美术史论集》，南京：江苏人民出版社1984年版。

135. 于风选：《古代题画诗分类选编》，广州：岭南美术出版社1991年版。

136. 丁炳启：《古今题画赏析》，天津：天津美术出版社1991年版。

137. 李德：《历代题画诗类编》，济南：山东教育出版社1987年版。

138. 陈华昌：《唐代诗与画的相关性研究》，西安：陕西人民美术出版社1993年版。

139. 沈从文编：《中国古代服饰研究》，香港：商务印书馆香港分馆1981年版。

140. 贺业钜：《考工记营园制度研究》，北京：中国建筑工业出版社1985版。

141. 闻人军：《考工记导读》，成都：巴蜀书社1996版。

142. 闻人军译注：《考工记译注》，上海：上海古籍出版社1993年版。

143. 谌东飚主编：《中国古代奇书十种》，长沙：湖南出版社1997年版。

144. 戴吾三编：《考工记图说》，济南：山东画报出版社 2003年版。

145. 李砚祖：《造物之美：产品设计的艺术与文化》，北京：中国人民大学出版社2000年版。

146. 李砚祖：《工艺美术概论》，济南：山东教育出版社2002年版。

147. 李砚祖：《装饰之道》，北京：中国人民大学出版社1993年版。

148. 陈池瑜：《中国现代美术学史》，哈尔滨：黑龙江美术出版社2000年版。

149. 陈池瑜：《现代艺术学导论》，武汉：长江文艺出版社1991年版。

150. 李一：《中国古代美术批评史纲》，哈尔滨：黑龙江美术出版社2000年版。

151. 周积寅：《俞剑华美术论文选》，济南：山东美术出版社1986年版。

152. 丁宁：《绵延之维——走向艺术史哲学》，上海：生活·读书·新知三联书店1997年版。

153. 马采：《艺术学与艺术史文集》，广州：中山大学出版社1997年版。

154. 沈宁：《藤固艺术文集》，上海：上海人民美术出版社2003年版。

155. 童书业：《童书业说画》，上海：上海古籍出版社1999年版。

156. 童书业：《童书业说瓷》，上海：上海古籍出版社1999年版。

157. 傅抱石：《中国绘画变迁史纲》，上海：上海古籍出版社1998年版。

158. 朱铭：《名画精览》，济南：山东文艺出版社1992年版。

159. 张企华、张行：《土木营造与科技发明》，济南：山东文艺出版社1992年版。

160. 王世襄：《中国画论研究》，桂林：广西师范大学出版社2002年版。

161. 宗白华：《美学散步》，上海：上海人民出版社1981年版。

162. 北京大学哲学系美学教研室编：《中国美学史资料选编》，北京：中华书局1980年版。

163. 郭因：《中国古典绘画美学中的形神论》，合肥：安徽人民出版社1982年版。

164. 杨仁恺主编：《中国书画》，上海：上海古籍出版社2001年版。

165. 彭吉象：《艺术学概论》，北京：北京大学出版社1994年版。

166. 彭吉象主编：《中国艺术学》，北京：高等教育出版社1997年版。

167. 钱钟书：《谈艺录》，合肥：安徽文艺出版社1999年版。

168. 钱钟书：《管锥编》，北京：中华书局1996年版。

169. 潘吉星：《宋应星评传》，南京：南京大学出版社1990年版。

170. 李伟国等：《敦煌话语》，上海：上海科技教育出版社2002年版。

171. 许平：《造物之门》，西安：陕西人民美术出版社1998年版。

172. 朱狄：《艺术的起源》，北京：中国青年出版社1999年版。

173. 林惠祥：《文化人类学》，北京：商务印书馆1996年版。

174. 李泽厚、汝信主编：《美学百科全书》，北京：社会科学文献出版社1990年版。

175. 李泽厚、刘纲纪主编：《中国美学史》（第一、二卷），北京：社会科学文献出版社1984年版。

176. 李泽厚：《华夏美学》，桂林：广西师范大学出版社2001年版。

177. 徐复观：《中国艺术精神》，上海：华东师范大学出版社2001年版。

178. 孙美兰主编：《艺术概论》，北京：高等教育出版社1992年版。

179. 徐恒醇等：《技术美学》，上海：上海人民出版社1989年版。

180. 曹意强：《艺术与历史》，杭州：中国美术学院出版社2001年版。

181. 曹意强、洪再辛编：《图像与观念——范景中学术论文选》，广州：岭南美术出版社1992年版。

182. 陈炎主编：《中国审美文化史》，济南：山东画报出版社2000年版。

183. 张维青、高毅清：《中国文化史》，济南：山东人民出版社2002年版。

184. 易存国：《乐神舞韵——华夏艺术美学研究》，哈尔滨：黑龙江人民出版社2002年版。

185. 宗白华：《宗白华全集》，合肥：安徽教育出版社1994年版。

186. 蒋孔阳主编：《中国古代美学艺术论文集》，上海：上海古籍出版社1981年版。

187. 何楚熊：《中国画论研究》，北京：中国社会科学出版社1996年版。

188. 周勋初：《〈韩非子〉札记》，南京：江苏人民出版社1980年版。

189. 任继愈主编：《中国哲学史》，北京：人民出版社1999年版。

190. 张道一编：《〈考工记〉注释》，东南大学艺术学系印。

191. 李有光、陈修范：《陈之佛文集》，南京：江苏美术出版社1996年版。

192. 沈福文编：《中国漆艺美术史》，北京：人民美术出版社1992年版。

193. 王世仁：《理性与浪漫的交织——中国建筑美学论文集》，北京：中国建筑工业出版社1987年版。

194. 张义宾：《中国古代气论文艺观》，太原：山西人民出版社2003年版。

195. 朱剑心：《金石学》，北京：文物出版社1981年版。

196. 山东省沂南汉墓博物馆编：《山东省沂南汉墓画像石》，济南：齐鲁书社2001年版。

197. 郑岩：《魏晋南北朝壁画墓研究》，北京：文物出版社2002年版。

198. 蒋英炬、杨爱国：《汉代画像石与画像砖》，北京：文物出版社2001年版。

199. 本书编委员会编：《中国画像石全集》，济南：山东美术出版社、郑州：河南美术出版社2000年版。

200. 吴甲丰：《论西方写实绘画》，北京：文化艺术出版社1989年版。

201. 中华人民共和国教育部编：《普通高等学校本科专业目录和专业介绍》，北京：高等教育出版社1998年版。

202. ［德］莱辛著，朱光潜译：《拉奥孔》，北京：人民文学出版社1982年版。

203. ［德］格罗塞著，蔡慕晖译：《艺术的起源》，北京：商务印书馆1994年版。

204. ［俄］普列汉诺夫著，曹葆华译：《论艺术》，北京：生活·读书·新知三联书店1975年版。

205. ［俄］列夫·托尔斯泰著，何永祥译：《什么是艺术》，南京：江苏美术出版社1990年版。

206. ［法］列维—布留尔著，丁由译 ：《原始思维》，北京：商务印书馆1995年版。

207. ［瑞士］沃尔夫林著，潘耀昌译：《艺术风格学》，沈阳：辽宁人民出版社1987年版。

208. ［美］苏珊·朗格著，刘大基等译：《情感与形式》，北京：中国社会科学出版社1886年版。

209. ［苏］莫·卡冈著，凌继尧、金亚娜译：《艺术形态学》，北京：生活·读书·新知三联书店1986版。

210. ［意］雅冈、法乔乐著，（台湾）曾堉译：《艺术史学》，台北：台湾东大图书股份有限公司1992年版。

211. ［英］贡布里希著，范景中等译：《图像与眼睛》，杭州：浙江摄影出版社1988年版。

212. 冯浩菲：《我国文献学的现状及历史文献学的定位》，《学术界》2000年第4期。

213. 冯浩菲：《试论中国文献学学科体系的改造》，《文史哲》2002年第1期。

214. 韩有悌：《建立文献学研究体系》，《四川图书馆学报》1985年第3期。

215. 钱建国：《概论专科文献学》，《贵图学刊》1986年第4期。

216. 刘梦溪：《人文与社会科学研究的几个问题》，《新华文摘》2002年第10期。

217. 胡春民：《电子图书，风风雨雨来时路》，《中华读书报》2000年第20期。

218. 陈池瑜：《中国美术批评学研究提纲》，《美术观察》2003年4期。

219. 邵宏：《艺术史观之批评》，《美术》1987年第11期。

220. 万书元：《艺术分类学——历史与方法》，见汝信、张道一主编：《美学与艺术学研究》，南京：江苏美术出版社1996年版。

221. 常宁生：《冲突与融合——西方艺术史学理论与方法对中国美术史研究的影响及其若干问题》，见李砚祖主编：《中国艺术学研究》，长沙：湖南美术出版社2001年版。

222. 张恒翔：《美术文献学刍议》，见于张道一主编：《艺术学研究》（第二集），南京：江苏美术出版社1996年版。

223.曾埙：《谈艺术史研究与教育》，见张道一主编：《艺术学研究》（第二集），南京：江苏美术出版社1996年版。

224.［美］阿尔帕斯著，杨思梁译：《艺术是历史吗?》，《美术译丛》总24期。

225.［美］克莱因鲍尔著，杨思梁译：《美术史研究导论》，《美术译丛》总24、25、26期。

# 附录：四库全书总目提要<sup></sup>

## 子部·艺术类

### 《古画品录》·一卷（两淮盐政采进本）

南齐谢赫撰。赫不知何许人。姚最《续画品录》，称其写貌人物，不须对看，所须一览，便归操笔。点刷精研，意存形似，目想毫发，皆无遗失。丽服靓妆，随时变改。直眉曲鬓，与世竞新。别体细微，多自赫始。委巷逐末，皆类效颦。

至于气韵精灵，未穷生动之致；笔路纤弱，不副雅壮之怀。然中兴以来，象人为最。据其所说，殆后来院画之发源。张彦远《名画记》，又称其有安期先生图传于代，要亦六朝佳手也。是书等差画家优劣，晁公武《读书志》谓分四品。今考所列，实为六品，盖《读书志》传写之讹。大抵谓画有六法，兼善者难。自陆探微以下，以次品第，各为序引，仅得二十七人，意颇矜慎。姚最颇诋其谬，谓如长康之美，擅高往策，矫然独步，终始无双，列于下品，尤所未安。李嗣真亦讥其黜卫进曹，有涉贵耳之论。然张彦远称谢赫评画，最为允惬。姚、李品藻，有所未安，则固以是书为定论。所言六法，画家宗之，亦至今千载不易也。

### 《书品》·一卷（浙江鲍士恭家藏本）

梁庾肩吾撰。肩吾字子慎，新野人。起家晋安王国常侍。元帝时官至度支尚

---

① 任谢元博士根据清纪昀等撰《四库全书总目提要》（中华书局1965年版）子部·艺术类、艺术类存目、谱录类、谱录类存目，以及"四库撤毁书提要"，去掉琴、棋、饮食、投壶、茶、香、酒、糖等类文献，保留绘画、书法、印、动植物图谱、金石图谱等文献而成，分布于经部·乐类、史部·目录类与音乐、金石、美术相关文献未列入。

书。事迹具《梁书·文学传》。是书载汉至齐、梁能真草者一百二十八人，分为九品。每品各系以论，而以总序冠于前。考窦臮《述书赋》，称肩吾通塞，并乏天性，工归文华，拙见草正。徒闻师阮，何至辽夐？使铅刀之均锋，称并利而则佞云云。其于肩吾书学，不甚推许。又其论述作一条，称庾中庶品格拘于文华，则于是书亦颇致不满。然其论列，多有理致，究不失先民典型。如序称寻隶体发源，秦时隶人下邳程邈所作，始皇见而重之，以奏事繁多，篆字难制，遂作此法，故曰隶书，今时正书是也。此足正欧阳修以八分为隶之误。惟唐之魏徵，与肩吾时代邈不相及，而并列其间，殊为颠舛，故王士禛《居易录》诋毛晋刊本之讹。

又序称二百二十八人，而书中所列实止一百二十三人，数亦不符，殆后人已有所增削？然张彦远《法书要录》，全载此书，已同此本，并魏徵之谬亦同，则其来久矣。

### 《续画品》·一卷（浙江巡抚采进本）

旧本题陈吴兴、姚最撰。今考书中称梁元帝为湘东殿下，则作是书时犹在江陵即位之前。盖梁人而入陈者，犹《玉台新咏》作于梁简文在东宫时，而今本皆题陈徐陵耳。其书继谢赫《古画品录》而作，而以赫所品高下多失其实，故但叙时代，不分品目。所录始于梁元帝，终于解蒨，凡二十人，各为论断。中嵇宝钧、聂松合一论，释僧珍、僧觉合一论，释迦佛陀吉底、俱麾罗菩提合一论，凡为论十六则。名下间有附注，如湘东殿下条注曰，梁元帝初封湘东王，尝画《芙蓉图》《醮鼎图》。毛棱条下注曰，惠秀侄，似尚是最之本文。至张僧繇条下注曰，五代梁时吴兴人。则决不出最手，盖皆后人所益也。凡所论断，多不过五六行，少或止于三四句，而出以俪词，气体雅俊，确为唐以前语，非后人所能依托也。

### 《贞观公私画史》·一卷（浙江鲍士恭家藏本）

唐裴孝源撰，孝源里贯未详。卷首有贞观十三年八月自序，结衔题中书舍人。

案《唐书·艺文志》有裴孝源《画品录》一卷，注曰，中书舍人。与此序合。然注又曰，记贞观、显庆年事。而此书序中则称大唐汉王元昌每燕时暇日，多与其流商榷精奥，以予耽尚，尝赐讨论。遂命魏、晋以来前贤遗迹所存，及品格高下，列为先后。起于高贵乡公，终于大唐贞观十三年秘府及佛寺并私家所蓄，共二百九十八卷。屋壁四十七所。为《贞观公私画录》云云。与注所言，绝不相符。考张彦远《古画录》，引孝源《画录》最多，皆此书所无。盖孝源别有一书，记贞观、显庆间画家品第，如谢赫《古画品录》之例，非此书也。又序称高贵乡公以下，而此本所列乃以宋陆探微为首，反居其前，疑传写之误。又序称止于贞观十三年，而此本所列皆隋代收藏官本，其画壁亦终于杨契丹，均不可解。考其序末，称又集新录《官库画总》二百九十八卷。三百三十卷是隋室官库，十三卷是左仆射萧瑀进，二十卷是杨素家得，三十卷许善心进，十卷高平县行书佐张氏所献，四卷褚安福进，近十八卷先在秘府，亦无所得人名，并有天和年月。其间有二十三卷，恐非晋宋人真迹云云。其文重沓不明，疑传写有误。推其大意，似尚有《新录》，今佚之耳。书中皆前列画名，后列作者之名，而以梁太清目所有、梁太清目所无分注于下。太清目既不可观，则考隋以前古画名目者，莫古于是。是亦赏鉴家之祖本矣。

### 《书谱》·一卷（浙江鲍士恭家藏本）

唐孙过庭撰。窦蒙《述书赋注》曰，孙过庭字虔礼，富阳人。右卫胄曹参军。

张怀瓘《书断》则云：孙虔礼字过庭，陈留人。官至率府录事参军。二人俱相距不远，而所记名字、爵里不同，殆与《旧唐书》称房乔字玄龄，《新唐书》称房玄龄字乔者，同一讹异？疑唐人多以字行，故各据所闻不能画一也。是书篇末自题垂拱三年，盖武后时作。《书断》谓之笔意论。然世传石刻，乃其手迹，篇中自称名曰《书谱》，则作《书谱》为是矣。过庭之书，颇为窦臮《述书赋》所诋，然自宋以来，皆推能品，不以臮言为然。张怀瓘推奖是书，亦称其深得旨趣，故操翰者奉为指南。然过庭自称，撰为六篇，分为两卷，此本乃止一篇，疑全书已佚，传流真迹，仅存其总序之文。以前贤绪论，姑存以见一班，而仍题其全书之名耳。然微言奥义，已足见其大凡矣。

### 《书断》·三卷（浙江鲍士恭家藏本）

唐张怀瓘撰。是书《唐书·艺文志》著录，称怀瓘为开元中翰林院供奉。窦蒙

《述书赋注》则云怀瓘，海陵人。鄂州司马，与志不同。然《述书赋》张怀环条下又注云，怀环，怀瓘弟，盛王府司马，兄弟并翰林待诏。则与志相合。盖尝为鄂州司马，终于翰林供奉，二书各举其一官尔？所录皆古今书体及能书人名。

上卷列古文、大篆、籀文、小篆、八分、隶书、章草、行书、飞白、草书十体，各述其源流，系之以赞。末为总论一篇。中卷、下卷分神、妙、能三品，每品各以体分。凡神品二十五人，除各体重复得十二人。妙品九十八人，除各体重复得三十九人。能品一百七人，除各体重复得三十五人。前列姓名，后为小传，传中附录又三十八人。其记述颇详，评论亦允。张彦远《法书要录》全载其文，盖当代以为精鉴矣。

### 《述书赋》·二卷（浙江鲍士恭家藏本）

唐窦臮撰，窦蒙注。臮字灵长，扶风人。官至检校户部员外郎，宋汴节度参谋。蒙字子全，臮之兄。官至试国子司业兼太原县令。并见徐浩《古迹记》。案张彦远《法书要录》，称臮作《述书赋》，精穷旨要，详辨秘义。今观其赋，上篇所述，自上古至南北朝。下篇所述，自唐代高祖、太宗、武后、睿宗、明皇以下，而终于其兄蒙及刘秦之妹，盖其文成于天宝中也。首尾凡一十三代，一百九十八人。篇末系以徐僧权等署证八人，太平公主等印记十一家，徵求宝玩韦述等二十六人，利通货易穆韦等八人。文与上篇相属，盖以卷帙稍重，故分而为二耳。其品题叙述，皆极精核。其印记一章，兼画印模于句下，遂为朱存理《铁网珊瑚》、张丑《清河书画舫真迹日录》之祖。注文尤典要不支。旧以为出其兄蒙，考赋中蒙条下注曰，家兄蒙字子全，司议郎安南都护，又似乎臮所自注。且所叙仕履与卷首结衔亦不同，均为疑窦。然张彦远《法书要录》所题已同今本。单文孤证，未敢遽易旧文，姑仍原本录之焉。

### 《法书要录》·十卷（浙江巡抚采进本）

唐张彦远撰。书首有彦远自序，但署河东郡望。郭若虚《图画见闻志》、晁公武《读书志》亦但称其字曰爱宾，而仕履时代皆不及详。今以《新唐书·世系表》，《艺文志·列传》与彦远自序参考，知彦远乃明皇时宰相嘉贞之玄孙。序称高祖河东公,即嘉贞。其称曾祖魏国公者,为同平章事延赏。(案:延赏封魏国公,本传失载,仅见于此序中。)称大父高平公者,为同平章事宏靖。称先公尚书者,为桂管观察使文规。《唐书》皆有传。此书之末,附载《画谱》本传,不知何人所作,乃称彦远大父名稔。考《历代名画记》中有彦远叔祖名谂之文,非其大父,亦非稔字,显然舛谬。至本传称彦远博学有文辞,乾符中至大理寺卿,《艺文志》亦同,而世系表作祠部员外郎,则未详孰是也。是编集古人论书之语,起于东汉,迄于元和,皆具录原文,如王愔《文字志》之未见其书者,亦特存其目。惟一卷中王羲之《教子敬笔论》一篇,三卷中蔡愔《书无定体论》一篇,四卷中颜师古《注急就章》一篇,张怀瓘《六体书》一篇有录无书。然目录下俱注不录字,盖彦远所删,非由阙佚,其《急就章注》当以无关书法见遗,馀则不知其故矣。其书采摭繁富,汉以来佚文绪论,多赖以存。即庾肩吾《书品》、李嗣真《后书品》、张怀瓘《书断》、窦臮《述书赋》各有别本者,实亦于此书录出。

自序谓好事者得此书及《历代名画记》,书画之事毕矣,殆非夸饰也。末为《右军书记》一卷,凡王羲之帖四百六十五,附王献之帖十七,皆具为释文。知刘克庄《阁帖释文》亦据此为蓝本,则其沾溉于书家者非浅鲜矣。

### 《历代名画记》·十卷(两江总督采进本)

唐张彦远撰。自序谓家世藏法书名画,收藏鉴识,自谓有一日之长。案《唐书》称彦远之祖宏靖,家聚书画侔秘府。李绰《尚书故实》亦多记张氏书画名迹。

足证自序之不诬。故是书述所见闻,极为赅备。前三卷皆画论,一叙画之源流,二叙画之兴废,三四叙古画人姓名,五论画六法,六论画山水树石,七论传授南北时代,八论顾陆张吴用笔,九论画体工用搨写,十论名价品第,十一论鉴识收藏阅玩,十二叙自古跋尾押署,十三叙自古公私印记,十四论装褙裱轴,十五记两京外州寺观画壁,十六论古今之秘画珍图。自第四卷以下,皆画家小传。

然即第一卷内所录之三百七十人,既俱列其传于后,则第一卷内所出姓名一篇,殊为繁复。疑其书初为三卷,但录画人姓名,后裒辑其事迹评论续之于后,而未删其前之姓名一篇,故重出也。书中徵引繁富,佚文旧事,往往而存。如顾恺之《论画》一篇,魏晋胜流《名画赞》一篇,《画云台山记》一篇,皆他书之所不载。又古书画中褚氏书印乃别一褚氏，非遂良之迹。可以释石刻《灵飞经》前有褚氏一印之疑，亦他书之所未详。即其论杜甫诗干惟画肉不画骨句，亦从来注杜诗者所未引。则非但鉴别之精，其资考证者亦不少矣。晁公武《读书志》别载彦远《名画猎精》六卷，记历代画工名姓，自始皇以降，至唐朝，及论画法并装褙裱轴之式，鉴别阅玩之方。毛晋刻是书跋，谓彦远自序止云《历代名画记》，不及此书，意其大略相似。考郭若虚《图画见闻志》叙诸家文字，列有是书，注曰，无名氏撰。其次序在张怀瓘《画断》之后，李嗣真《后画品录》之前，则必非张彦远之作，晁氏误也。

### 《唐朝名画录》·一卷（浙江范懋柱家天一阁藏本）

唐朱景元撰。景元，吴郡人。官翰林学士。《图画见闻志》作朱景真，避宋讳也。是书《唐·艺文志》题曰《唐画断》，故《通考》称《画断》一名《唐朝名画录》。今考景元自序，实称《画录》，则《画断》之名非也。《通志略》、《通考》均称三卷，此本不分卷，盖后人合并。《通考》又称前有天圣三年商宗儒序，此本亦传写佚之。所分凡神、妙、能、逸四品，神、妙、能又各别上、中、下三等，而逸品则无等次，盖尊之也。初，庾肩吾、谢赫以来，品书画者多从班固《古今人表》分九等，《古画品录·陆探微》条下称上上品之外，无他寄言，故屈标第一等，盖词穷而无以加也。李嗣真作《书品》后，始别以李斯等五人为逸品。张怀瓘作《书断》，始立神、妙、能三品之目。合两家之所论定为四品，实始景元，至今遂因之不能易。四品所载，共一百二十四人。卷首列唐代亲王三人，皆不入品第，犹之怀瓘《书断》帝后不入品第，盖亦贵贵之礼云。

### 《墨薮》·二卷，附《法帖释文刊误》·一卷（浙江巡抚采进本）

旧本题唐韦续撰。续不知何许人。是书《唐志》亦不著录，惟《文献通考》载《墨薮》十卷，引晁公武《读书志》曰，高阳、许归与编，未详何代人。李氏书目只五卷，又引陈振孙《书录解题》曰，不知何代所集，凡十八篇。又一本二十一篇。此本为明程荣所刻校，其门目上卷，五十六种。书，第一。九品书人，第二。书品优劣，第三。续书品，第四。梁武帝评，第五。书论，第六。论篆，第七，用笔法并口诀，第八。笔阵图，第九。又笔阵图，第十。下卷，张长史十二意法，第十一。王逸少笔势传，第十二。指意笔髓，第十三。王逸少笔势图，第十四。笔意，第十五。晋卫恒等书势，第十六。劝学，第十七。贞观论，第十八。书诀，第十九。徐氏书记，第二十。唐朝书法，第二十一。与振孙所言又一本合。盖即所见书中所记止于唐文宗、柳公权事，当出于开成后人。然题为韦续，则不知其何所据也。末载宋参知政事陈与义《法帖释文刊误》一卷，盖荣之所附。

后有淳熙七年周必大跋，其书仅七纸，然纠刘次庄《释文》之误，颇为精核。必大跋称与义为侍从时奉敕所撰。篇页太少，难以单行，今仍缀之末简焉。

### 《画山水赋》·一卷，附《笔法记》·一卷（浙江鲍士恭家藏本）

旧本题唐荆浩撰。案刘道醇《五代名画补遗》曰，荆浩字浩然，河南沁水人。

五季多故，隐于太行之洪谷，自号洪谷子。著《山水诀》一卷。汤垕《画鉴》亦曰荆浩山水为唐末之冠，作《山水诀》，为范宽辈之祖。则此书本名《山水诀》。

此本载詹景凤王氏《画苑补益》中，独题曰《画山水赋》。考荀卿以后，赋体数更，而自汉及唐，未有无韵之格。此篇虽用骈辞，而中间或数句有韵，数句无韵，仍如散体，强题曰赋，未见其然。又以浩为豫章人，题曰豫章先生。益诞妄无稽矣。别有《笔法记》一卷，载王氏《画苑》中，标题之下注曰一名《画山水录》。

案《唐书·艺文志》载荆浩《笔法记》一卷，陈振孙《书录解题》则作《山水受笔法》一卷，沁水荆浩浩然撰。今检记中称石鼓岩前遇一叟，讲授笔法。则陈氏所记乃其本名，《唐志》所载乃省文呼之，王氏《画苑》所注又后人改名也。二书文皆拙涩，中间忽作雅词，忽参鄙语，似艺术家粗知文义而不知文格者依托为之，非其本书，以相传既久，其论亦颇有可采者，姑录存之，备画家一说云尔。

### 《翰墨志》·一卷（浙江鲍士恭家藏本）

宋高宗皇帝御撰。《宋史·艺文志》载高宗评书一卷，亦名《翰墨志》。高似孙《砚笺引》作《高宗翰墨志》，岳珂《法书赞引》作《思陵翰墨志》，后人所追题也。高宗当卧薪尝胆之时，不能以修练戎韬，为自强之计，尚耽心笔札，效太平治世之风，可谓舍本而营末。然以书法而论，则所得颇深。陆游《渭南集》称其妙悟八法，留神古雅，访求法书名画，不遗馀力，清暇之燕，展玩摹搨不少怠。王应麟《玉海》称其初喜黄庭坚体格，后又采米芾，已而皆置不用，专意羲、献父子，手追心摹。尝曰，学书当以锺、王为法，然后出入变化，自成一家。

今观是编，自谓五十年未尝舍笔墨，又谓宋代无字法可称，于北宋但举蔡襄、李时雍及苏、黄、米、薛，于同时但举吴说、徐兢，而皆有不满之词，惟于米芾行草，较为许可。其大旨所宗，惟在羲、献。与《玉海》所记皆合，盖晚年所作也。

其论效米芾法者不过得其外貌，高视阔步，气韵轩昂，不知其中本六朝妙处，酝酿风骨，自然超越。可谓入微之论。其论徽宗留意书法，立学养士，惟得杜唐稽一人。今书家无举其姓名者。中间论端研一条，谓欲如一段紫玉，磨之无声，而不以眼为贵，今赏鉴家犹奉为指南。岳珂《宝真斋法书赞》，引此书评米芾诗文一条。此本无之，殆经明人删节，已非完书欤。

### 《五代名画补遗》·一卷（两江总督采进本）

宋刘道醇撰。考晁公武《读书志》曰，《五代名画补遗》一卷，皇朝刘道醇纂。符嘉应撰序云，胡峤尝作《梁朝名画录》，因广之，故曰《补遗》。又别载《宋朝名画评》，三卷，亦注刘道成纂，符嘉应序。则刘道醇当作道成。又陈振孙《书录解题》曰，《五代名画记》一卷，大梁刘道醇撰，嘉祐四年陈询直序。

则补遗字又当作记。然此本为毛晋汲古阁影摹宋刻，楮墨精好，纤毫无阙，不应卷首题名乃作讹字。盖本此一书，振孙误题书名，公武误题人名，马端临作《文献通考》，又偶未见其书，但据两家之目，遂重载之。观卷首陈询直序，与振孙所言合，而公武所载符嘉应序，又即询直序中语，知公武并以《宋朝名画评》序误注此条，不但成字之讹也。胡峤名见《五代史·契丹传》，郭若虚《图画见闻志》称其为《广梁朝画目》，注曰皇朝胡峤撰，则已入宋。其书今不传，道醇不知其仕履。此书所录凡二十四人。盖已见于胡峤录者不载，故五十年中寥寥仅此云。

### 《宋朝名画评》·三卷（浙江范懋柱家天一阁藏本）

宋刘道醇撰。书分六门，一曰人物，二曰山水林木，三曰畜兽，四曰花草翎毛，五曰鬼神，六曰屋木，每门之中，分神、妙、能三品，每品又各分上、中、下，所录凡九十馀人。首有叙文，不著名氏。其词亦不类序体。疑为书前发凡，后人以原书无序，析出别为一篇也。案朱景元《名画录》分神、妙、能、逸四品，而此仍从张怀瓘例，仅分三品，殆谓神品足以该逸品，故不再加分析，抑或无其人以当之，姑虚其等也。又黄休复《益州名画录》，列黄筌及其子居寀于妙格下，而此书于人物门则筌、居寀并列入妙品，花木翎毛门则筌、居寀又列，入神品，盖即一人，亦必随其技之高下而品骘之，其评论较为平允。其所叙诸人事实，词虽简略，亦多有足资考核者焉。

### 《益州名画录》·二卷（安徽巡抚采进本）

宋黄休复撰。前有景德三年李畋序，称江夏黄氏休复字归本。通春秋学，校左氏、公、穀书，鬻丹养亲。游心顾、陆之艺，深得厥趣。考休复别有《茅亭客话》，陈振孙《书录解题》亦不详其里贯，但以所言多蜀事，又尝著《成都名画记》，疑为蜀人。则此书一名《成都名画记》，而旧本与《茅亭客话》皆未题里贯，故振孙云然。今本皆题江夏人，疑后人以畋序补书欤。然畋序作于宋初，或沿唐、五代馀习，题黄氏郡望，亦未可知，未必果生于是地也。所记凡五十八人，起唐乾元，迄宋乾德。品以四格，曰逸，曰神，曰妙，曰能。其四格之目虽因唐朱景元之旧，而景元置逸品于三品外，示三品不能伍。休复此书又跻逸品于三品上，明三品不能先。其次序又复小殊，逸格凡一人，神格凡二人，妙格上品凡七人，中品凡十人，下品凡十一人，而写真二十二处，无姓名者附焉；能格上品凡十五人，中品凡五人，下品凡七人，而有画无名、有名无画者附焉。其大慈寺六祖院罗汉阁图画，休复评妙格中品，而列能品之末，不与写真二十二处一例。非妙字误刊，则编次时偶疏也。畋序又称，益都自唐二帝播越，诸侯作镇，画艺之杰者多从游而来。故是编所集，皆取其事迹之系乎蜀者，而不尽为蜀产。考邓椿《画继》，称蜀道僻远，而画手独多于四方，李方叔载《德隅斋画品》，蜀笔居半云云。则休复之详录益州；非夸饰矣。其书叙述颇古雅，而诗文典故，所载尤详，非他家画品泛题高下无所指据者比也。《书录解题》又称《中兴书目》以为李畋撰。休复书今亡。此书有景德三年序，不著姓名，而叙休复所录明甚。又有休复自为序，则固未尝亡也云云。据其所说，则别本但题李畋之名，不以序文出李畋。今本直作畋序，又与宋时本不合。然诸刻本皆作畋序，故姑从旧本，仍存畋名焉。

### 《图画见闻志》·六卷（内府藏本）

宋郭若虚撰。若虚不知何许人。书中有熙宁辛亥冬，被命接劳北使，为辅行语。则尝为朝官，故得预接伴。陈振孙《书录解题》云，自序在元丰中称大父司徒公，未知何人。郭氏在国初无显人，但有郭承祐耳。然今考史传，并郭承祐亦不载，莫之详也。是书马端临《文献通考》作《名画见闻志》，而《宋史·艺文志》、郑樵《通志略》则所载与今本并同，盖《通考》乃传写之误。若虚以张彦远《历代名画记》绝笔唐末，因续为裒辑，自五代至熙宁七年而止，分叙论、记艺、故事拾遗、近事四门。邓椿《画继》尝议其评孙位、景朴优劣倒置，由未尝亲至蜀中，目睹其画。又谓江南王凝之花鸟，润州僧修范之湖石，道士刘贞白之松石梅雀，蜀童详、许中正之人物仙佛，邱仁庆之花，王延嗣之鬼神，皆熙宁以前名笔，而遗略不载。然一人之耳目，岂能遍观海内之丹青？若虚以见闻立名，则遗略原所不讳。况就其所载论之，一百五六十年之中，名人艺士，流派本末，颇称赅备，实视刘道醇《画评》为详，未可以偶漏数人，遽见嗤点。其论制作之理，亦能深得画旨，故马端临以为看画之纲领，亦未可以一语失当为玷也。

### 《林泉高致集》·一卷（浙江范懋柱家天一阁藏本）

旧本题宋郭思撰。思父熙，字淳夫，温县人。官翰林待诏直长，以善画名于时。思字得之，登元丰五年进士，官至徽猷阁待制，秦凤路经略安抚使。书首有思所作序，谓丱角侍先子，每闻一说，旋即笔记，收拾纂集，用贻同好。故陈振孙《书录解题》以此书为思追述其父遗迹事实而作。今案书凡六篇，曰山水训，曰画意，曰画诀，曰画题，曰画格拾遗，曰画记。其篇首实题赠正议大夫郭熙撰。

又有政和七年翰林学士河南许光凝序，亦谓公平日讲论小笔范式，灿然盈编，题曰《郭氏林泉高致》，而书中多附思所作释语，并称间以所闻注而出之。据此，则自山水训至画题四篇，皆熙之词，而思为之注。惟画格拾遗一篇纪熙平生真迹，画记一篇述熙在神宗时宠遇之事，则当为思所论撰，而并为一编者也。许光凝序尚有元丰以来诗歌赞记，陈振孙即称已阙，而此本前后又载入王维《李成山水诀》、荆浩《山水赋》、董羽《画龙辑议》各一篇，亦非郭氏原本之旧。书末有至正八年豫章欧阳必学重刻一行，或即元时刊书者所附入欤？别本又有《山水诀纂》一卷，亦题宋郭思撰。前有签书河南府判官厅公事王纬序，称思述其父熙平日所说山水画法，好事者喜传其文而纬得之最先。大观四年，镂版广之。校其文与《林泉高致》所载山水训一篇首尾相同，疑思先纂是编，后复增益之，为《林泉高致集》，而其书已行，故至今犹两存之也。旧末又有《图画见闻志》一卷，与郭若虚同名，而其文迥异。中载叶梦得《评画行》，似非思所裒辑，疑本别为一编，乃续郭若虚书而作者。后人因所收画诀、画题皆思述其父之词，故取附山水训纂之末耳。以上二编，一与思书相复，一与思书无关，今俱刊除不录。而附存其目于此书之末，用以订同异，备考核焉。

### 《墨池编》·六卷（浙江鲍士恭家藏本）

宋朱长文撰。长文有《吴郡图经续记》，已著录。是编论书学源流，分为八门。每门又各析次第，凡字学一，笔法二，杂议二，品藻五，赞述三，宝藏三，碑刻二，器用二，皆引古人成书而编类之。蒐辑甚博，前代遗文，往往藉以考见，间附己说，亦极典核。后来《书苑菁华》诸编，虽递有增益，终不能出其范围。

陈耀文《学林就正》，尝摭其引王次仲事误称刘向《列仙传》，小小笔误，不为累也。赞述门窦臮《述书赋》下，自称编此书十卷。又器用门下称因读苏大参《文房四谱》，取其事有裨于书者，勒成两卷，赘墨池编之末，是长文原本当为十二卷。今止六卷，殆后人所合并欤？又此本碑刻门末载宋碑九十二通，元碑四十四通，明碑一百十九通，皆明万历中重刊时所增，明人窜乱古书，往往如是。

幸其妄相附益，尚有踪迹可寻，今并从删削，以还其旧。至其合并之帙，无关宏旨，则亦姑仍之矣。

### 《德隅斋画品》·一卷（两江总督采进本）

宋李廌撰。廌字方叔，阳翟人。事迹具《宋史·文苑传》。廌少以文字见知于苏轼，后轼知举，廌乃不第，竟偃蹇而卒。轼所谓平生浪说古战场，到眼空迷日五色，至今传为故实者，即为廌作也。是编所记名画凡二十有二人，各为序述品题。

陈振孙《书录解题》称元符元年赵令畤官襄阳，行橐中诸画，方叔皆为之评品，盖即此书。惟德隅斋作德隅堂。考邓椿《画继》称李方叔载《德隅斋画品》云云，则陈氏所记误矣。畤本善属文，故其词致皆雅令，波澜意趣，一一妙中理解。叶梦得《石林诗话》论寇国宝诗所谓从苏、黄门庭中来者，惟寒龟出曝图条中，有顷在丞相尤公家见黄监一龟云云。考元祐、绍圣之间，丞相未有尤姓者，岂传写之讹耶？

### 《画史》·一卷（两江总督采进本）

宋米芾撰。芾字元章。史浩《两抄摘腴》曰，芾自号鹿门居士，黄溍《笔记》曰，元章自署姓名，米或为芈，芾或为黻，又称海岳外史，又称襄阳漫士。

周必大《平园集》有章友直《画虫跋》曰，后题无碍居士，即米元章。盖芾性好奇，故屡变其称如是。《宋史》本传作吴人。都穆《寓意编》曰，米氏父子本襄阳人，而寓居京口。尝观海岳翁表吾郡朱乐圃先生墓曰，余昔居郡，与先生游，则海岳又尝寓苏。修《宋史》者直云吴人，而后之论撰者遂以为吴县人，失之远矣。据其所考，则史称吴人误也。芾初以其母侍宣仁后藩邸旧恩，补浛洭尉，官至礼部员外郎，知淮南军。史称其妙于翰墨绘图，自名一家，尤精鉴裁。此书皆举其平生所见名画，品题真伪，或间及装裱收藏及考订讹谬历代赏鉴之家，奉为圭臬。中亦有未见其画而载者，如王球所藏两汉至隋帝王像及李公麟所说王献之画之类。盖芾作《书史》，皆所亲见。作《宝章待访录》，别以目睹、的闻，分类编次，此则已见、未见相杂而书，其体例各异也。他如浑天图及五声六律十二宫旋相为君图，自为图谱之学，不在丹青之列，芾亦附载，殆张彦远《历代名画记》兼收《日月交会九道诸图》之例欤？芾不以天文名，而其论天，以古今百家星历尽为妄说，欲以所作《昼夜六十图》上之御府，藏之名山，已为夸诞。又不以韵学名，而其论韵，谓沈约只知四声，求其宫声而不得，乃分平声为上下，以欺后世。考约集载《答陆厥书》，虽称宫商之音有五，而《梁书·约本传》及《南史·厥本传》并云四声，《隋志》亦作沈约《四声》一卷，芾所谓求其宫声不得者，不知何据。殆误记唐徐景安《乐书》以上下平分宫商欤？（案：景安书今不传，其说见王应麟《玉海》。）卷首题词，谓唐代五王之功业不如薛稷之二鹤，尤为诞肆。是亦以颠得名之一端，存而不论可矣。

## 《书史》·一卷（浙江鲍士恭家藏本）

宋米芾撰。是编评论前人真迹，皆以目历者为断。故始自西晋，迄于五代，凡印章跋尾，纸绢装褙，俱详载之。中如言《叙帖辨》为右军书，而斥柳公权之误作子敬。智永《千文验》为锺绍京、欧阳询书，魏泰收虞世南草书，则又定为智永作。类皆辨别精微，不爽锱黍。所录诗文，亦多出于见闻之外。如许浑诗湘潭云尽暮山出句，此载浑手写乌丝栏墨迹内，暮山实作暮烟，知今世所行《丁卯集》本为误。杨慎作《丹铅录》，尝攘其说而讳所自来，是亦足资考证，不但为鉴赏翰墨之资也。惟卷末论私印一条，谓印关吉凶，历引当时三省印、御史台印、宣抚使印皆以篆文字画卜官之休咎。考《隋书·经籍志》有魏征东将军程申伯《相印法》一卷，《三国志注·夏侯尚传》末附许允相印事，引《相印书》曰，相印法本出陈长文，以语韦仲将，印工杨利从仲将受法，以语许士宗，（案：士宗即许允之字。）利以法术占吉凶，十可中八九。仲将又问长文从谁得法，长文曰，本出汉世。有《相印》《相笏经》，又有《鹰经》《牛经》《马经》。

印工宗养以法语程申伯，于是有一十二家相法。是古原有此法，然芾未必能得其传，殆亦谬为附会，徒为好异而已矣。

## 《宝章待访录》·一卷（浙江鲍士恭家藏本）

宋米芾撰。皆纪同时士大夫所藏晋、唐墨迹，成于元祐元年丙寅。《书录解题》作《宝墨待访录》二卷，与此互异，疑陈振孙误也。自序谓太宗混一，天下图书皆聚，而士民之间尚有藏者，惧久废忘，故作此以俟访，分目睹、的闻二类。

目睹者，王羲之《雪晴帖》以下凡五十四条。内张芝、王翼二帖注云，非真，盖与张直清所藏他帖连类全载之。的闻者，唐僧怀素自序以下凡二十九条，大概与所撰《书史》相出入，然《书史》详而此较略。中如王右军《来戏帖》，此书谓丁氏以一万质于郓州梁子志处，而《书史》则谓质于其邻大姓贾氏，得二十千。

今十五年，犹在贾氏。又怀素三帖，此书谓见于安师文家，而《书史》则谓元祐戊辰安公携至，留吾家月馀，今归章公惇云云。验其岁月，皆当在此书既成之后，知《书史》晚出，故视此更为详备也。然其间如晋谢奕、谢安、桓温三帖，《书史》只载窦蒙审定印，而此书又载有锺绍京书印。陈僧智永《归田赋跋》，

《书史》作开成某年，而此书实作开成五年，亦有可以互相考证者。今故备著于录，备参订焉。

### 《海岳名言》·一卷（浙江鲍士恭家藏本）

宋米芾撰。皆其平日论书之语，于古人多所讥贬。如谓欧、柳为丑怪恶札之祖。徐浩肥俗，更无气骨。薛稷大字，用笔如蒸饼。颜鲁公真字，便入俗品。皆深致不满。其所记对徽宗之语，于蔡襄、沈辽、黄庭坚、苏轼、蔡京、蔡卞尤极意诋诃。史称芾翰墨得王献之笔意，而书中于子敬书顾不置议论。但云吾书取诸长处，总而成之，人见之不知以何为祖。殆亦不免放言矜肆之习。然其心得既深，所言运笔布格之法，实能脱落蹊径，独凑单微，为书家之圭臬，信临池者所宜探索也。其书原载入左圭《百川学海》中，篇页太少，今以类相从，附诸书画史、《宝章待访录》之末，都为一帙焉。

### 《宣和画谱》·二十卷（两江总督采进本）

不著撰人名氏。记宋徽宗朝内府所藏诸画，前有宣和庚子御制序。然序中称今天子云云。乃类臣子之颂词，疑标题误也。所载共二百三十一人，计六千三百九十六轴，分为十门。一道释，二人物，三宫室，四蕃族，五龙鱼，六山水，七鸟兽，八花木，九墨竹，十蔬果。考赵彦卫《云麓漫钞》，载宣和画学分六科，一曰佛道，二曰人物，三曰山川，四曰鸟兽，五曰竹花，六曰屋木。与此大同小异。盖后又更定其条目也。蔡绦《铁围山丛谈》曰：崇宁初，命宋乔年值御前书画所。乔年后罢去，继以米芾辈。迨至末年，上方所藏，率至千计，吾以宣和癸卯岁尝得见其目云云。癸卯在庚子后三年，当时书、画二谱盖即就其目排比成书欤？徽宗绘事本工，米芾又称精鉴，故其所录，收藏家据以为徵。非王黼等所辑《博古图》动辄舛谬者比。绦又称御府所秘古来丹青，其最高远者，以曹不兴《玄女授黄帝兵符图》为第一，曹髦《卞庄子刺虎图》第二，谢稚《烈女贞节图》第三，自馀始数顾陆僧繇而下，与今本次第不同，盖作谱之时乃分类排纂，其收藏之目则以时代先后为差也。又《卞庄子刺虎图》今本作卫协，不作曹髦，则并标题名氏亦有所考正更易矣。王肯堂《笔麈》曰，《画谱》采葺诸家记录，或臣下撰述，不出一手，故有自相矛盾者。如山水部称王士元兼有诸家之妙，而宫室部以皂隶目之之类。许道宁条称张文懿公深加叹赏，亦非徽宗口语，盖仍刘道醇《名画评》之词云云。案肯堂以是书为徽宗御撰，盖亦未详绎序文，然所指牴牾之处，则固切中其失也。

### 《宣和书谱》·二十卷（两江总督采进本）

不著撰人名氏。记宋徽宗时内府所藏诸帖，盖与《画谱》同时作也。首列帝王诸书为一卷，次列篆隶为一卷，次列正书四卷，次列行书六卷，次列草书七卷，末列分书一卷，而制诰附焉。宋人之书，终于蔡京、蔡卞、米芾，殆即三人所定欤？芾、京、卞书法皆工，芾尤善于辨别，均为用其所长。故宣和之政无一可观，而赏鉴则为独绝。蔡绦《铁围山丛谈》称所见内府书目，唐人硬黄临二王至三千八百馀幅，颜鲁公墨迹至八百馀幅，大凡欧、虞、褚、薛及唐名臣李太白、白乐天等书字，不可胜记，独两晋人则有数矣。至二王破羌洛神诸帖，真迹殆绝，盖亦伪多焉云云。今书所载王羲之帖仅二百四十有二，王献之帖仅八十有九，颜真卿帖仅二十有八。盖其著于录者亦精为汰简，鱼目之混罕矣。

### 《山水纯全集》·一卷（浙江鲍士恭家藏本）

宋韩拙撰。拙字纯全，号琴堂，南阳人。《画史会要》称其善画山水窠石，著《山水纯全集》，即指此书。别本或作《山水纯全论》，传写讹也。拙始末不可考。惟集末有宣和辛丑夷门张怀后序，称自绍圣间担簦至都下进艺，为都尉王晋卿所惬，荐于今圣藩邸。继而上登宝位，授翰林书艺局祗候，累迁为直长，秘书待诏，今已授忠训郎云云。盖徽宗时画院中人也。是编首论山，次论水，次论林木，次论石，次论云雾烟霭岚光风雨雪霜，次论人物桥杓关城寺观山居舟车四时之景，次论用墨格法气韵之病，次论观画别识，次论古今学者，凡九篇。而序中自称曰十篇，岂佚其一欤？其持论多主规矩，所谓逸情远致，超然于笔墨之外者，殊未之及。盖院画之体如是，然未始非画家之格律也。考邓椿《画继》，载有洛人韩若拙工画翎毛，又善写真，宣和末应募使高丽，写国王真，会用兵不果行。二人同时，同乡里，同善画，而姓名只差一字，殆一人而讹传欤？不可考矣。

### 《广川书跋》·十卷（两江总督采进本）

宋董逌撰。逌字彦远，东平人。题曰广川，从郡望也。政和中官徽猷阁待制。王明清《玉照新志》载宋齐愈《狱牍》，称司业董逌在坐，则靖康末尚官司业。曾敏行《独醒杂志》称建炎己酉逌驾，则南渡时尚存。丁特起《孤臣泣血录》并记其受张邦昌伪命，为之抚慰太学诸生事，则其人盖不足道，然其赏鉴书画，则至今推之。是编皆古器款识及汉、唐以来碑帖，末亦附宋人数帖，论断考证，皆极精当。其据《左传》成有岐阳之蒐，定石鼓文为成王作，虽未必确，而说亦甚辨。然能知孙叔敖碑不可信，而滕公石椁铭乃信《博物志》《西京杂记》之语。

又如以纪为裂繻之国，不知其是卿非侯；以窗中列远岫为谢灵运诗，不知其为谢朓，亦多疏舛。要不害其鉴别之精也。

### 《广川画跋》·六卷（两江总督采进本）

宋董逌撰。逌在宣和中与黄伯思均以考据赏鉴擅名。毛晋尝刊其书跋十卷，而画跋则世罕传本。此本为元至正乙巳华亭孙道明所钞，云从宋末书生写本录出，则尔时已无锓本矣。纸墨岁久剥蚀，然仅第六卷末有阙字，馀尚完整也。古图画多作故事及物象，故逌所跋皆考证之文。其论山水者，惟王维一条，范宽二条，李成三条，燕肃二条，时记室所收一条而已。其中如辨正《武皇望仙图》、东丹王《千角鹿图》、《七夕图》、《兵车图》、《九主图》、陆羽《点茶图》、《送穷图》、《乞巧图》、《勘书图》、《击壤图》、《没骨花图》、《舞马图》、《戴嵩牛图》、《秦王进饼图》、《留瓜图》、王波利《献马图》，引据皆极精核。其《封禅图》一条，立义未确。《姒鱼图》一条，附会太甚。《分镜图》一条，拘滞无理。《地狱变相图》，误以卢棱伽为在吴道元前。皆偶然小疵，不足以为是书累也。

### 《画继》·十卷（两江总督采进本）

宋邓椿撰。椿，双流人。祖洵武，政和中知枢密院。其时最重画学，椿以家世闻见，缀成此书。其曰《画继》者，唐张彦远作《历代名画记》，起轩辕，止唐会昌元年，宋郭若虚作《图画见闻志》，起会昌元年，止宋熙宁七年。椿作此书起熙宁七年，止乾道三年，用续二家之书，故曰继也。所录上而帝王，下而工技，九十四年之中，凡得二百一十九人。一卷至五卷以人分，曰圣艺，曰侯王贵戚，曰轩冕才贤，曰缙绅韦布，曰道人衲子，曰世胄妇女及宦者，各为区分类别，以总括一代之技能。六卷、七卷以画分，曰仙佛鬼神，曰人物传写，曰山水林石，曰花竹翎毛，曰畜兽虫鱼，曰屋木舟车，曰蔬果药草，曰小景杂画，各为标举短长，以分阐诸家之工巧，盖互相经纬，欲俾一善不遗。八卷曰铭心绝品，记所见奇迹爱不能忘者，为书中之特笔。九卷、十卷皆曰杂说，分论远、论近二子目，则书中之总断也。论远多品画之词，论近则多说杂事。论远之末附缀杂事一条，或传写失次欤。椿以当代之人，记当代之艺，又颇议郭若虚之遗漏，故所收未免稍宽。然网罗赅备，俾后来得以考核。其持论以高雅为宗，不满徽宗之尚法度，亦不满石恪等之放佚，亦颇为平允。固赏鉴家所据为左验者矣。

### 《续书谱》·一卷（浙江鲍士恭家藏本）

宋姜夔撰。夔有《绛帖平》，已著录。是编其论书之语。曰《续书谱》者，唐孙过庭先有《书谱》故也。前有嘉定戊辰天台谢采伯序，称略识夔于一友人处，不知其能书也。近阅其手墨数纸，笔力遒劲，波澜老成。又得其所著《续书谱》一卷，议论精到，三读三叹，因为锓木。盖夔撰是书，至采伯始刊行也。此本为王氏《书苑》补益，所载凡二十则。一曰总论，二曰真书，三曰用笔，四曰草书，五曰用笔，六曰用墨，七曰行书，八曰临摹，九曰书丹，十曰情性，十一曰血脉，十二曰燥润，十三曰劲媚，十四曰方圆，十五曰向背，十六曰位置，十七曰疏密，十八曰风神，十九曰迟速，二十曰笔锋。其燥润、劲媚二则，均有录无书。燥润下注曰，见用笔条。劲媚下注曰，见情性条。然燥润之说，实在用墨条中。疑有舛误。又真书、草书之后各有用笔一则，而草书后之论用笔，乃是八法，并非论草，疑亦有讹。敬考钦定《佩文斋书画谱》，第七卷中全收是编，临摹以前八则，次序相同，临摹以下则九曰方圆，十曰向背，十一曰位置，十二曰疏密，十三曰风神，十四曰迟速，十五曰笔势，十六曰情性，十七曰血脉，十八曰书丹，先后小殊。而燥润、劲媚二则则并无其目。盖所据之本稍有不同，而其文则无所增损也。《书史会要》曰，赵必睪字伯暐，宗室也。官至奏院中丞。善隶楷，作《续书谱辨妄》，以规姜夔之失。案必罿之书今已佚，不知其所规者何语。然夔此谱自来为书家所重，必罿独持异论，似恐未然。殆世以其立说乖谬，故弃而不传欤。

### 《宝真斋法书赞》·二十八卷（永乐大典本）

宋岳珂撰。珂有《刊正九经三传例》，已著录。是书以其家所藏墨迹，自晋、唐迄于南宋，各系以跋而为之赞。珂处南渡积弱之馀，又承家难流离之后，故其间关涉时事者多发愤激烈，情见乎词。至于诸家古帖，尤徵人论世，考核精审。

其文亦能兼备众体，新颖百变，层出不穷，可谓以赏鉴而兼文章者矣。珂所著《桯史》、《金陀粹编》、《愧郯录》诸书，世多传本，独是编诸家皆未论及，惟米芾《外纪》所引《英光堂帖》载其一条，即珂所刻米芾墨迹，其文视此稍略。盖彼为帖后跋尾，此则编辑以成书，犹欧阳修《集古录》有真迹、集本之异也。文徵明停云馆所刻《万岁通天帖》亦有一条，而此本无之，意偶佚欤。原本为《永乐大典》割裂分系，其卷目已不可考。今就其仅存者排比推求，大抵以类分编。首以历代帝王，次晋真迹，次唐摹，次唐五代至宋真迹。而唐摹又自分二王及杂迹，五代又先以吴越三王，宋则终以鄂国传家。每类之首有总标，如吴越三王判牍，鄂国传家帖，可以考也。总标之下先系以总赞，如唐摹二王之贞观熠兴云云，无名氏帖之非纪录不概云云，可以考也。其总赞无可专属，《永乐大典》皆弃不录。惟此二首连前后帖尾，幸而得存，犹可寻当日体例耳。所类诸帖，晋、唐以前，简幅省少，帖各为赞。南北宋人篇翰繁多，则连类为赞。而每帖之或真或草，几幅几行，题记涂乙，又附注于分标之下，约略编次，尚可二十八卷。其间遗闻佚事，可订史传之是非；短什长篇，可补文集之讹阙。如朱子储议一帖，辨论几及万言；许浑乌阑百篇，文异殆逾千字，于考证颇为有功。且所载诸帖，石刻流传者十仅二三，墨迹仅存者百鲜一二，皆因珂之汇集以传，其书泯没零落逾数百年，遭遇圣代右文，得邀裒辑，复见于世，可谓珂之大幸，亦可谓历代书家之大幸矣。至于前贤法帖，释者聚讼，珂所载亦间有异同，其已经钦定重刻阁帖厘定者，并敬遵驳正。间有参差岐出，数说皆通者，亦并用参存，不没其实焉。

### 《书小史》·十卷（浙江巡抚采进本）

宋陈思撰。思有《宝刻丛编》，已著录。是书以历代书家小传纂次成帙。前有咸淳丁卯天台谢愈修序。书中所载，自庖犠迄五季。凡纪一卷，载帝王为五十一人，传九卷，首后妃十人，附以诸女十三人。次诸王二十七人。次仓颉至郭忠恕共四百三十人。如中间闺秀一门，自宜依史例退置史末，乃以厕于后妃诸王之间，殊为乖舛。又如北齐彭城王湝本无能书之名，惟史载其以岁时书迹未工为博士韩毅所戏。思因此一节，遂一概采入书家中，尤属泛滥，迥不及《书苑菁华》之详密。特其排比荟萃，用力亦勤。自张彦远名画法书各有记录，嗣后品录画家者多，品录书家者少。思蒐罗编辑，汇为斯编，亦足以为考古者检阅之助也。

### 《书苑菁华》·二十卷（浙江汪汝瑮家藏本）

宋陈思撰。是编集古人论书之语，与《书小史》相辅而并行。卷一、卷二曰法，卷三曰势，曰状，曰体，曰旨。卷四曰品，卷五曰评，曰议，曰估。卷六曰断。卷七曰录。卷八曰谱，曰名。卷九、卷十曰赋。卷十一、卷十二曰论。卷十三曰记。卷十四曰表，曰启。卷十五曰笺，曰判。卷十六曰书，曰序。卷十七曰歌，曰诗。卷十八曰铭，曰赞，曰叙，曰博。卷十九曰诀，曰意，曰志。卷二十曰杂著。所收凡一百六十馀篇，以意主阔传，故编次丛杂，不免疏舛。如序古无作叙者，因苏轼避其家讳而改，本非二体，《昌黎集》内所载皆序而非叙，思乃列序叙为二目，且以韩愈送高闲上人一篇载入叙中，殊无根据。又《晋书·王羲之传》唐太宗称制论断，即属传赞之流，而思别题作书王羲之传后，列之杂著中，尤为不知体制。然自唐以来，惟张彦远《法书要录》、韦续《墨薮》采群言，而篇帙无多，未为赅备。其裒录诸家绪言，荟萃编排以资考订，实始于是编。御定《佩文斋书画谱》中论书一门，多采用之。虽思书规模草创，万不及后来之精密，而大辂肇自椎轮，层冰成于积水，其造始之功固亦未可泯焉。

### 《书录》·三卷、《外篇》·一卷（浙江吴玉墀家藏本）

宋董史撰。史字更良，不详其里贯。自称闲中老叟，盖未登仕版者也。其书皆纪宋代书家姓氏，分上、中、下三篇。上篇载艺祖至高宗，中篇载北宋书家一百十人，下篇载南宋书家四十五人。有所见辄抄于帙，故不复以人品高下为铨次。

凡诸书所有评论书法者，悉加采摭，汇次每人之后，更加外篇附于卷末。所载女子六人，盖仿《华阳国志》婺儒贫女有可纪者莫不咸具例也。录中所纪，虽未为赅备，而徵引典核，考据精审，亦殊有体裁，非泛滥撦捃者可比。其书成于理宗淳祐壬寅，后景定元年庚申，毁于火。度宗咸淳元年乙丑，从章氏得其旧本，乃重加修校，复成此编。原本书末有至正丁未三月录办云云一行，盖元时华亭孙氏所抄存者，后辗转传录，讹脱益甚，自序亦已残阙不可读。检勘诸本并同，无可校补，今姑仍其旧焉。

### 《竹谱》·十卷（永乐大典本）

元李衎撰。衎字仲宾、号息斋，蓟邱人。皇庆元年为吏部尚书，拜集贤殿大学士。谥文简。苏天爵《滋溪集》有衎墓志，称其翰墨馀暇，善图古木竹石，有王维、文同之高致。《续宏简录》曰，李衎少时见人画竹，从旁窥其笔法，始若可喜，旋觉不类，辄叹息舍去。后从黄华子澹游学。（案：黄华老人，金王庭筠之别号。澹游，庭筠子曼庆之别号。《书史会要录》称庭筠善古木竹石，曼庆亦工墨竹。）已观黄华所画墨竹，又迥然不同，乃复弃去。至元初来钱塘，得文同一幅，欣然愿慰。自后一意师之，兼善画竹，法加青绿设色。后使交趾，深入竹乡，于竹之形色情状，辨析精到，作《画竹》、《墨竹》二谱，凡黏帧矾绢之法悉备。又邓文原《履素斋集》有哭衎诗二首，诗末注曰，仲宾近刊《竹谱》二十卷，其书世罕传本。浙江鲍氏所传抄者仅有一卷，疏略殊甚。惟《永乐大典》载其完书，实分四门。曰画竹谱、墨竹谱，与《宏简录》所言合。又有竹态谱、竹品谱。其竹品谱中又分全德品、异形品、异色品、神异品、似是而非竹品、有名而非竹品六子目，共为十卷。卷各有图，盖每二卷并一卷矣。其书广引繁徵，颇称渊雅。录而存之，非惟游艺之一端，抑亦博物之一助矣。中有有说而无图者，自序谓与常竹同者则不复图，非阙佚也。

### 《画鉴》·一卷（两江总督采进本）

旧本题宋东楚汤垕君载撰。案卷首有题词曰：采真子妙于考古，在京师时，与今鉴画博士柯君敬仲论画，遂著此书，用意精到，悉有据依云云。则垕与柯九思同时。九思为鉴画博士在元文宗天历元年，则作此书时上距宋亡已五十三年，下距元亡仅三十九年，屋安得复称宋人？且书中称元曰本朝，称宋曰宋朝，内元外宋，尤不得以遗民藉口，旧本盖相沿误题也。又题词称惜乎尚多疏略，乃为删尔，编次成帙，名曰《画鉴》。后有高识，赏其知言。采真子，东楚汤屋君载之自号也云云。则此书乃因屋旧稿重为润色，不但非屋之原本，并《画鉴》之名亦非屋所自命矣。惟题词不著名氏，遂不能详考其人耳。所论历代之画始于吴曹不兴，次晋卫协，顾恺之，次六朝陆探微诸家（案：吴、晋皆在六朝之数，不应别探微以下为六朝，原本标目如是，姑仍其旧，而附订其误于此。）次唐及五代诸家，次宋、金、元诸家。然元惟龚开、陈琳二人，盖赵孟頫诸人并出同时，故不录也。次为外国画，次为杂论。大致似米芾《画史》，以鉴别真伪为主。所辨论皆在笔墨气韵间，不似董逌诸家以考证见长也。

### 《衍极》·二卷（永乐大典本）

元郑构撰。案何乔远《闽书》曰：构字子经，罗源人。泰定中官南安县教谕，与陈旅为文字友，著《衍极》五篇，《衍极记载》三篇。其书自仓颉迄元代，凡古人篆籀以极书法之变，皆在所论。宣抚使齐伯亨采而上之，作衍极堂以藏其书。陶宗仪《书史会要》又称其能大字，兼工八分，盖究心斯艺，故能析其源流如是也。其书载《永乐大典》中，而阙其记载三篇。别本又载有《学书次第》、《书法源流》二图，《永乐大典》亦阙。然别本字句讹脱，文注混淆，不及《永乐大典》之精善。谨合两本参校，补遗正误，复还旧观，其注为刘有定所作。有定字能静，号原范，莆田人。其名载林承霖《莆阳诗编》，亦见《书史会要》。

盖亦文雅之士云。

### 《法书考》·八卷（浙江巡抚采进本）

元盛熙明撰。案陶九成《书史会要》曰，盛熙明，其先曲鲜人，后居豫章。

清修谨饬，笃学多材。工翰墨，亦能通六国书，则色目人也。是书前有虞集、揭傒斯、欧阳玄三序。集序称其备宿卫，傒斯序则称为夏官属，其始末则不可考矣。

傒斯序又称熙明作是书，稿未竟，已有言之文皇之前者，有旨趣上进。以修皇朝《经世大典》，事严，未及录上。四年四月五日，今上在延春阁，遂因奎章学士实喇巴勒以书进。上方留神书法，览之终卷，亲问《八法旨要》，命藏之禁中，以备亲览。《书史会要》亦称至正甲申，尝以《法书考》八卷进上，与序相合，则是书实当时奏御本也。其书首为书谱，分子目四。次为字源，次为笔法，次为图诀，次为形势，各分子目二。次为风神，次为工用，各分子目三。次为附录、印章、题署、跋尾，虽杂取诸家之说，而采择特精。其字源一门所列梵书十六声三十四母，蒙古书四十二母，亦与陶九成通六国书之说合。皆颇足以资考证也。

### 《图绘宝鉴》·五卷、《续编》·一卷（衍圣公孔昭焕家藏本）

元夏文彦撰。文彦字士良，其先吴兴人，居于松江。陶宗仪《辍耕录》曰：友人吴兴夏文彦，号兰渚生，其家世藏名迹，罕有比者。朝夕玩索，心领神会，加以游于画艺，悟入厥趣。是故鉴赏品藻，百不失一。因取《名画记》《图画见闻志》《画继》《续画记》为本，加以宣和《画谱》、南渡七朝《画史》、齐、梁、魏、陈、唐、宋以来诸家画录，及传记杂说百氏之书，蒐潜剔秘，网罗无遗。自轩辕至宋德祐乙亥，得能画者一千二百八十馀人，又金、元三十人，本朝至元丙子（案：宗仪此书作于至正中，故称元为本朝）至今九十馀年间二百馀人，共一千五百馀人。其考核诚至，其用心良勤，其论画之三品盖扩前人所未发云云，即指此书也。中间如封膜之类，尚沿旧讹，未能纠正。又每代所列不以先后为次，往往倒置，体例亦未为善。然蒐罗广博，在画史之中最为详赡。郎瑛《七修类稿》尝谓《图绘宝鉴》但纪历代善画人名及所师某人而已，当添言所以，方尽其意。如董源则曰山是麻皮皴之类，马远则曰山是大斧劈兼丁头鼠尾之类，如是则二人之规矩已寓目前，而后之观其画者亦易云云。然文彦所记，主于微考家数源流，中间传其名者多，见其迹者少，安能一一举其形似？瑛云云，盖未知著书之难，不足据也。《续编》一卷，明钦天监副韩昂所纂。起明初迄正德一百五十年间，采辑得一百七人，而冠以宣宗宪宗孝宗三朝御笔。成于正德十四年。

然核其书中如文彭、陆治、钱穀等以下，皆嘉靖时人，殆后来有所增补，非昂之旧欤？

### 《书史会要》·九卷、《补遗》·一卷、《续编》一卷（浙江鲍士恭家藏本）

《书史会要》九卷，《补遗》一卷，明陶宗仪撰。《续编》一卷，朱谋垔撰。

宗仪有《国风尊经》，已著录。谋垔字隐之，号厌原山人，宁藩支裔也。是编载古来能书人上起三皇，下至元代，凡八卷。末为《书法》一卷，又《补遗》一卷。

据孙作《沧螺集》所载宗仪小传，称《书史会要》凡九卷。此本目录，亦以《书法补遗》共为一卷。而刊本乃以《补遗》别为卷，又以朱谋垔所作《续编》一卷题为卷十，移其次于《补遗》前。殆谋垔之子统铁重刊是书，分析移易，遂使宗仪原书中断为二。今仍退谋垔所补自为一卷，题曰《续编》，以别宗仪之书。

而其《书法补遗》如仍合为一卷，则篇页稍繁，姑仍统铁所编，别为一卷，以便省览。宗仪旧本，以元继宋，而列辽、金于后，与所作《辍耕录》中载杨维桢《正统论》以元继宋者所见相同。维桢论已仰禀睿裁，特存其说。宗仪是编，亦谨仍其旧文焉。

### 《珊瑚木难》·八卷（两淮盐政采进本）

明朱存理撰。存理有《旌孝录》，已著录。朱彝尊《静志居诗话》曰：存理自少至老，未尝一日忘学问。人有异书，必从访求，以必得为志。所纂集凡数百卷，既老不厌。坐贫无以自资，其书旋亦散去。《江南通志》亦曰：元季明初，中吴南园何氏，笠泽虞氏，庐山陈氏，书籍金石之富，甲于海内。继其后者，存理其尤也。兹编悉载所见字画题跋，其卷中前人诗文世所罕睹者，亦附录焉。前有文徵明、文嘉、王穉登、王腾程四人名氏，盖出于四家收藏者为多。徵明等皆以赏鉴相高，故所贮并多名迹。存理又工于考证，凡所题品，具有根据，与真赝杂糅者不同。惟其书从无刊本，转相传写，讹脱颇多。今详加釐正，而阙其所不可知者，著之于录。

### 《赵氏铁网珊瑚》·十六卷（两淮马裕家藏本）

旧本题明朱存理撰。末有万历中常熟赵琦美跋，称原从秦四麟家得《书品》《画品》各四卷，后从焦竑得一本，卷帙较多。用两本互校，增为《书品》十卷，《画品》六卷。其先后次序，则琦美所鹭定，而又以所见真迹续于后。称秦氏原本，无撰人姓名。别有跋，记作者姓名。后佚去，不复记，然非朱存理也。据此，则是书乃赵琦美得无名氏残稿所编，其稿既不出于一家，且琦美又有所增补，题朱存理撰为误矣。雍正六年，年希尧尝刻此书。其跋称别有一本十四卷者，传为存理原本，今亦未见。又世传有存理所作《珊瑚木难》八卷，所载名迹，末皆有自跋语，与此本体例迥异，则此书非出存理手愈可知也。然所载书画诸跋，颇足以辨析异同，考究真伪，至今赏鉴家多引据之。其书既为可采，则亦不必问其定出谁氏矣。

### 《寓意编》·一卷（兵部侍郎纪昀家藏本）

明都穆撰。穆有《壬午功臣爵赏录》，已著录。此书记所见书画名迹，载陈继儒《秘笈》中仅有一卷，而世所刻本别有穆《铁网珊瑚》二十卷。其第五、第六两卷题曰寓意上、寓意下，乃多一卷。考其上卷所载书画，每条各系以收藏之家，而下卷则否。上卷之末云：余家高祖以来，好蓄名画，皆往往为好事者所得，亦不留意也云云。详其语意，已为终篇之词，不应更有下卷。况下卷之末，并载何良俊《书画铭心录》中，有嘉靖丁巳正月人日记所观书画事。考王宠所作穆墓志，穆卒于嘉靖四年乙酉，而何良俊之撰《铭心录》则在嘉靖三十六年，穆何从而载其事？又其下卷以下每卷皆标太仆寺少卿都穆之名，而中间载文徵明山水二轴，一作于嘉靖乙未，一作于嘉靖戊午。乙未为嘉靖十四年，戊午为嘉靖三十七年，皆在穆卒以后，是即《铁网珊瑚》一书出于伪托之明证，然则其下一卷为妄人附益审矣。今仍以陈继儒所刻一卷著录，以存其旧。所载如颜真卿《争坐位帖》，薛尚功《钟鼎款识帖》，亦足资考核。惟成化戊申一段，成化实无戊申，殊为牴牾。当由误记，抑或刻本偶讹欤？

### 《墨池琐录》·四卷（浙江汪启淑家藏本）

明杨慎撰。慎有《檀弓丛训》，已著录。王世贞《名贤遗墨》跋曰：慎以博学名世，书亦自负吴兴堂庑。世传其谪戍云南时，尝醉傅胡粉，作双髻插花，诸伎拥之游行城市。或以精白绫作袧，遗诸伎服之。酒间乞书，醉墨淋漓。人每购归，装潢成卷。盖慎亦究心书学者。此书颇抑颜真卿，而谓米芾行不逮言。至赵孟頫出，始一洗颜、柳之病，直以晋人为师，右军之后，一人而已。与王世贞吴兴堂庑之说合。知其确出慎手。中间或采旧文，或抒己意，往往皆心得之言。其述张天锡《草书韵会》源流，及小王破体书，亦兼有考证。至汉司隶杨厥碑字之类，偶尔疏谬者，已驳正于洪适隶释条下，兹不具论云。

### 《书诀》·一卷（浙江范懋柱家天一阁藏本）

不著撰人姓名。《明史·艺文志》亦未著录。案书中称其十世祖名稷，曾祖名庆，祖名耘，考名熙，则当为嘉靖间鄞人丰坊所作也。坊有《古易世学》，已著录。其平生好作伪书，妄谬万端，至今为世诟厉。然于书法则有所心得。故詹氏《小辨》曰：坊为人逸出法纪外，而书学极博，五体并能，诸家自魏、晋以及国朝[1]，靡不兼通规矩，尽从手出，盖工于执笔者也。以故其书大有腕力，特神韵稍不足。朱谋垔《书史会要》亦曰：坊草书自晋、唐而来无今人一笔态度，惟喜用枯笔，乏风韵耳。是编皆论学书之法，而尤注意于篆籀。又排比古今能书之家，评其次第。其论颜真卿，独推其擘窠题署第一，而诋东方朔赞、多宝塔颂为俗笔。

又贬苏轼以肉衬纸，甚有俗气。于楷法仅取其上清、储祥宫碑等三种。务为高论，盖犹其狂易之馀态。要亦各抒所见，固与无实大言者异矣。

### 《书画跋跋》·三卷、《续》·三卷（浙江孙仰曾家藏本）

明孙鑛撰。鑛有《月峰评经》，已著录。是书名《书画跋跋》者，王世贞先有《书画跋》，鑛又跋其所跋，故重文见义。犹《非非国语》，《反反离骚》例也。明以来未有刊本，仅有抄本，在仁和毛先舒家，后归其邑人赵信。信为孙氏之婿，故鑛六世孙宗溥宗濂又从赵氏得之。乾隆庚申，始刊版印行，任兰枝为之序。初，宗溥等以鑛书本因世贞而作，如不载世贞原跋，则鑛之所云，有不知为何语者，乃取世贞诸跋散附于各题之下。其明人书札，可与鑛参证，及为鑛语所缘起者，亦附载焉。凡墨迹一卷，碑刻一卷，画一卷，续亦如之。惟续跋碑刻作墨刻，盖偶尔驳文，非宏旨所在也。詹氏《小辨》曰：王元美虽不以字名，顾吴中诸家，惟元美一

---

① 即清朝，下同。

人知法古人。又《书史会要》曰：王世贞书学虽非当家，而议论翩翩，笔法古雅，盖拙于挥毫而工于别古者也。钄以制义名一时，亦不以书画传，然所论则时有精理，与世贞长短正同，亦赏鉴家所当取证者矣。

### 《绘事微言》·四卷（两淮盐政采进本）

明唐志契撰。志契字敷五，又字元生，江都人。与弟志伊并能画，而志契尤以山水擅名。是编乃其所著画谱，姜绍书《无声诗史》以为颇得六法之蕴者也。

所录画家名论，自南齐谢赫《古画品录》而下，至于明李日华诸人，皆删除芜冗，汰取精华。其承讹袭缪者，如梁元帝画松石格、荆浩画山水赋皆不知为赝本。

《画麈》乃吴中沈颢著，见陶宗仪《说郛》，而因颢字朗茜，辗转传讹，遂误作朗耀。盖伎艺之流，多喜依托古人，以神其授受。地师动称郭璞，术家每署刘基，皆踵谬沿讹，猝难究诘，但所言中理，即可不必深求。至其自著论断，则多中肯綮。如谓佛道人物牛马则今不如古，山水林木花石则古不如今。又云作画以气韵为本，读书为先，皆确论也。读其书，可以知其非庸史矣，故钦定《佩文书画谱》采志契之说颇多云。

### 《书法雅言》·一卷（浙江巡抚采进本）

明项穆撰。王穉登所作穆小传，称其初名德枝，郡大夫徐公易为纯。后乃更名穆，字德纯，号曰贞元，亦号曰无称子。秀水项元汴之子也。元汴鉴藏书画，甲于一时，至今论真迹者，尚以墨林印记别真伪。穆承其家学，耳濡目染，故于书法特工。因抒其心得，作为是书，凡十七篇。曰书统，曰古今，曰辨体，曰形质，曰品格，曰资学，曰规矩，曰常变，曰正奇，曰中和，曰老少，曰神化，曰心相，曰取舍，曰功序，曰器用，曰知识。大旨以晋人为宗，而排苏轼、米芾书为棱角怒张，倪瓒书寒俭，轼、芾加以工力，可至古人，瓒则终不可到。虽持论稍为过高，而终身一艺，研求至深，烟楮之外，实多独契。衡以取法乎上之义，未始非书家之圭臬也。

### 《寒山帚谈》·二卷、《拾遗》·一卷、《附录》·一卷（直隶总督采进本）

明赵宧光撰。宧光有《说文长笺》，已著录。是编本在所撰《说文长笺》中，亦析出别行。《长笺》穿凿附会，且引据疏舛，颇为小学家所讥。而篆文笔法，则差有偏长，故此编犹为后人所重。上卷四目，曰权舆，论一十五种书也。曰格调，论笔法结构也。曰力学，论字功书法也。曰临仿，则力学之馀绪，析而为篇者也。下卷四目。曰用材，论笔墨纸砚及运用法也。曰评鉴，论辨识之浅深也。

曰法书，论古帖也。曰了义，论书家秘谛也。其《拾遗》一卷，阐发未尽之意，各注某条补篇某字。其《附录》则金石林、甲乙表及诸论也。曰帚谈者，取家有敝帚，享之千金意耳。

### 《书法离钩》·十卷（浙江鲍士恭家藏本）

明潘之淙撰。之淙字无声，号达斋，钱塘人。是书荟萃旧说，各以类从。大旨谓书家笔笔有法，必深于法而后可与离法，又必超于法而后可与进法。俗学株守规绳，高明尽灭纪律，俱非作者。书中知道从性诸篇，皆言不法而法，法而不法之意。其名离钩者，取禅家垂丝千尺，意在深潭离钩三寸语也。其中考论六书，如籀文与古文、大篆皆小异，故说文序云，新莽谓之奇字。徐浩云，史籀造籀文，李斯作篆，江式、唐元度则谓史籀著大篆十五篇。又如隶书在八分之前，行书在草书之后，故蔡琬云，吾父割隶字八分而取二分。萧子良云，灵帝时王次仲饰隶为八分。《说文》，汉兴有草书，张怀瓘则谓八分小篆之捷，隶亦八分之捷。郭忠恕则谓小篆散而八分生，八分破而隶书出，隶书悖而行书作，行书狂而草书圣。

之淙率杂录旧文，不能订其舛异。至杨慎改岳麓禹碑中南暴昌言四字为南渎衍亨，伪云得之梦中，之淙亦信之，尤为寡识。然大旨在论八法，不在论六书，学问各有门径，不必以考证之学责诸艺术也。前有自著凡例，称此书本与《淳化帖释文》合刻，此本无之，或藏弆者残阙欤。

### 《画史会要》·五卷（浙江鲍士恭家藏本）

明朱谋垔撰。谋垔既续陶宗仪《书史会要》，因推广其类，采上古迄明能画人姓名事迹，辑为此编，亦附以画法一卷。成于崇祯辛未。全用宗仪之体例，故书名亦复相因。然宗仪之书，止于元代，故谋垔所续，明人别为一卷，列之外域之后可也。此书为谋垔所自编，既以金列元前，稍移其次，而所列明人虽太祖、宣宗亦次于外域之后，则拘于旧目，颠倒乖剌之甚矣。至目录以宋为第二卷，金、元及外域为第三卷，而其书乃以北宋为第二卷，南宋、金、元及外域为第三卷。

又削去南宋之号，但以都钱塘、三字为卷端标目，舛迕尤甚。盖明之末年，士大夫多喜著书，而竞尚狂禅，以潦草脱略为高尚，不复以精审为事。故顾炎武《日知录》谓万历后所著之书，皆以流贼刘七为贼七之类，所刻之书皆以壮月朔改为牡丹朔之类。虽诋之稍过，亦未可谓全无因也。今为改正其文，而附注原目之谬如右。其书虽采摭未富，疏漏颇多，而宋、金、元、明诸画家颇赖以考见始末，故御定《佩文斋书画谱·画家传》中多引以为据，亦谈丹青者所不可遽废也。

### 《郁氏书画题跋记》·十二卷、《续题跋记》·十二卷（两淮盐政采进本）

明郁逢庆撰。逢庆字叔遇，别号水西道人，嘉兴人。是书分前后二集。前集末有自识云：所见法书名画，录其题咏，积成卷帙，时崇祯七年冬也。后集无跋，则不知其成于何岁矣。其书随其所见书画，录其题跋，初不以辨别真赝为事。故如赵孟坚所藏定武兰亭本天圣丙寅一条，范仲淹、王尧臣、米黻、刘泾四条，年月位置，皆与海宁陈氏渤海藏真帖所刻褚摹本同，盖以赵孟坚落水本原亦有范仲淹题，而褚摹本原亦有孟坚印，传写舛误，遂致混二本题跋为一本。又如五字损本文徵明跋既载于前集第十卷，作嘉靖九年八月二日，下注云，详见续集。而续集第二卷载此跋，则作嘉靖十一年六月二十又七日，同一帖同一跋，一字不易，而年月迥乎不同。又前集高克恭仿米芾青绿云山，云详见续集，而前集所载克恭名款，及至正戊子吴镇题一段，续集乃反无之。沈周有竹居卷，亦云详续集，而徐有贞、文林、吴宽、钱仁夫、秦巘数诗，与前集所载乃前后倒互。诸如此类，皆漫无考订。至于前集所载宋高宗画册、梁楷画右军书扇图皆有水西道人题记，当即逢庆所藏。而第一至第四卷每卷之尾皆有崇祯甲戌冬日收藏题记，核其岁月亦即逢庆所自识，而皆未注某为所藏，某为所见，体例尤不分明。特以采摭繁富，多可互资参考者，故并录存之，备检阅焉。

### 《清河书画舫》·十二卷（浙江巡抚采进本）

明张丑撰。丑，昆山人，原名谦德，字叔益，后改今名，字青父，号米庵。

盖丑于万历乙卯得米芾《宝章待访录》墨迹，名其书室曰宝米轩，故以自号。越岁丙辰，是书乃成。其以《书画舫》为名，亦即取黄庭坚诗米家书画船句也。明代赏鉴之家，考证多疏，是编独多所订正。如《宋史·米芾》传误谓芾卒时年四十八，而真迹流传在四十八岁以后者不一而足，深滋疑窦。丑则云芾以皇祐三年辛卯生，以大观元年丁亥卒，年五十七，正与米芾印记辛卯米芾四字相合，足纠托克托等之谬。其他诸条，亦多可依据。惟是所取书画题跋，不尽出于手迹，多从诸家文集录入，且亦有未见其物，但据传闻编入者。如文嘉《严氏书画记》内称枝山翁卷一、又称文徵明词翰二，是亦非尽出原迹之一验。其中第三卷之顾野王，第五卷之杜牧之、李阳冰、苏灵芝诸人，皆无标目，辗转传写，亦多失于校雠。然丑家四世收藏，于前代卷轴，所见特广，其书用张彦远《法书要录》例，于题识印记，所载亦详，故百馀年来收藏之家，多资以辨验真伪。末一卷曰鉴古百一诗，则丑所自为。米庵诗二十首，铭心小集八十一首，以类相从，附于集后。

第九卷末附刻米芾《宝章待访录》，十二卷末附刻文天祥手札，皆非原本所有，盖鲍氏刊本所增附也。鲍氏所刊，不分卷数，但以莺嘴啄花红溜，燕尾点波绿皱十二字标为次第。盖用谢枋得文章轨范，以王侯将相有种乎七字编为七册之例。

然麻沙坊本，不可据为典要，今削去旧题，以十二卷著录焉。

### 《真迹日录》·五卷、《二集》·一卷、《三集》·一卷（浙江鲍士恭家藏本）

明张丑撰。凡三集。前有丑自题，称《书画舫》成，鉴家谓其粗可观览，多以名品卷轴见示就正，因信手笔其一二，命曰《真迹日录》。随见随书，不复差次时代。其二集、三集则皆无序跋，盖以渐续增，各自为卷，实可通作一编也。

此本为鲍士恭家知不足斋所刊。凡原本所载与《书画舫》重复者，如初集之虞永兴《破邪论》，王右军《鹊不佳帖》、《破羌帖》、《此事帖》、《谢司马帖》、《思想帖》又《别本思想帖》、《大道帖》又《别本大道帖》、锺太傅《孔庙鼎铭》、曹不兴《兵符图》、《桃源图》、李成寒《林平野图》、颜鲁公《书告及与蔡明远帖》、陆机《平复帖》、李西台《千文卷》、赵幹《江行初雪图》、钱舜举《临陆探微金粟如来像卷》、怀素《梦游天姥吟真迹》、倪云林《溪山仙馆小幅》、王齐翰《挑耳图》、展子虔《春游图》、鲜于伯机《题董北苑山水》、《题赵摹本拓兰亭后》、王朋梅《金明池图》，二集之《刘原父墨迹秋水篇》、《黄子久山水》、郭熙《溪山秋霁卷》、李泰和《梅熟帖》、褚河南《小楷西昇经》、王叔明《惠麓小隐卷》、倪云林《跋黄子久画卷》、顾清臣《书李成读碑窠石图》、《右军鹅》等帖、孙知微《十一曜图》，巨然赚《兰亭图》，三集之吴道子《八部天龙卷》、李龙眠《郭子仪单骑见回纥图》、唐子畏《独乐园》、《江山行旅图》，二卷凡四十一条，皆删去而存其目。其词有详略异同者，则仍并载之，以资参考焉。

### 《法书名画见闻表》·一卷（浙江鲍士恭家藏本）

明张丑撰。盖仿米芾《宝章待访录》例，变而为表。凡分四格，第一格为时代，第二格为目睹，第三格为的闻，第四格则每一朝代总计其数，题曰会计。凡一百五十五人，一百八十八帖，三百五十六图。末附顾恺之《夏禹治水图》、王羲之《行穰帖》，皆注曰见。虞世南《临张芝平复帖》、颜真卿《鹿脯帖》，皆注曰闻。盖表成以后所续载也。丑别有《南阳书画表》，故表首附记已见彼者不录。又云，凡影响附会者不录。然所列目睹诸名，与所作《书画舫》《真迹日录》多不相应。意此数表，成于二书之前耶。

### 《南阳法书表》·一卷、《南阳名画表》·一卷（浙江鲍士恭家藏本）

明张丑撰。所列皆韩世能家收藏真迹。《法书表》凡作者二十七人，计七十二件，分五格。上为时代，下以正书、行押、草圣、石刻四等各为一格。《名画表》凡作者四十七人，计九十五图，亦分五格。上为时代，而下以道释人物为一格，山水界画为一格，花果鸟兽为一格，虫鱼墨戏为一格，例又小别。二表前皆有丑自序。盖先表法书，既而世能之子朝延并属兼表名画也。世能字存良，长洲人。隆庆戊辰进士，官至礼部尚书。喜收名迹，董其昌《洛神赋跋》所称馆师韩宗伯者是也。其称南阳者，韩氏郡望南阳，犹韩维之称《南阳集》耳。

### 《清河书画表》·一卷（浙江鲍士恭家藏本）

明张丑记其家累世所藏书画也。丑自序称其始祖号真关处士者，即收藏书画。

有黄庭坚、刘松年诸迹，已散佚无存。是表所列，以书画时代为经，以世系为纬，第一格为其高祖元素所藏，第二格为其曾伯祖维庆、曾祖子和所藏，第三格为其祖约之、叔祖诚之所藏，第四格为其父茂实所藏，第五格为其兄以绳所藏，第六格为丑所自藏，第七格为其侄诞嘉所藏。上迄晋，下迄明，计作者八十一人，四十九帖，一百一十五图，中多名迹。盖自其高祖即出沈度、沈粲之门，其曾祖亦与沈周游，其祖、父皆与文徵明父子为姻娅世好，渊源有自，故丑特以赏鉴闻。

然据其自序，则作表之时，家事中落，已斥卖尽矣。此特追录其名耳。

### 《珊瑚纲》·四十八卷（浙江孙仰曾家藏本）

明汪砢玉撰。砢玉有《古今鹾略》，已著录。是书成于崇祯癸未。凡法书题跋二十四卷，名画题跋二十四卷。朱彝尊《静志居诗话》称砢玉留心著述，所辑《珊瑚网》一编，与张丑《清河书画舫真迹日录》并驾。盖丑自其高祖以下四世鉴藏，砢玉亦以其父爱荆与嘉兴项元汴交好，筑凝霞阁以贮书画，收藏之富，甲于一时。其有所凭藉，约略相等。故皆能搜罗薈萃，勒为巨编。然丑之二书，前后编次岁月皆未明析。砢玉是书，则前列题跋，后附论说，较丑书纲领节目，秩然有条。惟其所载《法书》，颇有目睹耳闻，据以著录，不尽其所自藏。乃一例登载，皆不注明，未免稍无区别。中间原迹全文，或载或否，亦绝无义例。又如谓唐刻《定武兰亭》有二石，焦山《瘗鹤铭》有三石，则真赝不别。以李邕《书云麾将军李秀碑》误为《李思训碑》，以宋人所刻《临江帖》误为唐拓，则考据亦未尽精审。其所载名画，则宋、元诸家铭心绝品，收录极详，赙素之富，诚为罕有。后来卞永誉《式古堂书画考》、厉鹗《南宋院画录》皆藉是书以成，较在《书跋》之上。至于《书跋》之后附以《书旨》《书品》之类，《画跋》之后附以《画继》《画评》之类，皆杂录旧文，挂一漏万。枝指骈拇，两集相同。以原本所有，姑并录之云尔。

### 《御定佩文斋书画谱》·一百卷

康熙四十七年圣祖仁皇帝御定。书画皆兴于上古，而无考辨工拙之文。考辨工拙盖自东汉以后，其初惟论笔法，其后有名姓品第，有收藏著录，有题跋古迹，有辨证真伪，其书或传或不传。其兼登众说，汇为一编，则自张彦远《法书要录》《历代名画记》始。唐以后沿波继作，记载日繁，然大抵各据见闻，弗能赅备。

我圣祖仁皇帝久道化成，游心翰墨。御制《书画题跋》，辉煌奎藻，册府垂光。

复诏发中秘之藏，蒐罗编辑，一一亲为裁定，勒成是编。凡论书十卷，论画八卷，历代帝王书二卷，画一卷，书家传二十三卷，画家传十四卷，无名氏书六卷，画二卷，御制书画跋一卷，历代帝王书跋一卷，画跋一卷，历代名人书跋十一卷，画跋七卷，书辨证二卷，画辨证一卷，历代鉴藏十卷，分门列目，徵事考言。所引书凡一千八百四十四种，每条之下各注所出。用张鸣凤、桂故、桂胜、董斯张《吴兴备志》之例，使一字一句必有所徵。而前后条贯，无所重复，亦无所牴牾，又似吕祖谦《家塾读诗记》，裒合众说，各别姓名，而镕贯翦裁，如出一手。非惟寻源竟委，殚艺事之精微，即引据详赅，义例精密，抑亦考证之资粮，著作之轨范也。

### 《石渠宝笈》·四十四卷

乾隆十九年奉敕撰。书评画品，肇自六朝，张彦远始汇其总，依据旧文，粗陈名目而已，不能尽见真迹也。唐、宋以来，记载日夥，或精于赏鉴，而限于见闻，或长于蒐罗，而短于识别，迄未能兼收众美，定著一编，为艺林之鸿宝。我国家承平景运一百馀年，内府所收，既多人间所未睹。我皇上几馀游艺，妙契天工。又睿鉴所临，物无匿状。是以品评甲乙，既博且精，特命儒臣录为斯帙，以贮藏殿阁，依次提纲，以书册、画册、书画合册、书卷、画卷、书画合卷、书轴、画轴书画合轴分条列目，其笺素尺寸，印记姓名，赋咏跋识，与奉有御题御玺者，皆一一胪载，纤悉必详。而三朝宸翰，皇上御笔，尤珍逾球璧，光灿仪璘。仰见未明勤政之馀，乙夜观书之暇，松云栋牖，穆穆凝神，所为颐养天和，怡情悦性者，不过游心翰墨，寄赏丹青。与前代帝王务侈纷华靡丽之观者，迥不侔也。

### 《秘殿珠林》·二十四卷

乾隆九年奉敕撰。凡内府所藏书画关于释典、道家者，并别为编录，汇为此书。首载三朝宸翰，皇上御笔。次为历代名人书画，而附以印本、绣锦、刻丝之属。次为臣工书画。次为石刻木刻经典、语录、科仪及供奉经像。其次序先释后道，用阮孝绪《七录》例。（案：《七录》今不传，其分类总目载道宣《广宏明集》中。）其记载先书后画，先册、次卷、次轴，用赏鉴家著录之通例。而于绢本、纸本、金书、墨书、水墨画、著色画一一分别。以及标题款识，印记题跋，高广尺寸，亦一一详列，较之《铁网珊瑚》之类，体例更详焉。考《宣和画学》分六科，以佛道为第一科。（案：事见赵彦卫《云麓漫钞》。）《宣和画谱》分十类，以道释为第一类。（案：《画学》称佛道，盖唐以来相沿旧语，《画谱》作于林灵素用事以后，方改僧为德士，故易其次为道释。）邓椿《画继》分八目，亦以仙佛鬼神为第一目。然均不别为一书。至书家著录，则晋、唐人所书经典均杂列古法帖、真迹之内，无所区分。其以书画涉二氏者别为一书，实是编创始。

盖记载日衍而日多，体例亦益分而益密。《七略》列《史记》于春秋家，列《离骚》于赋家。后《史记》别为正史，《离骚》别为楚词。文章流别，以渐而增。

初附见而后特书，往往如此。故诸家所录似诸史艺文志，以释道为子部之一类。

是编所录则似释家之列三藏，道家之纪七签，于四部之外各自别行。古略今详，义各有当。圣人制作，或创或因，无非随事而协其宜尔。

### 《庚子销夏记》·八卷（浙江巡抚采进本）

国朝孙承泽撰。承泽有《尚书集解》，已著录。承泽晚年思以讲学自见，论者多未之许，然至于鉴赏书画，则别有专长。是编乃顺治十六年承泽退居后所作。

始自四月，迄于六月，故以销夏为名。自一卷至三卷皆所藏晋、唐至明书画真迹。

四卷至七卷皆古石刻，每条先标其名，而各评骘于其下。八卷为寓目记，则皆他人所藏而曾为承泽所见者，故别为一卷附之。大抵议论之中，间有考据。如宋之钱时，尝为秘阁校勘，史馆检阅，终于江东帅属，本传所载甚明，而承泽以为隐居不仕。此类亦颇失于检点。然其鉴裁精审，叙次雅洁，犹有米芾、黄长睿之遗风，视董逌之文笔晦涩者，实为胜之。其人可薄，其书未可薄也。

### 《绘事备考》·八卷（内府藏本）

国朝王毓贤撰。毓贤字星聚，镶红旗汉军。官至湖广按察使。陈鼎《留溪外传》记狱吏汪金章事，称毓贤勤于吏治，案无留牍，则其人本以吏才见。然是编即康熙辛未官按察使时所作，乃又能留心于赏鉴。第一卷为总论，皆撮录诸家画法。二卷至八卷则取古来画家姓名事迹，以时代分序。自轩辕至隋，共为一卷，辽、金、元共为一卷，唐、五代、南宋、明俱各为一卷，惟北宋家数繁多，析为三子卷。故总目虽分八卷，其实乃十卷也。其例每人各立小传，而以诸书所载传世名迹附于其人之后。大抵以张彦远《历代名画记》、夏文彦《图绘宝鉴》为蓝本，增广其所未备，蒐辑颇为详赡。其中如《穆天子传》，封膜昼于河水之阳，郭璞注明云膜昼人名，张彦远误以昼字作画字，遂称封膜为画家之祖，并妄造璞注以实之。毓贤乃沿袭其讹，殊失于订核。又辽常思言人品画品并高，附见郭若虚《图画见闻志》中，诸书并佚其名，此亦阙载。至于明之画家，仅据韩昂《图绘宝鉴续编》所载迄正德而止，嘉靖以后，竟不为采摭续添，亦殊伤阙略。然前代如李嗣真、释彦悰、刘道醇之流，往往分别品第，时代混淆，难于检核。是书仿张、夏二家旧例，因时类叙，一览可知。又芟汰繁冗，易于寻讨，虽多用旧文，固不以递相祖述为病矣。

### 《书法正传》·十卷（两淮盐政采进本）

国朝冯武撰。武号简缘，常熟人，冯班之从子。班以书法名一时，武受其学。年八十一时，馆于苏州缪曰芑家，为述此书，专论正书之法。首陈绎曾《翰林要诀》一卷，次周伯琦所传《书法三昧》一卷，次李溥光《永字八法》一卷，以三家论书独得微旨故也。其语意有未显者，则武为补注以明之。次明李淳所进《大字结构八十四法》一卷，次《纂言》三卷，则历代书家之微论。次书家小传、名迹源流各一卷，而以班所著《钝吟书要》一卷终焉。每卷之中，武亦各为附论，时有精语。盖武于书学，颇有渊源故也。

### 《江村销夏录》·三卷（安徽巡抚采进本）

国朝高士奇撰。士奇有《春秋地名考略》，已著录。是编乃其告归平湖之日，以所见法书、名画，考其源流，记其绢素长短广狭，后人题跋图记，一一志载，汇为一书，其体例颇与《铁网珊瑚》、《清河书画舫》相以。惟间加评定之语，又以己所作题跋一概附入，稍有不同。然所录皆出于亲见，则视二家更详审矣。

录中书画，卞永誉《式古堂汇考》已并载无遗，盖即从士奇此本录人。其鉴赏之精，为收藏家所取重，亦概可见也。所记自晋王羲之及明人文、沈诸家皆具，惟董其昌旧迹悉不登载。其凡例云，董文敏画另为一卷，此本无之，殆当时未及刊行欤？

### 《式古堂书画汇考》·六十卷（两淮马裕家藏本）

国朝卞永誉撰。永誉字令之，镶红旗汉军。官至刑部左侍郎。王士祯《居易录》云，卞中丞永誉贻《书画汇考》六十卷，凡诗文题跋悉载。上溯魏、晋，下迄元、明，所收最为详博。朱彝尊《论画诗》亦有妙鉴谁能别苗发，一时难得两中丞之句，盖永誉及宋荦皆精于赏鉴。荦时为江西巡抚，永誉时为福建巡抚，故云两中丞也。是书书画各三十卷，先纲后目，先总后分，先本文而后题跋，先本卷题跋而后引据他书，条理秩然，且视从来著录家徵引特详。惟所载书画不尽属所藏，亦非尽得之目见，大抵多从汪砢玉《珊瑚网》、张丑《清河书画舫》诸家采摭裒辑，故不能如《宝章待访录》以目见、的闻灼然分别。又所载本文如褚遂良书陆机《文赋》、吴通微书《阴符经》、刘敞书《南华·秋水篇》、赵孟頫书《过秦论》等，皆与今本无大异同，而具载全篇，殊为疣赘。至于陆机《平复帖》，虞世南《枕卧帖》，其文为世所未睹者，乃略而不书。至如赵孟坚《水仙图卷》，《珊瑚网》载有二本，不能无前后错出之疑。永誉于后一条下注明，其一恐出临摹，并存以俟考，其例是也。而所载定武兰亭落水本与郁逢庆书画题跋记所载前后题跋互有不同。所载神龙兰亭本与朱存理《铁网珊瑚》所录定武本题跋反多重复。又黄庭坚书阴长生诗卷与朱存理、张丑所载参错岐出，竟有三本，王诜烟江叠嶂图，苏轼所为赋诗者，竟有四本，皆未能辨析真伪。又王士祯《居易录》所记于永誉斋中观其所藏书画，有司马光《资治通鉴》手稿，永誉云曾见一册，极端楷，为好事者分去，永誉得其二三纸耳。今是书载此迹，但云史草，亦不著所存页数，反不及士祯所载之可据。士祯又见所藏赵孟頫写杜诗天育骠骑歌，上有孟頫小篆延祐四年九月既望字，是书亦并不载，均为漏略。至于雁门乃郡名，茂苑即长洲地名，而以为文彭文嘉之别号，居节字士贞，贞字印章古篆与鼎字相类，而以为居节一字士鼎。又以秋岩为吾衍之别号，盖因衍书古文篆韵后有至元丙戌秋岩记一条也，不思前至元丙戌吾衍年甫二十，不应云老，且其跋内之丁卯若是宋末咸淳丁卯，则正吾衍始生之时，不当有自征建昌之语。今以陶九成跋核之，则至元乃至正之讹，实为至正七年丙戌。距吾衍之殁已三十七年，其秋岩乃陈秋岩，非吾衍别号也。凡若此类，疏舛尤多。然登载既繁，引述又富，足资谈艺家检阅者无过是编，固不以一二小疵，累其全体之宏博焉。

### 《南宋院画录》·八卷（浙江吴玉墀家藏本）

国朝厉鹗撰。鹗有《辽史拾遗》，已著录。南宋自和议既成以后，湖山歌舞，务在粉饰太平，于是仍仿宣和故事，置御前画院，有待诏、祗候诸官品，其所作即名为《院画》。当时如李唐、刘松年、马远、夏珪等，有四大家之称。说者或谓其工巧太过，视北宋门径有殊，然其初尚多宣和旧人，流派相传，各臻工妙，专门之艺，实非后人所及。故虽断素残缣，收藏者尚以为宝。鹗尝撰《宋诗纪事》《南宋杂事诗》，于宋事最为博洽。因胪考院画本末，作为此书。首总述一卷。

次自李唐以下凡九十六人，每人详其事迹，而以诸书所藏真迹题咏之类附于其下，叙次颇为赅赡。其间如杨妹子题赵清献琴鹤图绝句，一以为马和之画，一以为刘松年画，诸书参错不同，此类亦未悉加考证。然其徵引渊博，于遗闻佚事殆已采撷无遗矣。

### 《六艺之一录》·四百六卷、《续编》·十二卷（礼部侍郎金甡家藏本）

国朝倪涛撰。涛有《周易蛾述》，已著录。其平生笃志嗜学，年几百岁，犹著书不辍。贫不能得人缮写，皆手自抄录，及其家妇女助成之。是编犹出其亲稿。

凡分六集，一曰金器款识，二曰刻石文字，三曰法帖论述，四曰古今书体，五曰历朝书论，六曰历朝书谱。凡六书之异同，八法之变化，以及刊刻墨迹之源流得失，载籍所具者，无不裒辑。其间只录前人成说，不以己意论断。或有彼此异论，舛互难合者，亦两存其说，以待后人之决择。盖自古论书者，唐以前遗文绪论，惟张彦远《法书要录》为详；若唐以后论书之语，则未有赅备于是者矣。虽采摭既多，所录不必尽雅，条例太广，为例亦未能悉纯，然排比贯串，上下二千馀年，洪纤悉具，实为书家总汇。梗柟杞梓，萃于邓林，不以榛楛勿翦为病也。

所著别有《文德翼佣吹录注》，及刊削郦道元《水经注》，今皆未见其本，不知存佚。然传此一编，其馀亦不必计矣。

### 《小山画谱》·二卷（兵部侍郎纪昀家藏本）

国朝邹一桂撰。一桂字小山，号让乡，无锡人。雍正丁未进士，官至礼部侍郎。是编皆论画花卉法。上卷首列八法、四知。八法者，一曰章法，二曰笔法，三曰墨法，四曰设色法，五曰点染法，六曰烘晕法，七曰树石法，八曰苔衬法，皆酌取前人微论。四知者，一曰知天，二曰知地，三曰知人，四曰知物，则前人所未及也。次为各花分别，凡一百十五种，各详花叶形色。次取用颜色，凡十一条，各详其制炼之法。下卷首摘录古人书说，参以己意，凡四十三条。附以胶矾纸绢画柒画笔用水诸法，而终之以洋菊谱。盖一桂于乾隆丙子闰九月承诏画内廷洋菊三十六种，蒙皇上赐题，因恭纪花之名品形状，撰为兹谱，以志荣遇。

时《画谱》已刊成，因附于末。一桂为恽氏之婿，所画花卉，得恽寿平之传。是编篇帙虽简，然多其心得之语也。

### 《传神秘要》·一卷（兵部尚书蔡新家藏本）

国朝蒋骥撰。骥字赤霄，号勉斋，金坛人。其父衡，字湘帆，后改名振生，以书法名一时。尝写《十三经》，于乾隆五年呈进，特赐国子监学正衔。骥书不逮父，而特以写真名。是编凡二十七目，于一切布局取势，运笔设色，皆抒所心得，言之最详。考古人画法，多重写貌人物，故顾恺之妙绝当代，特以是名。然相传画论则人物花鸟山水为多。其以写真之法勒为一书者，自陶宗仪《辍耕录》所载王绎《写像秘诀》外，不少概见。丹青之家，多以口诀相传，几以为非士大夫之艺。骥是编研析精微，标举格例，实可补古人所未备。正未可贵远贱近，视为工匠之技也。

——右"艺术类"书画之属，七十一部，一千七十三卷，皆文渊阁著录。

（案：考论书画之书，著录最夥。有记载姓名如传记体者，有叙述名品如目录体者，有讲说笔法者，有书画各为一书者，又有共为一书者。其中彼此钩贯，难以类分，今通以时代为次。其兼说赏鉴古器者，则别入杂家杂品中。）

### 《学古编》·一卷（浙江巡抚采进本）

元吾邱衍撰。衍有《周秦刻石释音》，已著录。是书专为篆刻印章而作。首列三十五举，详论书体正变及篆写摹刻之法。次合用文籍品目，一小篆品，二钟鼎品，三古文品，四碑刻品，五器品，六辨谬品，七隶书品，八字源，九辨源，凡四十六条。又以洗印法、印油法附于后。摹刻私印，虽称小技，而非精于六书之法者，必不能工。宋代若晁克一、王俅、颜叔夏、姜夔、王厚之，各有谱录，衍因复踵而为之，其间辨论讹谬，徐官《印史》谓其多采他家之说，而附以己意，剖析颇精。所列小学诸书，各为评断，亦殊有考核。其论汉隶条下，称写法载前卷十七举下，此不再数。是原本当为上、下二卷，今合为一卷，盖后人所并也。

### 《印典》·八卷（浙江巡抚采进本）

国朝朱象贤撰。象贤号清溪，吴县人。是编采录印玺故实，及诸家论说，分原始、制度、赉予、流传、故实、综纪、集说、杂录、评论、镌制、器用、诗文十二类。后有康熙壬寅白长庚跋，称所引宋王基《梅菴杂记》，《蜗庐笔记》、叶氏《游艺杂述》、元宋无《考古纪略》四书，皆得之檇李曹氏抄本，为诸家所未见。然他所援据，率乏秘籍，所分诸类，亦颇淆杂。如故事与综纪二门，所载多相出入。又往往字句偶涉，即为阑入。如《周顗传》称取金印如斗大系肘后，《辛替否传》称金银不共其印，皆因他事口谈。《王融传》称穰侯印诟便可解，《世说新语》称石勒使人读《汉书》，闻立六国后刻印将授，亦偶然追述旧典，俱非印玺故事，未免滥收。且杂采旧文，漫无考辨。吾邱衍《学古编》云，三代无印，又辨《淮南子》载子贡印事之妄，而赉予门内乃以此事为首，亦自相矛盾。

然采摭既富，足备考核。且古人未有集印事为书者，姑仿《文房四谱》之例，存备一家。象贤自称朱长文裔，故是书初刻附《墨池编》后。今以时代既殊，所载各异，分著于录，使各从其类焉。

——右"艺术类"篆刻之属，二部，九卷，皆文渊阁著录。

（案：扬雄称雕虫篆刻，壮夫不为。故锺繇、李邕之属，或自镌碑，而无一自制印者，亦无鉴别其工拙者。汉印字画，往往讹异，盖由工匠所作，不解六书，或效为之，斯好古之过也。自王俅《啸堂集古录》始稍收古印，自晁克一《印格》始集古印为谱，自吾邱衍《学古编》始详论印之体例，遂为赏鉴家之一种。文彭、何震以后，法益密，巧益生焉。然《印谱》一经，传写必失其真，今所录者惟诸家品题之书耳。）

## 子部·艺术类存目

### 《山水松石格》·一卷（浙江鲍士恭家藏本）

旧本题梁孝元皇帝撰。案是书《宋·艺文志》始著录。其文凡鄙，不类六朝人语。且元帝之画，《南史》载有宣尼像，《金楼子》载有职贡图，《历代名画记》载有《蕃客入朝图》《游春苑图》《鹿图》《师利图》《鹡鸰陂泽图》《芙蓉湖醮鼎图》，《贞观画史》载有文殊像，是其擅长，惟在人物。故姚最《续画品录》惟称湘东王殿下工于像人，特尽神妙。未闻以山水松石传，安有此书也？

### 《后画录》·一卷（两江总督采进本）

唐释彦悰撰。前有彦悰自序，称为帝京寺录，就所见长安名画，系以品题，凡三十七人，盖以续姚最之书者。序题贞观九年，故称阎立本犹为司平太常伯，然末一人为广陵郡仓曹参军李凑。考张彦远《名画记》，李凑，林甫之侄也。初为广陵仓曹，天宝中贬明州象山尉。尤工绮罗人物，为时惊绝。则凑为明皇时人。

彦悰远在太宗之世，何以能预录之乎？张彦远《历代名画记》曰，僧悰之评，最为谬误，传写又复脱错，殊不足看也。是真本尚不足重，无论伪本矣。

### 《续画品录》·一卷（江苏巡抚采进本）

旧本题唐李嗣真撰。案《旧唐书》，李嗣真，滑州匡城人。永昌中拜御史中丞知大夫事，为来俊臣所陷，配流岭南。万岁通天中徵还，行至桂阳卒。此本前题结衔为御史大夫，而张彦远《历代名画记》亦称为李大夫，与《旧唐书》合，彦远又称嗣真为尹琳弟子，善画佛道鬼神。琳，高宗时人，时代亦符。当即其人也。是书名载《唐·艺文志》，朱景元《唐朝名画录》序，称嗣真空录人名，而不记其善恶，无品格高下，与此本体例合。然《名画记》引李嗣真云，曹不兴以一蝇辄擅重价，列于上品，恐为未当。况拂蝇之事，一说是杨修，谢赫黜卫进曹，是涉贵耳之论云云。凡数条。又李绅《尚书故实》亦引嗣真云，顾画屈居第一，然虎头又伏卫协画北风图，是嗣真之书又本有论断，同出唐人而所言互异。晁公武《郡斋读书志》载嗣真《名画记》一卷，又《画人名》一卷，岂彦远所引为《名画记》之文，而此为《画人名》耶。然嗣真唐人，而称梁元帝为湘东殿下，仍同姚最之文。其序又云，今之所载，并谢赫之所遗，转不及最一字，恐嗣真原本已佚，明人剿姚最之书，稍为附益，伪托于嗣真耳。《法书要录》载嗣真《后书品》一卷，所载八十一人，分为十等，各有叙录，又有评有赞，条理秩然。计其《画品》体例，亦必一律，不应草草如此。是尤作伪之明证矣。

### 《画学秘诀》·一卷（浙江鲍士恭家藏本）

旧本题唐王维撰。词作骈体，而句格皆似南宋人语。王缙编维集，亦不载此篇。明焦竑《国史经籍志》始著于录，盖近代依托也。明人收入维集，失考甚矣。

### 《山水诀》·一卷（浙江鲍士恭家藏本）

旧本题唐李成撰。案《宋史·李觉传》，载李成字咸熙，本京兆长安人，唐末徙家青州。工画山水，周枢密王朴将荐其能。会朴卒，郁郁不得志。乾德中，司农卿卫融知陈州，召之，成因挈族而往。刘道醇《宋朝名画评》又载其开宝中举进士，集于春官，邵博《闻见后录》亦称国初营邱李成画山水，然则成为宋人，题唐者误矣。是书《宋志》及晁、陈书目皆不著录，宋人诸家画录亦不言成有是书。殆后人依托其文与《王氏画苑》所载嘉定中李澄叟《山水诀》大同小异。大抵庸俗画工有是口诀，辗转相传，互有损益，随意伪题古人耳。

### 《宣和论画杂评》·一卷（浙江鲍士恭家藏本）

此本为《王氏画苑》所载，题宋徽宗皇帝御撰。勘验其文，即《宣和画谱》中诸论也。明人丛书，往往如是，亦拙于作伪矣。

### 《华光梅谱》·一卷（浙江鲍士恭家藏本）

旧本题宋僧仲仁撰。考邓椿《画继》曰，仲仁，会稽人，住衡州华光山。陶宗仪《书史会要》曰，华光长老酷好梅花，方丈植梅数本。每花放时，移床其下，吟咏终日。偶月夜见窗间疏影横斜，萧然可爱，遂以笔规其状。因此好写，得其三昧。黄庭坚诗曰：雅闻华光能墨梅，更乞一枝洗烦恼。此华光画梅所以传也。

然庭坚又尝题其平沙远水，则不止能画梅矣。此书盖后人因仲仁之名，依托为之。

其口诀一则，词旨凡鄙。其取象一则，附会于太极阴阳奇偶，旁涉讲学家门径，尤乖画家萧散之趣。末有补之总论一则，华光指迷一则。补之即杨无咎字，南宋高宗时始以画梅著。曾敏行《独醒杂志》，载绍兴初有华光寺僧来居清江慧力寺，士人杨补之、谭逢原与之往来，乃得仲仁之传。仲仁在元祐间、不应先引其说。

至华光著书，乃又自引华光之书，其谬尤不待辨矣。

### 《金壶记》·三卷（两淮盐政采进本）

宋僧适之撰。适之始末未详，案《拾遗记》载周时浮提国献书生二人，有金壶，壶中墨汁，洒水石皆成篆籀或科斗文字。记之取名，盖出于此。适之原有《金壶字考》一卷，取书之异音者以类相从，标题二字而音其下，其书具有条理。

是书杂述书体及能书人名，乃颇为芜杂。如项籍记姓名，扬雄心画之类，杂叙于五十六种书体内，殊为不类。又皆不著出处，亦乖传信之道也。

### 《画山水诀》·一卷（浙江鲍士恭家藏本）

旧本题宋李澄叟撰。澄叟始末不可考。惟序未自称湘中人，序题嘉定辛巳六月，而中称盘礴乎其间者六十馀年，则高宗末年人，至宁宗时犹存矣。其论画谓南渡以后有李、萧二君，考南渡后画手李姓者不下数十人，萧姓者则无，所考莫详所指。又澄叟仅及绍兴之末，而泛说一条中乃称绍兴中有一晚进，亦殊矛盾。

考《画史会要》载元有李澄叟，湘中人，自幼观湘中山水，长游三峡、夔门，或水或陆，尽得其态，写之水墨，甚有妙悟。作《山水诀》一卷。人名、书名与此皆合，惟时代与书中违异。今勘验书中所载，皆世传李成画《山水诀》之文，而小变其字句，始原本散佚，妄人劐李成之书，伪撰此本，又误以为宋人，故全然牴牾。《王氏画苑》乃与成书并收之，亦失于互勘矣。

### 《竹谱详录》·一卷（浙江鲍士恭家藏本）

旧本题元李衎撰。衎《竹谱》十卷，已于《永乐大典》中采辑著录。此钞其百分之一，乃改题曰《详录》，偾亦甚矣。

### 《书法钩玄》·四卷（两淮盐政采进本）

元苏霖撰。霖字子启，镇江人。是书取前人论书之语，始汉扬雄，终宋刘辰翁，凡六十五条。略具梗概，未为该备。其去取亦未精审。

### 《字学新书摘抄》·一卷（浙江郑大节家藏本）

元刘惟志撰。惟志，达州人。仕履未详。是编摘录古人论书之语，分四目。曰六书，曰六体，曰书法，曰书评，简略殊甚。详其书名，似先有《字学新书》而惟志摘钞之也。

### 《画纪补遗》·二卷，《元画纪》·一卷（浙江范懋柱家天一阁藏本）

不著撰人名氏。载宋高宗以后元至正以前诸画家，颇多舛错。如马远之父名公显，足名逵，乃以逵为远之弟，以公显为远之孙，并云传家学不逮厥祖，颠倒甚矣。其他脱漏，更指不胜屈也。

### 《法书通释》·二卷（衍圣公孔昭焕家藏本）

明张绅撰。绅字士行，一曰字仲绅，《书史会要》但称为山东人，洪武中官浙江布政使。不详为山东何地之人，亦不详其出身。考《明史·吴伯宗传》附载鲍恂事，称洪武十五年吉安余诠、高邮张长年、登州张绅并以明经老成为礼部主事所荐，召至京。恂长年皆以老病辞归。惟绅授鄂县教谕，寻召为右金都御史，终浙江左布政使。则绅乃登州人，以荐举起家也。是书分十篇，曰八法，曰结构，曰执使，曰篇段，曰从古，曰立式，曰辨体，曰名称，曰利器，曰总论。皆汇集晋、唐以来名论，亦间及苏轼、黄庭坚、姜夔、吾衍之说，所取古人碑帖，只及唐而止，然皆习见之文。立式篇辨古无真书之名，锺、王楷书皆是隶法一条，足正近代俗剙之陋。其所引法书《瘗鹤铭》前后两见，一列之小楷，一列之大楷，殆校录偶疏耶。案《静志居诗话》曰：张绅工大小篆，精于赏鉴。法书名画，多所品题。撰《法书通释》一卷。今检此本，实为两卷，盖朱彝尊偶误记也。

### 《书学会编》·四卷（两淮盐政采进本）

明黄瑜编。瑜字廷美，华亭人。案明有两黄瑜，皆字廷美，皆景泰天顺间人。

其一为黄佐之祖，有《双槐岁抄》，别著录。此黄瑜则天顺六年官肇庆府知府，此书即其在肇庆所刻也。凡四种，一为刘次庄《法帖释文》，一为米芾《书史》，一为黄伯思《法帖刊误》，一为曹士冕《法帖谱系》。无一字之考证，而讹脱至不可读，盖书帕本耳。

### 《书纂》·五卷（浙江巡抚采进本）

不著撰人名氏。惟卷首有翠渠病叟自序。考《明史·儒林传》载周瑛字梁石，莆田人。成化己丑进士，官至四川右布政使。学者称翠渠先生。其号与自序合。

又《明史·艺文志》载周瑛书纂五卷，与此本书名卷数并合，盖即瑛书也。分原始、辨体、考法、会通、择佐使五篇。原始篇论六书，辨体篇论古籀、篆、隶、草八分、飞白诸体及历代沿革，考法篇论手法、笔法、书法，会通篇论诸家书，择佐使篇、论笔、墨、纸、砚。大抵掇拾旧文，故名曰纂。自序称其长孙南凤年十有一，作书以授之，故所录多浅近易明云。

### 《书辑》·三卷（两江总督采进本）

明陆深撰。深有《南巡日录》，已著录。是书分为六篇，一曰述通，二曰典通，三曰释通，四曰笔论，五曰体位，六曰古今训。凡所采用诸书，皆胪列于首，而复以法帖源流一篇附其后，尝自书勒石。

### 《明书画史》·三卷、《元朝遗佚附录》·一卷（浙江范懋柱家天一阁藏本）

明刘璋撰。璋字圭甫，嘉定人。是书成于正德乙亥。载洪武以来善书画者得三百七十馀人，而释子六人并缀于末。又附元代名家及五季、宋、金之姓氏隐僻者九人，别为一卷。每人寥寥数言，不备本末，粗具梗概而已。

### 《平泉题跋》·二卷（两淮盐政采进本）

明陆树声撰。树声字与吉，平泉其别号也。南直隶华亭人。嘉靖辛丑进士，官至礼部尚书。事迹具《明史》本传。此编皆其题跋书画之文。万历庚寅，其门人黄《禾来》、包林芳等别辑刊行，后附以杂著四则。

### 《画苑》·十卷、《画苑补益》·四卷（浙江鲍士恭家藏本）

《画苑》十卷，明王世贞编。《画苑补益》四卷，詹景凤编。世贞有《弇山堂别集》，已著录。景凤字东图，休宁人。由举人官至平乐府通判。世贞所录，凡谢赫《古画品录》一卷，李嗣真《续画品录》一卷，沙门彦悰《后画录》一卷，姚最《续画品》一卷，裴孝源《贞观公私画史》一卷，沈括《图画歌》一篇，荆浩《笔法记》一篇，王维《山水论》一篇，张彦远《历代名画记》十卷，刘道醇《宋朝名画评》三卷，朱景元《唐朝名画录》一卷，陈询直《五代名画补遗》一卷，（案：此书刘道醇作陈询直，乃沿《文献通考》之误，语详本条下。）邓椿《画继》十卷，黄休复《益州名画录》三卷，米芾《海岳画史》一卷，计十五篇。景凤所补，凡梁元帝《山水松石格》一篇，王维《画山水秘诀》一篇，荆浩《论画山水赋》一篇，李成《山水诀》一篇，郭熙《林泉高致》一卷，淳思《画论》一卷，《纪艺》一卷，宣和《论画杂评》一卷，韩纯全《山水纯全集》一卷，李澄叟《画山水诀》一卷，无名氏《论画山水歌》一篇，李廌《画品》一卷，华光和尚《梅谱》一卷、李衎《竹谱详录》一卷，张退公《墨竹记》一篇，董逌《广川画跋》六卷。计十六种。

### 《王氏书苑》·十卷、《书苑补益》·八卷（浙江鲍士恭家藏本）

是书亦明王世贞编，詹景凤续编。初，世贞纂《古书家言》多至八十馀卷。抚郧阳时，择取十数种付梓，版藏襄阳郡斋。因水涨漂失，寻复以刻本五种昇王元贞，翻刻于金陵，题曰《王氏书苑》。万历辛卯，元贞与詹景凤续刻八种，题曰《书苑补益》。世贞《书苑》五种，曰张彦远《法书要录》十卷，米芾《海岳书史》一卷，苏霖《书法钩玄》四卷，黄伯思《东观馀论》二卷，黄讠乃《东观馀论附录》一卷。《景凤补益》八种，曰孙过庭《书谱》一卷，姜夔《续书谱》一卷，米芾《宝章待访录》一卷，欧阳修《试笔》一卷，宋高宗《翰墨志》一卷，曹士冕《法帖谱系杂说》二卷，吾邱衍《学古编》二卷，刘惟志《字学新书摘抄》一卷。诸书皆有别本单行，世贞特裒合刻版，遂自立名目，是则明人锢习，虽贤者不免矣。朱国《木贞》《涌幢小品》曰：王弇州不善书，好谈书法。其言曰，吾腕有鬼，吾眼有神。此说一倡，于是不善画者好谈画，不善诗文者好谈诗文，极于禅玄，莫不皆然。古语云：知者不言，言者不知。吾友董思白，于书画一时独步，然对人绝不齿及也。其诋諆世贞至矣。然世贞品题书画，赏鉴家实不以为谬，殆以好谈致谤欤。如此书及《画苑》，皆其好谈之一徵也。

### 《弇州山人题跋》·七卷（安徽巡抚采进本）

明王世贞撰。考《弇州四部稿》有杂文跋、墨迹跋、墨刻跋、画跋、佛经跋诸类，此本惟墨迹跋三卷，墨刻跋四卷。其文与稿中所载又颇详略不同，疑当时抄撮以成帙，其后又经删定入集。如《集古录》有真迹、集本之殊也。

### 《中麓画品》·一卷（浙江范懋柱家天一阁藏本）

明李开先撰。开先字伯华，中麓其号也，章邱人。嘉靖己丑进士，官至太常寺卿。《明史·文苑传》附载陈束传中。称其性好蓄书，藏书之名闻天下。今其书目不传，乃传其《画品》。大致仿谢赫、姚最之例，品明一代之画，分为五品，每品之中，优劣兼陈。王士祯《香祖笔记》曰：章邱李中麓太常，藏书画极富，自负赏鉴，尝作《画品》，次第明人，以戴文进、吴伟、陶成、杜堇为第一等，倪瓒、庄麟为次等，而沈周、唐寅居四等，持论与吴人颇异。王弇州与之善，尝言过中麓草堂，尽观所藏画，无一佳者。而中麓谓文进画高过元人，不及宋人，亦未足为定论也云云。则是编之持论偏僻，可知矣。

### 《笔元要旨》·一卷（浙江汪启淑家藏本）

明徐渭撰。渭字文清，后更字文长，山阴人。事迹具《明史·文苑传》。是编论书，专以运笔为主，大概昉诸米氏。

### 《吴郡丹青志》·一卷（江苏巡抚采进本）

明王穉登撰。穉登字百谷，吴县人。嘉靖中布衣。事迹具《明史·文苑传》。是编所载，神品一人，曰沈周；附三人，曰周之父恒，伯贞，恒之师杜琼。

妙品四人，曰宋克、唐寅、文征明、张灵。附四人，曰徵明之子嘉，侄伯仁，曰朱生、周官。能品四人，曰夏昶、夏㫤、周臣、仇英。逸品三人，曰刘珏、陈淳、陈栝。遗者三人，曰黄公望、赵原、陈惟允。栖旅二人，曰徐贲、张羽。闺秀一人，曰仇氏。各为传赞，词皆纤佻。至以仇氏善画为牝鸡之晨，亦可谓不善数典矣。

### 《绘林题识》·一卷（两淮盐政采进本）

明汪显节编。显节始末未详。万历中，秀水周履靖钩摹古今名画勒于石，题曰《绘林》。一时文士多有题识。显节汇次成帙，凡四十二人。显节亦在其中。

### 《海内名家工画能事》·二卷（两淮盐政采进本）

明张凤翼撰。凤翼有《梦占类考》，已著录。是编采辑前人论画绪言，然语多浅近，仅可以教俗工。中有戴逵、王维论画之辞，尤出于依托，凤翼不能辨也。

### 《画禅》·一卷（浙江鲍士恭家藏本）

旧本题明释莲儒撰。莲儒自称白石山衲子，其始末未详。自跋谓古尊宿六十馀家，见于《王氏画苑》及夏士良《图绘宝鉴》，则嘉隆以后人矣。所纪自惠觉以下迄智海，凡缁流之能画者皆列焉。然元僧中如绝照之见于《俟菴集》，天然之见于《林屋漫稿》，枯林之见于《桂隐集》，南岳云及莲公之见于《梧溪集》，镜塘之见于《玩斋集》者，悉佚不载。则其挂漏尚多矣。

### 《湖州竹派》·一卷（两江总督采进本）

旧本题明释莲儒撰。记文同画竹之派凡二十人。莲儒在明中叶以后，而书中称山谷为余作诗云云，又称余问子瞻云云，而后乃及金、元诸人。时代殊相刺谬。

今以所载考之。其李公择妹、苏轼二条乃米芾《画史》之文，黄斌老、黄彝、张昌嗣、文氏、杨吉老、程堂六条乃邓椿《画继》之文，刘仲怀、王士英、蔡珪、李衎、李士行、乔达、李倜、周尧敏、姚雪心、盛昭十条乃夏文彦《图绘宝鉴》之文，吴璘、虞仲文、柯九思、僧溥光四条乃陶宗仪《画史会要》之文，皆剽窃原书。不遗一字。惟赵令庇、俞澄、苏大年三条未知其剽自何书耳。可谓拙于作伪。陈继儒收之《汇秘笈》中，亦失考甚矣。

### 《竹懒画媵》·一卷、《续画媵》·一卷（礼部尚书曹秀先家藏本）

明李日华撰。日华有《梅墟先生别录》，已著录。是书皆裒录其题画之作。

谓之媵者，作画而附以诗文，如送女而媵以娣侄也。所载诸诗有云霜落兼葭水国寒，浪花云影上渔竿。画成未拟人将去，茶熟香温且自看。又云梦压春寒睡起迟，一林疏雨褪臙脂。诗翁艇子无人见，只有飞来白鹭鸶。又云江乡风物正秋初，山影沈沈树影疏。野老惯游浑不觉，有人天上忆鲈鱼。又云树影苔痕湿不分，栗留声隔几重云。沙弥诗梦浑无定，又在沧江野水滨。如此之类，虽风骨未高，而亦潇洒有韵。惟数首以外，语意略同，七律尤颓唐伤格。且有以偶题五字，亦登梨枣，如晚山无限好句，恐未足当枫落吴江冷矣。

### 《墨君题语》·二卷（礼部尚书曹秀先家藏本）

明项圣谟编。圣谟字孔彰，秀水人。是编皆题咏墨竹之文。上卷为李肇亨作，下卷为李日华作。肇亨字会嘉，嘉兴人，日华之子也。

### 《画说》·一卷（浙江鲍士恭家藏本）

明莫是龙撰。是龙字云卿，以字行，更字廷韩，华亭人，莫如忠之子也。万历中以贡入国学。《明史·文苑传》附见董其昌传中。其论画以李成为北宗，王维为南宗，而于维尤无间然。又谓有轮廓而无皴法，谓之无笔；有皴法而无轻重、向背、明晦，谓之无墨。颇合画家宗旨。特所录仅十五条，不为详尽。其末一条谓师赵大年、江贯道、北苑、子昂、大李将军、郭忠恕、李成，集其大成，自出机轴。再四五年，文、沈二君不能独步吾吴矣云云。不知其所指何人也。

### 《笔道通会》·一卷（两淮盐政采进本）

明朱象衡编。象衡字朗初，秀水人。是编推广徐渭《笔元要旨》而作，中多述丰坊之语。华亭唐文献为之序。末有象衡自跋：余性稍慧，于法书名迹辨之不爽毫发。其言颇近于夸。米芾、黄伯思精鉴入神，论者尚有同异，此事谈何容易乎？

### 《宝绘录》·二十卷（江西巡抚采进本）

明张泰阶撰。泰阶字爱平，上海人。万历己未进士。其家有宝绘楼，自言多得名画真迹，操论甚高。然如曹不兴画，据南齐谢赫《古画品录》，已仅见其一龙首，不知泰阶何缘得其《海戍图》。又顾恺之、陆探微、展子虔、张僧繇，卷轴累累，皆前古之所未睹，其阎立本、吴道元、王维、李思训、郑虔诸人，以朝代相次，仅厕名第六、七卷中，几以多而见轻矣，揆以事理，似乎不近。且所列历代诸家跋语，如出一手，亦复可疑也。

### 《游鹤堂墨薮》·二卷（两淮盐政采进本）

明周之士撰。之士字士贵，自号四明居士，齐兴人。御定《佩文斋书画谱》列之书家传中，然亦惟采瞿九思序此书之语，是其始末无可考矣。书中称董其昌为恩师，则其昌弟子也。其书上卷论字体源流及笔法大旨，排唐而宗晋。下卷评书家优劣，所称明代能书诸家，俨然以己名列其中。亦可谓躁于自表矣。

### 《书画史》·一卷（浙江孙仰曾家藏本）

明陈继儒撰。继儒有《邵康节外纪》，已著录。此编杂录书画家琐碎之事，间及名迹。所载阙略不备，无裨考证。如载岐阳石鼓、王祥卧冰处、刘蜕文冢之类，亦多伤于泛滥。末附以书画金汤四则，一善趣，一恶魔，一庄严，一落劫，各举十数事以为品骘，尤不脱小品陋习。盖一时风尚使然也。

### 《唐诗画谱》·五卷（内府藏本）

明黄凤池撰。凤池，徽州人。是书刊于天启中。取唐人五六七言绝句诗各五十首，绘为图谱，而以原诗书于左方。凡三卷。末二卷为花鸟谱，但有图而无诗。

则凤池自集其画，附诗谱以行也。

### 《画志》·一卷（浙江范懋柱家天一阁藏本）

明沈与文撰。与文自称姑馀山人。是编所载画家，起唐王维，迄元商琦，仅十九人。后附宋叶梦得《评画行》一篇。与文为之注。

### 《画谱》·六卷（内府藏本）

不著撰人名氏。首唐六如《画谱》一卷，次《五言唐诗画谱》一卷，次《六言唐诗画谱》一卷，次《七言唐诗画谱》一卷，次《木本花谱》一卷，次《草本花谱》一卷，次扇谱一卷。谱首各有小序，盖明季坊本也。

### 《草书集韵》·五卷（内府藏本）

不著编辑者名氏。取汉章帝以下至于元人草法，依韵编次。每字之下，各注其人。其编次用洪武正韵。盖明人作也。

### 《研山斋墨迹集览》·一卷、《法书集览》·三卷（编修励守谦家藏本）

国朝孙承泽撰。承泽有《尚书集解》，已著录。是书前有小序，即《庚子销夏记》之序，其文亦与《庚子销夏记》同，惟前后编次颇异，盖即《销夏记》之稿本也。后附元人破临安所得宋书画目一卷，前亦有承泽序。今本《销夏录》无之。核其所列，即元王恽《玉堂嘉话》之文。殆以与《秋涧集》重出，故始载之而终删之欤？

### 《无声诗史》·七卷（编修励守谦家藏本）

国朝姜绍书撰。绍书字二酉，丹阳人。所著《韵石斋笔谈》，自称前明尝为南京工部郎，其阶则不可考矣。是编蒐辑前明画家，自洪武以至崇祯，为四卷，附以女史一卷。自卷六以下则或真迹不存，或品格未高，偶然点染，不以画名者，亦附著焉。后有嘉兴李光暎跋，谓乡人李芳与同时褚勋均未载入，颇以挂漏为憾。然是书采摭博而叙述无法，如倪瓒以明初尚存，故列之明代矣。王铎已归命国朝，官至礼部尚书，亦列之明代，是何例乎？刘基之传，即曰公鼎彝之迹载在国史，兹不复赘矣。岳正一传，乃全述直谏之事。张灵一传，亦备述狂诞之行。

连篇累牍，于绘事了无关涉，又何例也？至于末附其子彦初一传，称其写山水小景，颇具倪、黄邱壑。盖不学而能，尤为创见。童乌不秀，是以附载法言，以十七岁之少年方学渲染，即列传于古人之中，抑又异矣。

**《书学汇编》· 十卷（浙江巡抚采进本）**

国朝万斯同撰。斯同有《读礼质疑》，已著录。是编录历代善书之人，上自仓颉，下迄明季，共一千五十四人。其中如皇甫规妻，旧云不知何氏，此据张怀瓘《书断》，知其姓马。后魏江式请定《正文字疏》，称汉讲学大夫秦近，小学元士爰礼，此据《汉书》以为王莽时官。董羽谓刘德昇即刘表，为书家之祖，此据《三国志》云表字景升，非德昇。宣和《书谱》称詹思远史亡其系，此据《晋书》知为应璩之孙，詹字曰思远。谱又称王邃行书有羲、献法，此据《晋书》知邃为元帝时人，在羲、献之前。又称陈达为陈人，刘珉为北齐人，此据史知达为晋人，珉为南齐人。又称唐有卢革、杨邠书，此据史言革、邠皆不知学，未必真迹。又称南唐有李霄远，此据《十国春秋》知为李萧远。《宋史》鲍由，此以为即鲍慎由，避孝宗讳。以及模搨兰亭之《说断》从褚遂良，昇元祖帖之《说断》为南唐元宗，皆颇有考证。然此书作于国初，迨康熙中御定《佩文斋书画谱》出，则此为沧海之一粟矣。

**《画法年纪》· 一卷（两淮盐政采进本）**

国朝郭础撰。础字石公，江都人。顺治壬辰进士，官至顺德府知府。是编纪历代善画人名，自晋以迄于国朝，附载古画品目。卷帙太狭，未免挂漏。

**《草韵汇编》· 二十六卷（江苏巡抚采进本）**

国朝陶南望编。南望字逊亭，上海人。是书成于康熙中。辑录秦程邈迄明朱克诚，共三百四十一家。草法分韵编次，其平、上、去三韵乃南望手辑，入声一韵则其友人侯昌言等续订。盖本《辨疑》《汇辨》诸书，稍加釐正，然传刻失真，恐未足据为模范也。

### 《石村画诀》·一卷（衍圣公孔昭焕家藏本）

国朝孔衍栻撰。衍栻字石村，曲阜人。是书皆自记其作画之法。

### 《历代画家姓氏韵编》·七卷（浙江巡抚采进本）

国朝顾仲清撰。仲清字咸三，号松壑，嘉兴人。工绘事，尤长于画蝶，有咏蝶诗三百首。此书首卷为帝王藩封之善画者。末为释、道、闺秀、外国，其中则取画家姓氏依韵编次，取便寻检，无所考证也。

### 《研山斋图绘集览》·三卷（编修励守谦家藏本）

不著撰人名氏。卷首有退翁小序。退翁，孙承泽别号也。然集中多称先宫保公评云云，疑承泽采掇旧文，为古来画家作传，草创未竟，其后人抄录成帙，因以所作画跋附缀于后，成此编也。其书于古来画家，先叙本末，后述所见真迹，附以跋语。上卷起顾恺之讫包鼎，共四十二家，末附不知姓名《洛神图》一则。

下卷起苏轼讫邹之麟，亦四十二家，末附总题明四家画册一则，及题冬日赏菊卷二则。自序称八十二老人，则又在《庚子销夏记》之后，为其晚年所记矣。原本目录以王宰、卫贤、边鸾三人连名，而以《石榴猴鼠图》《花竹禽石图》《高士图》三画并列，勘验书中所载，则宰迹不传，石榴猴鼠二图属鸾，《高士图》属贤，与目互异。又目录终于明四家，而书末冬日赏菊卷乃轶不载，当时草草编辑，此亦明验。且其文已多具《庚子销夏记》中，此特其随笔记录之初稿，其中同异之处，皆以《庚子销夏记》为长，故附存其目，不复录焉。

### 《汉溪书法通解》·八卷（安徽巡抚采进本）

国朝戈守智撰。守智字达夫，平湖人。是集成于乾隆庚午。采录古人论书之语，分述古、执笔、运笔、结字、诀法、谱序六门。冠以述古篇，则守智之所自撰。大致欲仿窦臮《述书赋》，而淹贯宏通终不逮古也。

### 《国朝画徵录》·三卷、《续录》·二卷（浙江巡抚采进本）

国朝张庚撰。庚有《通鉴纲目释地纠谬》，已著录。是编记国朝画家，每人各为小传。然时代太近，其人多未经论定，不尽足徵。

### 《月湖读画录》·一卷（江西巡抚采进本）

国朝王樑撰。樑，震泽人。是编以所见名画各为品评。其中宋、元人画，仅寥寥数轴，馀皆明代及近时人也。其笔墨蹊径则全仿李日华《六研斋笔记》《紫桃轩杂缀》诸书云。

### 《艳雪斋书品》·二卷、《画苑》·二卷、《笔墨纸砚谱》·一卷（编修励守谦家藏本）

不著撰人名氏。与所作诗评词曲评合为一帙，犹为未竟之稿。皆抄撮旧文，以备观览，无一字之发明。

——右"艺术类"书画之属，五十二部，二百一十一卷，皆附《存目》。

### 《宣和集古印史》·八卷（两淮盐政采进本）

明来行学刊。行学字颜叔，杭州人。自序称耕于石箐山畔，桐棺裂，得朱箭一函，内蜀锦重封《宣和印史》一卷，素丝玉轴，朱印墨书，盖南渡以来好事家所宝以自殉者。考辑录古印，始于宋晁克一之《集古印格》。其书一卷，见于《郡斋读书志》。此书则自宋以来诸家书目所不载。惟吾衍《学古编》末有明隆庆二年罗浮山樵附录五条，其世存古今图印谱式条内载有《宣和印谱》四卷，计其年月，适在此书初出之时。然则即据此本以载入？非古有是书矣。况桐棺易杇，何以南宋至明犹存？其为依托，显然明白。末二行附题所制印色之价，某种若干，尤为猥鄙。屠隆作序极称之，殊非定论也。

### 《古今印史》·一卷（内府藏本）

明徐官撰。官字元懋，吴县人。魏校之门人也。校作《六书精蕴》，以篆改隶，又以古篆改小篆，穿凿附会，务以诡激取名。官承其师说，谬为高论。于摹印一事，动引六书为词，而实于摹印无所解，于六书亦无所解。许慎《说文·序》载摹印之书别为一体，名曰缪篆，而汉人之印传于今者，不啻千百，往往与小篆不符。如小篆文借镏为刘，通朋为凤，而顾氏《印薮》载汉刘凤印乃直作隶书刘凤字者，不一而足。盖古之印章，所以示信，欲人辨识，务肖本形，使改诸葛亮为诸葛谅，改韩愈为韩瘉，人已不知为谁矣。况如官之所论，动以钟鼎古文镌之哉！他如称古篆首列仓颉篇，其书《隋志》已佚，官何由睹？又称隶书宜结体微方，当一一翻篆为之，是汉、魏碑刻全然乖谬。又称比干盘铬、季札墓碑皆为孔子真迹，季札碑姑无论，比干墓中之盘，夫子何自书之？又称尝见宋版说文为徐铉所书，其弟锴校正，锴卒于南唐，安得预刻宋版？甚至谓县字取系倒之意，假借为州县字，所以言民之倒悬。其谬妄更不足辨矣。

### 《印薮》·六卷（编修汪如藻家藏本）

明顾从德撰。从德字汝修，上海人。是编搜罗古印，摹刻成谱。首尚方诸玺，次官印，次私印，以四声部分为次，检阅颇便。凡所收录，自其家以及好事者所藏曾经寓目者，咸以朱摹其文，而详载其释文形制于下。至前人所集如王俅之《啸堂集古录》、赵孟頫之《印史》、吾衍之《学古编》、杨遵之《集古印谱》等书，并采掇以备考订。前有隆庆壬申沈明臣序，称从德所藏玉印一百六十有奇，铜印一千六百有奇，可谓至富。序又云，集印者太原王常幼安氏，今卷前亦题曰王常延年编，顾从德汝修氏校，盖同时编次之人也。是书初名《集古印谱》，王穉登始易之曰《印薮》，说见从德自序云。

### 《印史》·五卷（两淮盐政采进本）

明何通撰。通字不违，松江人。是书成于万历中，取历代名人各为刻一私印，而略附小传于下。秦十九人，西汉二百二十一人，东汉二百六人，蜀十八人，吴七人，魏二十八人，晋八十一人，宋七人，齐二人，梁九人，北魏六人，周二人，隋十三人，唐一百七十八人，五代十一人，宋一百二十人，元十四人。其去取颇不可解。如秦以李斯为首，公孙鞅次之，二人行事无足取，且鞅在斯前，不知何以颠倒。四皓仅取东园公、绮里季，不知何所优劣。汉有孔仅、桑宏羊，唐有李义府、许敬宗、高力士，五代有敬新磨，亦不知何以甄录。其印欲仿汉刻，而多违汉法。如二名分为两行，复姓乃作回文，不知汉印二名复姓皆不割裂其文也。

又参以钟鼎之文，不知汉印之不合小篆者，多兼用隶法，不用古篆也。班固曰班固孟坚，王粲曰仲宣王粲，汉印无此文法也。刘字、亮字，《说文》所无，参以隶法是矣。庾亮、陈亮乃作谅字，王凝之从小篆矣。李阳冰乃又作凝字，不又自乱其例乎。大抵拘于俗工之配合，而全未考古耳。

### 《印存初集》·二卷、《印存玄览》·二卷（内府藏本）

国朝胡正言撰。正言字曰从，海阳人。前明尝官武英殿中书舍人，以摹印名一时。是编其印谱也。初集以朱印之，别名《玄览》者则以墨印之。大抵名字印十之八，斋阁印十之一，镌成语者十之一。自明中叶，篆刻分文彭、何震二家，文以秀雅为宗，其末流伤于娬媚，无复古意。何以苍劲为宗，其末流破碎槎枒，备诸恶状。正言欲矫两家之失，独以端重为主，颇合古人摹印之法；而学之者失于板滞，又为土偶之衣冠矣。

——右"艺术类"篆刻之属，五部，二十四卷，皆附《存目》。

## 子部·谱录类

### 《古今刀剑录》·一卷（两江总督采进本）

梁陶宏景撰。宏景字通明，丹阳秣陵人。齐初为奉朝请。永明十年，上表辞禄，止于句曲山。梁大同二年卒。赠中散大夫，谥贞白先生。事迹具《梁书·处士传》。是书所记帝王刀剑，自夏启至梁武帝，凡四十事，诸国刀剑，自刘渊至赫连勃勃，凡十八事。吴将刀，周瑜以下凡十事。魏将刀，锺会以下凡六事。然关、张、诸葛亮、黄忠皆蜀将，不应附入吴将中，疑传写误佚蜀将刀标题三字。

又董卓、袁绍不应附魏，亦不应在邓艾、郭淮之间，均为颠舛。至宏景生于宋代、齐高帝作相时已引为诸王侍读，而书中乃称顺帝准为杨玉所弑，不应以身历之事，谬误至此。且宏景先武帝卒，而帝王刀剑一条乃预著武帝谥号，并直斥其名，尤乖事理。疑其书已为后人窜乱，非宏尽景本文。然考唐李绰《尚书故实》引《古今刀剑录》云，自古好刀剑多投伊水中，以禳膝人之妖。与此本所记汉章帝铸剑一条虽文字小有同异，而大略相合。则其来已久，不尽出后人赝造。或亦张华《博物志》之流，真伪参半也。

### 《鼎录》·一卷（浙江鲍士恭家藏本）

旧本题梁虞荔撰。考《陈书·列传》，荔字山披，会稽馀姚人。释褐为梁西中郎行参军，迁中书舍人。侯景乱，归乡里。陈初召为太子中庶子，领大著作，东阳扬州二州大中正。赠侍中，谥曰德。是荔当为陈人。称梁者误也。其书不见于本传，《唐志》始著录。然检书中载有陈宣帝于太极殿铸鼎之文，荔卒于陈文帝天嘉二年，下距临海王光大二年宣帝嗣位时，首尾七年，安得预称谥号？其为后人所搀入无疑。又卷首序文乃纪夏鼎应在黄帝条后，亦必无识者以原书无序，移掇其文，盖流传既久，屡经窜乱，真伪已不可辨，特以其旧帙存之耳。又按晁公武《读书志》别出吴协《鼎录》一条，《通考》与此书两收之，然其书他无所见。疑吴字近虞，协字近荔，传写舛讹，因而误分为二也。

### 《考古图》·十卷、《续考古图》·五卷、《释文》·一卷（内府藏本）

宋吕大临撰。大临字与叔，蓝田人。元祐中官秘书省正字。事迹附载《宋史·吕大防传》。案陈振孙《书录解题》载大临《考古图》十卷，钱曾《读书敏求记》则称十卷之外尚有《续考》五卷，《释文》一卷，乃北宋镂版，得于无锡顾宸家，后归泰兴季振宜，又归昆山徐乾学，曾复从乾学借钞，其图亦令良工绘画，不失毫发，纸墨更精于椠本云云。此本勘验印记，即曾所手录。以较世所行本，卷一多孔文父饮鼎图一铭十四字，说五十一字。卷三邢敦图多一盖图。卷四开封刘氏小方壶图乃秘阁方文方壶图，秘阁方文方壶图乃开封刘氏小方壶图，今本互相颠倒。卷六目录多标题盘匜盂弩戈削一行。卷八多玉鹿卢剑具图三说一百五十五字，又多白玉云钩、玉环、玉玦图各一。卷九多京兆田氏鹿卢镡图一说四十七字，又犀镫第二图与今本迥别，又内藏环耳鬴多一盖图。卷十新平张氏连环鼎壶无右所从得及度量铭识皆阙失无可考，惟样存于此二十字，又多庐江李氏鐎斗图一，又兽炉第二图后多说三十五字，又卷末多邛州天宁寺僧捧敕佩图二说四十六字。卷首大临自序，本题曰后记，附载卷末。其馀字句行款之异同，不可缕举，而参验文义，皆以此本为长。《续图》卷一二十器，卷二二十二器，卷三二十六器，卷四二十器，卷五十二器，先后不以类从。盖随见随录，故第五卷所载独少，或有铭而不摹其文，有文而不释其读者。其收藏名姓皆载图说之首，云右某人所得，与前图注姓名于标目下者例亦小殊。《释文》一卷，前有大临题词，取铭识古字以广韵四声部分编之。其有所异同者，则各为训释考证，疑字、象形字、无所从之字则附于卷末。《大临图》成于元祐壬申，在《宣和博古图》之前。而体例谨严，有疑则阙，不似《博古图》之附会古人，动成舛谬。其弁阝敦一条，胡安国注《春秋》成周宣榭火，乃引之诂经，足知其说之可据。吾邱衍《学古编》称此图有黑白两样，（案：黑字白字皆指所刻款识）黑字者后有韵图欠璊玉瓅，白字者博山炉上鸡画作人手，此本铭文作白字，然博山炉图无所谓人手，亦无所谓鸡。其《释文》一卷，依韵排次，当即衍所谓韵图，然八卷实有庐江李氏璊玉瓅，知衍所见之本亦不及此本之完善。钱曾称为缥囊异物，洵不虚矣。

惟《续图》五卷，《书录解题》所不载，吾邱衍《学古编》亦未言及，其中第二卷引吕与叔云云，又引《考古图》云云，第三卷有绍兴壬午所得之器云云，则其书在绍兴三十二年之后，与大临远不相及，盖南宋人续大临之书而佚其名氏。钱曾并以为大临作，盖考之未审也。其释文所举诸器，皆在前十卷中，所释榭字析字之类，亦多与图说相合。惟弡字《图说》释为张，与欧阳修《集古录》同，而《释文》则从阙疑，稍相牴牾。或大临削改未竟，偶尔驳文欤？至其题词称，古器铭识，不独与小篆有异。有同一器，同一字，而笔画多寡，偏旁位置不一者，如伯百父敦之百字，宝字、薪字，叔高父簠之簠字，晋鼎之作字，其异器者如彝尊寿万等字，诸器笔画皆有小异，知古字未必同文，至秦始就一律，故非小篆所能该，亦通论也。

### 《啸堂集古录》·二卷（浙江范懋柱家天一阁藏本）

宋王俅撰。俅字子弁，一作球字夔玉，米芾《画史》又作夔石，未详孰是。

陈振孙《书录解题》谓李邴序只称故人长孺之子，未详其为何王氏。考邴序称与长孺同乡关，邴籍济州任城，则俅为齐人可知。是编录古尊彝敦卣之属，自商迄汉，凡数百种，摹其款识，各以今文释之。中有古印章数十，其一曰夏禹。元吾邱衍《学古编》谓系汉巫厌水灾法印，世俗传有渡水佩禹字法，此印乃汉篆，故知之。衍精于鉴古，当得其实。衍又谓滕公墓铭郁郁作两字书，与古法叠字止作二小画者不同，灼知其伪，则是书固真赝杂糅。然所采摭，尚足资考鉴，不能以一二疵累废之。盖居千百年下而辨别千百年上之遗器，其物或真或不真，其说亦或确或不确，自《考古图》以下，大势类然，亦不但此书也。

### 《宣和博古图》·三十卷（大理寺卿陆锡熊家藏本）

案晁公武《读书志》称《宣和博古图》为王楚撰，而钱曾《读书敏求记》称元至大中重刻《博古图》，凡臣王黼撰云云，都为削去，殆以人废书。则是书实王黼撰，楚字为传写之伪矣。曾又称《博古图》成于宣和年间，而谓之重修者，盖以采取黄长睿《博古图说》在前也。考陈振孙《书录解题》曰，《博古图说》十卷，秘书郎昭武黄伯思长睿撰，凡诸器五十九品，其数五百二十七，印章十七品，其数四十五。长睿没于政和八年，其后修《博古图》颇采用之，而亦有删改云云。钱曾所说，良信。然考蔡绦《铁围山丛谈》曰，李公麟字伯时，最善画，性喜古，取生平所得及其闻睹者作为图状，而名之曰《考古图》。及大观初，乃仿公麟之考古，作《宣和殿博古图》。则此书踵李公麟而作，非踵黄伯思而作，且作于大观初，不作于宣和中。绦，蔡京之子，所说皆其目睹，当必不误，陈氏盖考之未审。其时未有宣和年号，而曰《宣和博古图》者，盖徽宗禁中有宣和殿以藏古器书画。后政和八年改元重和，左丞范致虚言犯辽国年号（案：辽先以重熙建元，后因天祚讳禧，遂追称重和），徽宗不乐，遂以常所处殿名其年，且自号曰宣和人，亦见《铁围山丛谈》。则是书实以殿名，不以年号名。自洪迈《容斋随笔》始误称政和、宣和间朝廷置书局以数十计，其荒陋而可笑莫若《博古图》云云。钱曾遂沿以立说，亦失考也。绦又称尚方所贮至六千馀数百器，遂尽见三代典礼文章，而读先儒所讲说，殆有可哂者。而洪迈则摘其父癸匜、周义母匜、汉注水匜、楚匜盘、汉梁山钖及州吁高克诸条，以为诟厉，皆确中其病。知绦说乃回护时局，不为定评。然其书考证虽疏，而形模未失，音释虽谬，而字画俱存，读者尚可因其所绘，以识三代鼎彝之制，款识之文，以重为之核订。当时裒集之功，亦不可没。其支离悠谬之说，不足以当驳诘，置之不论不议可矣。

### 《宣德鼎彝谱》·八卷（浙江鲍士恭家藏本）

明宣德中礼部尚书吕震等奉敕编次。前有华盖殿大学士杨荣序，亦题奉敕恭撰。后有嘉靖甲午文彭跋，称出自于谦家。宣德中，有太监吴诚司铸冶之事，与吕震等汇著图谱，进呈尚方，世无传本。谦于正统中为礼部祠曹，从诚得其副本，彭复从谦诸孙假归抄之。盖当时作此书，只以进御，未尝颁行，故至嘉靖中始流传于世也。始宣宗以郊庙彝鼎不合古式，命工部尚书吴中采《博古图录》诸书及内府所藏柴、汝、官、哥、均、定各窑之式更铸，震等纂集前后本末，以成此书。

一卷、二卷载所奉敕谕及礼部进图式、工部议物料诸疏。三卷载工部请给物料疏及礼工二部议、南北郊至武学武成殿鼎彝名目。四卷载太庙至内府宫殿鼎彝名目。

五卷载敕赐两京衙门至天下名山胜迹鼎彝名目，工部铸冶告成及补铸二疏，并褒奖敕一道。六、七、八卷通为详释鼎彝名义，凡某所某器仿古某式，皆疏其事实尺寸制度，一一具载之。宣炉在明世已多伪制。此本辨析极精，可据以鉴别，颇足资博雅之助。末附项元汴宣炉博论数条，亦可考证。惟文彭原跋有命工绘图，敷采装潢之语，而此本无之，殆传抄者佚去欤？杭世骏《道古堂集》有《书宣德彝器谱后》一篇，曰此明宣德三年工部档案也，辽阳年中丞希尧从部录出，以宣宗谕旨中有炉鼎彝器字，遂摘用之，系年氏所定，非实事也，所言与此本迥异。

盖世骏所见乃不完残帙，以钞自年希尧家，故影附而为此说，不足据也。

### 《钦定西清古鉴》·四十卷

乾隆十四年奉敕撰。以内府庋藏古鼎彝尊罍之属案器为图，因图系说，详其方圆围径之制，高广轻重之等，并钩勒款识，各为释文。其体例虽仿《考古》《博古》二图，而摹绘精审，毫釐不失，则非二图所及。其考证虽兼取欧阳修、董逌、黄伯思、薛尚功诸家之说，而援据经史，正误析疑，亦非修等所及。如周文王鼎铭之鲁公，断为伯禽而非周公、周晋姜鼎铭之文侯，据虎贲云云与书文侯之命，合，断为文侯虎而非文公重耳；汉定陶鼎，据《汉书·地理志·济阴郡注》，宣帝甘露二年更名定陶，断此鼎为宣帝中定陶共王康作而非赵共王恢，皆足正《博古图》姓名之讹。又如商祖癸鼎，《博古图》谓我之字从戈者，敌物之我也云云，则斥其杂用王安石《字说》。王氏铜虹烛锭，《博古图》谓是荐熟食器，则于周素锭引说文以锭为镫正之，亦足纠其训释之舛。其他如周召夫鼎、周鱼鼎之属，辨驳尤多。又如周单卣铭爵字景字从《博古图》，丰字则从钟鼎款识，于两家皆取所长，铭首凶字则证其不当作囵，于两家并订其失，商瞿卣旧无实证，则引《竹书纪年》注定瞿为武乙之名。并能参考异同，补苴罅漏。至周象尊，据器订《周礼》司尊彝注饰以象骨之非、周犠尊，据器订郑注饰以翡翠之非，周虎錞，引周官鼓人以金錞和鼓郑注，证《南史》灌之以水及以器盛水于下，以芒茎当心跪注之非，则尤有裨于经史之学。又周邢侯方彝铭十八月乙亥，证以《管子》十三月令人之鲁，二十四月鲁梁之民归齐，二十八月莱莒之君请复之数语，以破欧阳修、蔡襄、刘敞辈不解洛鼎铭十有四月之疑，尤从来考古者所未到。

盖著述之中，考证为难；考证之中，图谱为难；图谱之中，惟钟鼎款识义通乎六书，制兼乎三礼，尤难之难。读是一编而三代法物恍然如睹。圣天子稽古右文，敦崇实学，昭昭乎有明验矣。

### 《奇器图说》·三卷、《诸器图说》·一卷（两淮盐政采进本）

《奇器图说》，明西洋人邓玉函撰。《诸器图说》，明王徵撰。徵，泾阳人。

天启壬戌进士，官扬州府推官。尝询西洋奇器之法于玉函，玉函因以其国所传文字口授，徵译为是书。其术能以小力运大，故名曰重，又谓之力艺。大旨谓天地生物，有数，有度，有重。数为算法，度为测量，重则即此力艺之学，皆相资而成，故先论重之本体，以明立法之所以然，凡六十一条。次论各色器具之法，凡九十二条。次起重十一图，引重四图，转重二图，取水九图，转磨十五图，解木四图，解石、转碓、书架、水日晷、代耕各一图，水铳四图，图皆有说，而于农器水法尤为详备。其第一卷之首，有表性言解、来德言解二篇，俱极夸其法之神妙，大都荒诞恣肆，不足究诘。然其制器之巧，实为甲于古今寸有所长，自宜节取。且书中所载，皆裨益民生之具，其法至便，而其用至溥。录而存之，固未尝不可备一家之学也。诸器图说，凡图十一，各为之说，而附以铭赞，乃徵所自作，亦具有思致云。

### 《文房四谱》·五卷（浙江吴玉墀家藏本）

宋苏易简撰。易简字太简，梓州铜山人。太平兴国五年进士，官至参知政事。以礼部侍郎出知邓州，移知陈州卒。事迹具《宋史》本传。是书凡《笔谱》二卷，《砚谱》《墨谱》《纸谱》各一卷，而笔格水滴附焉。各述原委本末，及其故实，殿以辞赋诗文，合为一书。前有徐铉序，末有雍熙三年九月自序，谓因阅书秘府，集成此谱。考欧阳询《艺文类聚》，每门皆前列事迹，后附文章，易简盖仿其体式，然询书兼罗众目。其专举一器一物，辑成一谱，而用欧阳氏之例者，则始自易简。后来《砚笺》《蟹录》，皆沿用成规，则谓自易简创法可也。其搜采颇为详博，如梁元帝《忠臣传》、顾野王《舆地志》之类，虽不免自类书之中转相援引，其他徵引，则皆唐、五代以前之旧籍，足以广典据而资博闻。当时甚重其书，至藏于秘阁，亦有以矣。《宋史》本传但称文房四谱，与此本同。尤袤《遂初堂书目》作《文房四宝谱》，又有《续文房四宝谱》。考洪迈《歙砚说跋》，称揭苏氏文房谱于四宝堂，当由是而俗呼四宝，因增入书名，后来病其不雅，又改题耳。

### 《歙州砚谱》·一卷（浙江鲍士恭家藏本）

不著撰人名氏，惟卷末题有大宋治平丙午岁重九日十字。考之陈振孙《书录解题》，载有《歙砚图谱》一卷，称太子中舍知婺源县唐积撰，治平丙午岁云云其年月与此相合，然则此即积书矣。中分采发、石坑、攻取、品目、脩砺、名状、石病、道路、匠手、攻器十门，所志开凿成造之法甚详。盖歙石显于南唐，宋人以其发墨，颇好用之。土人藉是为生，往往多作形势以希售。米芾尝讥其好为端样，以平直斗样为贵，滞墨甚可惜。而此书名状门内实首列端样，亦可以考见一时风尚也。《书录解题》作《图谱》，米芾亦称今之制见《歙州砚图》，而此本有谱无图，盖左圭刊入《百川学海》时病绘图繁费，削而不载，今则无从考补矣。

### 《砚史》·一卷（浙江鲍士恭家藏本）

宋米芾撰。芾有《画史》，已著录。是书首冠以用品一条，论石当以发墨为上。后附性品一条，论石质之坚软。样品一条，则备列晋砚、唐砚以迄宋代形制之不同。中记诸砚，自玉砚至蔡州白砚，凡二十六种，而于端、歙二石辨之尤详。

自谓皆曾目击经用者，非此则不录，其用意殊为矜慎。末记所收青翠叠石一，正紫石一，皆指为历代之瑰宝，而独不及所谓南唐砚山者，或当时尚未归宝晋斋中，或已为薛绍彭所易欤？芾本工书法，凡石之良楛，皆出亲试，故所论具得砚理，视他家之耳食者不同。其论历代制作之变，考据尤极精确，有足为文房鉴古之助者焉。

### 《砚谱》·一卷（浙江吴玉墀家藏本）

不著撰人名氏。旧载左圭《百川学海》中，亦无序跋年月。皆杂录砚之出产与其故实。中间载有欧阳修、苏轼、唐询、郑樵诸人之说，则南宋人所为。然尤袤、陈振孙二家书目皆不载，或偶遗也。其书仅三十二条，不为赡博，采摭亦间有疏舛。如以端溪子石为在大石中生，尚沿旧说，未加考正。又如许汉阳以碧玉为砚，其事出谷神子《博异记》，乃龙女之砚，非汉阳之砚，徵引亦为讹误。以其宋人旧帙，流传既久，尚有一二足资多识者，故附著诸家砚谱之次，以备检核焉。

### 《歙砚说》·一卷、《辨歙石说》·一卷（浙江鲍士恭家藏本）

不著撰人名氏。陈振孙《书录解题》载之，亦云皆不著姓名。左圭《百川学海》列于唐《积谱》后，卷末有跋，称绍兴三十年十二月，弟左承议郎尚书礼部员外郎兼国史院编修官迈跋。跋中称景伯兄治歙，既揭苏氏《文房谱》于四宝堂，又别刻砚说三种云云。案景伯为洪迈兄洪适之字，则此二书似出于适，然与迈跋三种之说不合。考适《盘洲集》有苏易简《文房四谱》跋，称说歙砚者凡三家，品诸李者有《墨苑》，以蹑此编。然则此二种盖与唐积之谱共为三种，皆适所刻，以附于《文房谱》之后者，实非适所自撰也。《砚说》兼纪采石之地，琢石之法及其品质之高下。《歙石说》则专论其纹理星晕，凡二十七种，辨别颇为详悉。

唐询《北海公砚录》见于《郡斋读书志》者，今其本久已失传，惟此书引有两条，及无名氏《砚谱引》有一条，犹可以考见什一云。

### 《端溪砚谱》·一卷（浙江鲍士恭家藏本）

不著撰人名氏。末有淳熙十年东平荣芑跋曰，右缙云叶樾交叔传此谱，稍异于众人之说，不知何人所撰，称徽祖为太上皇，必绍兴初人云云。是当时已不详其出谁手矣。其书前论石之所出与石质石眼，次论价，次论形制，而终以石病。考端砚始见李贺诗，然柳公权论砚首青、绛二州，不言端石，苏易简《文房四谱》亦尚以青州红丝砚为首。后端砚独重于世，而鉴别之法亦渐以精密。此谱所载，于地产之优劣，石品之高下，皆剖晰微至，可以依据。至于当时以子石为贵，而此独辨其妄，荣{艹巳}以为稍异于众人之说，盖指此类。然自米芾《砚史》已云遍询石工，未尝有子石。芾为涪涢县尉，尝亲至端州得其详，而其言正与此合。亦足以知其说之确也。

### 《砚笺》·四卷（浙江巡抚采进本）

宋高似孙撰。似孙有《剡录》，已著录。是书成于嘉定癸未。前有自序，序末数语，隐涩殆不可解。与所作《蟹略序》体格，仿佛相似。陈振孙称似孙之文好以怪僻为奇，殆指此类欤？其书第一卷为端砚，分子目十九。卷中砚图一类列四十二式，注曰歙石亦如之，然图已不具，意传写佚之也。第二卷为歙砚，分子目二十。第三卷为诸品砚，凡六十五种。第四卷则前人诗文。其诗文明题曰端砚歙砚者，已附入前二卷内，是卷所载，皆不标名品，故别附之诸品后耳。《宋志》所录《砚谱》，今存者尚有四五家，大抵详于材产质性，而罕及其典故。似孙此书独晚出，得备采诸家之说，又其学本淹博，能旁徵群籍以为之佐证，故叙述颇有可观。中间稍有渗漏者，如李后主青石砚为陶穀所碎一条，乃出无名氏《砚谱》中，为曾慥《类说》所引，今其原书收入左圭《百川学海》，尚可检核，似孙竟以为出自《类说》，未免失于根据。然其大致驯雅，终与庞杂者不同。如端州线石为诸品所不载，据王安石诗增入，亦殊赅洽。钱曾《读书敏求记》亦称唐人言吴融《八韵赋》古今无敌，惜乎亡来已久。此存得《古瓦研赋》一篇，岿然鲁灵光也。则亦颇资考据矣。

### 《钦定西清砚谱》·二十五卷

乾隆四十三年奉敕撰。每砚各图其正面背面，间及侧面。凡奉有御题、御铭、御玺及前人款识、印记，悉皆案体临摹，而详述其尺度材质、形制及收藏赏鉴姓名，系说于后。其旧人铭跋，并附录宸章之后，下逮臣工奉敕所题，亦得备书。

其序先以陶之属，上自汉瓦，下逮明制，凡六卷。次为石之属，则自晋王廙璧水砚以至国朝朱彝尊井田砚，凡十五卷，共为砚二百，为图四百六十有四。其后三卷曰附录，为砚四十有一，为图百有八，则今松花、紫金、驼基、红丝诸品及仿制澄泥各种皆备列焉。古泽斑驳，珍产骈罗，诚为目不给赏，而奎藻璘《玉扁》，徵名案状，如化工肖物，尤与帝鸿之制，周武之铭，同照映万古。然睿虑深长，不忘咨儆，恒因器以寓道，亦即物以警心。伏读御制序有云，惜沦弃，悟用人，慎好恶，戒玩物，无不三致意焉。信乎圣人之心所见者大，不徒视为文房翰墨之具矣。内廷所贮本，总二十四册，今案册为卷，而以原目为首卷，凡二十五卷。

### 《墨谱》·三卷（浙江范懋柱家天一阁藏本）

宋李孝美撰。孝美字伯扬，自署赵郡人。盖唐俗称郡望，未知实籍何地，其仕履亦未详也。前有绍圣乙亥马涓序，及李元膺序，与《通考》所载合。然二序皆称《墨谱》，而《通考》则题曰《墨苑》，与序互异。案书中出灰、磨试二条，注曰出《墨苑》，则《墨苑》别为一书，《通考》误矣。此本题曰《墨谱法式》，与《通考》又别。案书分三卷，上卷曰图，中卷曰式，下卷曰法。则法式乃其中之子目，安得复为总名。且既曰《墨谱》，又曰《法式》，文意重叠，于体例尤乖、殆亦后人妄改。今惟据原序名曰《墨谱》，以存其旧。上卷凡采松、造窑、发火、取烟、和制、入灰、出灰、磨试八图，然惟采松、造窑二图有说，馀皆有说而佚其图。中卷凡祖氏、奚庭珪、李超、李廷珪、李承晏、李文用、李惟庆、陈赟、张遇、盛氏、柴珣、宣道、宣德、猛州贡墨、顺州贡墨及不知名氏十六家之式，亦各绘面图漫图。惟以奚庭珪、李廷珪分为二人，且谓奚不如李远甚，与《南唐书》奚庭珪赐姓为李之说异。然两无显证，义可并存。其目列盛氏在柴珣前，而图则盛在柴后，盖传写误也。下卷凡牛皮胶、鹿角胶、减胶、冀公墨、仲将墨、庭珪墨、古墨、油烟墨、叙药品胶十一法，而牛皮胶有二法，庭珪墨有二法，古墨有三法，油烟墨有六法，实二十法。其持论皆剖析毫芒，具有精理。自明以来，油烟盛行，松烟之制久绝。孝美所论，虽今人所不能用，然古法古式藉以得传，固博物者所当知矣。

### 《墨经》·一卷（两江总督采进本）

旧载毛晋《津逮秘书》中。原本题曰晁氏撰，不著时代名字。诸书引之，亦但曰《晁氏墨经》。考何薳《春渚纪闻》云：晁季一生平无他嗜，独见墨喜动眉宇，其所制铭曰晁季一寄寂轩造者，不减潘、陈。又称其与贺方回、张秉道、康为章皆能精究和胶之法，其制皆如犀璧。此书中论胶云，有上等煤而胶不如法，墨亦不佳；如得胶法，虽次煤能成善墨。与所言精究和胶亦合，疑为晁季一作也。

然晁公武《读书后志》但有董秉《墨谱》一卷，而不及此书，不应其从父之作公武不见，是为可疑。考《读书志》子部之叙，九曰小说，十曰天文历算，十一曰兵家，十二曰类家，十三曰杂艺，十四曰医书，十五曰神仙，十六曰释书。而今本所刊小说之后缀以王氏《神仙传》、葛洪《神仙传》二种，并不列神仙之标题，以下即别标释书类。是今本佚其子部五类，类书一类适在所佚之中（按：《后志》载《墨谱》于类书），其不载亦不足疑矣。季一名贯之，晁说之之兄弟行。朱弁《风月堂诗话》称其官一曰检讨，一曰察院，不知实终于何职，其事迹亦无考云。

### 《墨史》·二卷（两江总督采进本）

元陆友撰。友字友仁，亦字宅之，平江人。其书集古来精于制墨者，考其事迹，勒为一书。于魏得韦诞一人，于晋得张金一人，于刘宋得张永一人，于唐得李阳冰以下十九人，于宋得柴珣以下一百三十馀人，于金得刘法、杨文秀二人。

又详载高丽、契丹、西域之墨，附录杂记二十五则，皆墨之典故也。其间蒐罗隐僻，颇为博赡。其论奚廷珪非李廷珪一条，据《墨经》所载，易水奚鼐之子超，鼐之子起，又别叙歙州李超，超子廷珪以下世家，是族有奚、李之异，居有易、歙之分。惟其名偶同，所谓《墨经》者，今虽不知为何本，然宋绍圣中李孝美作《墨谱》，已有是说，亦可以旁资参考也。案《徐显稗传》，载友仁生市廛阛阓间，父以市布为业，独能异其所好，攻苦于学，善为歌诗，工八分隶楷，博极群物。奎章阁鉴书博士柯九思、侍书学士虞集服其精识，相与言于文宗。未及任用而二人去职，友亦南归，自号砚北生，著《砚史》、《墨史》、《印史》，所为诗文有《杞菊轩稿》。今皆亡佚，惟《研北杂志》及是书尚存云。

## 《墨法集要》·一卷（永乐大典本）

明沈继孙撰。继孙，洪武时人，但自署其籍为姑苏，馀不可考。惟倪瓒《云林集》有赠沈生卖墨诗序曰，沈学翁隐居吴市，烧墨以自给，所谓不汲汲于富贵，不戚戚于贫贱者也。烟细而胶清，墨若点漆。近世不易得矣。因赋赠焉。时代、姓氏、里贯一一相符，则学翁殆继孙之字欤？继孙自云，初受教于三衢墨师，后又从一僧得墨诀，遂并录成书。凡为图二十有一，图各有说。实近代造墨家之所祖也。古墨皆松烟，南唐李廷珪始兼用桐油，后杨振、陈道真诸家皆述其法。元、明以来，松烟之制渐废，惟油烟独行。继孙所制，今不传，其工拙虽莫可考，而此书由浸油以至试墨，叙次详核，各有条理，班班然古法具存，亦可谓深于兹事矣。世传《晁氏墨经》，其说太略，而明以来方氏、程氏诸谱，又斤斤惟花纹模式之是矜，不若是书之缕析造法，切于实用。录而传之，是亦利用之一端，非他杂家技术徒为戏玩者比也。

## 《钦定钱录》·十六卷

乾隆十五年奉敕撰。卷一至卷十三，详列历代之泉布，自伏羲氏迄明崇祯，以编年为次。第十四卷列外域诸品。第十五、十六卷以吉语、异钱、厌胜诸品殿焉。考《钱谱》始见于《隋志》，不云谁作。其书今不传。唐封演以下诸家所录，今亦不传。其传者以宋洪遵《泉志》为最古，毛氏汲古阁所刊是也。然所分正品、伪品、不知年代品、奇品、神品诸目，既病淆杂，又大抵未睹其物，多据诸书所载想像图之，如聂崇义之图三礼。或诸书但有其名而不言其形模文字者，则概作外圆内方之轮郭，是又何贵于图耶？至所笺释，率多臆测，尤不足据为定论。是编所录，皆以内府储藏，得于目睹者为据，故不特字迹花纹，一一酷肖，即围径之分寸毫釐，色泽之丹黄青绿，亦穷形尽相，摹绘逼真。而考证异同，辨订真伪，又皆根据典籍，无一语凿空。盖一物之微，亦见责实之道，与稽古之义焉。至于观其轻重厚薄，而究其法之行不行；观其良窳精粗，而知其政之举不举。千古钱币之利弊，一览具睹，又不徒为博物之资矣。

### 《云林石谱》·三卷（浙江巡抚采进本）

宋杜绾撰。绾字季扬，号云林居士，山阴人，宰相衍之孙也。是书汇载石品凡一百一十有六，各具出产之地，采取之法，详其形状色泽，而第其高下。然如端溪之类，兼及砚材，浮光之类，兼及器用之材，不但谱假山清玩也。前有绍兴癸丑阙里孔传序，传即续白居易《六帖》者。序中称绾为杜甫之裔，因引甫诗水落鱼龙夜句，谓长沙湘乡之山，鱼龙化而为石，甫因形容于诗。绾作是谱，为能绍其家风。考甫此句，见于秦州杂诗，乃由陕赴蜀之时，何由得至楚地？且甫之诗意，本非咏石，殊附会无理。末附宣和石谱，皆记艮岳诸石，有名无说，不知谁作。又附渔阳公《石谱》，皆载嗜石故事，亦不知渔阳公为谁。其中列周公谨、元遗山诸名，则必非绾书，盖明周履靖刻是书时所窜入也。今惟录绾书以资考证，而所附二谱，悉削而不载。又毛晋尝刻是书，并为一卷，又佚去孔传之序，而文句则无大异同，今亦不别著录焉。

（案：宋以后书，多出于古来门目之外。如此谱所品诸石，既非器用，又非珍宝，且自然而成，亦并非技艺。岂但四库中无可系属，即谱录一门亦无类可从。

亦以器物之材，附之器物之末焉。）

——右"谱录类"《器物》之属，二十四部，一百九十九卷，附录一部，三卷，皆文渊阁著录。

（案：陶弘景《刀剑录》，《文献通考》一入之类书，一入之杂技艺，虞荔《鼎录》，亦入杂技艺。夫弘景所录刀剑，皆古来故实，非讲击刺之巧，明铸造之法，入类书犹可，入杂技艺，于理为谬。此由无所附丽，著之此而不安，移之彼而又不安，迁移不定，卒至失于刊削，而两存。故《谱录》一门，不可不立也。）

### 《洛阳牡丹记》·一卷（浙江鲍士恭家藏本）

宋欧阳修撰。修有《诗本义》，已著录，是记凡三篇。一曰花品，叙所列凡二十四种。二曰花释名，述花名之所自来。三曰风俗记，首略叙游宴及贡花，馀皆接植栽灌之事。文格古雅有法，蔡襄尝书而刻之于家，以拓本遗修。修自为跋，已编入《文忠全集》，此其单行之本也。周必大作《欧集考异》，称当时士大夫家有修《牡丹谱印》本，始列花品，叙及名品，与此卷前两篇颇同。其后则曰叙事、宫禁、贵家、寺观、府署、元白诗、讥鄙、吴蜀、诗集、记异、杂记、本朝、双头花、进花、丁晋公续花谱，凡十六门，万馀言。后有梅尧臣跋。其妄尤甚，盖出假托云云。据此，是宋时尚别有一本。《宋史·艺文志》以《牡丹谱》著录而不称《牡丹记》，盖已误承其讹矣。

### 《扬州芍药谱》·一卷（浙江鲍士恭家藏本）

宋王观撰。观字达叟，如皋人。熙宁中尝以将仕郎守大理寺丞，知扬州江都县事。在任为扬州赋上之，大蒙褒赏，赐绯衣银章。见《嘉靖维扬志》中。汪士贤刻入《山居杂志》，题为江都人者误也。扬州芍药，自宋初名于天下。《宋史·艺文志》载为之谱者三家。其一孔武仲，其一刘攽，其一即观此谱。孔、刘所述，世已无传，仅陈景沂《全芳备祖》载有其略。今与此谱相较，其所谓三十一品前人所定者，实即本之于刘谱。惟刘谱有妒裙红一品，此谱改作妒鹅黄，又略为移易其次序，其刘谱所无者，新增八种而已。又观后论称或者谓唐张祐、杜牧、卢仝之徒居扬日久，无一言及芍药，意古未有如今之盛云云，亦即孔谱序中语，观盖取其义而翻驳之。至孔谱谓可纪者三十有三种，具列其名，比刘谱较多二种。

今《嘉靖维扬志》尚载其原目，亦颇有异同云。

### 《范村梅谱》·一卷（浙江鲍士恭家藏本）

宋范成大撰。成大有《桂海虞衡志》，已著录。此乃记所居范村之梅，凡十二种。前有自序，称于石湖玉雪坡既有梅数百本，又于舍南买王氏僦舍七十楹，尽拆除之，治为范村，以其地三分之一与梅。吴下栽梅特盛，其品不一，今始尽得之，随所得为之谱。盖记其别业之所有，故以范村为目也。梅之名虽见经典，然古者不重其花，故离骚遍咏香草，独不及梅。《说苑》始有越使执一枝梅遗梁王事，其重花之始欤？六朝及唐，递相赋咏，至宋而遂为诗家所最贵。然其裒为谱者，则自成大是编始，其所品评，往往与后来小异。如绿萼梅今为常产，而成大以为极难得，是盖古今地气之异，故以少而见珍也。又杨无咎画梅，后世珍为绝作，而成大后序乃谓其画大略皆如吴下之气条，虽笔法奇峭，去梅实远，与宋孝宗诋无咎为村梅者所论相近。至嘉熙、淳祐间，赵希鹄作洞天清禄，始称江西人得无咎一幅梅，价不下百千足，是又贵远贱近之证矣。《通考》以此书与所作《菊谱》合为一编，题曰《范村梅菊谱》二卷，然观其自序，实别为书，今故仍分著于录焉。

### 《刘氏菊谱》·一卷（浙江鲍士恭家藏本）

宋刘蒙撰。蒙，彭城人。仕履未详。自序中载崇宁甲申为龙门之游，访刘元孙所居，相与订论，为此谱。盖徽宗时人。故王得臣《麈史》中已引其说。焦竑《国史经籍志》列于范成大之后者，误也。其书首谱叙次说疑，次定品，次列菊名三十五条，各叙其种类形色而评次之，以龙脑为第一，而以杂记三篇终焉。书中所论诸菊名品，各详所出之地，自汴梁以及西京、陈州、邓州、雍州、相州、滑州、鄜州、阳翟诸处，大抵皆中州物产，而萃聚于洛阳园圃中者，与后来史正志、范成大等南渡之后拘于疆域，偏志一隅者不同。然如金铃、金钱、酴醾诸名，史、范二志亦载，意者本出河北、而传其种于江左欤？其补意篇中谓掇接治疗之方，栽培灌种之宜，宜观于方册而问于老圃，不待余言也。故惟以品花为主，而他皆不及焉。

### 《史氏菊谱》·一卷（浙江鲍士恭家藏本）

宋史正志撰。正志字志道，江都人。绍兴二十一年进士，累除司农丞。孝宗朝历守庐、扬、建康，官至吏部侍郎。归老姑苏，自号吴门老圃。所著有《清晖阁诗》《建康志》《菊圃集》诸书，今俱失传。此本载入左圭《百川学海》中，《宋史·艺文志》亦著于录。所列凡二十七种。前有自序，称自昔好事者，为牡丹、芍药、海棠、竹笋作谱记者多矣，独菊花未有为之谱者，余故以所见为之云云。然刘蒙《菊谱》先已在前，正志殆偶未见也。末有后序一首，辩王安石、欧阳修所争楚词落英事，谓菊有落有不落者，讥二人于草木之名未能尽识。其说甚详，是可以息两家之争。至于引诗访落之语，训落为始，虽亦根据《尔雅》，则反为牵合其文，自生蛇足。上句木兰之坠露，坠字又作何解乎？英落不可餐，岂露坠尚可饮乎？此所谓以文害词者也。

### 《范村菊谱》·一卷（浙江鲍士恭家藏本）

宋范成大撰。记所居范村之菊，成于淳熙丙午。盖其以资政殿学士领宫祠家居时作。自序称所得三十六种，而此本所载凡黄者十六种，白者十五种，杂色四种，实止三十五种，尚阙其一，疑传写有所脱佚也。菊之种类至繁，其形色幻化不一，与芍药、牡丹相类，而变态尤多。故成大自序称东阳人家菊圃多至七十种，将益访求他品为后谱也。今以此谱与史正志谱相核，其异同已十之五六，则菊之不能以谱尽，大概可睹。但各据耳目所及以记一时之名品，正不必以挂漏为嫌矣。

至种植之法，《花史》特出芟蕊一条，使一枝之力尽归一蕊，则开花尤大。成大此谱，乃以一榦所出数千百朵婆娑团植为贵，几于俗所谓千头菊矣。是又古今赏鉴之不同，各随其时之风尚者也。又案谢采伯《密斋笔记》，称《菊谱》范石湖略，胡少瀹详。今考胡融谱尚载史铸《百菊集谱》中，其名目亦互有出入，盖各举所知，更无庸以详略分优劣耳。

### 《百菊集谱》·六卷、《菊史补遗》·一卷（浙江鲍士恭家藏本）

宋史铸撰。铸字颜甫，号愚斋，山阴人，即嘉定丁丑注王十朋会稽三赋者也。

是书于淳祐壬寅成五卷。越四年丙午，续得赤城胡融谱，乃移原书第五卷为第六卷，而摅融谱为第五卷。又四年庚戌，更为《补遗》一卷。观其自题，作《补遗》之时，已改名为《菊史》矣，而此仍题《百菊集谱》，岂当时刊版已成，不能更易耶？首列诸菊名品一百三十一种，附注者三十二种，又一花五名，一花四名者二种，冠于简端，不入卷帙。第一卷为周师厚、刘蒙、史正志、范成大四家所谱，第二卷为沈竞谱及铸所撰新谱，三卷为种艺故事、杂说、方术辨疑及古今诗话，四卷为文章诗赋，五卷即所增胡融谱及栽植事实，附以张栻赋及杜甫诗话一条，六卷为铸咏菊及集句诗，《补遗》一卷则杂采所续得诗文类也。书不成于一时，故编次颇无体例，然其蒐罗可谓博矣。

### 《金漳兰谱》·三卷（浙江范懋柱家天一阁藏本）

宋赵时庚撰。时庚为宗室子，其始末未详。以时字联名推之，盖魏王廷美之九世孙也。是书亦载于《说郛》中，而佚其下卷。此本三卷皆备，独为完帙，其叙述亦颇详赡，大抵与王贵学《兰谱》相为出入。若大张青、蒲统领之类，此书但列其名，及华叶根茎而已，王氏《兰谱》则详其得名之由。曰大张青者，张其姓，读书岩谷得之。蒲统领者，乃淳熙间蒲统领引兵逐寇，至一所得之。记载互相详略，亦足见著书之不剿说也。首有绍定癸已时庚自序，末又有嬾真子跋语。

考嬾真子乃马永卿别号，永卿受业刘安世，为北宋末人，不应绍定时尚在，殆别一人而号偶同耳。

### 《海棠谱》·三卷（浙江鲍士恭家藏本）

宋陈思撰。思有《宝刻丛编》，已著录。此书不见于《宋史·艺文志》，惟焦竑《国史经籍志》载有三卷，与此本合。前有开庆元年思自序，上卷皆录海棠故实，中、下二卷则录唐、宋诸家题咏。而栽种之法，品类之别，仅于上卷中散见四五条。盖数典之书，惟以隶事为主者，然搜罗不甚赅广。今以《锦绣万花谷》、《全芳备祖》诸书所类海棠事相较，其故实似稍加详，而题咏则多阙略。如唐之刘禹锡、贾岛，宋之王珪、杨绘、朱子、张孝祥、王十朋诸家，为陈景沂所收者，此书并未录及。然如张泊、程琳、宋祁、李定之类，亦有此书所有而陈氏脱漏者。

盖当时坊本各就所见裒集成书，故互有详略。以宋人旧帙，姑并存之以资参核云尔。

### 《荔枝谱》·一卷（浙江鲍士恭家藏本）

宋蔡襄撰。是编为阁中荔枝而作，凡七篇。其一原本始，其二标尤异，其三志贾鬻，其四明服食，其五慎护养，其六时法制，其七别种类。尝手写刻之，今尚有墨版传于世，亦载所著《端明集》中。末有嘉祐四年岁次己亥秋八月二十日莆阳蔡某述十九字，而此本无之。案其年月，盖自福州移知泉州时也。荔枝之有谱自襄始，叙述特详，词亦雅洁。而王世贞《四部稿》乃谓白乐天、苏子瞻为荔枝传神，君谟不及，是未知诗歌可极意形容，谱录则惟求记实。文章有体，词赋与谱录殊也。襄诗篇中屡咏及荔枝，刘克庄《后村诗话》谓四月池上一首，荔枝才似小青梅句，即谱中之火山。七月二十四日食荔枝一首，绛衣仙子过中元句，即谱中之中元红。谢宋评事一首，兵锋却后知神物句，即谱中之宋公荔枝。盖刘亦闽人，故能解其所指，知其体物之工。洪迈《容斋随笔》又谓方氏有树结实数千颗，欲重其名，以二百颗送蔡忠惠，绐以常岁所产止此。蔡为目之曰方家红，著之于谱。自后华实虽极繁茂，逮至成熟，所存未尝越二百，遂成语识云云。其事太诞，不近理，殆好事者谬造斯言，然亦足见当时贵重此谱，故有此附会矣。

### 《橘录》·三卷（浙江鲍士恭家藏本）

宋韩彦直撰。彦直字子温，延安人。蕲忠武王世忠之长子。登绍兴十八年进士，官至龙图阁学士，提举万寿观。以光禄大夫致仕，封蕲春郡公。事迹附见《宋史·世忠传》。此谱乃淳熙中知温州时所作。《宋史·艺文志》、焦竑《国史经籍志》俱作《永嘉橘录》，卷数与此本相合。《文献通考》作一卷，盖字之误也。彦直有才略，而文学亦优。尝辑宋朝故事名《水心镜》，凡一百六十馀卷，为尤袤所称，今不传。是录亦颇见条理。上卷载柑品八，橙品一，中卷载橘品十八，以泥山乳柑为第一，下卷则言种植之法，皆详赡可观。陈景沂作《全芳备祖》，引彦直此录，谓其但知乳柑出于泥山，而不知出于天台之黄岩，出于泥山者固奇，出于黄岩者尤天下之奇云云。盖景沂家本天台，故自夸饰土产，不知彦直是录，专记永嘉，不当借材于异地也。其亦昧于著作之体矣。

### 《竹谱》·一卷（内府藏本）

旧本题晋戴凯之撰。晁公武《郡斋读书志》云，凯之字庆预，武昌人。又引李淑《邯郸图书志》云，谓不知何代人。案《隋书·经籍志·谱系类》中有《竹谱》一卷，不著名氏。《旧唐书·经籍志》载入农家，始题戴凯之之名，然不著时代。左圭《百川学海》题曰晋人，而其字则曰庆豫。预、豫字近，未详孰是。

其曰晋人，亦不知其何所本。然观其以仑韵年船，以邦韵同功，犹存古读，注中音训，皆引三苍。他所援引如虞豫《会稽典录》、常宽《蜀志》、徐广《杂记》、沈莹《临海水土异物志》、郭璞《山海经注》《尔雅注》，亦皆晋人之书，而《尚书》条荡既敷，犹用郑玄筱箭竹荡大竹之注。似在孔传未盛行以前。虽题为晋人别无显证，而李善注马融《长笛赋》已引其笢籭一条，段公路北户录引其{竹纣}必六十复亦六年一条，足证为唐以前书。惟《酉阳杂俎》称《竹谱》

竹类三十九，今本乃七十馀种，稍为不符，疑《酉阳杂俎》传写误也。其书以四言韵语记竹之种类，而自为之注，文皆古雅，所引《黄图》一条，今本无之，与徐广注《史记》所引《黄图》均为今本不载者其事相类，亦足证作是书时黄图旧本犹未改修矣。旧本传刻颇多讹脱，如盖竹所生，大抵江东，上密防露，下疏来风，连亩接町，竦散冈潭六句，潭字于韵不协。虽风字据诗卫风有孚金切一读，于古音可以协潭，而东字则万无协理，似乎潭冈散竦四字误倒其文，以竦韵东风，犹刘琨诗之以叟韵璆，潘岳诗之以荷韵歌也。然诸本并同，难以臆改。凡斯之类，皆姑仍其旧焉。

### 《笋谱》·一卷（内府藏本）

不著撰人名氏。晁公武《读书志》作僧惠崇撰，陈振孙《书录解题》作僧赞宁撰。案惠崇为朱初九僧之一，工于吟咏，有《句图》一卷，又工于画，《黄庭坚集》有题其所作芦雁图诗，然不闻曾作是书。考《宋史·艺文志》亦作赞宁，则振孙说是也。赞宁，德清高氏子，出家杭州龙兴寺。吴越王钱镠署为两浙僧统。

宋太宗尝召对于滋福殿，诏修《高僧传》。咸平中，加右街僧录。至道二年卒，谥曰圆明大师。所著《物类相感志》，岁久散佚。世所传者皆赝本，惟此书犹其原帙。书分五类，曰一之名，二之出，三之食，四之事，五之说。其标题盖仿陆羽《茶经》。援据奥博，所引古书多今世所不传，深有资于考证。三之食以前，皆有注，似所自作。然笋汁煮羹一条，注乃驳正其说，以为羹不如蒸，又似后人之所附益，不可考矣。王得臣《麈史》曰：僧赞宁为《笋谱》甚详，掎摭古人诗咏，自梁元帝至唐杨师道，皆诗中言及笋者。惟孟蜀时学士徐光溥等二人绝句（案：此数句似有脱文，今姑仍其旧。），亦可谓勤笃，然未尽也。如退之和侯协律咏笋二十六韵，不收何耶？岂宁忿其排释氏而私怀去取耶，抑文公集当时未出乎？不可知也云云。今检谱中，果佚是作。然以一人之耳目而采摭历代之诗歌，一二未周，势所必有，不足为是书病也。

### 《菌谱》·一卷（浙江鲍士恭家藏本）

宋陈仁玉撰。仁玉字碧栖，台州仙居人。擢进士第。开庆中官礼部郎中，浙东提刑，入直敷文阁。嘉定中重刊《赵清献集》，其序即仁玉所作。其事迹则无考矣。是编成于淳祐乙巳。前有自序。案叶梦得《避暑录话》曰：四明、温、台山谷之间多产菌。又周密《癸辛杂识》曰：天台所出桐蕈，味极珍，然致远必渍以麻油，色味未免顿减。诸谢皆台人，尤嗜此品，乃并舁桐木以致之，旋摘以供馔。是南宋时台州之菌为食单所重，故仁玉此谱备述其土产之名品。曰合蕈，曰稠膏蕈，曰栗壳蕈，曰松蕈，曰竹蕈，曰麦蕈，曰玉蕈，曰黄蕈，曰紫蕈，曰四季蕈，曰鹅膏蕈，凡十一种。各详所生之地，所采之时，与其形状色味，然不及桐蕈，则未喻其故也。案《尔雅·释草》曰：中馗菌。郭璞注曰：地蕈也。《吕氏春秋》称和之美者，越骆之菌。是菌自古入食品。然为物颇微，类事者多不之及。陈景沂《全芳备祖》仅载二条。存此一编，亦博物之一端也。末附解毒之法，以苦茗白矾匀新水咽之，与张华《博物志》、陶宏景《本草注》以地浆治之者法又不同，可以互相参证，亦有裨于医疗焉。

### 《御定广群芳谱》·一百卷

康熙四十七年圣祖仁皇帝御定。盖因明王象晋《群芳谱》而广之也。凡改正其门目者三。以天谱、岁谱并为天时记，惟述物候荣枯而天谱之杂述灾祥，岁谱之泛陈节序者，俱删不录。其鹤鱼一谱，无关种植，亦无关民用，则竟全删。改正其体例者四。原本分条标目，前后参差，今每物先释其名状，次徵据事实，统标曰汇考。诗文题咏，统标曰集藻。制用移植诸法，统标曰别录。其疗治一条，恐参校未精，泥方贻误，亦竟刊除。至象晋生于明季，不及见太平王会之盛，今则流沙蟠木，尽入版图，航海梯山，咸通职贡，凡殊方绝域之产，古所未闻者，俱一一详载，以昭圣朝之隆轨。又象晋以田居闲适，偶尔著书，不能窥天禄石渠之秘，考证颇疏，其所载者又多稗贩于《花镜》《圃史》诸书，或迷其出处，或舛其姓名，讹漏不可殚数。今则绅东观之藏，开西昆之府，并溯委穷源，详为补正，以成博物之鸿编。赐名《广群芳谱》，特圣人褒纤芥之善，不没创始之功耳。实则新辑者十之八九，象晋旧文仅存十之一二也。

### 《禽经》·一卷（内府藏本）

旧本题师旷撰。晋张华注。汉、隋、唐诸志及宋《崇文总目》皆不著录。其引用自陆佃《埤雅》始，其称师旷亦自佃始。其称张华注则见于左圭《百川学海》所刻。考书中鹘鸼一条，称晋安曰怀南，江右曰逐隐，春秋时安有是地名？其伪不待辨。张华晋人，而注引顾野王《瑞应图》、任昉《述异记》，乃及见梁代之书，则注之伪亦不待辨。然其中又有伪中之伪。考王楙《野客丛书》，载《埤雅》诸书所引，而楙时之本无之者，如鹤以怨望，鸥以贪顾，鸡以嗔睨，鸭以怒瞋，雀以猜惧，燕以狂《目行》，莺以喜啭，乌以悲啼，鸢以饥鸣，鹤以洁唳，枭以凶叫，鸥以愁啸，鹅飞则蜮沉，鶂鸣则蚓结，鹊俯鸣则阴，仰鸣则晴，陆生之鸟味多锐而善啄，水生之鸟味多圆而善唼，短脚者多伏，长脚者多立，凡数十条。

是楙所见者非北宋之本。又楙书中辨莺迁一条，引《禽经》鶯鸣嘤嘤。辨杜诗白鸥没浩荡一条，引《禽经》凫善没，鸥善浮。辨叶梦得词睡起啼莺语一条，引《禽经》啼莺解语，流莺不解语。今本又无之。马骕《绎史》全录此书，而别取《埤雅》、《尔雅翼》所引今本不载者，附录于末，谓之《古禽经》。今考所载楙已称《禽经》无其文者凡三条，其馀尚有青凤谓之鹖，赤凤谓之鹑，黄凤谓之焉，白凤谓之肃，紫凤谓之鷟，鹤爱阴而恶阳，雁爱阳而恶阴，鹤老则声下而不能高，近而不能寮，旋目其名鹢，方目其名《玄鸟》，交目其名鴉，鸟之小而鸷者皆曰隼，大而鸷者皆曰鸠，乌鸣哑哑，鸢鸣噰噰，凤鸣喈喈，凰鸣啾啾，雉鸣鷕鷕，鸡鸣咿咿，莺鸣嘤嘤，鹊鸣唶唶，鸭鸣呷呷，鹄鸣嗃嗃，鶂鸣嗅嗅，却近翠者能步，却近蒲者能掷，朱鸢不攫肉，朱鹭不吞腥，鸷好风，鷾好雨，鹈好霜，鹭好露，陆鸟曰栖，水鸟曰宿，独鸟曰止，众鸟曰集，鹅见异类差翅鸣，鸡见同类拊翼鸣，雏上无寻，鹞上无常，雉上有丈，鶡上有赤，暮鸠鸣即小雨，朝鸢鸣即大风，鹡鸰之信不如鹰，周周之智不如鸿，淘河在岸则鱼没，沸河在岸则鱼涌，雕以周之，鹭以就之，鹰以膺之，鹘以搰之，隼以尹之，鸿雁爱力，遇风迅举，孔雀爱毛，遇雨高止，雁曰翁，鸡曰鹑，鹑曰鹰，鹰不击伏，鹘不击妊，一鸟曰隹，二鸟曰雠，三鸟曰朋，四鸟曰乘，五鸟曰鸁，六鸟曰鶀，七鸟曰《土鸟》，八鸟曰鸾，九鸟曰鸠，十鸟曰《章鸟》，拙者莫如鸠，巧者莫如鹊，鹊见蛇则噪而贲，孔见蛇则宛而跃，山禽之味多短，水禽之味多长，山离之尾多修，水禽之尾多促，衡为雀，虚为燕，火为鷾，亢为鹤，鹳生三子一为鹤，鸠生三子一为鹗，鹰好峙，隼好翔，凫好没，鸥好浮，乾车断舌则坐歌，孔雀拍尾则立舞，人胜之也，鸾入夜而歌，凤入朝而舞，天胜之也，霜傅强枝，鸟以武生者少，雪封枯原，鸟以文死者多，雀交不一，雉交不再，冠鸟性勇，带鸟性仁，缨鸟性乐，鹨鸟不登山，鹬鸟不踏土诸条。其中有两条为槺所摘引，馀亦不云无其文。则今所见者，又非槺所见之本矣。观雕以周之诸语，全类《字说》，疑即传王氏学者所伪作，故陆佃取之。此本为左圭《百川学海》所载，则其伪当在南宋之末，流传已数百年。文士往往引用。姑存备考，固亦无不可也。

### 《蟹谱》·二卷（浙江鲍士恭家藏本）

宋傅肱撰。肱字自翼，其自署曰怪山。陈振孙谓怪山乃越州之飞来山，则会稽人也。其书分上、下两篇，前有嘉祐四年自序。而下篇贪花一条，又引神宗时大臣赵姓者出镇近辅事，而讳其名。考《宋史》惟神宗熙宁初枢密使参知政事赵概尝出知徐州，似即其事，则嘉祐当为元祐之讹。然《书录解题》亦载是序为嘉祐四年，而赵概为北宋名臣，亦不容著贪墨声，或刊本神宗字误也。书中所录皆蟹之故事，上篇多采旧文，下篇则其所自记。铨次颇见雅驯，所引《唐韵》十七条，尤足备考证。盖其时孙恬原本尚存，故肱犹及见之云。

### 《蟹略》·四卷（浙江鲍士恭家藏本）

宋高似孙撰。似孙有《剡录》，已著录。是编以傅肱《蟹谱》徵事太略，因别加裒集。卷一曰蟹原、蟹象、卷二曰蟹乡、蟹具、蟹品、蟹占，卷三曰蟹贡、蟹馔、蟹牒，卷四曰蟹雅、蟹志。赋咏每门之下，分条记载。多取蟹字为目，而系以前人诗句。俞文豹《吹剑录》尝讥其误以林逋草泥行郭索，云木叫钩辀一联为杜甫诗，今检卷首郭索传内信然。殊为失于详核。又《本草图经》，蟹生伊洛池泽中一语，泽蟹洛蟹条下两引之，亦为复出。又白居易诗，亥日饶虾蟹句，为傅肱谱中所原引，而此书虾蟹条下乃反遗之。其馀编次亦小有疏漏。特其采撷繁富，究为博雅，遗编佚句，所载尤多，视傅谱终为胜之云。

### 《异鱼图赞》·四卷（浙江鲍士恭家藏本）

明杨慎撰。慎有《檀弓丛训》，已著录。是书前有嘉靖甲辰自序，称西州《画史》录《南朝异鱼图》，将补绘之。予阅其名多踬错，文不雅驯。乃取万震、沈怀远《异物志》，效郭璞、张骏之赞体，或述其成制，或演以新文。句中足徵，言表即见，不必张之粉绘，之《青盍》艳彩。凡鱼图三卷，赞八十六首，异鱼八十七种。附以海错一卷，赞三十首，海物三十五种。词旨亦颇古隽，与宋祁《益部方物略》可以颉颃。惟诠释名义，不过形容厓略。遽云可以代图，未免自诩之过。且万震《南州异物志》一卷，沈怀远《南越志》五卷，仅见于《唐志》，《宋志》已不著录，慎何从而见之？尤出依托。亦就书论书，取其词藻淹博而已矣。

### 《异鱼图赞笺》·四卷（浙江巡抚采进本）

国朝胡世安撰。世安有《大易则通》，已著录。杨慎《异鱼图赞》，间有自注，仅标所据书名，未暇备引其说。世安既为之补，又于崇祯庚午博采传记以为之笺，徵引颇极繁富。其名实舛互者，于目录之中各为驳正，亦殊有辨证。惟贪多嗜博，挂漏转多。或赞中所引而失注，如赤鲤下务光愤世之类；或自注明云据某书者，而亦失证，如鲂鱼下河雒记引谚之类。而前代故实绝无关于名义者，乃支离曼衍，累牍不休，是徵事之书，非复训诂之体。然其搜采典籍，实为博赡，故殊形诡状，一一皆有以考辨其源流。虽不免糅杂之讥，亦未始非识小之一助也。

### 《异鱼图赞补》·三卷、《闰集》·一卷（浙江巡抚采进本）

国朝胡世安撰。是书前有自序，题万历戊午，乃其未第时所作。以杨慎《异鱼图赞》尚多所阙漏，因摭其遗脱，作为此编。凡鱼类补一百五十四种，为赞五十七首。海错类补三十八种，为赞二十八首。又《闰集》一卷，鱼三十馀种，冠以摩竭海多非常之鱼，亦各为之赞，而其子璞及其门人雷琯等共加笺释。闰集所载，与目录多不相应，前后舛互，赞文亦往往阙佚，疑当日修改未竟之本也。慎之作赞，虽属文人游戏之笔，而源出郭璞，要自古隽可观。世安续加仿傚，其徵据典博，亦不失为驯雅。与慎书相辅以行，于水族品目，亦略备矣。

——右"谱录类"草木鸟兽虫鱼之属，二十一部，一百四十五卷，皆文渊阁著录。

## 子部·谱录类存目

### 《铜剑赞》·一卷（浙江范懋柱家天一阁藏本）

梁江淹撰。淹字文通，济阳考城人。官至散骑常侍左卫将军。封醴陵侯。谥曰宪。事迹具《梁书》本传。齐永明中，掘地得古铜剑，淹因诠次剑事，考古人铸兵用铜，后世铸兵用铁原委，以为之赞。虽文止一篇，然《宋史·艺文志》《文献通考》皆著于录，故附存其目焉。

### 《蠙衣生剑记》·一卷（两江总督采进本）

明郭子章撰。子章有《蠙衣生易解》，已著录。是编皆记剑事，分上、下二篇。前有自序，谓上篇据剑之实者纪之。下卷则纪其寓言，如《庄子》所谓天子剑、诸侯剑之类是也。

### 《剑筴》·二十七卷（内府藏本）

明钱希言撰。希言字简栖，吴县人。是编所载皆历代剑事，亦陶弘景《刀剑录》之流。而采摭繁芜，分类亦嫌冗琐。

### 《别本考古图》·十卷（内府藏本）

宋吕大临撰。大临《原书》十六卷，已著录。此本无续图及释文，乃元大德己亥茶陵陈翼子所重刊。附以诸家之考证，已非吕氏之旧，且亦自多谬误。如河南张氏戠敦条下云，愚案前惟盖存，又云形制与伯百父敦相似，而无耳，图像亦非盖形，必是谬误。今考所云惟盖存者，乃中言父旅敦正作盖形，此条原文但有形制与伯百父敦略相似字，无惟盖存字，翼子云云，非所刻大临原本佚脱惟盖存三字，即误连上文为一条，以原文不讹为讹也。明万历中，遂州郑朴重刊之。

新都杨明时绘图及摹篆，而题其首曰元默斋罗更翁考订。今考卷前陈才子序，称吾弟翼甫，广吕公好古素志，属罗兄更翁临本，且更翁刻以传世，并采诸老辨证，附左方，则似绘图刊版并考证皆出更翁。至翼子序则云，命友临本，刊讹刻传，且采诸君子辨证附其下，或嗤予刉精刍狗之器云云。则似临图及篆者为更翁，增考证者实翼子。两序皆语意蹇涩，其出谁手，竟不可明。今既未见茶陵刊版作何题署，姑阙疑焉可矣。

### 《绍兴内府古器评》·二卷（内府藏本）

旧本题宋张抡撰。抡字材甫，履贯未详。周密《武林旧事》载乾道三年三月高宗幸聚景园，知阁张抡进柳梢青词，蒙宣赐。淳熙六年三月再幸聚景园，抡进壶中天慢词，赐金杯盘法锦。是年九月，孝宗幸绛华宫，抡进临江仙词，则亦能文之士。又王应麟《玉海》曰，张抡为《易卦补遗》，其说曰，易以初上二爻为定体，以中四爻为变。系辞谓之中爻，先儒谓之互体。所谓杂物撰德，辨是与非，八卦互成，刚柔相易之道，非此无见焉。则抡亦留心于经术。又，张端义《贵耳集》曰，孝宗朝幸臣虽多，其读书作文不减儒生，应制燕间，未可轻视。当仓卒翰墨之奉，岂容宿撰。其人有曾觌、龙大渊、张抡、徐本中、王抃、刘弼，当时士大夫，少有不游曾、龙、张、徐之门者，则抡亦狎客之流。然《宋史·佞幸传》仅有曾觌、龙大渊、王抃，不列抡等，则但以词章邀宠，未乱政也。是书宋以来诸家书目皆不著录。据书末毛晋跋称，晋得于范景文，景文得于于奕正。至奕正从何得之，则莫明所自。上卷凡九十八事，下卷凡九十七事，皆汉以前物。

汉以后者惟梁中大同博山炉一器。其中如上卷之周文王鼎、商若癸鼎、父辛鼎、商持刀祖乙卣、周召父彝、商父辛尊、商父癸尊、商父庚舰、商持刀父巳鼎、周淮父卣、周虎斝、周季父鼎、周南宫中鼎、商癸鼎、商瞿鼎、商贯耳弓壶、商亚虎父丁鼎、商祖戊尊、商兄癸卣、周巳酉方彝、周舰棱壶、周繺女鼎、商子孙父辛彝、周叔液鼎、商父巳鼎、周宰辟父敦、周剌公敦、周孟皇父彝，下卷如商冀父辛卣、周举巳尊，商父丁尊、周仲丁壶、商父巳尊、商象形饕餮鼎、商龙凤方尊、周牺尊、商伯伸鼎、商夔龙饕餮鼎、周节鼎、周中鼎、周妇氏鼎、商提梁田凤卣、汉麟瓶、周虬纽钟、周乐司徒卣、汉兽耳圆壶、汉提梁小匜壶、商祖丙爵、商子孙巳爵、周仲偁父鼎，皆即《博古图》之文，割剥点窜，词义往往不通。其他诸器，亦皆《博古图》所载，惟上卷商虎乳彝、周言鼎、周尹鼎、周兽足鼎，下卷商祖癸鼎、周乙父鼎、周公命鼎、周方鼎、商立戈父辛鼎、商父辛鼎，为《博古图》所不收而已。考《馆阁续录》所载南渡后古器储藏秘省者，凡四百十八事，淳熙以后续降付四十事，别有不知名者二十三事。嘉定以后续降付八十三事。与此书所录，数既不符，而此书所载商冀父辛卣、父辛鼎、周南宫中鼎、周𪫫女鼎，皆嘉定十八年十一月所续降付，何以先著录于绍兴中？其为明代妄人剽《博古图》而伪作，更无疑义。毛晋刻入《津逮秘书》，盖未详考其文也。

### 《焦山古鼎考》·一卷（两江总督采进本）

题云王士禄图释，林佶增益。实则张潮所辑也。潮字山来，徽州人。《焦山古鼎》，久已不存，世仅传其铭识。士禄所据者，程邃之本。佶所据者，徐《火勃》之本。二本互有得失，潮则又就寺中重刻石本为之，益失真矣。

### 《古奇器录》·一卷（内府藏本）

明陆深撰。深有《南巡日录》，已著录。是书杂录古人奇器名目，各标出处。

末附以江东藏书目录，经第一，理学第二，史第三，古书第四，诸子第五，文集第六，诗集第七，类书第八，杂史第九，地志第十，韵书第十一，小学医学第十二，杂流第十三，又特为制书一类。其义例与历代书目颇有不同。盖深以意为之，非古法也。

### 《古器具名》·二卷、附《古器总说》·一卷（浙江巡抚采进本）

明胡文焕编。文焕有《文会堂琴谱》，已著录。是书于每一古器，各绘一图。

先以《博古图》《考古图》，次以欣赏编。欣赏编者，即抄袭《说郛》内之《古玉图》也。《古玉图》元人朱德润编，有德润自序。刻《说郛》者既失其序，而沈润卿欣赏编又没所自来。文焕此书，遂直以为据。欣赏编讹以传讹，其无所考证可见。况博古、考古二图所载甚备，乃每器仅择其一，亦不知其何取。末附总说一卷，则全袭《博古图》之文，益为舛鄙。《博古图》成于宣和禁绝史学之日，引据原疏，文焕不能考定，乃剽窃割裂，又从而汩乱之。其钩摹古篆，亦不解古人笔法，尤误谬百出。不知而作，其此书之谓欤。

### 《古玉图谱》·一百卷（内府藏本）

旧本题宋龙大渊等奉敕撰。《宋史·艺文志》不载。他家著录者皆未之及。

尤袤《遂初堂书目》有《谱录》一门，自《博古》《考古图》外，尚有李伯时《古器图》、晏氏《辨古图》、《八宝记》、《玉玺谱》诸目，亦无是书之名。

朱泽民《古玉图》作于元时，亦不言曾见是书。莫审其所自来。今即其前列修书诸臣职衔，以史传考证，舛互之处，不可枚举。案宋制，凡修书处有提举监修、详定、编修诸职名，从无总裁、副总裁之称，其可疑一也。宋制，翰林学士承旨以学士久次者为之。《宋史·佞倖传》载龙大渊绍兴中为建王内知客，孝宗受禅，自左武大夫除枢密副都承旨，知閤门事，出为江东总管。是大渊官本武阶，不应为是职。又提举嵩山崇福宫下加一使字，宋制亦无此名。且传称大渊于乾道四年死，此书作于淳熙三年，在大渊死后九年，何得尚领修纂之事？其可疑二也。

又宇文粹中列衔称翰林直学士，考南宋《馆阁录》及《翰院题名记》，自乾道至淳熙，仅有王淮、崔敦诗、胡元质、周必大、程叔达诸人，无粹中之名。其可疑三也。又《宋史·佞倖传》载曾觌字纯甫，汴人，绍兴中为建王内知客。孝宗以潜邸旧人，除权知閤门事，淳熙元年除开府仪同三司，六年加少保，醴泉观使。

今是书既作于淳熙三年，而于觌之列衔仅称检校工部侍郎，转无仪同三司之称，且考《宋志》检校官一十九，但有检校尚书，从无检校侍郎者，殊为不合。其可疑四也。张抡即明人所称作《绍兴内府古器评》者，《武林旧事》称为知閤张抡，盖其官为知閤门事，亦武臣之职。而是书乃作提举徽猷阁。按徽猷阁为哲宗御书阁，据《宋志》只设有学士、待制、直阁，并无提举一官。若提举秘阁则当用宰执，又非抡所应为。显为不考宋制，因知閤而附会之。其可疑五也。《宋志》皇城司但有幹当官，无提举之名。此作提举皇城司事张青，与志不合。其可疑六也。

又士禄列衔称带御器械忠州防御使，直宝文阁。叶盛列衔称带御器械汝州团练使，直敷文阁。案带御器械防御团练皆环卫武臣所授阶官，而直阁为文臣贴职，南宋一代，从未有以加武职者。其可疑七也。北宋有太常礼仪院，元丰定官制，已归并太常寺，南渡无礼仪院之名，而此又有太常礼仪院使钱万选，其可疑八也。

《书画谱》引陈善《杭州志》，载刘松年于宁宗朝进《耕织图》称旨，赐金带。

此书作于淳熙初，距宁宗即位尚二十年，而已云赐金带，其可疑九也。《图绘宝鉴》称李唐官成忠郎，画院待诏，而此乃作儒林郎，既不相合，且唐在徽宗朝已入画院，建炎中以邵宏渊荐，授待诏，《图绘宝鉴》称其时已年近八十，淳熙距建炎五十年，不应其人尚存，其可疑十也。《画史会要》称马远为光、宁朝待诏，陈善杭州志称夏圭为宁宗朝待诏，今淳熙初已有其名，时代不符，其可疑十一也。

《宋志》枢密院无都事，工部无司务，文思院只有提辖监管监门诸职，无掌院之名，种种乖错不合，其可疑十二也。此必后人假托宋时官本，又伪造衔名以证之，而不加考据，妄为掎摭，遂致舛错乖互，不能自掩其迹。其亦不善作伪者矣。

### 《泉志》·十五卷（湖北巡抚采进本）

宋洪遵撰。遵有《翰苑群书》，已著录。是书汇辑历代钱图，分为九品，自皇王偏霸以及荒外之国，凡有文字可纪，形象可绘者，莫不毕载，颇为详博。然历代之钱，不能尽传于后代。遵自序称尝得古泉百有馀品，是遵所目验，宜为之图。他如周太公泉形圜函方，犹有汉食货志可据；若虞、夏、商泉，何由识而图之。且《汉志》云太公为圜函方形，则前无是形可知。遵乃使虞、夏、商尽作周泉形，不亦谬耶？至道书天帝用泉，语本俚妄，遵亦以意而绘形，则其诞弥甚矣。

是又务求详博之过也。

### 《百宝总珍集》·十卷（两淮盐政采进本）

不著撰人名氏。考其书中所记，乃南宋临安市贾所编也。所载金珠玉石以及器用等类，具详出产价值，及真伪形状。每种前载七言绝句一首，取便记诵，词皆猥鄙。首载玉玺一条，非可估易之物，尤为不伦。

### 《燕几图》·一卷（两江总督采进本）

旧本题宋黄伯思撰。考伯思为北宋时人，卒于徽宗初年。此本前有自序，乃题绍熙甲寅十二月丙午，则南宋光宗之五年。如谓为绍圣之误，则绍圣四年起甲戌尽丁丑，实无甲寅。前乎此者，甲寅为神宗熙宁七年，后乎此者，甲寅为高宗绍兴二十四年，亦皆不相及。又伯思字长睿，而序末题云林居士黄长睿伯思序，以字为名，以名为字，尤舛误颠倒，殆后人所依托也。其法初以几长七尺者二，长五尺二寸五分者二，长三尺五寸者二，皆广一尺七寸五分，高二尺八寸，纵横错综，而列之为二十体，变为四十名。谓之骰子桌，取其六数也。后增一几，易名七星。衍为二十五体，变为六十八名，各标目而系以说，盖闲适者游戏之具。

陶宗仪已收之《说郛》中，此后人录出别行之本也。

### 《槎居谱》·一卷（两淮盐政采进本）

明黄鹤撰。鹤字修翎，宜兴人。嘉靖己未进士。所居宅名槎居，有仰陶亭、空中阁诸胜，皆自出意匠为之。此谱乃叙其宫室器服构造之制，而各系以铭。语意纤仄，体近俳谐，其一点园铭，尤为鄙俚。

### 《蝶几谱》·一卷（江西巡抚采进本）

明严澂撰。澂有《松弦馆琴谱》，已著录。是编因《燕几图》而变通之。

《燕几》以方几长短相参，此则以句股之形作三角相错，形如蝶翅，故曰《蝶几》。

其式有三，其制有六，其数十有三，其变化之式凡一百有馀，较《燕几图》颇巧云。

### 《文苑四先生集》·四卷（浙江巡抚采进本）

明锺岳秀撰。岳秀字泰华，自署曰江右人，其邑里则未详也。是编仿苏易简《文房四谱》而稍广之。所采自唐韩愈《毛颖传》以下，凡为笔墨研纸而作者，分体编辑。其事迹则随文附见，而岳秀所自作者亦载焉。体例纤仄。采撷尤为芜杂，远不及苏氏书也。

### 《歙砚志》·三卷（两淮盐政采进本）

明江贞撰。贞字吉夫，婺源人。官绍兴府教授。其书以饶州守叶良贵与其弟东昌守良器所撰《砚志》及贞族祖逊《砚谱》参订成编。大约皆以宋治平《歙砚谱》、洪适《砚说》为蓝本，而稍增益之也。

### 《程氏墨苑》·十二卷（浙江巡抚采进本）

明程君房撰。君房，歙县人。是编以所制诸墨，摹画成图，分为六类，曰元工，曰舆地，曰人官，曰物华，曰儒箴，曰缁黄。每类各分上、下二卷，雕镂题识，颇为精巧，与方于鲁《墨谱》斗新角异，实两不相下。考沈德符《飞凫语》，略载方、程两人以名相轧为深雠。程墨尝介内廷，进之神宗，方于鲁恨之。程以不良死，实方之力。真墨妖，亦墨兵也。姜绍书《韵石斋笔谈》则云方、程以治墨互相角胜，方汇《墨谱》倩名手为图，刻画研精，细入毫发，程作《墨苑》以矫之。盖于鲁微时，曾受造墨法于君房，仍假馆授粲。程有妾颇美丽，其妻妒而出之，正方所慕，令媒者辗转谋娶，程讼之有司，遂成隙。未几程坐杀人系狱，疑方阴唆之，故《墨苑》内绘中山狼以诋方焉。二书所载虽情事稍殊，而其为构衅则一。夫以松煤小技而互相倾陷若此，方之倾险固不足道，程必百计以图报，是何所见之未广乎？

### 《方氏墨谱》·六卷（浙江汪启淑家藏本）

明方于鲁撰。于鲁初名大激，后以字行，改字建元，歙县人。初亦颇学为诗，汪道昆与之联姻，招入丰干社，奖饰甚至。后得程君房墨法，乃改而制墨，与君房相轧，弯弓射羿，世两讥焉。此编乃所作《墨谱》。首列同时诸人投赠之作，下分国宝、国华、博古、博物、法宝、鸿宝六类。上自符玺圭璧，下至杂佩，凡三百八十五式，摹绘精细，各系题赞，亦备列真草隶篆之文，颇为工巧。然其意主于炫耀以求名，故所绘仅墨之形制，与程氏争胜于刻镂间耳，于墨法未尝一讲也。

### 《雪堂墨品》·一卷（内府藏本）

国朝张仁熙撰。仁熙字长人，号藕湾，广济人。是编乃宋荦为黄州通判时，仁熙品其所藏之墨。以《漫堂墨品》所纪年月推之，盖作于康熙辛亥。自方中正牛舌墨以下凡三十六种，意以配苏轼雪堂试墨三十六丸也。

### 《漫堂墨品》·一卷（内府藏本）

国朝宋荦撰。荦有《沧浪小志》，已著录。荦所藏墨，张仁熙既为品次。越十四年，为康熙甲子，又积得三十四丸，各列形状款识，与前品体例略同。惟兼载相赠之人与墨之铢两轻重，其文差详。然二书所载皆明中叶以后墨，无古制也。

### 《曹氏墨林》·二卷（通行本）

国朝曹素功编。素功字圣臣，歙县人。岁贡生。工于制墨。所制紫玉光、天琛、苍龙珠、天瑞、豹囊、丛赏、青麟髓、千秋光、笔花、岱云、寥天一、薇露、浣香玉、五珏文、露紫英、漱金、大国香、兰烟诸品，仅十八种。不似方、程诸家以夸多斗巧为事，而大抵适于实用，故士大夫颇重之。是编即一时投赠诗文，素功裒辑成帙者也。

### 《素园石谱》·四卷（浙江汪启淑家藏本）

明林有麟撰。有麟有《青莲舫琴雅》，已著录。是编乃有麟于所居素园辟玄池馆以聚奇石。因采宣和以后石之见于往籍者凡百种，具绘为图，缀以前人题咏。

始蜀中永宁石，终于松江普照寺达摩石。大抵以意摹写，未必能一一肖其真也。

### 《石品》·二卷（两淮盐政采进本）

明郁濬撰。濬字开之，松江人。是书成于万历丁巳。杂录古来石名，颇无伦次。又多剽取类书杂记，至屠隆、陈继儒之语亦据为典故，则大略可睹矣。

### 《怪石赞》·一卷（内府藏本）

国朝宋荦撰。昔苏轼作《怪石供》，而齐安之石遂名天下。荦官黄州通判时，得其佳者十有六，各为制名。一曰宜春胜，一曰达摩影，一曰紫鸳覆卵，一曰寒潭秋藻，一曰红蜀锦，一曰朱霞笼月，一曰鬼面石，一曰玉贝叶，一曰三台象，一曰双白眼，一曰红虾蟆，一曰鸲鹆眼，一曰玉蟾蜍，一曰杨妃瘢，一曰赛猫晴，一曰冰天月。各纪其状而系以赞，成于康熙四年。

### 《观石后录》·一卷（浙江巡抚采进本）

国朝毛奇龄撰。奇龄有《仲氏易》，已著录。是编皆记其客福建时所得寿山诸石，一一详其形色，凡四十有九。自序谓尝见友人高兆作《观石一录》，流传人间，故此曰《后录》。其记寿山之石，明谢在杭始言之，然未之见。后山僧偶磨为印，亦不甚著名。国朝陈自浴乃赍粮开矿，大著于世，其事在康熙戊申。考古人印惟铜玉最伙。顾氏《印薮》或间注绿宝石印，亦不知其为何宝石。其以灯光冻石作印，则始于文彭，国朝初已久行于世，不待康熙七年陈自浴始采而鬻之。

奇龄第据所见言之耳。

### 《琼花谱》·一卷（两淮盐政采进本）

明杨端撰。端字惟正，鄞县人。成化间寓居扬州。是集采摭前人琼花篇什，汇为一编，以备故实。首冠杜斿《琼花记》，故或题曰杜斿《琼花谱》。考斿，宋人，字叔高，端平初以布衣召入馆阁校雠，此本载及元，明，非斿作也。又钱曾《读书敏求记》载《琼花考》一卷，成化丁未杨端木辑，与此本序文年月合，当即一人一书，钱曾衍一木字耳。范钦天一阁所藏别有《扬州琼花集》，以杂文为一卷，诗为一卷，词为一卷，盖即因此本而分析其卷帙，亦题曰杨端，则木字为误增审矣。

### 《天彭牡丹谱》·一卷（内府藏本）

宋陆游撰。游有《入蜀记》，已著录。是编记蜀天彭花事之盛，已载《渭南文集》第四十二卷。此其别行之本也。

### 《亳州牡丹志》·一卷（江苏巡抚采进本）

不著撰人名氏。《千顷堂书目》列朱统《牡丹志》后，疑亦统作也。亳之牡丹始薛蕙，亳之《牡丹志》始薛凤翔。此本与凤翔书不同，而简略殊甚。后附牡丹杂事四条。第一条称神隐者，乃明宁王权之别号。第二条称上皇召至骊山，当为唐玄宗。第三条称太祖断宫嫔腕者，不知为明为宋，大抵齐东之语。第四条乃张镒牡丹会事。皆与亳州无与，不审何以载入也。

### 《牡丹史》·四卷（内府藏本）

明薛凤翔撰。凤翔字公仪，亳州人。由例贡仕至鸿胪寺少卿。明时亳中牡丹最盛，凤翔家园种艺尤多，因著是编，盖本欧阳修谱而推广之。然记一花木之微，至于规仿史例，为纪、表、书、传、外传、别传、花考、神异、方术、艺文等目，则明人粉饰之习，不及修谱之简质有体矣。

### 《香雪林集》·二十六卷（浙江巡抚采进本）

明王思义编。思义有《宋史纂要》，已著录。是编凡梅图二卷，咏梅诗词文赋二十二卷，终以画梅图谱二卷。

### 《兰谱》·一卷（两江总督采进本）

宋王贵学撰。贵学字进叔，临江人。谱凡六则，一曰品第之等，二曰灌溉之候，三曰分析之法，四曰沙泥之宜，五曰爱养之地，六曰兰品之产。贵学不知何许人。是书诸家书目亦皆不著录，惟见于陶宗仪《说郛》。王世贞尝云，《兰谱》惟宋王进叔本为最善，盖即指《说郛》本也。此本为毛晋所刊，盖得诸金坛于锵者。然视《说郛》本尚少三十馀条，则已非完书矣。

### 《兰易》·一卷、附录《兰易十二翼》·一卷、《兰史》·一卷（浙江巡抚采进本）

是书上卷为《兰易》，一名《天根易》，题宋鹿亭翁撰。朱彝尊《经义考》载其自序云，《兰易》始于复，故曰天根。又载冯京序云，《兰易》一卷，受之四明山中田父，书端称鹿亭翁著。按《郡县志》，山有鹿亭，今迷不知处，无问作者姓氏矣，要是宋代隐者云云。此本已无自序，盖传写佚之。其书以复、临、泰、大壮、夬、乾、姤、遯、否观、剥、坤十二月卦为兰消长之机，每卦各缀以词，其文如象，下又各系以词，其文如象传，备述出纳栽培之法，盖戏仿《周易》为《兰谱》耳。又附口诀二条，兰月令十二章，不知谁作。下卷为《兰易十二翼》，述养兰宜忌十二条，题曰蕈溪子，考《经义考》载冯京序，此本题曰蕈溪子，则蕈溪子即京也。其序称鹿亭翁为宋代隐者，则非宋之冯京，当别一人而同姓名矣。末为《兰史》一卷，亦题蕈溪子撰。首列兰表，依汉书古今人表例，分列九等，而下中、下下二等，阙而不录。次为兰本纪，所列凡三种。次为兰世家，所列凡十一种。次为兰列传，所列凡二十种。次为兰外纪，所列凡九种。次为兰外传，所列凡五种。盖鹿亭翁戏拟经，京既戏拟传，又戏拟史也。其《兰易》为词人狡狯会之作，与《易》义本无所涉，朱彝尊列之拟经门中，殊乖体例。今并改列之谱录，庶存其真焉。

### 《艺菊志》·八卷（浙江鲍士恭家藏本）

国朝陆廷灿撰。廷灿有《续茶经》，已著录。廷灿居南朔镇，在槎溪之上，艺菊数亩，王翚为绘《艺菊图》，一时多为题咏。廷灿因广徵菊事，以作此志。

凡分六类，曰考，曰谱，曰法，曰文，曰诗，曰词，而以艺菊图题词附之。

### 《茶花谱》·三卷（两淮盐政采进本）

旧本题朴静子撰，不著名氏。前有康熙己亥自序，盖其官漳州时所作也。茶花盛于闽南，而以日本洋种为尤胜。是编上卷为花品，凡四十三种。其文欲以新隽冷峭学屠隆、陈继儒之步，而纤佻弥甚。如叙虎斑曰，经红纬白，依稀借机杼于阴阳，非锦之一种而何。不然，驺虞仁兽，血迹安从掩异文？补录雄品，风来树底，莫教咆哮于芳丛云云。是何等语乎？中卷为咏花之作，凡七言绝句六十七首。下卷则种植之法也。

### 《永昌二芳记》·三卷（浙江郑大节家藏本）

明张志淳撰。志淳自号南园野人，云南籍，江宁人。成化甲辰进士，官至户部侍郎。坐刘瑾党，勒致仕。其名见《明史·焦芳传》中，然无事迹可见，疑亦康海王九思之类也。是编以永昌所产山茶、杜鹃二花为一谱。上卷山茶花品三十六种，中卷杜鹃花品二十种，下卷则二花之故实诗文。其论踯躅、山榴、杜鹃之名自唐已无别，谓杜鹃但可名山石榴，不可名踯躅。踯躅为杜鹃别种，其花攒为大朵，非若杜鹃小朵各开，俗名映山红，无所谓黄紫碧者。韩愈、元稹、梅尧臣诗并误，其考证亦不苟也。

### 《瓶花谱》·一卷（两江总督采进本）

明张谦德撰。谦德后改名丑，有《清河书画舫》，已著录。是书首品瓶，次品花以及折枝插贮等事，而终以护瓶。据书首自序，盖其稚龄所作也。

### 《荔支通谱》·十六卷（编修汪如藻家藏本）

明邓庆寀撰。庆寀字道协，福州人。是书以诸家荔支谱辑为一篇，故曰通谱。

凡蔡襄谱一卷，徐《火勃》谱七卷，庆寀所自为谱六卷，附宋珏谱一卷，曹蕃谱一卷。

蔡谱尚已，徐谱所收如《十八娘别传》之类，邓谱所收如《鲍山荔支梦》之类，皆近传奇。宋谱福业诸说，不脱明人小品习气。曹谱差简质，犹有古格。

### 《笋梅谱》·二卷（两淮盐政采进本）

明释真一撰。真一居杭州法华山龙归坞，其地多笋，梅花亦极盛，因各为作谱，书成于天启七年。

### 《竹谱》·一卷（两江总督采进本）

国朝陈鼎撰。鼎有《东林列传》，已著录。此书记竹之异者凡六十条。

### 《笺卉》·一卷（安徽巡抚采进本）

国朝吴菘撰。菘字绮园，歙县人。黄山僧雪花尝以黄山所产诸卉绘为图，宋荦为题句。菘因各为作笺，凡三十五条。

### 《苔谱》·六卷（浙江巡抚采进本）

国朝汪宪撰。宪有《说文系传考异》，已著录。是编杂录苔之文句故实。卷一曰释名卷，二曰总叙苔，卷三曰诸品苔，卷四、卷五曰苔生处所，卷六曰杂录。

### 《学圃杂疏》·一卷（两江总督采进本）

明王世懋撰。世懋有《却金传》，已著录。兹编皆记其圃中所有暨闻见所及者，分花、果、蔬、瓜、豆、竹六类，各疏其品目及栽植之法。大致以花为主，而草木之类则从略。书止一卷，《续说郛》以花疏、果疏各分为卷者非也。

### 《群芳谱》·三十卷（内府藏本）

明王象晋撰。象晋字荩臣，山东新城人。万历甲辰进士，官至浙江右布政使。

是书凡天谱三卷，岁谱四卷，穀谱一卷，蔬谱二卷，果谱四卷，茶竹谱三卷，桑麻葛苎谱一卷，药谱三卷，木谱三卷，花谱三卷，卉谱二卷，鹤鱼谱一卷。略于种植而详于疗治之法与典故艺文，割裂饾饤，颇无足取。圣祖仁皇帝诏儒臣删其踳驳，正其舛谬，复为拾遗补阙，成《广群芳谱》一书，昭示万世。覆视是编，真已陈之土苴矣。

### 《汝南圃史》·十二卷（浙江巡抚采进本）

明周文华撰。文华字含章，苏州人。前有万历庚申陈元素序，称之曰光禄君。

不知为光禄何官也。文华自序，称因见允斋《花史》，嫌其未备，补葺是书。凡分月令栽种花果、木果、水果、木本花、条刺花、草木花、竹木草、蔬菜、瓜豆十二门，皆叙述栽种之法，间以诗词。大抵就江南所有言之，故河北蘋婆，岭表荔支之属，亦不著录。较他书剽剟陈言，侈陈珍怪者较为切实。惟分部多有未确，如西瓜不入瓜豆而入水果，枸杞不入条刺而入菜蔬，皆非其类。

### 《花史左编》·二十七卷（江苏巡抚采进本）

明王路撰。路字仲遵，嘉兴人。此书皆载花之品目故实，分类编辑。属辞隶事，多涉佻纤，不出明季小品之习。《浙江通志》载王路《花史》二十四卷，有天启元年李日华序。今此本二十七卷，无日华序，而前有陈继儒序，与路所作小引，皆称二十四卷。又此本二十五卷花之友，二十七卷花之器，皆题潭云宣猷驭云子补，二十二卷花塵，题百花主人辑。则路书本二十四卷，此三卷乃后人所补入，而刊书者并为一目耳。又路小序称此书为左编，别有右编为花之辞翰，约一十二卷，盖有其名而未成书者也。

### 《花史》·十卷（内府藏本）

明吴彦匡撰。彦匡爵里未详。是书盖本常熟蒋养菴《花编》，松江曹介人《花品》二书推而广之，得百有馀种，每一花为一类，各加神品、妙品、佳品、能品、具品、逸品标目，附以前人遗事及咏花诗歌。大都以意为之，所品第不必皆确也。

### 《花里活》·三卷（编修程晋芳家藏本）

明陈诗教撰。诗教字四可，秀水人。是编辑古今花卉故实，按代分编，然皆因袭陈言，别无奇僻，考证尤多疏漏。如云五代梁有王彦章，吴亦有王彦章，不知杨行密之将乃王茂章，后归梁改名景仁，并无所谓王彦章者，其舛谬率皆此类。

至《花里活》之名盖用李贺诗秦宫一生花里活句，然秦宫何人，而可以援自比乎？

失考甚矣。

### 《倦圃蒔植记》·三卷（浙江巡抚采进本）

国朝曹溶撰。溶有《崇祯五十宰相传》，已著录。兹编乃溶自山西阳和道归里，筑室范蠡湖上，名曰倦圃，多植花木其间，因记其圃中所有。分花卉二卷，竹树一卷，各疏其名品故实，及种植之法。溶学本赡博，故引据多有可观，惟下语颇涉纤仄，尚未脱明季小品积习。前有自序，题康熙甲子。案溶卒于康熙二十四年乙丑，年八十三，则此书乃其晚年游戏之笔也。

### 《北墅抱瓮录》·一卷（编修程晋芳家藏本）

国朝高士奇撰。士奇有《春秋地名考略》，已著录。此书前有康熙庚午自序，乃其告归后所作。北墅者，所居别业之名也。墅中蒔植花木颇多，士奇因取果树卉竹蔬茹药蔓之类，各疏其形色品状，以为此编，凡二百二十二种，其叙录颇为详备。

### 《名花谱》·一卷（两淮盐政采进本）

旧本题西湖居易主人撰，不著名氏，亦无序跋。其书杂抄《群芳谱》之类而成，盖近人作。所列凡九十二种，而附以瓶花诀、盆种诀、十二月花木诀。所言种植之法，挂漏不详，间附故实，尤冗杂无绪。观其开卷叙梅一段，字句凡鄙，引用谬误，不过粗识文义之人，偶然抄录成册耳。

### 《画眉笔谈》·一卷（安徽巡抚采进本）

国朝陈均撰。均字康畴，歙县人。此书皆记豢养画眉鸟之事，本不足道，然养鹰诸法，古人著录。姑存其目，以备博物之一端。

### 《晴川蟹录》·四卷、《后录》·四卷（浙江吴玉墀家藏本）

国朝孙之騄撰。之騄所辑《尚书大传》，已著录。是编搜采蟹之诗文故实，分谱录、事录、文录、诗录四门，后录又分事典、赋咏、食宪、拾遗四门。饾饤掇拾，冗杂无绪，在晴川八识之中，最为下乘。远不逮傅肱、高似孙二家书也。

### 《蛇谱》·一卷（安徽巡抚采进本）

国朝陈鼎撰。此书记蛇之异者凡六十三则，大抵皆蛮荒异怪之谈，不为徵信。其五十三则以后，皆录《山海经》之文，尤为剿说。

### 《禽虫述》·一卷（浙江巡抚采进本）

旧本题闽中袁达德撰。徐《火勃》《笔精》云，《山居杂卷》中《禽虫述》一卷，乃闽中袁达撰。达字德修，程荣署曰袁达德。传之后世，谁能辨其姓名乎？案《千顷堂书目》载此书，亦云袁达字德修，闽县人，正德癸酉举人，官贵溪县知县，降补湖广都司经历，与《火勃》语相合。然则此书实出袁达，刊本误衍德字也。

其书述禽虫名义典故，兼仿《禽经》《埤雅》之体，联络成文，亦或间以排偶，但有章段，不分门目，亦无注释，不免为饾饤之学。

### 《虫天志》·十卷（安徽巡抚采进本）

明沈宏正撰。宏正，嘉定人。是书集鸟兽虫鱼异事，分为六部。庄子云，惟虫能虫，惟虫能天，书之命名盖取于此。

**《乌衣香牒》·四卷、《春驹小谱》·二卷（浙江巡抚采进本）**

国朝陈邦彦撰。邦彦字世南。此本题匏庐道人，其自号也。海宁人。康熙癸未进士，官至内阁学士兼礼部侍郎。《乌衣香牒》皆采摭燕事。凡分八门，前有乾隆戊午邦彦自序云，分为三卷。而此多一卷，疑刊刻之时分四卷，以均页数，而序则未及追改耳。《春驹小谱》皆采摭蝶事，分为五门。盖欲仿宋人《蟹录》之例，以为谈助。然蒐罗虽广，而考核多疏。一时寄兴之作，固不暇于精审也。

——右"谱录类"草木鸟兽虫鱼之属，三十五部，二百二卷，皆附《存目》。

## 四库撤毁书提要

### 《读画录》四卷

国朝周亮工撰。亮工有《闽小纪》，已著录。亮工癖嗜印章及画，尝裒辑同时能篆刻者为《印人传》，又裒辑画家名氏为此书。所记自明以来，凡七十六人，各论其品第，亦间附载题咏及其人梗概。大抵皆所目睹，否亦相去不甚远。如李日华、董其昌之流，犹及闻其逸事者。昔董其昌作《画禅室随笔》，称书法后人不及古，画则各自成佛作祖，亮工亦持是论。故是编所录不及万历以前也。后附有名无传六十九人，亦如所作《印人传》例。其中如王翚恽寿平，声价至今相埒，然于翚画极推挹，而寿平则仅挂名附录中，岂当时寿平品格犹未成就，抑嗜好各有不同耶！观其子在浚所辑《云烟过眼录》，亮工所收诸画至二十巨函，可谓巨细不遗，而立传者仅此，则亦矜慎不苟矣。谢赫、姚最同异多端，李嗣真、张彦远是非互起，要不妨各存所见耳。

### 《书画记》六卷

国朝吴其贞撰。其贞字公一，徽州人。留心赏鉴，常游苏州及维扬，与收藏家相往来，多观书画真迹。及生平所自购者，各加品题，随手札录，注明所见年月，历四十余岁之久，因为裒辑成编。始于乙亥，为崇祯八年，其末条称丁巳，则康熙十六年也。其间于前人题跋，不录原文，与《珊瑚网》《书画汇考》诸书体例稍异。其中有记忆偶误者，如载阎次平《寒岩积雪图》，称其题识为大历辛丑。阎次平乃南宋画院中人，不应有大历年号。考之明丰道生华氏真赏斋赋注，亦载有此图，实作淳熙辛丑，此类小有疏舛，亦所不免。然其胪采甚博，于行款位置，方幅大小，印记纸绢，装潢卷轴，皆一一备列。其评骘真赝，辨论亦多确切。较之米芾、董逌，古今人固不相及。与张丑真迹日录，要未易甲乙也。

### 《印人传》三卷

国朝周亮工撰。亮工本名亮，字元亮，号栎园，又号减斋，祥符人。前明崇祯庚辰进士，官潍县知县，以卓异荐举至京师，值李自成之变，逃匿未出。后入国朝，官至户部右侍郎，终于江南督粮道。亮工喜集印章，工于鉴别，所编赖古堂印谱，至今为篆刻家模范。是书则谱之题跋，别编为传者也。首载文天祥、海瑞、顾宪成三印，次及其父、其弟、其友、许宰，次则文彭以及李颖，凡六十人，附传三人，又不知姓名一人。其有名而无传者，又朱简等六十一人。自宋以前，以篆名者不一，以印名者绝无之。元赵孟頫、吾丘衍等始稍稍自镌，遂为士大夫之一艺。明文彭、何震而后，专门名家者遂多，而宗派亦复岐出。其源流正变之故，则亮工此传，括其大略矣。

### 《书影》十卷

国朝周亮工撰。亮工有《闽小纪》，已著录。是编乃其官户部侍郎，缘事逮系时，追忆平生见闻而作。因圜扉之中，无可检阅，故取老人读书，祇存影子之语，以书影为名。其中如元祐党籍本止七十八人，余者皆出附益，本费衮《梁溪漫志》之说，而引陈玉跋。姚祐读易误用麻沙刻本，以釜为金，本方勺《泊宅编》之说，而引朱国祯《涌幢小品》。米元章无李论见所作《画史》，而引汤垕《画鉴》。邸报字出《孟棨本事》诗，而称始于蔡京。皆援引不得原本。又如子贡说社树事，明载今本《博物志》第八卷，而云今本不载。李贺诗序本杜牧作，而云风樯阵马诸语出自韩愈。温庭筠诗玲珑骰子安红豆，入骨相思知不知，而引为入骨相思知也无。沈约《四声》一卷，唐代已佚，其字数无从复考，而云约书一万一千五百二十字。谢灵运《岱宗秀维岳》一篇本所作乐府，今在集中，乃讹为登泰山诗，谓本集不载。以诗简兮作东兮指为伶官之名，乃丰坊伪诗说之语，而据为定论。日月交食，本有定限，而力主有物食之之说，皆考证未能精核。至于韩信之后为韦土官，本明张燧《千百年眼》之虚谈，而信为实事。陶宗仪《说郛》仅一百卷，孙作《沧螺集》中有《宗仪小传》可考。二人契友，必无舛误，乃云南曲老寇四家有《说郛》全部，凡四大橱。皆传闻不得其实。至扬雄仕于王莽，更无疑义，而杂摭浮词，曲为之辨。艾南英以乡曲之私，偏袒严嵩，强为辨白，而以恶王世贞之故，特存其说。何心隐巨奸大猾，诛死本当其罪，而力称其枉。王柏诗疑删改圣经，至为诞妄，而反以为是。尤为颠倒是非。然自此十余条外，大抵记述典赡，议论平允，遗闻旧事，颇足为文献之征。在近代说部之中，固犹为瑕不掩瑜者矣。

# 后记

　　本书是在我的博士论文《艺术文献学论纲》的基础上进行局部调整和充实完成的。2003年11月22日，完成论文初稿，对我来说是一个重要的日子。由此我也回想到1994年到1997年攻读硕士学位期间的一些事情，那时我虽不是张道一先生的研究生，但经常到他家去请教，有幸聆听他的教诲。当他了解到我本科所学专业后，就鼓励我应该从文献学、分类学的角度探讨艺术学与文献学的关系或艺术分类的问题。自此，我开始留意相关资料和研究成果，但硕士论文并未以此为题。2001年秋天，我与家路兄到张先生家研究论文的选题问题，他仍然记着几年前的事，又鼓励我进行艺术学和文献学关系的研究。我虽感觉到这一选题的难度，但更意识到其重要意义。在张先生的指导下，从2001年年底，我先从"长编"开始，把原来已有的资料和不断搜集的资料，进行分类整理。直到2003年初撰写论文开始，共搜集了约40余万字的资料，并录入电脑。因而，我的博士论文从选题、拟定提纲、写作，都是在张先生的鼓励和指导下进行的，特别是在查阅《四库全书》《古今图书集成》《佩文斋书画谱》等古籍遇到各种困难时，曾想过放弃。所以，在这里我特别感谢张先生给了我学术的勇气、方法，使我找到了进入知识宝库的"钥匙"。

　　在论文撰写的过程中，我还得到了清华大学美术学院陈池瑜先生、南京博物院梁白泉先生、南京艺术学院奚传绩先生、山东工艺美术学院潘鲁生先生的悉心指导，东南大学艺术学系万书元、胡平、孙长初诸位先生，山东师范大学图书馆杨桂婵女士，也对我提供了无私的帮助。特别是陈池瑜、梁白泉、奚传绩三位先生，还仔细阅读了我的论文初稿，并提出了真诚的修改意见。在此一并向他们表示诚挚的感谢。

　　2004年9月24日，我的论文在东南大学艺术学系通过答辩，论文评审的专家有：

梁白泉、奚传绩、张朋川、诸葛铠、谷建祥、万书元、陶思炎、潘鲁生。答辩委员会成员有：梁白泉、奚传绩、诸葛铠、万书元、陶思炎。诸位专家从不同的角度对我的论文提出了一系列问题和建议，这也是我修改论文成书的基础，衷心感谢各位专家的审阅和指教。

2006年，陈池瑜先生将我的论文列入《清华艺术学丛书》得以首次与读者见面，在本书出版10余年间，得到了众多热心读者厚爱，并被一些高等学校列为研究生必读书目。2018年本书得以再版，首先感谢陈池瑜教授、山东教育出版社臧伟先生的关心，同时也感谢同事王国燕、任谢元在修订过程中所做的大量工作。

**董占军**
**2018年7月修订再记**